政府首席信息官制度理论与实践研究

Research on the Theory and Practice of the Government Chief Information Officer System

孟川瑾　左美云　著

中国人民大学出版社
·北京·

国家社科基金后期资助项目
出版说明

后期资助项目是国家社科基金项目主要类别之一，旨在鼓励广大人文社会科学工作者潜心治学，扎实研究，多出优秀成果，进一步发挥国家社科基金在繁荣发展哲学社会科学中的示范引导作用。后期资助项目主要资助已基本完成且尚未出版的人文社会科学基础研究的优秀学术成果，以资助学术专著为主，也资助少量学术价值较高的资料汇编和学术含量较高的工具书。为扩大后期资助项目的学术影响，促进成果转化，全国哲学社会科学规划办公室按照“统一设计、统一标识、统一版式、形成系列”的总体要求，组织出版国家社科基金后期资助项目成果。

全国哲学社会科学规划办公室

2014 年 7 月

前　言

随着“大数据”“互联网＋”等信息化词汇进入政府工作报告、进入大众媒体、进入寻常百姓的日常生活，不得不思考一下这些词背后的深层次含义。这其实是一场“以数据为核心”的管理方式的变革。随着信息技术的发展，数据资源显得越来越重要，目前已经成为各种组织发展的一项重要资源，利用信息资源进行各种资源的有效配置将极大地提升组织的竞争力。尤其是在拥有海量运行数据的政府部门，数据资源的规范管理日益提上议事日程，越来越多的国家开始将数据资源作为政府治国理政的重要资源。对于政府海量数据资源的规划、管理和深度开发利用，需要政府首席信息官（chief information officer，CIO）这类专门人才的支持，而对于人才的建设和管理，也将会从制度层面提出更高的要求。这就是本书所要研究的主题“政府首席信息官制度”。

在电子政务经历了几十年的发展后，人们发现其不必然带来行政成本的降低及行政效率和公共服务水平的提高。反而在政府信息化过程中出现了种种问题，比如 IT 黑洞、信息化绩效低、重复投资、不能互联互通、信息不能共享等。这使得政府信息化的绩效根本无法得以彰显。对于这些问题，学术上不仅没有在理论上找到产生的原因，也没有解决问题的理论基础，因为实践中这些问题依然存在。本书正是基于这样的考量，企图找到国内政府信息化绩效不高的理论原因以及解决这个问题的理论基础，形成政府信息化领域内的基础理论，并为今后形成科学的政府信息化管理理论体系迈出第一步。

首先，对于政府信息化绩效不高的原因，基于心理学中的归因理论，一般会归结为两种：有人认为是负责政府信息化项目的信息化主管或政府 CIO 的个人能力不足造成的；也有人认为是政府的组织制度不健全造成的，认为组织制度不支持、高层领导不支持、政府 CIO 光有责任没有权力等制度因素影响信息化绩效。那么到底哪些因素影响政府信息化的绩效？是主管信息化的政府 CIO 的能力还是政府的组织制度？这些影响因素的重要性是不是有所不同呢？如果影响因素是个人的能力，那么又有哪些重要的个人能力对于信息化绩效影响较大？如果影响因素是组织制度，那么又有哪些重要的组织制度对信息化绩效影响较大？此外，如果是人的原因，那么今后政府在进行信息化的时候就应该从培养“人才能力”的角度来提高信息化绩效；如果是制度的原因，那么政府就应该着重完善组织制度。因此，研究以上问题有利于正确把握政府信息化的症结所在，有利于解决目前政府信息化过程中存在的“人才不足”和“制度缺失”两个核心难题。

其次，长期以来，大多数学者的研究都主要集中在政府信息化中政府 CIO 制度的意义和必要性上，对于政府 CIO 制度的理论基础是什么以及其具体内容又包括什么都鲜有论述。因此本书的第二项重要研究内容是重点阐述政府 CIO 制度的理论基础及内容框架。

再次，在目前的“网络强国”“互联网+”“大数据”背景下，数据资源逐渐成为治国理政的一项重要资源，那么政府的海量数据如何开发利用？与政府信息资源管理密切相关的政府 CIO 应该得到足够的重视，应该建立有效的政府 CIO 制度来保障这些数据资源的合理利用。但从目前的实际情况来看，实施政府 CIO 制度还有诸多影响因素，不仅包括新兴的大数据技术革命，还包括传统的行政文化以及现实的政府行政体制改革的大背景。这些都使得对政府 CIO 制度这个问题的研究显得尤其重要。做好了可以使政府服务更上一个台阶，否则可能使得原有不合理的政务流程通过电子化的手段固化下来，反而增加今后进行改革的难度和转换成本。

因此，本研究的三大核心内容如下：

（1）影响政府信息化绩效的因素有哪些？它们是如何影响信息化绩效的？

（2）基于这些因素的政府 CIO 制度的理论基础和具体内容是什么？

（3）政府 CIO 制度与大部制改革、大数据、行政文化有何关系？

本书的结构如下：第一、二章回顾了国内外 CIO 发展现状和研究现状以及政府 CIO 制度的相关研究。第三、四章从归因理论、领导理论和组织理论以及相关文献入手，分析了 CIO 能力、组织制度对信息化绩效的影响，并且建立了从个人和组织两个层面研究信息化绩效影响因素的理论模型。第五、六章采用定量分析的方法对理论模型、扩展模型进行了数据检验，并且对实证研究结论和管理启示进行了深入的分析和探讨。第七章主要基于之前的实证研究解读了政府 CIO 制度设计的理论基础，包括资源配置理论、人力资源理论和 IT 治理理论，形成了政府 CIO 制度的理论框架。第八、九章则根据实际访谈调研，从政府 CIO 能力和组织运行两个角度论述了政府 CIO 制度的具体内容。其中基于政府 CIO 能力的政府 CIO 制度包括政府 CIO 的选拔制度、培训制度、考核制度和激励制度；基于组织运行的政府 CIO 制度包括政府 CIO 的组织结构，政府 CIO 决策机制和沟通机制。第十、十一、十二章主要讲了政府 CIO 制度的三个影响因素，首先结合现实政府行政体制改革的大背景，探讨了大部制改革与政府 CIO 制度的关系；其次谈了大数据技术革命对于政府 CIO 制度的设计和运行的影响；最后基于政府管理理论，论述了传统行政文化在法治文化、效率文化和服务文化三个层面对于政府 CIO 制度的影响。第十三章分析了政府 CIO 制度的案例，包括美国政府 CIO 制度和新加坡政府 CIO 制度，前者对于构建国家层面的政府 CIO 制度有借鉴意义，后者对于建立地方政府层面的政府 CIO 制度有借鉴意义。最后结合中国上海的政府 CIO 制度的发展，提出了自己的观点。第十四章对于实施政府 CIO 制度存在的现实障碍进行了分析，主要存在观念的障碍、编制制度的障碍以及法律的障碍，而这些障碍的解决无不和目前政府的改革紧密结合，因此，政府 CIO 制度的规划与实施需要有全局的观念，从顶层设计开始。最后第十五章对于全书进行了总结。

总的说来，政府 CIO 作为全球信息化进程中新涌现出来的一个参与政府高层决策的管理阶层，将肩负着政府信息化决策和组织管理的重任，从而使信息技术更好地为政府提高工作效率、提升服务质量而服务。政府 CIO 制度为规范组织中行为主体对信息资源的利用和开发提供了保障，并且以政府 CIO 作为管理对象，以政府信息化的成功作为目标。政府 CIO 制度能够有效地保证与政府 CIO 相关的工作的科学化、规范化和制度化。它的实施与建设意味着政府对于社会资源有了重新认识，尤其是对于信息资源的作用有了重新评估。

本书在撰写的过程中，借鉴和参考了国内外相关专家、学者和实践者的研究成果，在此对本书所列参考文献的作者一并表示由衷的谢意。同时，感谢国家社会科学基金对于本研究的大力支持及宝贵意见。

最后，由于本书构思较早、成书较晚，加之政府信息化领域更新日新月异，虽然经过后期不断的补充调查，文中难免有不足及错误之处，如有任何需要修正的地方，请发邮件至 mengchuanjin@126. com 赐教。

孟川瑾

2016 年 6 月 15 日

目　录

第一章　政府 CIO 概念及现状

本章主要介绍 CIO 以及政府 CIO 的概念，详细讲述 CIO 的起源及其在中国的发展和遇到的困难。同时简单描述中国政府 CIO 的组织结构以及制度现状，通过对国内外有关 CIO 的理论研究的分析，结合中国政府信息化过程中存在的问题，提出自己研究的主要问题以及研究方法和技术路线。

第一节　CIO 概念及其发展

一、CIO 的起源及定义

首席信息官（chief information officer，CIO）最早产生于美国，20 世纪 80 年代，随着信息技术的快速发展和广泛应用，信息开始在美国政府的各个机构内泛滥。1984 年，里根总统负责的委员会收到一份有关信息差距的调查报告，该报告称发现了一种被称为“结构真空”的现象，即政府中无人去协调和管理信息的选择和流通，以至于政府各部门饱受“拥有太多的错误信息、太少的正确信息”的苦恼。该委员会认为造成这种现象的主要原因是“缺乏信息管理的专门人才与机构”。解决办法就是在政府的每一个机构中设立一名主管“信息资源”的高级官员，全面负责本部门信息资源的管理、开发和利用，并直接参与最高决策管理[1]。这是政府首席信息官（以下简称“政府 CIO”）的早期雏形，他们的主要职责都是建立有效的技术系统以实现对信息的甄别筛选。

随着政府 CIO 有效地改善和加强了政府部门宏观层次信息资源管理，一些大型公司也将 CIO 这个职位引入公司微观的信息资源管理之中。企业 CIO 最初出现在美国一些较大的公司和企业集团，由于设置合理、颇有成效，各大公司组织纷纷仿效。到 80 年代中期，美国 500 家最大的企业中已有 40%设立了 CIO 职位。到了 1988 年底，排名世界前 500 的大企业有 80%以上实行了 CIO 制度[2]。到了 20 世纪 90 年代，克林顿政府大力推动政府部门和企业设立 CIO 职位，甚至立法规定政府部门必须有 CIO 这个岗位，《克林格-科恩法案》（Clinger-Cohen Act）要求的政府主要部门和机构要任命 CIO 来实施信息技术（information technology，IT）管理改革很大程度上就是源自商业领域的 IT 管理实践的成功[3]。政府 CIO 的地位和作用正不断显示出其重要价值。

在国外，CIO 群体经历了几十年的成长，已经开始步入全面转型阶段。企业对于信息主管的要求不再局限于技术水平，而是开始更多地关注综合素质，即包括 IT 基础知识、管理技能、业务认知水平在内的多种能力的组合[4]。CIO 被认为是对于信息技术和管理科学均有一定造诣的高级人才，其地位仅次于总裁或执行总裁。作为企业的高级主管，CIO 负责管理企业的信息技术部门，领导企业信息系统的开发和建设。他们不但要为决策者提供客观的数据，并且参与制定组织的经营方针、重大决策，还要与其他组织部门密切配合，在激烈的市场竞争中收集最新信息，参与制定竞争策略，研究组织的发展方向。CIO 甚至经常作为组织的股东之一参加董事会会议，由于与高层有密切的关系，往往能够影响组织的决策。目前国外的 CIO 已经涉足决策层、管理、技术及竞争优势等多个领域。

1981 年美国波士顿第一国民银行（First National Bank of Boston）经理辛诺（W. R. Synnott）① 和坎布里奇研究与规划公司（Cambridge Research & Planning，Inc）经理戈拉伯（W. H. Grube）在其著作《信息资源管理：80 年代的机会和挑战》中首次使用“Chief Information Officer”这个术语，并且给 CIO 以明确的定位：“CIO 是负责制定公司信息政策、标准，并对全公司的信息资源进行管理控制的高级行政官员”[5]。

Grover（1993）对于 CIO 的定义是：具有与高层良好沟通的能力、基于公司全局视角管理信息资源的能力，影响组织战略以及负责与公司的竞争战略一致的 IT 规划的管理角色，是公司最高级别的信息资源管理者[6]。

Earl（1994）认为，从 CIO 应该承担的角色来讲，CIO 应该承担多种

① 辛诺于 1980 年被任命为波士顿银行的 CIO。

角色，包括组织信息基础设施的架构师、IT 部门运作方式的改革者、组织内外联盟的建造者以及上下级关系的建造者[7]。

高德纳咨询公司（Gartner Group）对 CIO 的定义是：CIO 是一个机构关键的管理岗位，负责制定信息化政策，保证 IT 和业务发展战略的有效整合[8]。

美国权威杂志 *CIO*(www.cio.com) 对 CIO 的定义是：CIO 是负责一个公司（或组织）信息技术和系统的所有领域的高级官员。他们通过指导对信息技术的利用来支持公司的目标。他们具备技术和业务过程两方面的知识，具有多功能的概念，常常是将组织的技术调配战略与业务战略紧密结合在一起的最佳人选[9]。不难看出，对于 CIO 的这种解读实际上已经冲破了技术的限制，其角色将从一个战略实施层的技术主管逐渐向参与决策的高级经理人蜕变。

值得注意的一点是：在不同的组织中，CIO 的头衔可能是不同的。一些典型的头衔包括主管信息系统的高级副总裁、IT 技术副总裁、信息系统经理、IT 技术主管、信息中心主任、信息化办公室主任、信息处处长、科技部经理等等。但不管他们是什么头衔，他们都是组织中信息资源的开发者和管理者。其头衔是随着组织中信息资源管理能力和水平的变化而变化的。在早期，信息资源管理关注的焦点是计算机硬件、软件等基础设施，那么这个时候的 CIO 就是 IT 技术主管。随着信息资源管理的关注焦点和核心转移到信息化应用和管理，CIO 就成为信息部门经理级别的中层管理人员。等到信息资源管理的重心转移到信息化战略和信息技术创新阶段，CIO 就可能是副总裁或副总经理这个级别的高级管理人员。

由于中国的信息化发展起步较晚，国内信息化发展水平参差不齐，不管是在企业还是在政府机关中，真正意义上的像美国那样进入管理高层的 CIO 并不多见。本书中的 CIO 的定义为“组织信息资源管理的最高职位负责人”，而不论他的头衔是什么。尽管不一定能进入决策层，但是他们对于组织的信息化决策的的确确有很大的影响，对于组织中的信息化发展和创建信息化氛围起到关键作用。按照这个标准，本书把他们统一定义为 CIO。本书中的 CIO 既包括参与组织决策和战略的真正意义上的高层管理者，也包括主要负责组织信息系统建设和基础设施架构的中低层管理者。这其实反映了中国不同层次的 CIO 的现实状况，他们都是本书所要研究的对象。

二、CIO的重要性

CIO在中国的发展也主要集中于企业领域。随着信息技术的不断发展，作为企业信息化的主要参与者，CIO成为企业中越来越重要的角色。CIO不但是企业信息化战略的制定者和实施者，同时也是企业从传统管理向现代管理的变革推动者。

首先，从企业发展的外部环境来看，企业之间存在着激烈的竞争。而它们之间的竞争主要围绕着资源的争夺与利用而展开。企业的市场地位不仅取决于其所拥有资源的数量与质量，还取决于其对资源的利用效率。根据组织演化的"效率选择假说"，新制度经济学的代表人物威廉姆森强调组织应该是一个有效率的组织，市场对企业自然选择的结果，将使得更有效率的组织取代效率低下的组织。因此一个企业要想在市场上生存与发展，就必须提高自己的效率以达成组织的目标，而组织的活动都应该以效率为原则，组织内的各个部门也应该以效率为评价部门的标准[10]。企业可以看成一组资源的集合体，它不仅包括组织的物质资源、人力资源、资金资源，还包括企业所掌握的信息资源。信息作为一种基本的资源类型，跟设备、人力、资金一样，需要发挥作用，需要加强管理，以防止资源的流失和浪费，因此必须确定专人管理。由于目前越来越多的商业活动依靠信息技术，CIO就成为驱动这个过程的很自然的管理者，主要负责企业内的信息资源的配置。此外，组织的信息资源管理仅依靠CIO个人是不现实的，还必须设立各级信息机构，配置相应的专业人员并通过信息政策和制度等方式界定各级信息机构的职责、权限。

其次，从企业发展的内部环境来看，企业信息化本身是个非常复杂的系统工程，不仅要求技术创新、制度创新，更重要的是观念创新，要求管理和服务流程的优化。企业信息化在推进过程中将面临许多困难，其中最难的是人的接受程度、人的观念更新以及人的利益调整。众所周知，凡是涉及人的问题，计算机和网络技术本身都无能为力。这就需要靠强有力的、有战略眼光的领导来解决。此外，由于信息化将涉及企业的方方面面，需要整合企业中各方面的资源。这些都使得企业需要有一个专门的组织来统一意志，合力推进信息化改革；同时要求企业中有一个高层管理人员专门从事信息系统方面的领导工作，从企业战略高度进行信息化的规划和协调各个部门之间的问题。因此，在信息化的过程中，企业迫切需要CIO来参与组织高层决策，负责制定本企业信息系统建设的总体思路、信息流程、员工培训，并对信息资源进行管理与控制。

最后，随着企业关键业务对信息系统的依存度逐渐提高，任何系统出现故障或被破坏，都可能造成严重损失和恶劣影响。欲处理好信息安全与信息共享之间的矛盾，目前不论在技术上还是在制度上，都需要专人指挥、协调和管理，因此 CIO 这个职位是相当重要的[11]。

可见，不管是从企业针对外部竞争而要进行信息资源配置的角度，还是从企业内部优化流程推进改革的角度，或是从企业信息安全的角度来说，都需要有 CIO 这么一个职位存在。

CIO 的出现标志着现代企业的信息管理已从低水平的档案文件管理进入了高水平的信息资源管理阶段。例如 2002 年 10 月 9 日，国家信息化测评中心推出的《企业信息化基本指标构成方案（试行）》中提出了中国组织信息化评价指标体系。在这个指标体系中，一级指标“战略地位”下的“信息化重视度”（二级指标）的“指标数据构成”里有一项“CIO 职位的级别设置”，并且注明“正式设置 CIO 职位得 50 分，否则得 0 分，CIO 职位级别处于组织最高层得 50 分，处于中层得 25 分”，即在组织最高层管理者中设置 CIO，则该项指标可得 100 分。CIO 在组织中的地位也是组织信息化水平的一个评判标准。此外，联合国从 2008 年开始的电子政务调查评估中，就将是否存在政府 CIO 或者相似的职位作为指标[12]。同样地，日本早稻田大学对于国家电子政务的报告中，6 个评估国家电子政务水平的指标中，政府 CIO 指标是非常重要的一项，包括政府 CIO 授权、组织结构以及政府 CIO 的发展规划[13]，CIO 的重要性由此也可见一斑。

三、CIO 在中国的发展

一般说来，中国的信息化发展起步总体比较晚。从 20 世纪 70 年代后期开始，国内一些单位和组织已开始设立计算中心等部门，主要服务于科研领域。1984 年，国务院批准国家计划委员会成立了信息管理办公室，负责推动国务院有关部委的信息系统建设工作。到了 1987 年，国务院又批准国家计划委员会将所属的计算中心、预测中心和信息管理办公室 3 个机构合并，正式组建了国家信息中心，全国各地也设立了与国务院相对应“信息中心”的组织机构，主要负责国家经济信息系统的规划与建设。但这些信息中心仍旧是一个与财务、人事、统计等部门分立操作的独立部门，被定义成一个典型的服务部门，信息中心主任承担着信息化管理的主要职责。

而CIO这个概念在1998年左右伴随着互联网第一次高峰进入国人的视野，CIO最初主要出现在互联网公司和外资企业中，经过1998年前后的互联网的短暂火爆并归于沉寂。伴随着“信息化带动工业化”进程的深入，2003年以来，各种CIO的会议、论坛、评选、沙龙、俱乐部纷纷出现，信息化的大潮又将企事业单位的信息主管推上了台前。从2004年开始，国内的信息化基本进入了CIO主导信息化阶段，其主要标志是形成了一个较为成熟的、对信息化进程能够发挥重要作用的CIO阶层。比如，从2007年起由CIO Insight举办的“中美CIO高峰论坛”成为CIO交流的一个很好的平台，目前此论坛每年举行一次①。这也说明目前国内CIO群体的逐渐成熟。2009年6月，中国首次在国家层面提出建立企业CIO制度。国资委在《关于进一步推进中央企业信息化工作的意见》中，要求央企建立首席信息官（CIO）制度，设立信息化专职管理部门。2013年工业和信息化部出台的《信息化和工业化深度融合专项行动计划（2013—2018年）》中就指出，要完善信息化人才培养体系，“在大中型企业全面普及企业首席信息官制度，制定企业首席信息官制度建设指南，鼓励成立企业首席信息官协会，开展首席信息官职业培训”。2014年11月，工业和信息化部还组织编制了《企业首席信息官制度建设指南》（见附录4），开始在全国推进企业首席信息官制度的建设工作部署[14]。

除了以上相应的政府部门的规定、办法以及措施的出台外，各地也建立了一系列的首席信息官交流和互动的平台，以此来推进首席信息官队伍的成长。比如：2013年12月，在工业和信息化部的指导和支持下，由中国电子学会、电子工业出版社、中国人民大学发起成立的中国首席信息官联盟在北京成立。这也标志着首席信息官走向正式和成熟。中国首席信息官联盟的任务是：积极宣传贯彻国家信息化相关政策，推进首席信息官制度建设；制定和推广首席信息官认证制度及相关标准；多层次地开展首席信息官业务培训服务，提高首席信息官的知识水平和业务能力；以多种形式搭建国内外首席信息官交流合作平台，开展形式多样的研讨、交流、咨询、评估等活动[15]。2015年5月9日，上海首席信息官联盟论坛暨成立大会在中国浦东干部学院召开[16]。

可以看出，国内CIO群体在经历了近15年的发展后，随着企业信息化进程的加快，其地位和作用越来越受到政府部门和组织的重视。虽然很

① CIO Insight是Ziffdavis Media公司注册服务商标。

多组织已经意识到了 CIO 的重要性，但是 CIO 还没有真正参与到组织的决策和规划中去。从企业信息化的角度来看，真正的 CIO 体制还没有完全形成，CIO 的角色在组织中还没有得到足够的体现，而且大多数 CIO 的素质和意识也与组织的期望存在一定的差距。

从实际调查数据来看也发现 CIO 现状参差不齐。2003 年中国人民大学经济科学实验室与《中国计算机用户》杂志社共同发布的《中国首席信息官成长模式与现状调查报告》显示：在所调查的 253 个有效样本中，公共管理与社会组织（主要为政府部门）大多设立了 CIO。这说明政府信息化的政策已经得到了各级政府、事业部门的积极响应，政府 CIO 的设置已经成为一种不可抗拒的趋势。共有 59 个机构尚未设立 CIO，占样本机构总数的 23.32%。比较突出的是建筑业和 IT 业，其未设立 CIO 的比例明显高于平均水平。此外，大型组织设立 CIO 的情况要好于中小组织。一个不可否认的事实是，目前中国 CIO 所处的位置充其量也就是与信息中心主任相当的位置。调查显示，在已经设立 CIO 的 146 家组织中（不含政府部门），共有 103 家（占 70.55%）组织 CIO 处于部门经理级别，共有 38 家（占 26.03%）组织 CIO 处于副总级别，只有 5%的组织明确确立了 CIO 职位。从这些数据可以看出，中国已经进入决策层的 CIO 群体还没有成长起来[17]。

从组织结构的角度来看，CIO 所在的部门在组织中的地位也没有得到充分的认可，目前在组织中负责信息资源的部门有的是战略部门，有的是发展部门，有的是单独设置成为计算中心、信息中心等，有的是并入人事或财务部门管理，有的是归口科研和技术部门，等等。这些部门的存在其实都只是体现了组织在当时背景下对于信息资源管理的某一个方面的需求，要么是战略层面，要么是业务流程层面，要么是基础设施层面等，而领导层并没有从组织的长远发展来考虑设置一个专门的组织架构。

从长远来说，信息部门不应该是组织中其他部门的附属机构，而应该是与其他部门并列甚至是高于其他部门的管理机构。即使把信息管理部门单独出来，也不应该仅仅将其看成一个简单的信息中心，而应该赋予其更多的职能，给予其相应的权力，让其能参与到决策和组织业务流程的改造中来，这样才能真正发挥信息资源的作用。在现实中，CIO 在组织中所处的地位比较尴尬，有的是组织的高层管理者，有的是与业务相联系的中层管理者，有的是负责技术的 IT 主管。对于 CIO 职责的描述更是多种多样，既要参与 IT 战略的制定，又要协调各个部门之间的关系，还要把握 IT 技术的发展、负责 IT 人员的培养等等。人们对于 CIO 的职责及其角色的不同描述，其实反映了对于完善的CIO组织架构的需求[18]。

总的说来，中国的信息资源管理建设起步晚、基础薄、发展不平衡，即便面对国际上日益激烈的商业竞争和信息竞争，组织对信息的价值认识有所提高，但距离在组织内部设置首席信息官的做法仍有一段路要走。与此同时，由于竞争和外部环境的变化，已经有越来越多的组织认识到信息和知识是影响组织发展的重要因素之一，要想充分发挥信息和知识的作用，就要提高信息主管及信息部门在组织中的地位。

四、CIO遇到的挑战

随着组织外部环境的变化步伐加快，组织的战略受到快速的战略性业务变革、电子商务以及技术上的复杂性这三方面的驱动，信息化方面的规划和决策的变化也加快。以往根据一个长期的业务规划进行信息化规划的方法就行不通了，负责IT部门的CIO在进行信息化规划的过程中将面临巨大的挑战。

一般说来，CIO面临的挑战主要来自以下三方面：

（一）不断增加的控制

IT项目在组织中的投资越来越大，随之而来的风险也越来越大，这就需要CIO对于项目能够有效地控制。不断增加控制的原因有以下4点：

（1）不断增加的投资额。目前IT投资的数量级从几万变成几十万、上百万，甚至是上千万、数以亿计。信息技术投资的存量和增量都有大幅度的增加，企业对投资回报的期望值也逐渐增加。比如：通用汽车的CIO掌握着公司每年大约30亿美元的IT投资额。为了降低投资风险，组织管理层需要对于信息化项目以及CIO的行为进行必要的控制。

（2）IT项目的复杂性。如今的IT项目涉及组织的业务、技术、管理等方方面面，IT技术贯穿于整个业务。CIO必须对各种各样的业务流程和业务模式做出快速准确的反应[19]。很多业务部门提出“由于公司的IT部门不了解它们的需求，它们更加倾向于由业务部门自己来主导实施信息化项目”；高层领导也对IT部门投入远远大于产出的状态感到不满，并且这种不满已经体现在不断降低IT预算和人员工资等方面[20]。IT项目的复杂性也强化了组织对于信息化项目的控制。

（3）收益的无形性。信息化投资产生的收益具有隐性效益的性质，这就使得信息化投资的收益难以量化。“随着信息化的投入越来越大，而信息部门的绩效却越来越难以确定，信息化经理人员需要面对能够证明他们成功的信息化绩效带来的压力”[21]。

(4) 高不确定性。所有信息化项目在执行过程中都会遇到各种始料未及的风险和意外，会使项目存在较大的不确定性。这要求 CIO 对于信息化项目能有很好的控制能力。此外，项目外包形式的逐渐普及也需要 CIO 对于项目有很好的控制能力，以降低项目的外包风险。

(二) 不断增加的责任

组织外部环境和信息技术的发展变化和不确定性，对 CIO 的学习能力提出了更高的要求[22]。随着信息技术的发展，CIO 面临着越来越严峻的挑战，其职责范围也越来越广泛。一般说来，CIO 的主要职责包括：对长期的战略以及信息系统的规划活动，对信息资源管理负责[23]，对组织中的所有计算机以及相关的信息系统的正常运行负全部责任[24]。Haselkorn (2003) 曾指出：对于 CIO 来说，最困难的问题不仅仅是要承担 IT 职能范围内的职责，还要承担一些涉及跨部门甚至是跨层级边界的职责[25]。

国内学者杨学山、焦宝文也分别对 CIO 应尽的职责进行了描述[26]，具体内容如表 1-1 所示。

表 1-1　CIO 的主要职责列表

学者	主要职责
杨学山	➢ CIO 需要在信息化的各个方面建章立制，引导信息化走向正确的方向，用合理的速度向前推进 ➢ 需要建立比较好的管理体制，建立一批好的规范，制定规划和计划 ➢ 需要把远景和实践结合起来 ➢ 需要创造和利用方法、工具 ➢ 需要在自己成长的同时继续培养人才和队伍
焦宝文	➢ 参与高层管理决策，领导单位信息战略的制定和重要信息化项目的实施 ➢ 制定组织的信息政策与信息活动规划及制度 ➢ 制定组织的信息流程，规范单位信息管理的基础标准 ➢ 负责组织的信息系统建设规划与宏观管理 ➢ 监控所有信息化项目的实施，监控现有信息系统的运行，评估信息技术的投资回报 ➢ 单位信息化的宣传、咨询、培训、沟通与组织协调

如此广泛的职责意味着 CIO 这个职位不但是一个真正给组织带来巨大变化的职位，而且是一个非常具有挑战性的职位。人们对这个职位赋予了太多的期望，对于 CIO 的期望是他应该具有技术、流程和业务的综合知识，以便有效地管理信息系统部门，形成适当的组织结构和流程，并帮

助形成基于业务的 IT 战略[27]。

（三）与高层管理团队建立良好的关系

CIO 面临的挑战还来源于其所处部门的特殊性，从职能来看，IT 部门是组织职能部门之一，与财务部、市场部等并没有差异。但从效能来看，IT 部门经常被看作一个不断投钱而没有丝毫产出的部门，大多数情况下是将其归入成本中心之列。面对持续的资金投入和难以衡量的投资回报，IT 部门很难得到其他部门的理解和认同，CIO 及其信息资源管理人员一直以来都被人们看作“救火队员”，许多组织的信息技术部门一直处于争论的焦点和生存危机之中。这就要求 CIO 与高层管理团队建立良好的关系，以便对其产生非直接权威的影响[28]。为此，CIO 要与高层管理团队形成团队关系。CIO 一方面要用一些非技术的语言与高层管理者沟通，让他们认识到信息技术的重要性；另一方面又要经常与他们进行业务方面的沟通，以便更好地理解组织的业务流程。这对于 CIO 个人的能力，尤其是沟通能力、业务知识以及职业技巧提出了新的挑战。

此外，郭立生在对参加 2004 全国优秀 CIO 圆桌会议的 CIO 进行调查问卷分析后发现，国内 CIO 面临的挑战主要来自以下 3 类：

（1）信息化战略方面的挑战。主要包括信息化战略与组织战略的有效结合、信息化战略与组织管理创新、信息化与组织核心竞争力重建、IT 创新与信息化可持续发展等。

（2）组织业务流程和 IT 技术整合方面的挑战。主要包括 IT 对业务流程的支持、IT 对业务技术的改造、IT 对组织供应链的改造等。

（3）组织管理信息化方面的挑战。主要包括信息化团队建设和有效激励、IT 对组织文化的改造、妥善处理与首席执行官（chief executive officer，CEO）等各种利益相关者的关系等等。应该说这些挑战都是组织信息化进程中的核心问题和难题，无一不是组织发展的瓶颈。

这些问题的解决无不涉及根本性的变革，其中任何一个问题的解决都将是信息化建设的突破[29]。

第二节　政府 CIO 概念及其发展

一、政府 CIO 概念和特点

政府 CIO 是指在政府中担任首席信息官，负责政府信息资源管理的高级政府官员。更广泛意义上的政府CIO不仅仅是指某个具体的职位，它还是一项制度性安排，是一组对于信息资源进行管理的制度的集合。政府CIO在美国、加拿大、英国等国家信息化过程中发挥了有效的作用，其主要原因就是这些国家都有针对信息资源管理从战略到法律再到职能的整体制度性安排[30]，并建成了以政府CIO为核心的包括一系列信息资源管理的相关制度的框架体系。

政府部门的CIO与企业的CIO相比，有很大的区别[31]，具体如表1-2所示。

表1-2　政府CIO与企业CIO的区别

	因素	政府CIO	企业CIO
1	控制因素	投票者	利益相关者
2	导向	过程导向	结果导向
3	对象	公众或企业	客户
4	激励因素	服务	利润
5	工作环境	垄断	竞争
6	风险行为	厌恶风险	偏好风险

一般说来，与企业CIO相比，政府CIO主要有以下特点：

（1）厌恶风险。由于工作环境的原因，政府CIO一般风险偏好程度较低，在新技术来临的时候，一般是采用稳健的办法，不轻易进行有风险的改革，利用信息技术进行业务流程优化的力度和广度都会受到影响，这也造成了政府CIO的工作以及绩效显示度不如在企业中强烈。

（2）服务为主。政府的存在就是为公众提供服务，因此在选择信息技术的时候，一般价格的敏感性比较低，不像企业的CIO，进行信息技术采纳的时候要充分考虑到成本和信息技术带来的绩效的改观问题。政府CIO的主要职责是实现信息技术战略与政府管理过程的整合，要使电子政务建设过程中的“电子”与“政务”达到无缝隙结合。

（3）非技术影响因素较多。政府CIO要想发挥作用，将受到来自政府部门内部很多传统因素的影响。因此，政府CIO不但要有一定的信息技术专业水平，更重要的是要有很强的组织管理和业务管理水平，要有卓越的领导才能、敏锐的洞察力和政治辨别力。

（4）工作环境属于垄断性质。由于政府CIO的工作环境导致其竞争性偏弱，对于外部环境的变化不敏感，主动进行信息技术改革的意愿不强烈。因此，如果想要顺利开展工作，就需要政府 CIO 有一个更宽广的视野，能更好地利用信息技术服务于政府优化。

二、中国“政府 CIO”组织结构现状

由于中国的信息化发展起步较晚，总体信息化发展水平参差不齐。在政府目前的行政管理体系中并没有“政府 CIO”的说法，大多数的称谓是“IT 主管”、“信息中心主任”、“信息处处长”、“科技处处长”、“信息公开处处长”或“信息办主任”之类，真正意义上像美国那样处于领导地位、进入决策层参与决策的“政府 CIO”的人数并不多。但从人们对于他们所承担的职责及其角色的描述中，可以看出他们实际上是承担了“政府 CIO”这么一个角色。这些不同的称谓实际上反映了中国政府信息化制度中对于“完整的 CIO 组织架构”所形成的不同层次的需求。在政府信息化的早期，信息化的工作主要是办公自动化和信息系统的安全运行，这个时候的“政府 CIO”就是信息化主管或信息中心主任，他们的主要职责就是对硬件、软件等基础设施的维护。随着政府信息化的不断深入，政府信息化的完善需要从战略的高度进行规划、组织和管理，需要为政府内部的改革服务，此时的“政府 CIO”就是信息办主任甚至是信息化领导小组组长。因此，本书对于政府 CIO 的定义为“政府信息资源管理的最高职位负责人”。不管他的具体头衔是什么，他都是当前状态下政府部门内部信息资源的管理者、政府信息化推进的骨干力量，对于政府信息化决策有很大的影响[32]。

为了使“政府 CIO”的工作得以顺利开展，就必须建立与之相适应的行之有效的组织机构来规划和实施信息化的战略。经过对国内政府机构信息资源管理和政府信息化相关部门的调研和分析，发现目前国内“政府 CIO”的主要组织结构可以分为以下几种（详细论述见第九章第一节）[33]：

（1）“信息办＋信息中心”型结构。

（2）“信息办”主导型结构。

（3）“信息中心”主导型结构。

（4）“职能处室”主导型结构。

（5）“职能处室＋信息中心”型结构。

（6）“业务部门”主导型结构。

前述政府信息化的 6 种结构，前 3 种（即“信息办＋信息中心”型、“信息办”主导型、“信息中心”主导型）是比较合适的，但也仅仅是适合

于政府信息化发展的初级阶段。从专业分工的角度来看，后 3 种（即“职能处室”主导型、“职能处室＋信息中心”型、“业务部门”主导型）是不太适合政府信息化的发展的。

就促进信息化程度而言，信息化组织结构不同，对信息化推进力度、信息资源管理能力、信息化决策规划能力以及协调能力等都存在差异。随着政府信息化的发展，信息化的深度和广度都将发生巨大的变化，政府信息化需要一个完备的体制来保证它的运行，需要一个专门的部门来对相关的信息资源进行管理，信息化组织结构的形式和内容在一定程度上影响着政府部门职能的发挥。

三、中国“政府 CIO 制度”的现状

对于“政府 CIO 制度”这个概念，中国政府管理体制中更是没有明确地提出。但是随着政府信息化的不断深入，人们发现在政府信息化过程中出现了种种问题，比如 IT 黑洞、信息化绩效低、重复投资、系统不能互联互通、信息资源不能共享等，使得“政府 CIO 制度”这个话题逐渐得到大家的重视。不论在实践中还是在学术界，对于建立“政府 CIO 制度”的呼吁都很多，也时常见诸各种报刊和会议。2000 年后，“政府 CIO 制度”也逐渐地为大家所熟知并付诸实践，全国各地针对建立企业和政府的首席信息官职位和相关制度展开了不同程度的探索工作。

早在 1999 年，上海市政府就启动了首席信息官制度的运行试点，江苏省政府则在 2001 年实施了首席信息官研修制度[34]。

2003 年北京市宣武区政府于 7 月通过、9 月施行的《宣武区公开政务信息暂行规定》中明确要求宣武区各级行政机关设立首席信息官 1 名，全面负责本机关的政务公开工作[35]。

2009 年 5 月，广州市政府法制办公布了《广州市信息化促进条例（征求意见稿）》，其中就规定市、区、县级市人民政府各部门设立首席信息主管，负责本部门信息化的统筹规划、指导协调和监督管理工作。首席信息主管制度由市人民政府制定，有条件的大中型企业参照执行[36]。但在具体条例颁布的时候，却没有“首席信息主管”的字样，取而代之的是“信息化主管部门”，这使得本来很务实的工作和职能又虚化了，不得不说是一种遗憾。

2009 年，上海市经济信息化委在《关于推进信息化与工业化融合促进产业能级提升的实施意见》中指出，为推动企业发展模式从生产型制造

为主向生产与服务并重转型，探索建立企业首席信息官制度[37]。

2009 年 6 月，首次在国家层面提出要建立企业的 CIO。国资委公布的《关于进一步推进中央企业信息化工作的意见》，要求央企建立首席信息官制度并设立信息化专职管理部门。

2011 年 6 月，广州佛山市信息化决策委员会决定，在市、区政府部门建立并推行首席信息官制度，有 100 多名首席信息官参加了培训，以提高市、区各级部门信息化建设管理水平[38]。

2014 年 11 月，工业和信息化部组织编制了《企业首席信息官制度建设指南》，开始在全国推进企业首席信息官制度的建设工作部署。

可以看出，对于“政府 CIO 制度”的建设，全国各地都开始了不同程度的尝试，但由于种种原因，到目前为止政府还没有一个清晰的“政府 CIO 制度”的框架体系。

接下来，看看中国“政府 CIO”在实践中几个重要制度安排的现状是怎样的。

（一）“政府 CIO”的选拔考核制度

中国政府对于“政府 CIO”的选拔和考核缺乏具体的法律条文或规章制度来约束，基本都是参照公务员的选拔考核标准来进行管理的。

一般说来，只有进行决策和日常管理的各级“信息办”属于政府行政体系，“信息办”的工作人员一般都是要通过国家的公务员考试才能进入，他们一旦进入就享有“编制”待遇，“信息办”主任及其成员都属于公务员编制。而具体实施信息化建设和维护的“信息中心”大部分属于事业编制，只不过有的属于全额拨款，而有的属于差额拨款。这些事业编制的“信息中心”对于人员的选拔主要是通过人才市场招聘获取，即便是可能承担“政府 CIO”角色的信息中心主任，也需要和用人单位签订劳动合同，而具体的考核将参照事业编公务员的考核办法。

（二）“政府 CIO”的决策机制

决策机制主要是指有关信息化建设的决策由谁做出，其决策的过程是怎样的。从决策机制可以看出政府流程是否优化、治理结构是否合理、工作是否高效。目前“政府 CIO”参与到政府的信息化决策有以下特点：

首先是决策层次低。在现有的“政府 CIO”组织结构中，“政府 CIO”地位相对较低，大部分仅仅相当于部门主管级别，他们参与的决策仅仅局限在信息化领域，甚至是信息化领域里的底层决策，有的连信息化的规划决策都无法参与，更别说政府部门组织管理和改革的高层决策了。因此，低层次的参与导致政府信息化建设缺乏战略的眼光和开阔的视野，最终造成信息化建设的低水平和重复。

其次是决策能力弱。不少政府部门的“信息办”实际上并没有专业的IT人员，导致有关信息化的专业决策能力较弱，与信息化建设有关的决策还需要由“信息中心”来参与拿主意，更有甚者还依靠参与政府信息化的外包公司来做决策。这就非常容易造成管理上的混乱，使得“信息办”这个决策部门和“信息中心”这个执行部门职能混淆、分工不明晰，导致很多信息化项目的扯皮和推诿现象。

（三）“政府 CIO”的沟通机制

“政府 CIO”的沟通机制主要包括两部分：

首先，内部协调沟通。内部协调主要由政府信息化组织结构中的信息化领导小组负责，信息化领导小组的主要作用就是进行战略规划以及协调各部门之间的工作和关系。这实际上从侧面反映了这些本应该由“政府CIO”所拥有的权力，由于“政府 CIO”能力不够而被另外一个组织机构所暂时行使的尴尬现实。但在实际工作中信息化领导小组的作用有限，因为其组成成员基本是由政府部门的领导兼任，领导平时工作繁忙，针对信息化本身并无实质性参与。实际沟通协调工作基本是由“信息办”这种和其他职能部门同级别的机构来做，这样同级别协调的难度和效果是可想而知的。

其次，外部协调沟通。由于政府的信息化建设项目基本都是外包给相关领域的专业公司承建，而与外部公司的沟通基本是靠“信息中心”完成的。这种沟通如果没有政府高层的参与，就容易造成承建单位无法更好地理解政府信息化中的需求，造成信息化后续工作的成本增加。

总的说来，中国“政府 CIO 制度”从 2000 年开始，已经呼吁了很长时间，而且在不少发达城市开始了不同程度的试点，但由于缺顶层设计以及法律的保障，使得试点容易，但推广起来就相对困难。目前现有的“政府 CIO 制度”存在种种弊端，在“大数据”“互联网＋”背景下的今天，已经严重阻碍了政府信息化的进展。

四、政府 CIO 制度的意义

在信息社会中，信息日渐成为超越土地、资本与劳动力的一种新型的社会生产要素，成为社会发展日益重要的战略性资源，整个社会将形成一个完整的信息网络系统[39]。尽管我们政府和企业设立了总会计师来管理资金，设立了总工程师来管理技术和设备，设立了总经济师来通盘考虑经济工作，但却没有人负责政府的信息资源管理，这种“结构真空”状况当然要从体制上加以解决。信息作为一种基本的资源，跟资金、人力、设备一样，需要加强管理，需要发挥作用，需要防止流失和浪费，因此必须确定专人管理[40]。在政府领域，随着信息技术对于政府的行动和公共关系的影响逐渐增强，需要有政府 CIO 对政府政策和战略的领导，政府 CIO 专注的重点已经超越了技术的管理，转移到了政府的“变革管理”和“业务流程再造”等基本问题[41]。在 2007 年全球 CIO 圆桌会议上，与会代表也意识到了政府 CIO 的重要性，尤其是其在政府公共部门“以公民为中心”的转型中将发挥关键作用。

电子政务的实施意味着一次由技术推动的管理革命，以及伴随产生的制度和政治的改革。许多国家的电子政务不成功，很大程度上是因为在它们的潜在假设中，电子政务的发展是一次性的、一个项目或一个蓝图，可以通过国际咨询顾问和临时实施项目单位来满足跟踪问责和治理的需求，在领导力和机构能力上缺乏可持续发展的远见[43]。事实上，电子政务并不是一个一次性的项目，它是一个持续改善的过程，是一系列政策开发、投资规划、创新、学习和变更管理的连续过程[44][45]。这个过程必须符合动态响应的发展，支持不断变化的国家目标和战略，并且产生可持续的制度改革和公共服务的改善。我们面临的挑战是建立有效的信息技术治理和体制框架，并使得人力资源和制度资源成为新的竞争力的源泉。理论上，新公共管理者认为公共管理者是专业人士，政府部门的不良绩效不是因为他们缺乏管理能力和不履行职责，而是“坏制度”的结果，是烦冗和不必要的规则的结果[46]。因此，有必要对于信息化的相关制度尤其是政府 CIO 制度做一下深入研究。

那么，中国是否有必要建立 CIO 制度？焦宝文教授认为“建立政府 CIO 制度是一个组织的信息管理发展到战略管理阶段的必然产物，一些重点的电子政务工程投资规模少则几个亿，多则上百亿，风险也随着投资规模的增加而增加，如此高投入的工程需要专业的决策者和法律意义上的责任人”[47]。国家信息化专家咨询委员、中国信息协会常务副会长高新民认为，当信息技术和信息化的内涵尚未被人们广泛正确理解的时候，通过“一把手”工程能够有效地推动信息化建设在政府的实施。但一把手不可能只关心信息化工作，更不可能投身于电子政务建设的具体工作中去。随着信息化投入的资金越来越多、涉及的部门越来越多，“信息中心”类的组织结构、管理机制已经越来越难以适应信息化建设的需要。需要确立政府 CIO 的地位，将信息化建设“一把手”工程变为“一把手＋CIO”工程。

当前，中国政务信息化建设存在条块分割、各自为战的问题，各部门往往按照现行行政管理体制，一方面，既有业务流程的电子化缺乏部门间业务协同的组织规划，造成部门间业务分立、数据隔离的格局，跨部门协调决策难度大。另一方面，各部门政务信息系统大都侧重内部事务处理，以提高内部管理效率为目标，缺乏面向服务公众和支撑政府宏观决策的应用，政府信息化对提升政府公共服务水平的支撑能力不足，不能满足转型时期对提高政府公共管理水平和增强治国理政能力的要求[48]。因此需要对政府信息化制度进行顶层设计，政府 CIO 制度就是其中需要考虑的重要制度之一。

第三节 研究问题及内容

一、研究问题的提出

政府信息化在经历了几十年的发展后，随着电子政务应用的深入，信息化的进程逐渐受到传统行政观念与政府业务流程改革滞后的影响。在政府信息化过程中出现了种种问题，比如 IT 黑洞、信息化绩效低、重复投资、系统不能互联互通、信息不能共享等，政府信息化的绩效普遍不高。

导致政府信息化绩效不高的直接原因和根本原因是什么，一直以来众说纷纭。基于心理学中的归因理论，人们一般会将政府信息化绩效不高的原因归结为两大类：有人认为是负责政府信息化项目的信息化主管（也称为政府 CIO）的个人能力不足造成的。随着政府 CIO 在组织中的作用越来越大，人们对于政府 CIO 的期望也越来越高，希望政府 CIO 是一个既懂技术又懂管理和战略的复合型人才，希望政府 CIO 能够通过实施信息化给政府带来很大的收益。但是伴随着这种高期望的是政府信息化绩效屡屡不能令人满意，甚至是信息化项目的不断失败以及技术的投资收益不清晰[49]，这使得人们对于信息技术乃至 CIO 职位和 IT 部门的作用产生了质疑。CIO 也因此经常成为人们关注的焦点，处于争论的漩涡之中。“CIO 能力不行”“CIO 不懂业务”等声音也是不绝于耳。

还有人认为是政府的组织制度不健全造成的，认为组织制度不支持、高层领导不支持、政府 CIO 光有责任没有权力等造成信息化绩效不高。这些人认为是制度因素影响了政府信息化的绩效，需要建立完善的政府 CIO 制度来提升信息化的绩效。

本书主要是针对下面几个问题展开研究：

(1) 到底哪些因素影响政府信息化的绩效？是主管信息化的政府 CIO 的能力还是政府的组织制度？如果影响因素是人的能力，那么今后政府在发展信息化的时候就应该从培养“人才能力”的角度来提高信息化绩效。如果影响因素是组织制度，那么政府就应该着重完善组织制度。

(2) 这些影响因素与政府 CIO 制度之间的关系是什么？

(3) 政府 CIO 制度的理论基础是什么？基于这些理论的政府 CIO 制度是如何设计的？政府 CIO 制度的具体内容包括哪些？

(4) 现阶段，政府 CIO 制度实施的影响因素有哪些？

(5) 国内外政府 CIO 制度是怎样的？对于建立目前国内的政府 CIO 制度有什么启发？

(6) 实施政府 CIO 制度的主要障碍和对策有哪些？

针对以上问题的研究，包含政府 CIO 制度问题的来源、现实的困境、理论的基础、影响的因素和解决的方案，形成了一个完整的政府 CIO 制度研究的脉络。研究以上问题有利于正确把握政府信息化的真实症结所在，有利于解决目前政府信息化过程中存在的“人才不足”和“制度缺失”两个核心难题。尤其是在政府实施网络强国战略，大力推进“互联网+”以及“大数据”背景下，迫切需要一个针对信息资源尤其是政府信息资源进行管理的制度体系的安排。因此，针对政府 CIO 这个问题的研究显得尤其重要，做好了可以使政府的服务更上一个台阶，否则可能使得原有不合理的政务流程通过电子化的手段固化下来，反而增加今后进行改革的难度和成本。

二、研究内容

基于以上问题的提出，本书的研究内容主要集中于以下几点：

（一）信息化绩效影响因素的理论模型

这部分的研究主要是构建理论模型。本研究理论框架（见图 1-1）的搭建来自归因理论、领导理论、组织理论和相关的文献资料。其中，信息化绩效与组织制度、CIO 能力三者之间的关系是建立在归因理论的基础之上的，CIO 能力与信息化绩效的关系得到领导理论的支持，组织制度与信息化绩效的关系得到组织理论的支持。

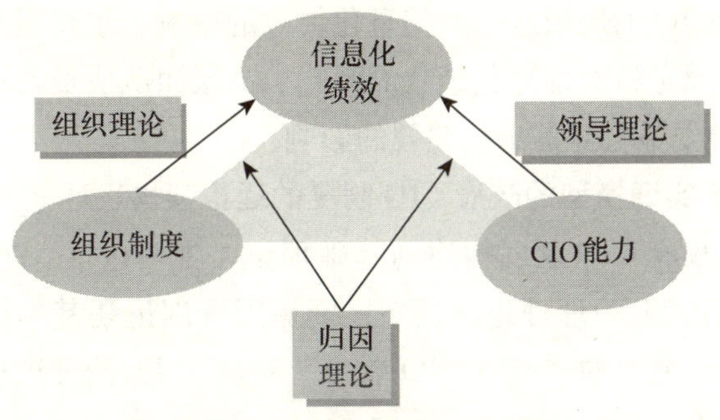

图 1-1 本研究理论框架

（二）信息化绩效影响因素的实证分析

这部分的主要内容就是通过数据来验证理论模型（见图 1-2），找到影响信息化绩效的因素并检验这些影响因素是否显著。

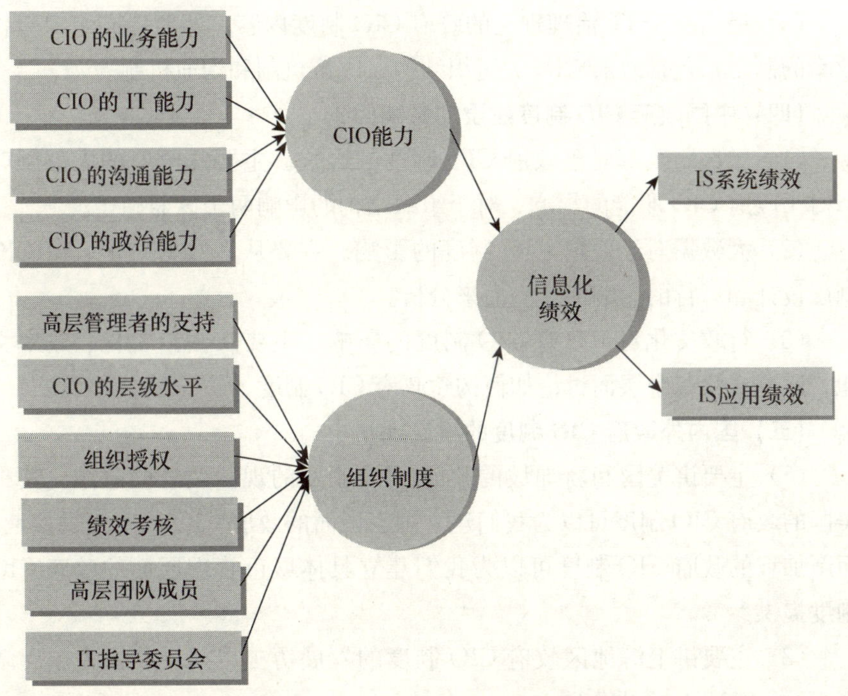

图 1-2 理论研究概念模型图

（1）CIO能力对信息化绩效的影响。包括CIO的业务能力对信息化绩效的影响、CIO的IT能力对信息化绩效的影响、CIO的沟通能力对信息化绩效的影响、CIO的政治能力对信息化绩效的影响。

（2）组织制度对信息化绩效的影响。包括高层管理者的支持对信息化绩效的影响、CIO的层级水平对信息化绩效的影响、组织授权对信息化绩效的影响、绩效考核对信息化绩效的影响、高层团队成员对信息化绩效的影响、IT指导委员会对信息化绩效的影响。

（三）基于实证模型的政府CIO制度的理论架构设计

（1）提出政府CIO制度构建的基础理论。主要包括：资源配置理论、人力资源理论和IT治理理论。其中：资源配置理论是基本原则，人力资源理论与实证研究中的“政府CIO能力”对应；IT治理理论与实证研究中的“组织制度”对应。

（2）提出基于人力资源理论的政府CIO制度内容。即能够提高政府CIO能力（包括业务能力、IT能力、沟通能力和政治能力）的制度，具体内容有政府CIO的选拔制度、培训制度、考核制度和激励制度。

（3）提出基于IT治理理论的政府CIO制度内容。即能提高组织运作效率的制度，包括政府CIO的组织结构、决策机制和沟通机制。

（四）中国政府CIO制度建设的影响因素

（1）大部制改革对于政府CIO制度的影响。主要从政府的大部制改革对于政府CIO职能的影响、对于组织结构的影响两个方面论述。

（2）大数据对于政府CIO制度的影响。主要从大数据对于政府CIO制度设计和运行的影响两个方面来分析。

（3）行政文化对于政府CIO制度的影响。主要从法治文化、效率文化、服务文化三个层面讨论如何构建政府CIO制度。

（五）国内外政府CIO制度的建设现状

（1）主要讲美国和新加坡的政府CIO制度的现状及经验总结。其中美国的政府CIO制度可以为我们建立国家层面的政府CIO制度提供参考，而新加坡的政府CIO制度可以为我们建立具体城市管理层面的政府CIO制度提供参考。

（2）主要讲上海地区政府CIO制度的发展历史以及现状，为今后政府CIO制度落地提供借鉴。

三、研究意义

对于本研究所关注问题的解决，有以下价值：

（一）理论价值

理论价值主要体现在两点：首先，本研究基于归因理论从个人层面的“政府信息化主管个人能力”以及组织层面的“制度因素”来探索信息化绩效影响因素，试图构建用于解释国内政府信息化绩效的理论架构。其次，对于政府 CIO 制度基础理论框架设计和具体内容的研究，也是国内首次对于政府 CIO 制度理论基础进行系统的研究。两方面的理论创新都有助于形成完整的国内政府信息化理论体系。

（二）实践价值

该项研究的实践价值主要体现在两个层面：在组织层面上，为政府部门建立有效的信息化管理制度提供理论指导，并且促进部门间的横向协调、整合和推进信息化建设，贯彻上级信息化领导机构的总体技术标准和顶层规范，消除信息孤岛和实现部门间信息共享[50]。可以帮助政府部门了解本部门信息化的状态，明确未来信息化的方向和组织方式。最终为实现政府的数据资源管理提供一个实践参考框架。在个人层面上，为政府 CIO 更好地发展个人能力提供一些借鉴，同时也有助于政府选拔合格的信息化管理人员，帮助政府设计相应的政府 CIO 管理和运行机制来适应政府不同信息化阶段的需求，从而推动政府 CIO 的成长和政府信息化的发展，并帮助政府最有效地进行信息资源的配置和管理，进而提高政府信息化绩效水平。

四、关键概念的界定

下面是本研究中出现的几个关键概念的界定：

（一）政府 CIO

本书中政府 CIO 的定义为“政府信息资源管理的最高职位负责人”，而不去管他具体的头衔是什么。尽管有些人可能还没进入决策层，但是他们对于中国政府信息化决策的确有很大的影响。因此，本书中的政府 CIO 既包括参与组织决策和战略的真正意义上的 CIO，也包括主要负责政府信息系统建设和基础设施架构的 IT 主管。

（二）信息化绩效

本研究对于信息化绩效的具体定义是“政府信息化部门所提供的服务

的质量和应用的质量”。信息化绩效的主要内容包括两个维度：一个是信息系统项目本身建设的绩效（后文简称“IS 系统绩效”），一个是信息系统应用的绩效（后文简称“IS 应用绩效”）。

（三）组织制度

组织制度是指在组织信息化过程中，影响信息化绩效的来自组织层面与 CIO 有关的制度因素，它与来自 CIO 个人层面的因素共同作用于政府信息化绩效。基于研究的目的，本书认为对于政府信息化绩效有影响的组织制度主要包括高层管理者的支持、CIO 的层级水平、组织授权、绩效考核、高层团队成员以及 IT 指导委员会这六方面的内容（具体分析见第四章），其中每个因素相关文献内容见第二章论述。

（四）政府 CIO 制度

政府 CIO 制度是政府 CIO 管理规范的总称，包括政府 CIO 的责权以及政府 CIO 的管理体系。通俗的说法就是一系列有助于政府 CIO 提高能力、发挥作用、推动政府信息化绩效的相关制度。从本书的研究角度来说，政府 CIO 制度主要是从两个角度考虑：一个是基于人力资源理论的政府 CIO 制度，包括政府 CIO 人员的角色、职责、录用、考核、选拔、薪酬、激励、考核等一系列制度。一个是基于 IT 治理理论的政府 CIO 制度，包括政府 CIO 的组织结构、决策机制、沟通机制。详细论述参见第七、八、九章相关内容。

第四节　理论研究背景

一、国外 CIO 理论研究的发展

自从 20 世纪 80 年代 CIO 这个概念出现以后，针对 CIO 的相关理论研究也随之开始了。从国外的文献来看，有关 CIO 的理论研究主要集中在以下几个方面：CIO 的角色及其影响因素的研究、CIO 职责的研究、CIO 影响行为的研究、CIO 与 CEO 关系的研究、CIO 成功影响因素的研究、CIO 能力的体系研究、CIO 面临的主要问题的研究等几个方面[51]。以下做一个简单的回顾。

（一）CIO 所承担角色的研究

关于 CIO 所承担角色的研究中，Synnott（1981）最早提出了 CIO 角

色学说，他认为 CIO 首先是一位商人，其次是一名管理者，然后才是技术专家。

Rockart，Ball 和 Bullen（1982）认为 CIO 作为管理者和技术专家，这两种角色同样重要[52]。

Passino 和 Severance（1988）提出主管信息化的 CIO 首先应该扮演商业管理者的角色，其次才应该是技术专家[53]。

Dixon 和 John（1989）认为 CIO 的关键角色就是“整合直线管理和技术战略以及它们的合并、规划和对于财务的影响”[54]。

Stephens 等（1992）在通过对于 5 个 CIO 案例的研究后指出：CIO 的角色不仅仅是一个经理角色，还是一个资源分配的角色、政治家、部门间网络构建者以及交流者等[55]。CIO 不应该单纯地被视为职能经理，还应该被视为组织的高级管理者之一，并参与组织的重要决策。

Applegate 和 Elam（1992）认为 CIO 角色包括战略技术以及业务领导两种角色。

Feeny 等（1992）认为一个合格的 CIO 应该具有以下五方面的特征：诚实、正直、真诚、公开；商业的视角、动机和语言；沟通者、教育专家、激励者、领导、政治家以及关系构建者；不断地了解事态的发展，能够解释他们对企业的意义；变革导向的团队成员，并催化商业思维[56]。

Earl（1996）则从 CIO 生存的角度分析了 CIO 应该承担的 8 种角色。其中，洞察家、履行承诺者、策略家和关系塑造者是 20 世纪 90 年代 CIO 生存所必须承担的 4 种角色，系统思想家、结构师、改革家和调配管理者则是 20 世纪 90 年代中期之后随着生存环境的变化 CIO 将要承担的角色。

Rockart（1982）的研究指出：“CIO 实际上已经冲破了技术的限制，他们的角色将从一个战略实施层的技术主管逐渐向参与决策的高级经理人蜕变。”[57] Grover 和 Jeong 等（1993）基于 Mintzberg（1978）对于管理者角色的 10 种分类，从横向上对 CIO 和其他高层管理者——生产部门、销售部门和财务部门的负责人扮演角色的不同进行了验证。研究发现：CIO 与生产部门、销售部门负责人扮演的角色在统计意义上存在显著差异，而 CIO 与财务部门负责人扮演的角色在统计意义上无显著差异。此外，在纵向上对 CIO 与中层信息部门经理的管理角色进行比较，发现他们的角色非常相似，没有显著差异[58]。

Drury（2005）通过对于 379 个组织的调查发现，组织中的高层管理者和 CIO 对于 CIO 角色的认知不同，并且，这种不同会随着组织层级的向下延伸而扩大[59]。

（二）CIO 角色变化的影响因素的研究

对于 CIO 角色变化的影响因素的研究主要包括组织的内部环境和外部环境中的相关因素。

从组织的内部环境来看，Ein-Dor 和 Segev（1978）指出管理信息系统的集中程度、整合程度、硬件配置以及管理信息系统在整个组织中的地位是影响 CIO 角色的重要因素[60]。Grover 和 Jeong 等（1993）指出随着 IT 资源的集中度和 IT 管理的集中度的变化，CIO 的角色也会相应地发生变化。Karimi，Gupta 和 Somers（1996）认为在组织竞争战略和 CIO 角色方面，不同的公司竞争战略所需要的角色是不同的[61]。Gottschalk 和 Taylor（2002）发现组织结构中的正式汇报级别也是影响 CIO 角色的因素[62]。Gottschalk（2002）在研究中认为 CIO 的管理角色包括领导者、演讲者、监控者、沟通者、组织家和资源调配者，他的研究结果表明组织家角色最为重要，并且这一职能的重要性还会随着终端用户计算能力、IS 的管理成熟度、行政管理的有效性、向 CIO 报告的人数、IT 人员的数量以及教育水平的提高而提高[63]。此外，其他内部影响因素还包括战略信息系统规划[64]。

从组织的外部环境来看，Gottschalk 和 Taylor（2002）发现技术环境的变迁、行业和规模也是影响 CIO 角色的重要因素。McLean 和 Smits（2003）从组织面临的商业环境以及 CIO 关注的焦点两个维度出发，提出了关于 CIO 领导角色的整合模型和成长模型。并且指出组织面临的商业环境将会直接影响 CIO 的角色[65]。Rockart（1982）研究了在不同的组织环境下 CIO 角色的演化，指出 CIO 的角色由外部趋势和管理环境所影响，并指出 CIO 角色的三个特点：对信息基础设施负责的角色；员工导向，并使用交流、教育、标准化以及其他间接控制方法来完成新技术整合者的角色；必须成为高层团队中的一员，并且对信息资源的政策和战略负有全部的责任。

（三）CIO 职责的研究

大量的文献强调了 CIO 的角色和职责，这些文献指出：CIO 作为一个管理者，在决策上应该具有战略水平[66]，并且应该支持公司的战略决策[67]，尤其是 IS 的长期战略以及战略规划活动[68][69][70]。其他的研究重点强调了针对信息资源管理的关键职责以及作为一个信息系统管理者的关键成功因素、与高层管理者的交流的重要性[71]、对于组织中的所有计算机以及相关的信息系统的正常运行负全部责任。

Highbarger（1998）认为 CIO 的职责主要在于提高组织的成本效益、技术竞争力以及组织管理水平[72]。Stephens 等（1992）认为 CIO 应该具有 6 个长期的职责，包括：制定信息资源的政策、程序、准则或标准；制定信息资源的战略规划，提供改进的组织功能和竞争优势；批准或接受经费开支；协调信息技术、职能部门以及外部环境之间的关系；教育管理者，特别是高层管理者对于信息技术的潜在应用；外部环境扫描。Polanksy，Inuganti 和 Wiggins（2004）识别了 CIO 的职责，包括 IT 战略、IT 治理、IT 组织和人员配备、技术架构、技术意识、公司治理、商业智能、业务转型、客户服务、互联网和电子商务[73]。

此外，Haselkorn（2003）指出：对于 CIO 来说，最困难的问题不仅仅是要承担 IT 职能范围内的职责，还要承担一些涉及跨部门甚至是跨层级边界的职责。

（四）CIO 影响行为的研究

关于 CIO 行为的研究，都是基于领导学中 Yukl（1994）的行为理论进行的[74]。主要研究的是 CIO 通过何种行为方式来影响上级或同事以及这些行为的影响因素。

Earl 和 Feeny（1994）认为 CIO 可以通过“联合”和“咨询”这种行为来将潜在的 IT 战略施加于其他经理人员，并对他们产生影响。此外，研究还发现若 CIO 倾向于“教导”行为，则组织的信息化更容易成功，但是 CIO 的技术背景却对这种行为有比较大的阻碍作用。

Fiegener 和 Coakley（1995）发现成功的 CIO 倾向于使用更广范围的影响行为的战术，而不成功的 CIO 的影响行为采用的战术范围则比较窄[75]。

Armstrong 和 Sambamurthy（1999）指出业务方面的知识是 CIO 影响组织成员的潜在的基础[76]。

Lederer 和 Mendelow（1988）通过采访的方式研究了 CIO 在说服高层团队信息系统战略价值的过程中遇到的主要障碍和 CIO 克服这些障碍所采取的主要措施和技巧[77]。

Enns 等（2003）根据 Yukl（1994）提出的 7 种影响他人的技巧，对 CIO 在高层团队成员中实施横向影响力采用影响技巧的有效性进行了实证分析。结果发现："理性劝说"和"个人吸引力"能够获得同事的承诺，而"交换"和"压力"却不能。此外，Enns 等（2003）还对 CIO 的技术背景与影响技巧的关系进行了研究[78]。

（五）CIO 与 CEO 及高层管理团队关系的研究

大量的研究表明，CIO 和 CEO 之间的关系是实施信息系统成功的重要影响因素[79][80]。对于 CIO 与 CEO 关系的研究主要包括以下几方面的内容：CEO 与 CIO 的相互关系研究、影响 CEO 和 CIO 关系的因素研究、CIO 与高层管理团队关系的研究。

1. CEO 与 CIO 的相互关系研究

CEO 和 CIO 的相互理解是组织中信息化建设的重要内容。主要原因既包括 CIO 对业务和战略问题理解的局限性，也包括 CEO 和高层管理团队对 IT 技术能力理解的局限性[81]。因此，发展 CIO 与 CEO 或高层管理团队之间的共享认识模式是改善他们之间关系的关键因素，也是促使信息系统战略与组织整体战略相结合的重要手段[82]。

Earl 和 Feeny（1994）认为：在 CEO 和 CIO 之间有关信息系统优先权认识的不同是大多数信息化问题存在的根源。他们采用面对面访谈的形式，对 60 多个公司的 CEO 和 CIO 进行了采访，研究了 CEO 对 CIO 和 IT 部门作用的看法。研究发现：要改变 CEO 对于 CIO 和 IT 部门的看法，关键在于 CIO 要为公司创造价值。为此，CIO 需要具备必需的商业知识，要学会利用成功的案例来说服 CEO，要与高层领导建立良好的关系，要拥有良好的业绩记录，集中精力完成一些项目，建立与高层领导相同的 IT 愿景。Jones 等（1995）对"CEO 对 CIO 表现的满意度，以及 CIO 对他们在 IT 战略制定、公司战略制定中的参与度，他们与 CEO 的关系和他们对公司 IT 计划的满意度"进行了研究，结果发现：CEO 对 CIO 的满意度不是很高，CEO 希望 CIO 具有创造性，了解更多的业务知识，与 CEO 进行有效的沟通[83]。Potter（2003）通过研究 CIO 对高层的期望管理技巧及影响因素，发现期望管理对 CIO 的生存很重要[84]。

2. 影响 CEO 和 CIO 关系的因素研究

在影响 CEO 和 CIO 关系的因素研究中，Feeny 等（1992）通过对 14 家英国公司的深入访谈，认为 CEO 和 CIO 的背景、CEO 对于变革的态度、CEO 和 CIO 对于 IT 的感知、CIO 对于业务的感知、CIO 的团队成员角色、CEO 的 IT 经验都对 CEO 和 CIO 之间的关系有影响。Tai 和

Phelps（2000）通过对中国香港 139 份问卷的调查研究，从 IT 视野、组织的信息化问题、IT 对于知识管理的支持三个方面讨论 CEO 和 CIO 对于组织 IT 战略的认知，并且认为国家文化背景、行业特性以及 CEO 和 CIO 的关系会影响他们对于 IT 的感知[85]。Johnson 和 Leaderer（2003）基于沟通理论，通过实证研究得出结论：CEO 与 CIO 对于 IT 在组织中的角色认知受到 CEO 和 CIO 沟通频率的影响，而沟通渠道的多样性对于他们的共同的认知没有影响[86]。

3. CIO 与高层管理团队关系的研究

在 CIO 与高层管理团队关系的研究中，Preston 等（2005）对 CIO 和高层管理团队的共享认知模式对于组织战略信息系统的影响进行了研究，指出共享认知模式的三个关键因素是：CIO 在组织中的正式地位、CIO 对于高层管理者的教育努力程度、CIO 和高层管理者的共同语言。

也有学者发现 CIO 掌握的 IT 和业务知识、CIO 与高层管理团队的非正式接触和交流对共享认识模式的形成，以及 IT 在组织中支持公司战略和价值链上的活动有着重要影响。

（六）CIO 能力体系的研究

关于 CIO 能力研究的文献很多，早在 1973 年，Nolan（1973）就认为 CIO 应该是“变革的代理人”，应该具有更多的管理技能而非技术技能[87]。最早的有关 CIO 能力的实证研究是 Benbasat 等（1980）通过对 35 个信息系统经理关于“感知有用性”的调查得出的在不同的组织成熟度下，信息系统经理和系统分析人员的一般技能和专家技能的关系。认为不管组织成熟度如何，对于信息系统经理和系统分析人员来说，一般管理技能都比专家技能更加有用。其中一般管理技能包括人员、组织、社会方面的技能；而专家技能包括系统、计算机、模型方面的技能[88]。

Rockart 等（1982）将 CIO 角色看作“一般经理和技术权威的组合”，强调指出 CIO 所需要的一般管理能力包括：政治、组织和沟通的能力，直线管理的能力，人力资源管理的能力。

Couger 和 Amoroso（1989）通过对 31 个 CIO 样本的研究发现与 CIO 有关的三项重要能力是：推销自己的想法的能力；与 CEO 建立良好关系的能力；感知组织信息需求的能力[89]。

Smaltz（1999）认为 CIO 应该具有的四种能力是战略业务能力、战略 IT 能力、人际沟通能力、政治能力[90]。

Remenyi 等（2005）从 CIO 职业生涯的角度，通过对 CIO 所面临的 8 个挑战的研究，认为 CIO 所需要的能力根据时间和环境的不同而不同，CIO 应该具有技术能力、知晓信息技术发展趋势知识的能力、公司战略能力、业务能力，还应该具有像变色龙那样的动态能力来应对挑战，即快速变化的能力、多方面考虑问题的能力、快速响应的能力、持续坚持的能力。

工业顾问委员会（1998）（Industry Advisory Council，IAC）的报告将 CIO 的能力分为 3 部分：管理能力、运作能力和个人专业能力[91]。

Chun 和 Mooney（2009）认为 CIO 能力的这种不断演化主要取决于两点：首先是组织在多大程度上决定要标准化和整合信息系统的基础设施，其次是信息技术在多大程度上成为组织的产品、服务和流程的核心[92]。

此外，学者还研究了 CIO 能力与绩效的关系，Tagliavini 等（2003）研究了 CIO 胜任能力与公司绩效之间的影响关系以及其他相关的影响因素[93]。其中胜任能力主要从“Know What”（知道是什么）、“Know How”（知道怎么样）、“Know How to be”（知道如何做）这三个维度来考虑[94]。Dawson 和 Watson（2005）也通过对政府部门的 6 位高级主管进行深度采访研究了 CIO 能力和绩效的关系[95]。

（七）CIO 成功影响因素的研究

对于 CIO 成功的几个经典研究主要都是基于 Yukl（1994）关于有效的领导力的研究模型（见附录 1）。

Brown（1993）以关于有效的领导力的研究模型为基础，从组织（organizational）和个人（individual）两个角度研究了 CIO 有效的领导力的影响因素，提出了相关的理论框架。

Enns 等（2003）认为：成功的 CIO 虽然具有不同的背景，但他们共同的特征就是具有领导力。Smaltz（1999）则从 CIO 应该具有的四种能力以及高层管理参与的角度研究了 CIO 成功的影响因素。指出高层管理参与是通过影响 CIO 能力这个中介变量来影响 CIO 成功的。此后，Brown（2006）又将 Smaltz（1999）的模型用到了教育行业，认为 CIO 成功的重要因素是 CIO 应该成为高层管理团队中的一员[96]。

（八）CIO 面临的主要问题的研究

CIO 面临的主要问题一直是信息化领域的热门话题，具体如表 1－3 所示。

表 1-3　有关 CIO 最关注问题的研究

作者	主要问题
Ball 和 Harris（1982）	MIS 的长期规划和整合
Dickson 等（1984）	改善 IS 规划
Brancheau 和 Wetherbe（1987）	战略规划
Niederman，Brancheau 和 Wetherbe（1991）	发展信息架构
Brancheau，Janz 和 Wetherbe（1996）	建立做出积极响应的 IT 基础架构
Gilbert 等（1999）	CIO 的角色
Luftman 和 McLean（2004）	IT 与业务整合、IT 战略规划、安全性和保密性、吸引和留住人才、评估 IT 投资的价值

Ball 和 Harris（1982）通过调查问卷的方法，得出 CIO 面临的最主要的问题是“MIS 的长期规划和整合”[97]。

Dickson 等（1984）通过 Delphi 方法得出 MIS 领域的 10 个最主要问题，其中“改善 IS 规划”是最主要的。

Brancheau 和 Wetherbe（1987）认为“战略规划”是最主要的问题[98]。

Niederman，Brancheau 和 Wetherbe（1991）发现“发展信息架构”是最主要问题[99]。

Brancheau，Janz 和 Wetherbe（1996）指出最重要的问题是“建立做出积极响应的 IT 基础架构”[100]。

Gilbert 等（1999）则通过问卷调查得出 MIS 领域的主要问题分为三类：一类是“信息系统职能领导力”；一类是“信息系统拥护”方面的问题；一类是软件方面的问题。而这三方面正是 CIO 在组织中的角色定位的描述[101]。因此，CIO 的角色是信息系统中持久存在的一个问题。

Luftman 和 McLean（2004）研究发现目前 CIO 所关心的排名前 5 位的 IS 问题分别是 IT 与业务整合、IT 战略规划、安全性和保密性、吸引和留住人才、评估 IT 投资的价值[102]。

其他相关问题的研究还包括聚焦于具体某一个国家[103]或聚焦于公共部门[104]，甚至包括关注于一些特殊职能领域的研究[105]。

二、国内 CIO 理论研究的发展

随着 CIO 这个概念引入到国内，除了 IT 行业对 CIO 问题进行了热烈的讨论外，学术界也对 CIO 问题展开了理论探讨，研究主要集中于以下几个方面：

（一）CIO 角色的研究

霍国庆（2001）认为 CIO 的主要角色有 4 种，即信息功能的领导者、信息技术战略规划家、战略信息资源管理者和电子商务推动者[106]。李芳芳（2006）基于 Q-方法对 CIO 的角色进行了研究，认为 CIO 的角色主要有推广者、使能者、执行者、架构师、创新者与战略家[107]。

（二）CIO 素质的研究

北京大学教授李东（2002）讨论了 CIO 应具备的素质。包络战略规划能力、信息技术知识、沟通能力以及务实精神[108]。王剑（2004）指出 CIO 应具备合理的知识结构、独特的个性特征和完整的综合能力等素质要求[109]。

（三）CIO 知识结构的研究

中国人民大学教授左美云（2004）则从 CIO 必备的知识体系角度提出了作为一个 CIO 应该掌握的知识模块：信息技术知识、信息管理知识、信息系统知识、流程管理知识、项目管理知识、经营管理知识（针对企业 CIO)、公共管理知识（针对政府 CIO)、信息战略知识、信息变革知识和信息文化知识[110]。

（四）CIO 组织结构的研究

霍国庆（2004）基于组织信息结构理论，从汇报关系、控制结构和工作结构三方面讨论了 CIO 的组织结构以及结构重组的理论模型[111]。

左美云（2004）对国内政府 CIO 的组织结构及其职能进行了研究，并且对政府 CIO 的组织结构和功能提出了建议。

（五）CIO 领导力的研究

董小英等（2006）基于 CIO 的角色对 CIO 的领导力进行了研究，认为承担不同角色的 CIO 的领导力是不同的，同时还做了很多有关 CIO 领导力的调查报告[112]。

三、以往研究的总结

目前国内外对于 CIO 的理论研究主要是从 CIO 的角色、知识体系、组织结构的角度进行的，或者是对于 CIO 与 CEO 的关系[113]、CIO 最关心的问题、CIO 对同事的影响力的研究等等。而对 CIO 的个人能力与组织信息化制度因素的关系是什么、他们如何对组织信息化应用水平产生作用，都还没有深入的研究。

通过对前人文献的分析，发现以往的研究有以下几个特点：

（1）从研究方法上分析。国外针对 CIO 的研究相对比较规范，涉及的角度比较多，且更加注重理论分析与实证调查相结合；国内目前则偏重于定性研究、理论研究，实证研究相对缺乏。国外的研究聚焦在很具体的某个问题上，而国内的却更加抽象，更加宏观。

（2）从研究内容上分析。对于组织信息化绩效的影响的研究中，大部分研究集中于对 CIO 的角色、素质和知识结构以及 CIO 的职责、高层管理者支持、组织授权等单方面因素对于信息化绩效的影响的研究。而对于组织制度、CIO 能力和信息化绩效等多个潜变量之间的相互关系的研究还比较少，缺乏同时从多个层次及角度对信息化绩效进行研究。

根据对以往学者研究的分析，本研究将主要用定量分析的方法，从个人层面的个人能力、组织层面的组织制度两个方面来研究信息化绩效的影响因素。并从这两种影响因素中提炼出相应的理论基础，在此基础上再构建出适合国内信息化阶段的政府 CIO 制度的具体内涵，辅之以国内外的案例进行支持，从理论和实践上给读者一个完整的政府 CIO 制度的框架体系。

第五节 研究方法及技术路线

一、研究方法

本书将以心理学中的归因理论为基础，结合组织管理中的领导理论、组织理论，采用文献研究、问卷调查、专家访谈、逻辑归纳、结构方程等方法来研究（具体见表 1－4）。

表 1-4　研究方法以及研究方案汇总列表

研究内容	研究方法	研究方案
政府信息化绩效影响因素理论模型	访谈法	➢ 采用非结构化访谈。政府信息化专家 50 人以上，获得了对于政府信息化绩效影响因素的定性认识
	文献分析法	➢ 主要侧重于对已有文献和理论的回顾。通过对政府信息化绩效领域的文献的梳理，界定出关键的概念，演绎、推理得出有关政府 CIO 能力、政府信息化制度与政府信息化绩效之间关系的理论模型以及研究假设
政府信息化绩效影响因素的实证分析	问卷调查法	➢ 采用自制量表和成熟量表，并修正量表 ➢ 发放调查问卷 130 份，回收样本量达到 94 份。由于调查聚焦于专业范围领域，因此问卷信度很高 ➢ 调查对象是不同地区、不同级别的政府信息化管理部门的信息化主管
	结构方程分析	➢ 数据分析采用基于偏最小二乘的结构方程来进行模型的验证和修正 ➢ 采用 bootstraps 的方法解决小样本问题
政府 CIO 制度理论框架	文献分析法	➢ 通过对资源配置、人力资源管理和 IT 治理领域的理论的梳理，逻辑推理得出政府 CIO 制度的框架
基于理论的政府 CIO 制度内容	规范研究法	➢ 基于实证研究结果和相关文献的规范研究探讨“政府信息化制度”的具体内容
	访谈法	➢ 采用非结构化访谈。政府信息化专家 30 名，获得专家对于“政府信息化制度”主要内容的看法和意见并进行修正

本书的主要研究方法有：

（一）文献研究

文献综述的主要目的是分析过去准备未来，结构化研究问题并为研究定位。本书第二章将利用文献综述方法探讨有关 CIO 能力、组织制度、信息化绩效以及政府 CIO 制度的文献，在文献综述的基础上提炼出有关论点与论据对本书的研究问题进行结构化和定位，进而提出概念模型与研究假设。

（二）问卷调查

实证科学是关于“是什么”的科学，这种类型的研究工作要求有充足的事实数据以及规范的数据收集、整理、统计手段作为支撑[114]。因此，为了验证论文所提出的模型的正确性并检验其效力，本书使用了问卷调查的方法。其中，问卷设计和发放都经过了科学和严格的程序，力求使得误差最小化。

(三) 专家访谈

专家访谈主要是帮助形成自己的问卷和研究模型的理论架构。通过对国内 CIO 研究领域和实践领域专家的访谈，确定自己的研究模型，并对基于文献的问卷进行修正，以使其更加符合中国国情。此外，还有一部分针对政府 CIO 的访谈，主要是对论文所架构的政府 CIO 制度进行验证，确立政府 CIO 制度的具体内容。

二、研究技术路线

本研究的技术路线主要分为以下几个部分：

(1) 文献探讨。主要侧重于对已有文献和理论的回顾。通过对 CIO 能力、组织制度、信息化绩效领域的文献的梳理，对照以往的研究，明确自己的研究模型，并界定出关键的概念。

(2) 理论模型的开发。以心理学的归因理论，管理学中的领导理论、组织理论为基础，通过文献分析，演绎、推理得出有关 CIO 能力、组织制度、信息化绩效之间关系的理论模型以及研究假设。

(3) 问卷设计及数据收集。主要是指通过分析文献中的相关研究设计出自己的问卷，并进行问卷的预测试以及通过便利抽样的方式发放及回收问卷等。

(4) 模型的数据分析与假设检验。根据问卷调查数据，首先进行概念测量模型的信度、效度检验，之后进行结构模型的数据分析，从而验证理论模型及研究假设。

(5) 结果分析与讨论。主要对数据分析的结果进行深入分析和探讨，总结出本书实证研究观点。

(6) 构建政府 CIO 制度的理论框架。主要基于实证研究的结果以及相关理论，构建出政府 CIO 制度的理论框架。

(7) 实践访谈。主要通过对政府 CIO 的访谈，完善基于实证研究和理论架构的政府 CIO 制度的具体内容，并辅之以国内外的政府 CIO 制度的案例进行分析验证。

本研究的技术路线如图 1-3 所示。

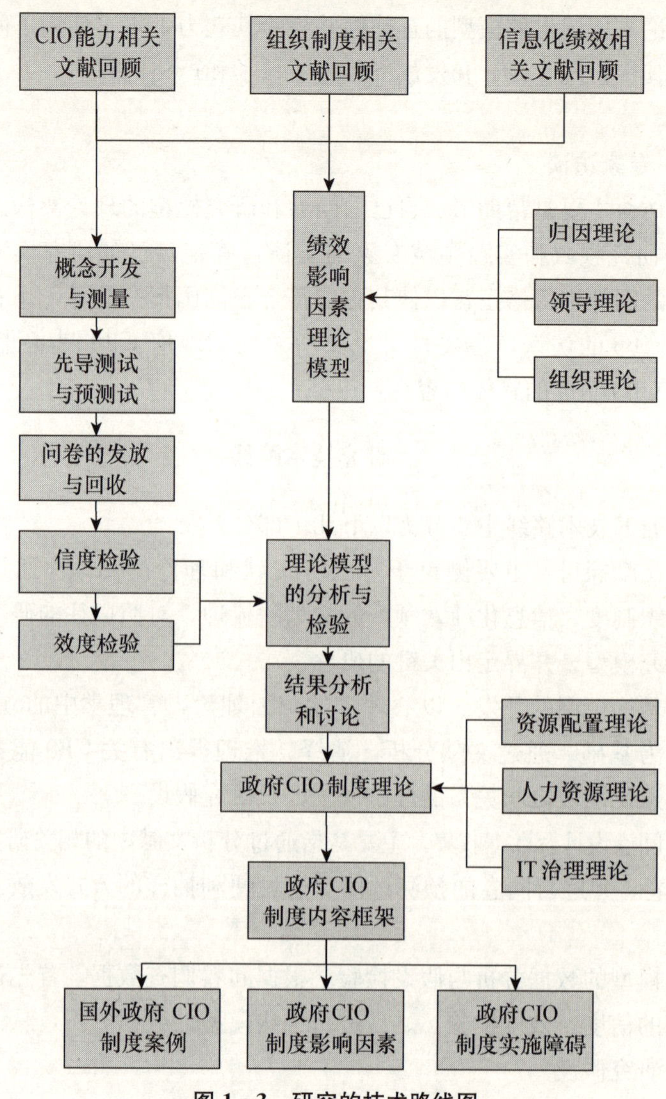

图 1-3 研究的技术路线图

第二章　文献综述

本章主要回顾国内外有关信息化绩效影响因素、CIO能力、组织制度、信息化绩效以及政府CIO制度的文献，并依此确定自己的研究目的，也就是试图从理论和实践的角度构建一个完整的政府CIO制度的框架体系，以便更好地指导信息化实践，推动政府信息化的深度应用。

第一节　信息化绩效影响因素文献综述

一直以来，组织信息化绩效的影响因素都是管理信息系统领域的一个热门话题。国内外学者对此进行了广泛而深入的研究。随着信息技术的不断发展和信息系统的广泛应用，信息系统与组织的联系更加紧密，影响信息化成功的因素也在不断发展和变化。

早期，对于信息化绩效的影响，学者是从信息化用户的角度来进行研究的，认为信息化如果要成功，需要用户首先接受某个信息系统。Zmud（1979）从个人的角度讨论了影响组织的因素：认知行为、使用者的态度[115]。Ives和Olson（1984）也认为用户的参与影响信息系统的成功[116]。最经典的就是Davis（1989）的技术接受模型（technology acceptance model，TAM），用于解释用户对新系统或新科技的接受程度。Davis等人把影响用户对系统接受程度的因素归纳为感知有用（perceived usefulness）和感知易用（perceived easy of use）两大层面，认为信息系统本身是否有用以及是否容易使用会影响信息系统的接受程度和绩效[117]。后来一大批学者在这个模型的基础上进一步研究，比如Hung，Chang和Yu（2006）应用计划行为理论（theory of planned behavior，TPB）对政府税收服务系统中用户接受的重要个体因素进行探讨，发现用户感知的有用性、信任和兼容性都很重要[118]。Dimitrova和Chen（2006）运用创新扩散理论（diffusion of innovation theory）和技术接受模型研究非人口统计特征对电子政务服务的采用。他们的结论是，选择一个政府服务（如网上报税）与对网站的感知有用性有关，并建议管理者应该针对经常使用的用户优化服务[119]。虽然这些研究是从信息化用户角度考虑绩效问题，但最终对信息化绩效的影响还是归结到信息系统本身，因为大部分的建议是改善信息系统的性能、人机界面友好程度等等，因此本质上还是认为技术是信息化绩效的影响因素。

除了技术本身以外，Sanders 和 Courtney（1985）认为信息化绩效的影响因素还包括：高层管理者的支持、用户的培训以及信息系统使用时间[120]。

Holland（1999）通过对企业资源计划（enterprise resource planning，ERP）实施的研究认为，提高信息化绩效要求组织以流程为导向，而且组织的所有部门必须遵循同样的、统一的流程。并且认为其关键成功因素主要有两方面：战略性因素（高层管理者的支持、发展愿景、项目时间规划、遗留的系统、实施策略）以及战术性因素（用户参与、人员、用户接受、监控和反馈、沟通、问题解答以及配置）[121]。

Kwon 和 Zmud（1987）曾经总结过 1987 年以前对于信息化绩效影响因素的研究，将信息系统绩效的影响因素分为 5 个大类 22 个因素，分别是：组织结构因素、技术因素、与信息系统支持的工作任务有关的因素、个人因素和环境因素[122]。

Boland 和 Larsen（2003）通过对 5 种国际顶级 MIS 期刊上所有的因素研究论文的系统综述，列出了影响信息化绩效的 69 个因素，并分为 7 个大类，除了 Kwon 和 Zmud（1987）提出的组织结构因素、技术因素、任务因素、个人因素、环境因素之外，还加入了过程因素和组织间因素[123]。

Santhanam 和 Hartono（2003）也采用文献综述的方法总结了信息化绩效影响因素，并将信息化绩效的影响因素分为与系统支持的工作任务有关的因素、管理因素、组织因素和技术因素 4 个大类，共 59 个小项。并指出：对于不同类型的信息化，有不同的成功影响因素，有些因素对所有类型的信息化过程都很重要，有些仅对某些信息化过程重要。一般而言，在一项研究中，研究者不可能对所有因素都进行研究，只能根据特定的研究目的和环境，选择少数几个因素作为研究对象[124]。表 2－1 就是 Santhanam 和 Hartono（2003）总结的影响因素框架。

表 2-1　信息系统成功影响因素总结

与系统支持的工作任务有关的因素	管理因素
➢ 任务的新颖程度 ➢ 任务的难度 ➢ 任务的可预见性 ➢ 与其他任务的相互依赖性 ➢ 任务的标准化程度 ➢ 任务的不确定性 ➢ 任务的权威性 ➢ 任务的重要性 ➢ 确定的任务信息需求 ➢ 管理性应用程序的数量	➢ 管理层的支持 ➢ 高层管理者的支持 ➢ 系统支持的管理活动的程度 ➢ 有操作层的发起者 ➢ 有管理层的发起者 ➢ 操作层发起者的参与 ➢ 管理层发起者的承诺 ➢ 满足管理型期望 ➢ 管理层对科学方法的态度 ➢ 管理优先权
组织因素	**技术因素**
➢ 有合适的 IT 技术人员 ➢ 系统与特定的业务需求相联系 ➢ 组织阻力管理 ➢ IT 经理与高层管理者的关系较近 ➢ IT 人员首先宣传的是概念，然后才是技术 ➢ 组织性承诺 ➢ IT 部门的组织地位较高 ➢ 醒目拥护者的存在 ➢ 组织的兼容性 ➢ 新系统与原有方法/系统相比领先程度 ➢ 组织性支持 ➢ 严密的实施过程 ➢ 有实施控制程序 ➢ 与原有方法/系统的集成程度 ➢ 业务关联组织的接受程度	➢ 数据系统特性 ➢ 开发技术特性 ➢ 组织资源的质量和丰富程度 ➢ 信息源特性 ➢ 提供高层管理者需要的数据 ➢ 增加或修改系统能力，以适应管理者的要求 ➢ 应用合适的开发技术 ➢ 开发系统的特性 ➢ 系统使用时间和经验 ➢ 系统具有审美效果 ➢ 软件使用的灵活性 ➢ 提供使用支持 ➢ 软件变更的快速迭代 ➢ 系统特性 ➢ 系统的用户友好程度 ➢ 技术兼容性

在众多的信息化绩效影响因素中，其重要性并不是一样的。在不同的情景因素下，这些影响因素发挥的作用是不同的。Somers 和 Nelson (2001) 首先通过文献回顾，提出了一个非常全面的信息化绩效影响因素列表（见表 2-2），并研究了信息化实施的不同阶段重要程度排在前 5 位的关键成功因素。可以看出，在组织信息化的不同阶段，其关键成功因素是不一样的[125]。

在国内，学者也做了不少对于信息化绩效的影响因素的研究。

表 2-2 信息化实施的不同阶段前 5 位关键成功因素

1. 初始阶段	2. 采用阶段	3. 适应阶段
➢ IT 架构选择 ➢ 清晰的项目目标 ➢ 与厂商的伙伴关系 ➢ 高层管理者支持 ➢ ERP 软件包的选择	➢ 高层管理者支持 ➢ 项目组的能力 ➢ 指导委员会的作用 ➢ 与厂商的伙伴关系 ➢ 资源保障	➢ 部门间的沟通 ➢ 部门间的合作 ➢ 项目组的能力 ➢ 资源保障 ➢ 利用厂商的实施工具
4. 接受阶段	5. 管理化阶段	6. 融入阶段
➢ 部门间的沟通 ➢ 部门间的合作 ➢ 高层管理者支持 ➢ 项目组的能力 ➢ 用户培训（新流程）	➢ 部门间的沟通 ➢ 高层管理者支持 ➢ 部门间的合作 ➢ 厂商支持 ➢ 用户培训（软件使用）	➢ 部门间的沟通 ➢ 部门间的合作 ➢ 高层管理者支持 ➢ 厂商支持 ➢ 与厂商的伙伴关系

吴瑞鹏、陈国青、郭迅华（2004）通过对中国 169 家企业的调研，利用因素研究和聚类分析等方法将中国企业信息化中的影响因素归纳为 5 大类：企业整体支持、IT 部门技术实力、企业给予信息化的实际推动力、外界环境稳定性、其他部门员工技术基础[126]。

汪淼军、张维迎和周黎安（2007）通过调研发现：企业生产绩效随着企业信息化资本的增加而增加，企业信息化资本投资的效率远高于物质资本。企业信息化的绩效和企业规模、所有制以及信息化时间存在密切关系。大企业信息化的绩效显著高于中小企业，企业信息化的长期绩效高于短期绩效，国有和集体等公有企业的信息化绩效高于民营和外资等私有企业[127]。

李靖华（2008）通过对浙江 57 家行政服务中心调查发现，现阶段行政服务中心流程绩效受到策略规划、企业家素质、窗口状况、信息化、部门合作、中心管理、互联互通等因素的影响[128]。

张同健（2009）指出组织支持、业务流程再造、专业团队建设、IT 支持和持续性创新等是影响信息系统实施成功的关键因素[129]。

陈浩、李咏娟和陈禹（2009）通过调研指出，中国企业人力资源信息化的实施绩效与外界压力、高层领导支持、HR 部门的创新气氛和 IT 能力、信息部门因素有显著的正相关关系[130]。

可以看出，组织信息化绩效的影响因素很多，甚至还有其他特殊因素，比如信息系统软件包的原产地[131]。但总的说来，影响因素的分类还是在 Santhanam 和 Hartono（2003）的那个框架之下。表 2-3 是有关信息化绩效影响因素主要文献的列表，不同 IT 战略和不同成熟度下的组织的信息化绩效，有不同的成功影响因素。有些因素对所有类型的信息系统都很重要，有些仅对某些信息系统重要。

表 2-3　信息化绩效影响因素主要文献列表

作者	年代	内容
Zmud	1979	从个人的角度讨论了影响组织的因素：认知行为、使用者的态度
Ives 和 Olson	1984	用户的参与影响信息系统的成功
Sanders 和 Courtney	1985	信息化绩效的影响因素包括：高层管理者的支持、用户的培训以及信息系统使用时间
Kwon 和 Zmud	1987	将信息系统绩效的影响因素分为 5 个大类 22 个因素，分别是：组织结构因素、技术因素、与信息系统支持的工作任务有关的因素、个人因素和环境因素
Davis	1989	感知有用性，感知易用性
Holland	1999	关键成功因素主要有两方面： ➢ 战略性因素（高层管理者的支持、发展愿景、项目时间规划、遗留的系统、实施策略） ➢ 战术性因素（用户参与、人员、用户接受、监控和反馈、沟通、问题解答以及配置）
Wixom 和 Watson	2001	影响信息化成功的因素有：高层管理者的支持、拥护、资源、用户参与、团队技能、已有的系统、开发技术[132]
Boland 和 Larsen	2003	除了组织结构因素、技术因素、任务因素、个人因素、环境因素之外，还加入了过程因素和组织间因素
Santhanam 和 Hartono	2003	将信息化成功的影响因素分为与系统支持的工作任务有关的因素、管理因素、组织因素和技术因素 4 个大类

特别地，对于电子政务绩效的影响因素，学者们也做了相关的研究，主要有以下一些观点。

（1）来自数据的因素。Redman（1998）、Kaplan 等（1998）、Ballou 和 Tayi（1999）都认为电子政务的影响因素在于数据质量以及数据准确性[133][134][135]。因为电子政务的基础设施、网络、信息系统会随着时间的改变而变化，唯一对电子政务起到长期作用的就是原始数据，这些数据的质量及准确性会影响政府利用信息技术进行决策和服务的水平。

（2）来自信息技术本身的因素。从某一信息系统本身来说，除了信息系统的具体功能性以外[136]，系统的可用性、易用性是电子政务推广初期需要考虑的重要因素[137]。此外，系统的差异性以及新旧程度不同导致 IT 项目的复杂性增加，尤其是信息的整合难度增加[138]。

(3) 来自组织和管理的因素。主要是指内部管理方面的因素，既包括电子政务项目管理上与组织目标缺乏一致性[139]，也包括个人兴趣和行为导致的变革阻力、内部冲突[140]。还有组织管理中的综合问题，比如 LaVigne (2001) 认为电子政务的成功取决于以下因素：对流程、需求和战略的分析能力，信息管理的水平，信息技术的水平，沟通和表达的技巧以及项目管理的能力[141]。Heeks (2003) 列出了电子政务绩效的 8 个影响因素，包括内部政治影响、变革管理、自我兴趣、能力、有效的项目管理、有效的设计、愿景和战略[142]。Becker 等 (2004) 则把电子政务组织的职责、电子政务的认知意识、资金预算以及组织变革作为电子政务潜在成功的关键因素[143]。Hussein 等 (2007) 通过对马来西亚电子政务的实证分析，认为在组织层面的高层管理支持、决策结构、管理风格、管理层的 IT 知识、目标确定以及资源配置等因素会影响电子政务的绩效[144]。

(4) 来自法律和规制的影响，主要是指外部的影响因素。许多 IT 项目必须考虑到当地法律和规制的影响，比如年度预算在很多地方都很正常，但这种年度预算会影响到 IT 项目的长期实施。此外，还有不同层级政府部门之间的关系以及执法、司法和立法之间的平衡。当然，也包括政府组织运作的政策环境和一般性的制度框架[145]，以及人们所普遍接受的或者认为理所当然的规范行为[146]，甚至外部的压力，比如政策议程以及政治因素，都会影响电子政务的绩效。

(5) 来自各方面的综合因素。基于权变理论，Garson (2003)、Landsbergen 和 Wolken (2001)、Pardo 和 Scholl (2002) 研究认为电子政务的影响因素主要包括背景的、制度的以及组织的因素，这些因素在信息技术的选择、设计和使用中发挥着重要的作用[147][148][149]。Gil-García (2005) 发现网站的功能、组织因素、行为因素、制度因素和文化因素会影响电子政务的绩效[150]。Gichoya (2005) 也罗列了几个相关的电子政务绩效影响因素，包括愿景和战略、政府支持、外部压力和捐助者支持、消费者期望的增长、技术变革、现代化和全球化的因素[151]。Altameem 等 (2006) 认为电子政务绩效影响因素主要有管理因素、技术因素和组织因素[152]。Vaidya 等 (2006) 针对公共部门的电子采购系统，列出了 11 个影响因素：安全与授权，技术标准，系统整合，高层管理者的支持，用户的培训成功商业案例及项目管理，供应商的选择，变革管理，流程再造绩效测量，电子采购实施策略[153]。

此外，联合国在其电子政务报告中也指出电子政务的阻碍因素主要包括：制度的弱点、人力资源、资金安排、当地环境和技术问题[154]。

国内研究方面，学者也从不同的角度进行了相应的研究，并结合了国内电子政务发展的实际情况。

（1）外部因素方面，祝小宁、刘婷婷（2003）从中外电子政务的对比中进行了政府信息化影响因素的探讨，认为外部环境因素影响了政府信息化的绩效[155]。池忠仁、陈云、王浣尘（2007）通过研究发现信息化绩效的影响因素主要是环境因素，包括信息技术变迁、管理理论发展及公众需求变化[156]。

（2）内部因素方面，汪玉凯（2004）从政府治理的角度探析了影响因素，认为影响信息化绩效的因素有主观因素（政府公务员的观念、传统政府的运作机制、政府信息化的规划与标准）和客观因素（政府管理的复杂性、社会信息化水平、信息安全）[157]。王天梅、孙宝文（2010）也从治理的角度进行了研究，认为政府信息化治理能力和组织的支持程度对信息化绩效具有显著的影响作用[158]。随后他们展开了进一步的研究，建立了IT治理绩效影响因素模型，采用143个来自中国政府信息管理部门的有效样本进行模型验证。结果表明：价值交付的有效性、成本控制的有效性、风险控制的有效性，能够在一定程度上评价电子政务实施项目的IT治理绩效。同时，由于IT治理的结构安排、认知程度、沟通机制对电子政务实施项目治理绩效的3个方面存在不同的影响作用，因而，在不同程度上显著影响电子政务实施项目的IT治理绩效[159]。

（3）还有从内部的领导行为、流程重组信息安全以及行政文化方面进行的研究。比如李斐（2008）从领导行为的角度进行政府机关的领导行为与组织创新对电子政务绩效的影响研究[160]。李靖华（2008）结合政府流程重组认为政府绩效主要受中心管理、企业家素质、部门合作、窗口发展等因素的影响。吕欣、裴瑞敏、刘凡（2013）发现信息安全因素和便利程度成为电子政务信息资源共享要考虑的首要因素，信任是实施电子政务信息资源共享的极为重要的软环境[161]。孟川瑾、许习羽（2014）从行政文化的角度对于政府电子政务绩效进行了研究，发现在中国现阶段的信息化水平下，协作文化、法治文化的提升有助于电子政务绩效的提高，而效率文化对于电子政务绩效无明显影响[162]。

此外，汪向东和姜奇平（2007）基于行政生态学角度，从国家层面分析了影响电子政务发展的4类因素，即经济要素、沟通网、创新基础、人力资源，其中经济要素是影响电子政务发展的首要环境因素[163]。

可以发现，国外电子政务影响因素研究更多的是从用户接受、采纳的角度进行，而我们的研究更多的是从政府组织环境、制度因素来进行，因为我们的职能部门还没有完全转变成以公众为中心的模式。

从以上分析可以看出，不管是企业组织还是政府组织，影响组织信息化绩效的因素都很多，而且在不同的时期、不同的系统、不同的信息化水平下影响因素都会不同。这些因素不仅仅对组织的信息化绩效有影响，它们之间的相互影响也比较大，而且还要受到不同的控制变量的影响，使得它们之间的相互关系很难描述，而且其假设和检验也很复杂。

一般而言，在一项研究中，研究者不可能对所有因素进行研究，只能根据特定的研究目的和环境，选择少数几个因素作为研究对象。因此，本书将根据本研究的主要目的并借鉴心理学的归因理论，主要探讨组织内部可控的跟CIO有关的个人因素以及组织层面的制度因素，而技术的、任务的、外部不可控的其他因素，暂时不放在本研究的范围之内。

第二节　CIO能力文献综述

通过之前的CIO相关理论的分析，可以知道对于CIO来说，其主要职责包括：长期的战略以及信息系统的规划活动、日常的信息资源管理、组织中的所有计算机及相关的信息系统的正常运行，以及一些跨部门甚至是层级边界的职责。

这些职能任务要求CIO同时扮演不同的角色和采取广泛的社交行为。其实CIO是一个具有广泛任务的角色组合体，他所承担的角色一般包括技术专家、管理专家和战略专家。为了完成这些角色，CIO必须花费大量时间来了解和研究当前的社会、经济和IT技术的发展趋势，了解组织内部各个部门业务流程等等方面的知识，这就对CIO的能力提出了新的要求。

随着现代组织对IT技术的依赖性加强，组织对信息化的要求标准也相应提高，迫使CIO的发展越来越趋于全面，对于CIO能力的要求也越来越多。

国内外对 CIO 能力进行研究的文献有很多，早在 1973 年，Nolan 就认为 CIO 应该是“变革的代理人”，CIO 应该具有更多的管理技能而非技术技能。

最早的有关 CIO 能力的实证研究是 Benbasat 等（1980）对于 35 个信息系统经理关于“感知有用性”的调查，结果给出了在不同的组织成熟度下信息系统经理和系统分析人员的一般技能和专家技能的关系。他们认为不管组织成熟度如何，对于信息系统经理和系统分析人员来说，一般管理技能都比专家技能更加有用。其中一般管理技能包括人员、组织、社会方面的技能，而专家技能主要包括系统、计算机、模型方面的技能。

学者 Krajewski，Martin 和 Walden（1983）认为领导者必须具备以下三种能力[164]：

（1）技术能力，主要是指从事某一职务或工作时应用专业知识的能力或专长，包括运用特定的方法、程序、过程等技术性的知识，以及有关工具和设备的能力。

（2）人际关系能力，主要是指具有有关人与人之间交往的知识，了解别人的感觉态度和动机的能力，沟通的能力以及建立合作关系的能力。

（3）概念能力，主要是指管理者整体分析、诊断和解决复杂组织情景问题以及捕捉机遇的能力，善作逻辑思考，能将复杂模糊的关系加以概念化，在构思和解决问题方面具有创意，并能预测可能的潜在问题。

Synnott（1981）在他的专著《信息资源管理：80 年代的机遇与战略》一书中指出，CIO 在 IT 发展趋势方面应该是“技术的通才”。

Rockart 等（1982）认为 CIO 的角色应该是“管理者和技术权威的联合体”。他指出 CIO 所需要的一般管理能力包括：政治的、组织的以及沟通的技能，直线管理的经验，人力资源管理技能。而技术方面，应该具有“理解和管理技术专家”的能力。

Couger 和 Amoroso（1989）通过对 31 个 CIO 样本的研究发现与 CIO 有关的 3 项重要的能力是：推销自己的想法的能力；与 CEO 建立良好关系的能力；感知组织信息需求的能力。

IAC（1998）的报告将 CIO 的能力分为 3 部分：管理能力、运作能力、个人专业能力。

Smaltz（1999）发现 CIO 的能力水平将导致 CIO 角色的有效性，并认为 CIO 应该具有的 4 种能力是战略业务能力、战略 IT 能力、人际沟通能力、政治能力。

Tagliavini 等（2003）研究了 CIO 胜任能力与公司绩效之间的影响关系以及其他相关的影响因素，认为随着 CIO 角色的不断变化，CIO 需要获得更多适合的知识和管理能力来领导组织并有效地利用 IT 技术。其中胜任能力主要从“Know what”（知道是什么）；“Know how”（知道怎么样）；“Know how to be”（知道如何做）这三个维度来考虑。不管 CIO 在组织中的层次和地位如何，作为信息管理的最高负责人，他的管理能力将直接影响到组织信息化的绩效。

Remenyi 等（2005）从 CIO 职业生涯的角度，通过对 CIO 所面临的挑战的研究，认为 CIO 所需要的能力根据时间和环境的不同而不同，CIO 应该具有技术能力、知晓信息技术发展趋势的知识的能力、公司战略能力、业务能力，还应该具有像变色龙那样的动态能力来应对挑战，即快速变化的能力、多方面考虑问题的能力、快速响应的能力、持续坚持的能力。

此外，Gartner Group（2001）对于 CIO 所应该具有的 7 种能力阐述如下：

（1）建立和维护技术平台以及提供服务的能力。

（2）展示有效的价值和绩效的能力。

（3）发展信息系统的技术、服务以及管理的能力。

（4）从外部市场引进知识的能力。

（5）创造机遇的能力。

（6）挑战信息化的影响的能力。

（7）领导业务的能力。

国内学者北大光华的董小英（2006）教师指出 CIO 的能力包括信息获取能力、学习能力、沟通能力。吴江（2007）认为在 CIO 所必须具备的各项能力中，最重要的是创新能力，其次是管理能力，再次是专业能力[165]。

根据吴能全和许峰（2006）对于胜任能力的分类，胜任能力主要包括基本能力、领导力和专业能力。其中基本能力是成为一个组织成员所要求的最低能力，比如基本的读写能力，而这些不在本研究的范围之内。本研究主要从领导力和专业能力的角度来研究 CIO 的能力。一般说来，领导力是反映 CIO 针对行业或组织的知识以及履行不同职能所必须具备的综合管理能力，如沟通能力、引导团队合作的能力、解决问题的能力等。而专业能力是 CIO 履行工作职责所必须具备的产品、服务、流程和技术应用等专业的知识和技能，如销售、市场、财务、人力资源、信息技术等相关的能力[166]。根据这个分类将以往文献中关于 CIO 能力的研究进行简单分类，具体如表 2－4 所示。本书将借用 Smaltz（1999）对于能力的分类，从领导力和专业能力两个角度来研究政府 CIO 的能力，其中领导力包括人际沟通能力、政治能力，专业能力包括业务能力和 IT 能力。

表 2－4　CIO 能力的文献回顾

作者	年代	CIO 能力因素	
		领导力	专业能力
Benbasat 等	1980	➢ 包括人员、组织、社会方面的技能	➢ 包括系统、计算机、模型方面的技能
Rockart 等	1982	➢ 政治的、组织的及沟通的技能 ➢ 直线管理的经验 ➢ 人力资源管理技能	➢ 具有“理解和管理技术专家”的能力
Couger 和 Amoroso	1989	➢ 推销自己的想法的能力 ➢ 与 CEO 建立良好关系的能力	➢ 感知组织信息需求的能力
IAC	1998	➢ 管理能力 ➢ 运作能力	➢ 个人专业能力
Smaltz	1999	➢ 人际沟通能力 ➢ 政治能力	➢ 战略业务能力 ➢ 战略 IT 能力
Gartner Group	2001	➢ 展示有效的价值和绩效的能力 ➢ 创造机遇的能力 ➢ 挑战信息化的影响的能力 ➢ 领导业务的能力	➢ 建立和维护技术平台以及提供服务的能力 ➢ 发展信息系统的技术、服务以及管理的能力 ➢ 从外部市场引进知识的能力
Remenyi 等	2005	➢ 公司战略能力	➢ 技术能力 ➢ 知晓信息技术发展趋势知识的能力 ➢ 业务能力
董小英	2006	➢ 沟通能力	➢ 信息获取能力 ➢ 学习能力
吴江	2007	➢ 创新能力 ➢ 管理能力	➢ 专业能力

第三节　组织制度文献综述

研究表明，组织的信息化绩效不仅仅取决于 CIO 的主观意志和能力，组织的信息化环境、CIO 在组织内部的地位、CIO 与 CEO 的关系等都制约着 CIO 价值的实现[167]。

从国内外的相关文献来看，本书所说的组织制度没有一个明确的词语来定义，在本研究中主要是指影响组织信息化绩效的组织层面的因素。其主要内容涵盖了以下几方面的问题，基本学术术语也各有不同（具体见表 2-5），比如组织环境（organizational environment）、环境因素（organizational context）、推动因素（facilitate）、情境因素（contextual factor）、组织因素（organizational factor）等，虽然用词不一样，但所描述的因素都对组织中的信息化绩效有影响。为了更好地配合 CIO 展开工作，必须在组织层面做一些制度上的变化。

表 2-5　组织因素的相关概念

中文	英文	相关研究
组织环境	organizational environment	Lederer 和 Mendelow（1988）[168]
环境因素	organizational context	Ein-Dor 和 Segev（1978） Raymond（1990）[169] Gwo-guang Lee 和 Rong-Ji Bai（2003）[170] Whisler（1970）[171] Snell（1988）[172] Lee 和 Pai（2003）[173]
推动因素	facilitate	Triandis（1980）[174] Yap（1989）[175]
情境因素	contextual factor	Sanders 和 Courtney（1985）
组织因素	organizational factor	Xia（2004）[176]

对于组织层面的影响因素所包含的主要内容，不同的文献由于研究的目的不同，其研究的组织层面的因素相差比较大。

Whisler（1970）认为组织因素包括：组织成熟度、组织的规模、组织的结构、组织的决策时间、组织气候、组织外部环境、组织的资源、负责人的头衔、指导委员会。

Mason 和 Mitroff（1973）以及 Lucas（1973；1975）指出组织的情境

因素是决定组织 MIS 结构的重要因素，并且与组织的管理信息系统的成功有很大的关系。其情境因素主要包括组织结构和人[177][178][179]。

Triandis（1980）通过研究指出，如果在环境中存在客观因素阻止它，那么行为就不会发生，他将“facilitating conditions”定义为外部环境中存在的客观因素。

其中，关于组织因素研究最重要的文献就是 Ein-Dor 和 Segev（1978）发表的一篇文章。文章指出，组织的情境因素包括以下几点：组织的成熟度、组织的大小、组织的结构、组织的决策时间、组织的氛围、组织的局势、组织的资源、负责人的头衔和位置、指导委员会。文章同时将这些因素分为不可控、部分可控、完全可控三种，并对于它们对信息化绩效的影响以及它们之间的交互作用对信息化绩效的影响进行了详细的文献分析，但文章并没有给出实证数据来验证它们之间的关系。

随后，Raymond（1990）在 Ein-Dor 和 Segev（1990）研究的基础上，又进行了深入的研究，研究了组织大小、成熟度、资源、决策时间以及信息系统复杂程度等组织因素对于用户满意度和系统使用情况的影响。结果发现组织的决策时间以及信息系统复杂程度对于用户满意度和系统使用情况有直接影响，而组织大小、成熟度以及资源是通过信息系统复杂程度间接影响用户满意度和系统使用情况的。

Brown（1993）认为组织因素包括工作的性质、CIO 的角色要求、CIO 的位置及授权、信息系统组织的设计。

McLeod Jr.（1995）指出，组织因素主要包括执行委员会、组织中其他部门[180]。

Gwo-guang Lee 和 Rong-Ji Bai（2003）发现影响信息化绩效的组织因素包括技能、流程、价值、任务结构、管理决策、文化等因素。

Lee 和 Pai（2003）研究指出，组织因素包括高层管理者与 CIO 之间的关系、组织集权度、信息系统的成熟度。

Xia（2004）通过实证的方法研究了组织因素与 IT 基础设施能力的关系，指出组织因素主要有外部环境变量（包括竞争性、动态性以及异质性）和内部环境变量（包括组织的大小、信息强度、感知的 IT 角色、IT/业务联盟、业务协同）。

此外，研究还表明，早期的培训、投资的系统性、相关的外部咨询以及协调[181]、信息系统在组织中的地位[182]、高层管理者的支持、信息系统部门与业务部门的关系等都会影响到信息系统在组织中的应用价值。

相关文献如表 2-6 所示，每个因素的具体文献阐述内容见第四章。

表 2-6　组织制度研究的相关文献

潜变量	相关研究
高层管理者的支持	Doll（1985）[183] Raghunathan 和 Raghunathan（1988）[184] Yap（1989） Jarvenpaa 和 Ives（1991） Raghunathan（1992） Weill（1992）[185] Byrd，Sambamurthy 和 Zmud（1995）[186] Mckenney 等（1995）[187] Wilson 和 McDonald（1996）[188] Choe（1996）[189] King 和 Teo（1996）[190] Thong，Yap 和 Raman（1996） Bajwa 等（1998）[191] Armstrong 和 Sambamurthy（1999） 陈国青（2002）[192] Chatterjee，Grewal 和 Sambamurthy（2002）[193] Ragu-Nathan 等（2004）[194]
CIO 的层级水平	Hambrick（1981）[195] Raghunathan 和 Raghunathan（1988） Applegate 和 Elam（1992） Regina（2000）[196] 李东（2002） Tagliavini 等（2003）
组织授权	Ein-Dor 和 Segev（1978） Tait 和 Vessey（1988）[197] Parker，Baltes 和 Christiansen（1997）[198]
绩效考核	Neely（2002）[199] Soonhee 和 Lee（2006）[200]
高层团队成员	Keen（1991）[201] Stephens 等（1992） Feeny，Edwards 和 Simpson（1992） Grover 和 Jeong 等（1993） Earl 和 Feeny（1994） Karake（1995）[202] Mata 等（1995）[203] Rockart，Earl 和 Ross（1996）[204] Richmond 和 Schlier（1997）[205] Chan 等（1997）[206] Armstrong 和 Sambamurthy（1999） Baschab 和 Piot（2005）[207]

续前表

潜变量	相关研究
IT 指导委员会	Zmud（1988）[208] Jarvenpaa 和 Ives（1991） Brown（1993）

对于组织制度，国内外文献没有一个专门的定义，本书尝试给出一个定义及其包含的内容。组织制度（organizatianal institution）是指在组织信息化过程中，影响组织信息化绩效的来自组织层面的因素，它与来自 CIO 个人层面的因素共同作用于组织信息化绩效。基于本研究的目的，本书认为对于信息化绩效产生影响的组织制度包括高层管理者的支持、CIO 的层级水平、组织授权、绩效考核、高层团队成员以及 IT 指导委员会这几方面的内容。其中，组织授权属于组织设计原则的范畴，CIO 的层级水平、高层团队成员以及 IT 指导委员会属于组织结构设计的范畴，而绩效考核制度和高层管理者的支持属于组织运行制度设计的范畴。

第四节　信息化绩效文献综述

虽然组织对于信息化的投资额越来越大，但对于 IT 投资的巨大增加并没有对组织的经济绩效产生影响。1987 年诺贝尔经济学奖得主罗伯特·索洛（Robert Solow）发布了一个著名论断："计算机无所不在，但除了生产力的统计方面"。由此引发了人们关于 IT 投资价值的广泛争论，人们把对 IT 投资的实际和期望收益不一致的现象称为"生产率悖论"，这造成了组织决策者对信息化建设的优柔寡断。

对于"IT 生产率悖论"的误解使得人们明白，应该从信息技术的使用而不是信息技术的基础设施的建设上来寻找回报。由于信息技术越来越多地整合进入组织总体的业务流程，与组织业务流程中各个业务部门的结合，以及结合的广度及深度的增强都造成信息化绩效的衡量不易，同时组织的实际效益也越来越难以评价。因此，信息化绩效的测量问题一直是信息系统领域困扰人们的一个问题。

通过阅读大量的文献，发现与信息化绩效相关的概念很多，主要包括 IS 绩效（IS performance）、IS 效用（IS effective）、IS 成功（IS success）、

IS影响（IS impact）、IS效益（IS benefits）等几个概念，具体如表2-7所示。比如，Garrity和Sanders（1998）提出IS成功可以在组织层次、部门或过程层次和个体层次三个层次来测量。组织层次的测量包括市场份额、利润和投资回报这样的财务标准以及IT相对于竞争者的运营效率、系统可获得性和反应时间这些指标。部门或过程层次的测量包括职能部门的运营效率、成本的降低和过程的整合。个体层次的测量包括用户满意和IS效用[209]。这些概念和文献揭示了IS绩效的多种操作型定义，大部分是关于不同分析层次的绩效。这些词之间一般说来都有很强的相关性，没有文献详细探讨它们之间的区别，具体使用哪个概念取决于研究目的、研究习惯以及与研究目的相关的量表开发。本书选用的是信息化绩效这个词。

表2-7　　信息化绩效的相关概念及其出处

中文	英文	作者及其年代
信息化绩效	IS performance	Raghunathan和Raghunathan（1988） Henderson和Cooprider（1990）[210] Saunders和Jones（1992）[211] Weill（1992） Choe（1996） Ragu-Nathan等（2004） Dawson和Watson（2005）
IS效用	IS effective	Srinivasan（1985）[212] Iivari和Ervasti(1994)[213]
IS成功	IS success	DeLone和McLean(1992) Garrity和Sanders（1998）
IS影响	IS impact	Mason（1978）[214] Mahmood和Soon（1991）[215]
IS效益	IS benefits	Gurbaxani和Whang(1991)[216]

早期对于信息化绩效的定义集中于计算机系统本身以及它能得到准确结果的能力。这些研究将信息化绩效定义为与信息系统提供的相关信息的质量有关，后来的定义集中于信息系统影响信息接收者的行为的有效性上，这些影响被认为是可测量的，并且包含6种属性：信息质量、系统质量、信息使用、用户满意度、个人影响、组织影响。信息化绩效还可以定义为信息系统实际对于达成组织的目标的贡献程度，例如对于组织绩效的影响。比如Xia（2004）将信息化绩效定义为IS部门所提供的服务和应用的质量。表2-8是常见的几个对于信息化绩效的定义。

表 2-8 信息化绩效的定义

作者	信息化绩效定义
Shannon 和 Weaver（1949）[217]	定义集中于计算机系统本身以及它能得到准确结果的能力
Mason（1978）	定义为与信息系统提供的相关信息的质量有关
DeLone 和 McLean（1992）	定义为信息系统影响信息接收者的行为的有效性
Hamilton 和 Chervany（1981）[218] Raymond（1990）	定义为信息系统实际对于达成组织的目标的贡献程度
Xia（2004）	定义为 IS 部门所提供的服务和应用的质量

对于组织的信息化绩效的测量涉及测量的方式以及测量的具体内容两个方面，相关文献分述如下：

（一）信息化绩效的测量方式

对于组织的信息化绩效的测量，有很多不同的方式，一些学者采用客观的数据来进行，例如公司利润[219]、劳动生产率、库存周转率。另一些学者主张采用主观数据，如用户满意度等。主观的方法主要基于评价者对于组织、市场、技术等方面综合的、主观的考虑[220]，因为纯客观数据分析可能毫无价值，而且在某些情况下这些客观的数据也无法得到。主观的方法认为用户意识中的经验现象与其他客观标准一样重要，完全可以用相关人员的主观满意度作为衡量项目成败的标准。

由于缺乏可靠的组织财务数据的支持，只能依靠组织高层主管对于组织信息化业绩的主观评价来对样本中的组织信息化业绩进行评定。对此，Dess 和 Robinson（1984）专门对采用客观数据和主观数据测量组织绩效进行了比较，并证明了二者之间有显著的正相关关系，因此在客观数据不容易获取的情况下，可以采用主观数据测量组织绩效[221]。本书不采用财务指标的原因是因为政府部门不是营利性质的组织。

（二）信息化绩效的测量内容

关于信息化绩效的具体的测量内容，文献中提到的包括成本收益分析[222]、系统使用估计、在决策领域不断增加的绩效[223]、信息经济[224]、效用分析[225]以及信息贡献检查[226]。还有学者通过测量用户的满意度[227][228][229]、服务质量以及对于特殊应用的感知有用性来测量信息化绩效[230]。表2-9是对于信息化绩效测量内容的一个总结。

表 2-9 信息化绩效测量内容的文献列表

作者	测量维度
Parsons (1983)[231]	从行业水平、公司水平、战略水平三个维度来测量IT对于绩效的影响。其中，公司水平主要是根据Porter (1980) 的五力模型来测量信息化绩效
DeLone 和 McLean (1992)	系统质量、信息质量、系统使用情况、用户满意度对个人的影响、对组织的影响
Saunders 和 Jones (1992)	对于战略方向的影响 IS 规划与业务规划的整合程度 信息的质量 IS 对于组织的财务绩效 IS 部门的运作效率 用户/管理层对于 IS 部门的态度 IS 员工的能力 跨部门的技术整合 信息系统建设 IS 部门识别和吸收新技术的能力
Boynthon，Zmud 和 Jacobd (1994)[232]	IT 使用程度
Pitt，Watson 和 Kavan (1995)	认为信息化绩效应该以服务质量来测量，其维度有有形性、可信性、响应性、精确性等
Armstrong (1995)[233] Armstrong 和 Sambamurthy (1999)	IT 配置程度
Meyerson (2000)[234]	IS 项目的实施、日常的应用、创新性使用
Xia (2004)	IT 应用开发满足用户需求的程度 IS 部门是否按时交付系统 IS 部门是否在预算内完成系统 IS 部门是否提供可靠的系统运营
Helail 和 Subramanian (2005)[235]	从降低管理成本、改善组织的形象、增强内部的运作以及提高客户满意度几个维度测量
王铁男、李一军、刘娇 (2006)[236]	以平衡记分卡 (BSC) 理论为基础，运用层次分析法 (AHP) 确定指标权重，建立出适合于信息化背景的组织绩效评价指标体系，并以哈尔滨锅炉厂有限责任公司为实例进行了验证说明

早期，Parsons (1983) 从行业水平、公司水平、战略水平三个维度来测量 IT 对于绩效的影响。其中，公司水平主要是根据 Porter (1980) 的五力模型来测量信息化绩效。

DeLone 和 McLean (1992) 通过大量的文献研究认为：信息化绩效是

一个多维度的潜变量，不可能由单一的测量来完成，信息化绩效主要表现在系统质量、信息质量、系统使用情况、用户满意度、对个人的影响以及对组织的影响这几方面，其研究的信息系统成功模型如图 2-1 所示。

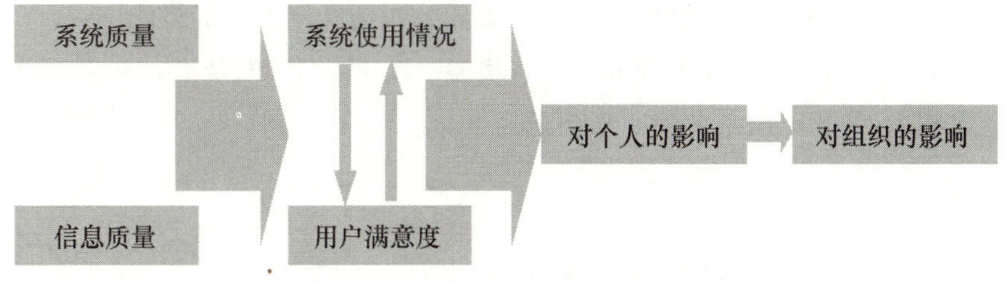

图 2-1　DeLone 和 McLean 的信息系统成功模型

Saunders 和 Jones（1992）通过 Delphi 法指出信息化绩效应从 9 个方面来测量：对于战略方向的影响；IS 规划与业务规划的整合程度；信息的质量；IS 对于组织的财务绩效；IS 部门的运作效率；用户/管理层对于 IS 部门的态度；IS 员工的能力；跨部门的技术整合；信息系统建设；IS 部门识别和吸收新技术的能力。

Boynthon，Zmud 和 Jacobd（1994）通过 IT 使用程度来进行测量。

Pitt，Watson 和 Kavan（1995）基于市场营销方面的服务品质的概念，在 DeLone 的信息系统成功模型的基础上，针对 IS 部门的绩效的测量，认为信息化绩效应该以服务质量来测量，其维度有有形性、可信性、响应性、精确性等。

Armstrong（1995）以及 Armstrong 和 Sambamurthy（1999）则使用 IT 配置程度来进行测量。

Meyerson（2000）认为组织的信息化绩效应该从以下 3 个方面来测量：IS 项目的实施；日常的应用；创新性使用。

Xia（2004）主要从 4 个方面来测量：

（1）IT 应用开发满足用户需求的程度。

（2）IS 部门是否按时交付系统。

（3）IS 部门是否在预算内完成系统。

（4）IS 部门是否提供可靠的系统运营，信息系统的交付时间、预算、功能、运行。

Helail 和 Subramanian（2005）依据 DeLone 和 McLean（1992）的模型，进行了实证研究。其中信息化绩效选用了降低管理成本、改善组织的形象、增强内部的运作以及提高客户满意度几个方面进行测量。

国内学者王铁男、李一军、刘娇（2006）以平衡记分卡（balanced score card，BSC）理论为基础，运用层次分析法（analytic hierarchy process，AHP）确定指标权重，建立出适合于信息化背景的组织绩效评价指标体系，并以哈尔滨锅炉厂有限责任公司为实例进行了验证说明。

本研究对于信息化绩效的测量将借鉴 Xia（2004）的观点，从 IS 系统建设和 IS 系统应用两个层面来测量。

第五节　政府 CIO 制度研究综述

一、政府 CIO 制度定义

政府 CIO 制度一般是关于政府 CIO 管理规范的总称，包括政府 CIO 的责权以及政府 CIO 的管理体系。前者包括政府 CIO 人员的角色、职责、录用、考核、选拔、薪酬等一系列制度；后者包括政府 CIO 所在单位的组织架构、管理制度以及工作方式[237]。通俗的说法就是一系列有助于政府 CIO 发挥作用、推动政府信息化绩效的相关制度。

二、国外政府 CIO 制度研究综述

国外对于政府 CIO 制度研究较多，一般说来主要有以下几部分：政府 CIO 角色与职责、政府 CIO 培训研究、政府 CIO 制度理论研究、政府 CIO 制度分析评估研究。

（一）政府 CIO 角色与职责

德勤咨询公司（Deloitte Consulting）对于政府 CIO 的角色构建了模型，在 1.0 版本的 CIO 模型中，政府 CIO 的角色是数据处理经理。在后来的 2.0 版本的 CIO 模型中，政府 CIO 的角色是部门经理，主要负责整个政府的信息资源的管理，并且直接向组织领导汇报[238]。Protti（2004）通过研究在英国国民健康保险制度中首席信息官的角色，提出了政府 CIO 应具有的技能和资格[239]。Iwasaki（2009）从日本政府 CIO 在业务连续规划中承担的保护人们免受灾害破坏的角色，用案例分析的方法说明了政府 CIO 在整个知识社会的作用[240]。

由于政府 CIO 与企业 CIO 的不同特征，Lawry 等（2007）指出各个国家在越来越多的公共部门建立 CIO 职位的时候，对于政府 CIO 的角色

和职责的设定都依照私营部门的做法，但由于这两者之间实际上存在着大量的不同，因此提出了一个评估公共部门 CIO 角色、职责的模型[241]。

但针对政府 CIO 如何才能承担其角色和职责，Estevez 和 Janowski（2014）认为在大多数发展中国家以及地方政府一级管理机构中普遍缺乏履行政府 CIO 职能的能力、工具以及洞察力，因此提出一种政府与学术合作的方法来建立和维持政府 CIO 的职能[242]。

此外，Marcovecchio 等（2013）认为尽管政府 CIO 的职能在实践中广泛采用，但很少有文献协助政府了解政府 CIO 角色和职能的复杂性。因此，他们从本体论的角度来正式定义政府 CIO 的职能，为共享和重用政府 CIO 领域现有知识提供了一个参考工具[243]。

（二）政府 CIO 培训研究

政府 CIO 的培训是政府 CIO 制度中不可缺少的内容。Gharawi 等（2014）通过识别政府 CIO 应该具有的能力和知识结构，指出政府 CIO 应该参与的培训领域包括公共行政、战略发展、领导、公共政策、网络安全、创新与趋势、信息系统和绩效管理[244]。Janowski，Estevez 和 Ojo（2012）则构建了包含 6 个维度的 GCIO 教育框架模型，这 6 个维度分别是 who（学习者）、why（角色）、what（培训能力）、how（培训项目形式）、where（培训地点）以及 when（培训先决条件）[245]。

对于已经有的培训项目，Estevez 和 Janowski（2013）通过对来自 21 个国家的 78 个政府 CIO 培训项目进行分析，针对公共管理的信息技术政策生命周期，分析这些培训在多大程度上将其中的四个阶段——政策、设计、实施、运作联系在一起，指出政府 CIO 的培训应该和公共部门的职责结合在一起[246]。

（三）政府 CIO 制度理论研究

政府 CIO 制度的具体内容和框架是什么？Auffret 等（2010）做了相关研究，指出随着政府 CIO 角色的不断进化，政府 CIO 制度主要包括以下几个部分：评估准备度（readiness assessment）、政府 CIO 的法律和监管框架（GCIO legal and regulatory frameworks）、政府 CIO 的组织机构（GCIO institutions）、政府 CIO 的教育（GCIO education）[247]。

当然，各个国家的政府 CIO 制度都不是一成不变的，Nguyen（2008）对比了发展中国家和发达国家中政府 CIO 的领导力，发现政府 CIO 在以下四个领域发挥了作用：正式授权进行资源配置、与高层的领导之间的关系、跨边界的领导能力、支持员工和管理人员的能力、私营部门 CIO 制度的发展[248]。Albarello 和 Deubel（2014）针对哥伦比亚的经验，提出了以政府 CIO 参与的制度创新、咨询委员会的形式来提升透明度和参与度，但这种建议仅仅适用于国家与社会的力量较弱的情境[249]。

此外，各个国家在实施政府 CIO 制度的时候都有不同的经验值得借鉴。Misra（2007）通过对 12 个国家的 CIO 制度进行研究发现以下值得吸取的教训：在每个政府公共部门都应该有 CIO；政府 CIO 必须得到 CIO 委员会的支持；完整的政府 CIO 框架应该包括社会经济因素、信息技术部门的监督、CIO 委员会支持的机制、CIO 的简介、CIO 的角色、CIO 的 PEST 和 SWOT 分析、CIO 的培训计划；部门要有一个实施 CIO 制度的长期计划；要确定电子政务发展中的最佳实践。

（四）政府 CIO 制度分析评估研究

如何对政府 CIO 制度进行评估是一个大难题，而且也没有统一的标准。Estevez 等（2011）基于通用的有关政府 CIO 的功能概念模型，制定了一种评估政府 CIO 制度准备度的方法，这种方法包括四个领域以及一个主要过程。四个领域分别是能力评估、认知评估、组织环境评估和利用能力评估，主要过程包括评估的规划、评估的设计、量表的设计、量表的改进、量表有效性检验、数据搜集、数据整合、数据分析和研究结果分析[250]。

实践方面，针对政府 CIO 的评估也逐步展开。Bernard（2001）针对美国各联邦政府是否遵从 1996 年颁布的《克林格-科恩法案》的要求建立政府 CIO 制度，开发一套有效的评估方法[251]。Buehler（2000）在《克林格-科恩法案》实施后，对包括美国国家航空航天局在内的八个联邦政府机构通过电子邮件进行调研，评估结果显示不同机构对《克林格-科恩法案》涉及机构的 CIO 职位的理解和执行度存在显著差异[252]。

以上这些针对政府 CIO 制度的理论研究对于中国的政府 CIO 制度的建设都提供了不少理论的参考，有非常大的借鉴作用。

三、国内政府 CIO 制度研究综述

国内相关政府 CIO 制度的研究主要包括：建立政府 CIO 制度的必要性、重要性；政府 CIO 制度中的组织机构；政府 CIO 职能、角色以及素质；政府 CIO 制度的国内外对比；政府 CIO 制度的基础理论研究等。

（一）建立政府 CIO 制度的必要性、重要性

国内学者从不同的角度指出了政府机构建立 CIO 制度的必要性和重

要性，以此来说明解决政府 CIO 制度问题已经迫在眉睫。

张霞（2004）对美国政府 CIO 制度进行分析后，结合本国的政府信息化、电子政府以及社会主义民主论述了建立政府 CIO 制度的必要性，并对政府 CIO 的设置提出了建议[253]。

姚中进（2010）分析了目前政府 CIO 制度的特点，并从合法性、权威性、合理性三个角度阐述了政府 CIO 制度对中国信息化建设的作用。

宋琳、徐拥军（2010）指出建立政府 CIO 制度是信息化建设的内在要求，同时建立政府 CIO 制度是避免“信息化黑洞”的迫切要求[254]。包兴荣（2005）也从这个角度指出中国政府 CIO 制度的建设主要有两点：一是“一把手＋CIO”工程模式是中国政府信息化的必由之路；二是要提高准 CIO 的素质[255]。

张红胜（2007）从信息资源开发利用的角度指出：推进政府信息化需要解决的就是政府信息资源的开发和利用，而引入政府 CIO 制度即是其突破点[256]。郑银华（2009）也从电子政务纵深发展和信息资源开发利用角度论述了政府 CIO 制度的重要性[257]。

李容（2007）从政府信息公开的角度入手，认为建立政府 CIO 制度是政府信息公开、建设电子政府的必要手段，并提出了政府 CIO 职位的建设机制。他指出：要以法律形式明确政府 CIO 的权责和地位；建立中国的政府 CIO 资格认证制度；配套合理的知识培训体系来促使政府 CIO 专业教育终身化；建立绩效机制，对政府 CIO 工作进行绩效考核[258]。

（二）政府 CIO 制度中的组织结构

左美云、赵坤（2004）描述了中国国家级政府的信息化领导组织机构的现状，并以北京市信息化办公室与广东省信息中心为例，分析了信息化办公室与信息中心的职能。通过对比美、英两国政府的信息化领导组织机构，提出了适合中国国情的政府 CIO 的组织结构和功能结构[259]。孟川瑾（2009）总结了中国政府 CIO 的 6 种组织结构，并参考 6 种组织结构的特点，从职能、人力资源、项目等维度出发，将 6 种类型作对比分析，分析了信息办、信息中心以及信息化领导小组的定位。井西晓（2015）从中央、地方以及职能部门三个维度探讨了政府 CIO 组织的结构，并提出了相应的优化路径[260]。

（三）政府 CIO 职能、角色以及素质

通过对政府 CIO 角色现状的分析，金江军（2005）认为真正意义上的政府 CIO 应该是具有较高行政权力的主管信息化的副手[261]。于施洋

(2008) 通过与欧美国家政府 CIO 角色的对比，认为中国政府 CIO 应当具备比一般行政官员更加综合的能力，同时指出制度安排是保证政府 CIO 角色充分发挥作用的重要因素[262]。郝蕾、崔旭 (2013) 分析了中国政府 CIO 职位设立和制度建设现状，并提出了相应的对策[263]。

政府 CIO 需要高素质的人才，谢中起、刘维胜 (2007) 认为政府 CIO 素质主要体现在自身修养和基本能力两个方面，其素质高低直接影响政府信息化的建设进程。政府 CIO 的自身修养就是要有高度的政治责任感、丰富的知识储备、良好的心理素质和开拓创新能力；政府 CIO 的基本能力则主要体现为对政策措施的理解能力、出色的分析判断能力、较强的创新能力和严谨灵活的语言表达艺术[264]。

(四) 政府 CIO 制度的国内外对比

张爱平、徐启伟、高玲玲 (2009) 对比了美国和新加坡的政府 CIO 制度，探讨了上海浦东新区政府 CIO 的定位、职责和人员素质要求，从组织结构、岗位职责、运作机制、设置方式等方面阐述了浦东新区 CIO 制度设计[265]。

柯青 (2005) 通过将中国与美国政府 CIO 制度进行比较，分析中国目前政府 CIO 制度的不足，主要有职权定位不清晰、绩效机制不健全、缺乏科学的培训体系[266]。

(五) 政府 CIO 制度的基础理论研究

(1) 政府 CIO 制度的内部制约因素。陈禹 (2005) 从技术与管理的关系、组织保障、现代管理者的素养方面提出 CIO 制度应该关注的三个问题。杜文忠 (2005) 认为阻碍中国政府 CIO 制度的原因主要有三方面：首先，是部门利益阻碍 CIO 行使职权；其次，是现行体制遏制 CIO 的成长；最后，是绩效机制约束了 CIO 的活力[267]。郑银华、杨玲 (2009) 指出目前中国 CIO 制度中的三个主要问题是职权和责任不对等、绩效机制不健全、CIO 自身能力不足[268]。崔景华 (2012) 则认为中国政府 CIO 机制存在的主要问题是职能定位不清、缺乏制度安排、绩效机制不健全[269]。

(2) 政府 CIO 制度的外部影响因素。江源富、井西晓 (2011) 认为任何制度都必然建立在一定的社会基础之上，中国已有的政府架构、行政文化、经济和信息化发展情况是建立政府 CIO 制度的客观依据。政府架构是政府 CIO 制度建立的政治基础，行政文化是政府 CIO 制度建立的软环境，而经济和信息化发展情况则是政府 CIO 制度建立和发展的器物基础[270]。孟川瑾、许习羽 (2014) 结合大部制改革的背景，认为大部制对政府 CIO 制度的影响主要有两方面：一是对政府 CIO 职能和职责的影响；二是对政府 IT 组织架构的影响。并基于“信息资源集成和共享”的原则，从 IT 组织结构、决策机制和沟通机制三个维度论述了政府 CIO 制度的内容[271]。

综上所述，国内外的政府 CIO 制度在理论研究和实践上都已经取得了不少成果。国外研究以实证研究居多，并且研究深度足够，研究通常聚焦在政府 CIO 制度的某一个具体问题上，并且研究角度较多，更加注重理论分析与实证调查相结合。国内偏重于定性研究和纯理论研究，研究广度大，但是深度不够，研究的问题更加抽象、宏观。

总的说来，在政府 CIO 制度研究领域，国内学者的研究比较散，缺乏一个整体的理论框架体系以及明确的研究趋势，其中一个很重要的原因就是对于政府 CIO 制度的具体内容和框架没有统一的认识。这也是本书写作的一个目的，即试图从理论和实践的角度构建一个完整的政府 CIO 制度框架体系，以便更好地指导信息化实践，推动政府信息化的深度应用。

第三章　理论基础

本章主要论述了本研究所依据的三个基本理论，并基于这三个基本理论形成了原始的研究模型。理论框架（见图 3-1）的搭建主要来自以下几个方面的理论以及相关的文献资料：

（1）归因理论（attribution theory）。

（2）领导理论（leadship theory）。

（3）组织理论（organization theory）。

其中，信息化绩效与组织制度、CIO 能力三者之间的关系是建立在归因理论的基础之上的，CIO 能力与信息化绩效的关系还得到了领导理论的支持，组织制度与信息化绩效的关系也得到了组织理论的支持。

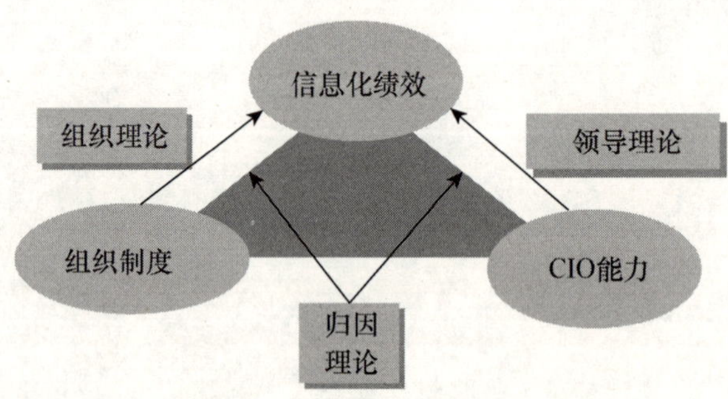

图 3-1　论文理论研究框架图

第一节　归因理论

归因理论是关于知觉者推断和解释自己行为原因的社会心理学理论。所谓归因，就是指人们利用信息对于自己和他人行为的原因加以推断的过程，即个人寻找行为因果关系的过程。归因理论的功用，除了解释行为外，还有预测行为。归因的理念应用最多的是拿来解释自己或别人成功或失败的原因，本研究借用这个理论来探求信息化绩效的影响因素。

当人们观察到一个人的行为以及行为所产生的后果时，往往会问自己一个问题：为什么会是这样的？而这种回答“为什么”的方式就是归因理论的中心，这与我们推论别人的行为及其结果的原因有很大关系。

奥地利社会心理学家 F. 海德（F. Heider）在其出版的《人际关系心理学》中首先提出归因理论，海德认为：行为的原因或者在于环境或者在于个人（见图 3－2）。如果在于环境，就是情境归因，则行动者对其行为不负什么责任，环境原因包括他人、奖惩、运气、工作难易、组织支持等。如果在于个人，也称为性格归因，则行动者就要对其行为结果负责。个人原因一般有人格、动机、情绪、态度、能力、努力等。一般人在解释别人的行为时，倾向于采用性格归因，而对自己的行为做解释时，则倾向于采用情境归因。

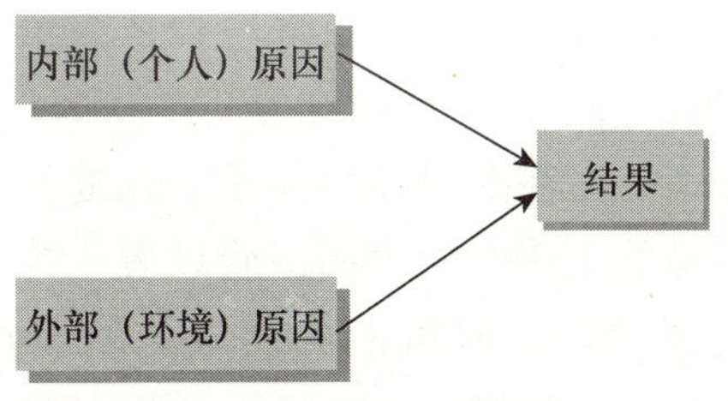

图 3－2　归因理论概念图

从归因理论的模型来看，其一个前提就是：人是理性的、讲究逻辑的，就像科学家一样。当人们在对行为归因时，会客观地评价与利用各种信息。但在现实生活中，人们并非如此，人们的归因经常出现以下偏差：

（1）基础归因错误。又叫对应偏差，是指人们在解释他人的行为时，常常会夸大行动者的个人因素，而低估环境因素的影响。对于他人的归因，观察者倾向于做内部归因，也就是强调行动者内在特征的作用。

（2）行动者与观察者偏差。主要是指行动者对于自己的行为倾向于做情境归因，即强调情境的作用。行动者与观察者归因的差异可能是由下列原因造成的：行动者较注意周围的环境，观察者更注意行动者；观察者对行动者的过去了解少，只注重当时的情况，而行动者对自己的过去比较了解，知道自己之所以做出某一行为的前因后果[272]。

（3）自利归因偏差。主要是指人们在做自我归因时，会倾向于把好的结果做内在归因，而不好的结果做外在归因。

海德的另一个重要贡献是，他认为人们对内在归因的偏好胜于外在归因，在两种归因都有可能的情况下，人们倾向于认为内部的因素是人的行为的起因，是因为人们的知觉集中于注意的人身上，而容易忽略难以辨识及叙述的外部的“情境因素”。

对于组织信息化的绩效问题，Green 和 Mitchell（1979）曾指出组织信息化绩效低主要归咎于个人内在的因素（缺乏努力和能力）或超出个人控制的外部问题（任务具有内在的障碍、资源不足、信息不充分、其他人不能提供必要的支持或运气不佳等）[273]。

当做出一个外在的归因时，组织的高层管理者更可能的反应是试图改变情境，例如提供更多的资源、提供协助以清除障碍、提供更好的信息、改变任务以降低内在困难程度、在运气不佳时表示同情或什么也不做。

当做出一个内在的归因时，高层管理者认为信息化问题的症结是CIO没有足够的能力。可能的反应则是为其提供详细的业务指导、更紧密地监督 CIO 的工作、在需要时提供指示、建立容易的目标或期限或给 CIO 分派一个容易的工作。如果高层管理者认为问题是由于 CIO 缺乏努力和责任心造成的，这时可能的反应是给予直接的或间接的评议、给予警告或批评、惩罚部属、更经常和更密切地监督 CIO 的行为或寻找一个新的激励措施。

本书也将借鉴归因理论的逻辑，在国内政府信息化现状的前提下，对政府信息化绩效的内部原因和外部原因进行分析，并建立理论模型（见图3－3）。其中内部原因主要是政府 CIO 的个人能力，外部原因主要是政府的组织制度。这里只是建立一个最原始的模型，并没有考虑政府 CIO 的行为因素，主要是由于行为的影响因素很多，比如态度、预期等，所以这里的研究有一个默认的前提假设，就是 CIO 的行为与信息化绩效直接相关，而且与影响因素呈正向关系的行为会造成好的绩效，呈反向关系的行为则会降低绩效。如果这个模型成立，今后可在这个模型的基础上再进行扩展，考虑 CIO 的行为以及其他影响因素。此外，由于本研究的数据是时点数据，因此对于 CIO 能力和组织制度之间的关系（比如：CIO 能力影响组织制度，以及组织制度影响 CIO 能力的形成等）的测量不在本研究的范围之内。

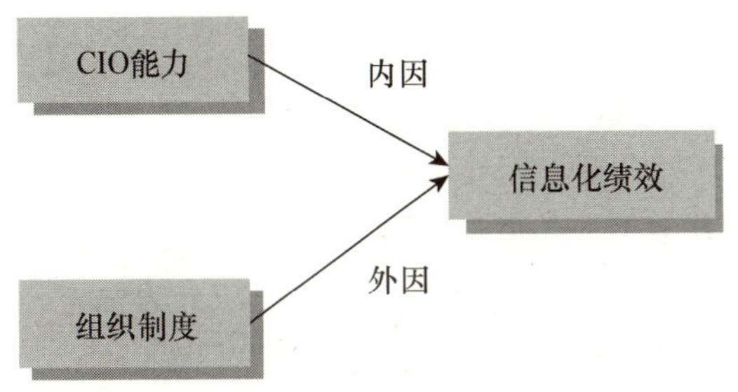

图 3－3 信息化绩效的归因概念图

第二节 领导理论

领导理论经过多年的发展研究，已经形成特质论、行为论以及权变论三大理论，如表 3－1 所示。

表 3－1 领导理论的三大流派

理论	代表人物	观点
特质论	Stogdill 和 Coons (1957)[274]	强调领导能力是天生的，致力于寻找可区别领导者与非领导者的种种特征，研究者有系统地去观察伟人的身体特性（如身高、体重、外貌）、性格特性（如自尊、权威）、能力特性（如智力、创造力、性向）来了解领导者的本质
行为论	Stogdill (1974)[275]	强调领导效能与领导者行为的关联性
权变论	Fiedler 等 (1967)[276] House (1971)[277] Graen 和 Cashman (1975)[278] Kerr 和 Jermier (1978)[279] Yukl (2001)[280]	强调领导有赖于所有因素的结合，有效的领导受情境影响

其中，领导者本身应具备的能力是领导特质论研究的重点之一。

Katz (1955) 认为，优秀的主管人员应具备以下三种不同能力：专业技能，基层主管的能力需求以此为主；人际技能，是中层管理人员所必需的；观念技能，此种能力对各阶层领导人员均是不可或缺的[281]。

Krajewski，Marti 和 Walden (1983) 认为领导者必须具备三种能力，

其中高级主管要多些概念性能力，中层管理人员以人际关系技能为主，而低级主管则多些技术性能力。

Baker III（1999）指出领导者应具备领导角色、领导价值和领导技巧三方面的能力。其中领导角色包括影响角色、信息角色和决策角色等。领导价值是指领导者应具备的价值观。领导技巧分为思考技巧、管理技巧、沟通技巧、激励技巧、影响技巧、文化技巧等[282]。

关于领导能力的部分相关文献如表 3-2 所示。

表 3-2　领导能力研究文献回顾

<table>
<tr><th>研究者</th><th colspan="2">领导能力组成</th></tr>
<tr><td>Katz（1955）</td><td colspan="2">专业技能、人际技能、观念技能</td></tr>
<tr><td>Krajewski，Martin 和 Walden（1983）</td><td colspan="2">技术性能力、人际关系能力、概念性能力</td></tr>
<tr><td>Sergiovanni（1985）[283]</td><td colspan="2">文化塑造能力、象征能力、教育专业能力、人际关系能力、技术能力</td></tr>
<tr><td>Sevy 等（1985）[284]</td><td colspan="2">领导型态与影响能力、激励能力、授权与控制能力、训练与发展能力</td></tr>
<tr><td>Gibson 和 Hodgetts（1991）[285]</td><td colspan="2">行政能力、人际关系能力、专业技术能力</td></tr>
<tr><td>Plunkett（1992）[286]</td><td colspan="2">人际关系能力、概念能力、实务技术能力</td></tr>
<tr><td>Hoy 和 Miskel（1996）[287]</td><td>人格特质
任务导向
人际关系导向
期望
自信心
支配</td><td>能力
智力
与任务有关的知识
实作能力
精力
社会性技巧</td></tr>
<tr><td>Baker Ⅲ（1999）</td><td colspan="2">领导角色、领导价值、领导技巧</td></tr>
<tr><td>Yukl（2002）[288]</td><td colspan="2">关系建立、影响人群、做决策、提供信息</td></tr>
</table>

从有关领导能力的研究文献可以得知优秀的领导者必须具备处理人和处理事两方面的能力，前者与人格特质有关，后者则为处理组织内外事务的知识、能力、经验和成果。

一般说来，领导的能力是影响组织表现和效能的关键因素[289]。高层管理者的素质与能力实际在某种程度上代表了公司的绩效指标，高层管理者所扮演的关键角色决定公司的运作模式及组织的运营绩效[290]。

从政府信息化的研究角度来看，政府部门信息化的主要负责人——政府 CIO 的能力决定着信息部门的绩效，政府 CIO 的个人能力越强，则政府的信息化绩效就越强。Earl 和 Feeny（1994）认为 CIO 个人因素是组织的 IT 开发的重要部分，其能力对于 IT 项目的成功至关重要。这与传统领导理论认为的“有效的领导对于组织的绩效有重要的影响”[291]的观点是一致的。

第三节　组织理论

在组织理论中，组织设计中最重要的原则是责权相对称原则。职权是执行任务的权力，职责则是完成任务的义务，两者必须相互对称。行使职权的同时就应当负有相应的职责。把职责交给下级的同时就要给予下级履行职责相应的权力。

组织设计内容包括两点：第一是组织结构设计；第二是运行制度设计[292]。

组织结构是指组织内部分工协作的基本形式或框架。组织结构本身的设计对组织行为具有长期性和关键性影响。它主要体现在以下三个方面：

(1) 正式的任务安排，主要是关于个人和部门的一系列正式任务安排（即工作在各个部门与组织成员之间是如何分配的）。

(2) 正式的报告关系（即谁向谁负责），包括权力链、决策责任、权力分层的数量（管理层次）以及管理人员的控制范围（管理幅度）。

(3) 组织的内部协调机制。

组织结构的设计保证了跨部门合作，一个组织的结构反映了组织通常是如何解决信息和协调问题的。设计适宜的组织结构，有助于清楚地界定每个部门及组织成员的权责角色。在此基础上进行恰当的协调和控制，有助于提高部门及个人的工作效率，提高组织的整体表现。相反，如果组织结构与组织需要不相适应，将会导致一系列问题，包括决策延误、发生冲突、应变能力差、行政管理成本高涨及士气低落。

运行制度的设计，是指通过有关的制度和条件来保证设计出来的组织结构能够正常运行。组织结构的正常运行需要有一整套良好的运行制度来保证，这里也包括三项主要内容：

(1) 规章制度设计。

(2) 人员设计，确定组织结构正常运行所必需的人员质量和数量。

(3) 激励和考核制度设计，没有好的激励制度，员工缺乏积极性，再好的组织结构也发挥不了作用。

从本书的研究框架来看，组织理论的应用主要是从责权相对称原则以及组织结构设计、组织运行制度设计的角度来考察影响组织信息化绩效的因素。

(1) 责权相对称原则。主要考察政府 CIO 在信息化过程中承担各种各样的责任的同时是否被授予了相应的职权，以帮助完成组织信息化的目标。测量维度为组织授权。

(2) 组织结构设计。主要考察政府 CIO 的组织结构是否合理，是否有助于提高效率。主要测量维度为 CIO 的层级水平（向谁报告）、CIO 是否为高层团队成员以及 IT 指导委员会的重要程度。

(3) 组织运行制度的设计。主要考察是否有完善的制度保证信息化的运行。测量维度为绩效考核制度以及高层管理人员对 CIO 的支持。

对组织理论的以上三点解析，形成了本研究的组织制度的理论测量维度，主要包括以下几方面：高层管理者的支持、CIO 的层级水平、组织授权、绩效考核、高层团队成员、IT 指导委员会。其中，组织授权属于组织设计原则的范畴，CIO 的层级水平、高层团队成员以及 IT 指导委员会属于组织结构设计的范畴；而绩效考核制度和高层管理者的支持属于组织运行制度设计的范畴。

第四章　研究模型的假设开发

本章主要是在上一章所形成的理论基础之上架构出研究模型，并对模型中的重要潜变量进行分析，最终形成理论模型完整的研究假设。在研究模型中，CIO 能力这个潜变量包括：CIO 的业务能力、CIO 的 IT 能力、CIO 的沟通能力、CIO 的政治能力。组织制度潜变量主要包括：高层管理者的支持、CIO 的层级水平、组织授权、绩效考核、高层团队成员、IT 指导委员会。信息化绩效潜变量包括：IS 系统绩效和 IS 应用绩效。

第一节　研究模型概述

基于心理学中的归因理论，从 CIO 的角度出发，对于组织信息化绩效的内部原因和外部原因进行分析，并建立理论模型（见图 4－1）。其中内部原因是从个人层次的角度来研究，主要是 CIO 的个人能力；外部原因是从组织层次的角度来研究，主要是组织的制度因素。

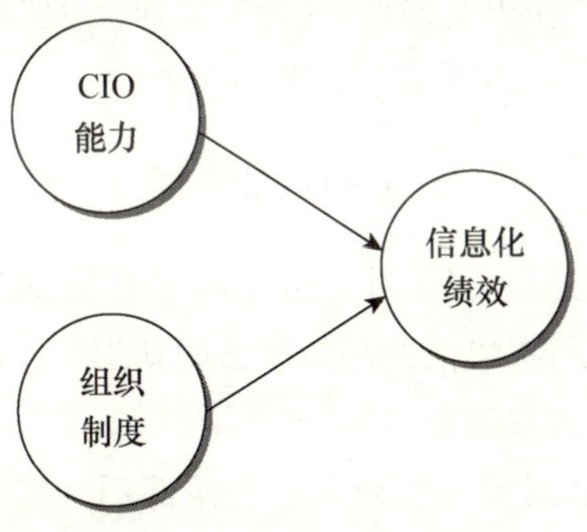

图 4－1　研究模型的概念框架

第二节　研究假设开发之个人因素

管理大师彼得·德鲁克曾经说过："在当今世界，管理者的素质和能力决定组织的成败存亡。"从这句话中可以看出管理者能力对组织的重要意义。管理者的经历、经验对于组织在市场竞争中的优劣成败有着重要的影响。

随着信息技术在组织中的使用程度的加深，对于有效信息系统相关的领导能力研究也越来越为大家所关注[293][294]。

Earl 和 Feeny（1994）认为 CIO 个人因素是组织建设信息系统的重要部分，这与传统的领导理论认为有效的领导对于组织的绩效有重要影响的观点是一致的。

Baschab 和 Piot（2007）在其著作中指出："担当 IT 总监或 CIO 角色的人员，其个人品质是唯一对 IT 部门整体效率影响最大的因素，无论这个角色成为 CIO、信息系统副总裁还是简单的 IT 总监，他对 IT 部门的成功起着关键作用……在最好的情况下，IT 部门是竞争优势的源泉，对整个组织的生产力有积极的影响，在比较差的情况下，它们是组织时间和预算的无底洞。"[295]

本节的内容就是从政府信息资源的管理者——政府 CIO 的能力出发，通过对以往文献的研究来探讨 CIO 的哪些能力对于组织的信息化绩效有影响，并提出本研究的假设。本研究对 CIO 能力的研究主要是采用 Smaltz（1999）对能力的分类，这种分类在相关文献中也经常用到，主要涉及以下几个方面的能力：业务能力、IT 能力、沟通能力、政治能力。

一、CIO 的业务能力

CIO 的业务能力是指 CIO 对于组织内部和外部的业务环境的认知程度，其内容包括组织所提供的产品和服务的知识、市场和业务流程方面的知识、竞争对手方面的知识等。

尽管组织的 IT 部门被当作和人力资源部门、财务与会计部门、市场营销部门等一样的职能部门，但它也具有业务部门的特征，因此 CIO 作为 IT 部门的负责人，需要了解每一个业务部门、每一个职能部门的业务流程，并与其他的业务或职能部门相互沟通，优化组织的流程。在许多方面，IT 部门更像整个组织的神经中枢[296]。

以往的文献对于 CIO 的不足讨论得最多的就是“CIO 缺乏业务方面的知识”。Wilder（1992）指出一些业内人士认为 CIO 普遍缺乏业务的敏锐性[297]。Rockart（1988）认为 CIO 应该是具有业务导向的专家[298]。Applegate 和 Elam（1992）发现 CIO 必须具有“宽广的业务视角”以及与“组织和业务运作”“业务环境”相关的知识才能取得事业上的成功。Stephens 等（1992）指出不断增加与业务有关的知识有助于区别信息系统的管理人员和信息系统的技术职能人员。DeLisi，Danielson 和 Posner（1998）在对 6 个 CEO 的案例进行研究后也指出，CEO 希望 CIO 在拥有技术的同时，也要像 CEO 一样拥有业务知识和视野。只有通过在业务和技术之间建立必要的交流，才能保证业务和技术能力被整合进每一个层级业务的有效解决方案中[299]。Beath（1991）指出建立有效的 IT—业务关系是 CIO 必须管理的除了 IT 人力资源和技术基础架构外的最重要的一个资源[300]。

Armstrong（1995）以及 Armstrong 和 Sambamurthy（1999）发现信息技术应用程度高的组织，它们的 CIO 都具有较高水平的战略业务知识和 IT 知识，组织业务知识的缺乏可能会导致组织中的 CIO 与高层管理者之间无法建立良好的关系，进而影响组织的信息化绩效。

一旦拥有战略业务知识，CIO 就能够更好地促进信息系统与业务的联盟，并且最终会导致信息化成功和组织业务绩效改善。IT 人员的业务能力不但增加了他们对于 IT 如何满足组织目标的认知能力，同时也提供了建立内部合作伙伴关系的推动力，进而推动组织信息化的绩效。

一个不熟悉本单位业务的人是无法承担 CIO 职责的。从业务角度看，CIO 必须懂得组织业务流程，否则就无法知道组织每天都流动着什么信息，哪些信息需要保存，哪些信息需要被二次利用，哪些信息可以废弃。从战略角度看，CIO 要考虑信息系统中的管理思想能不能满足组织现有的业务需求，同时还要非常了解和关注组织的发展战略和未来三到五年的业务发展趋势。从信息资源管理角度看，CIO 要了解组织的哪些信息资源最重要，最需要保护，哪些重要性次之，以便在现有可利用资源的基础上使组织信息得到最佳的保护和利用。

基于以上分析，本书认为 CIO 的业务能力越强，组织的信息化绩效就会越显著[301]。因此得出以下假设：

假设 1a：CIO 的业务能力影响组织的信息化绩效水平

二、CIO的IT能力

CIO的IT能力是指CIO对于组织的IT技术以及竞争对手IT技术的感知能力。具体包括IT如何应用到组织中、当前IT资产满足本组织需要的能力以及新技术如何应用到组织中等方面的知识。

CIO的IT能力并不是说CIO必须具备某一项特别的“信息技术”，而是指CIO对于信息技术及其发展必须具有足够的知识和敏锐度，以便于做出有关技术的选择、发展、实施和维护的管理决策。Kunde（1989）认为CIO不必成为某一项具体技术的“专家”，但他应该熟悉这些技术能够为组织做什么[302]。

随着全球经济一体化的发展以及市场竞争激烈程度的加剧，信息技术已经融入到工作的每一个环节之中，逐渐成为组织核心竞争力的重要组成部分。只有把信息技术和组织的商业战略融合起来，才能使信息技术在组织的发展中发挥关键的作用。在这一过程中，CIO自然担负着不可推卸的责任和使命，因为他不仅决定着整个信息管理系统的设计与更新，还决定着组织内部信息流的路线与方向。CIO若在技术方面犯了错误，就会给组织造成无法弥补的损失。IT技术是CIO安身立命之根基，很难想象一个不懂信息技术知识的人如何开展工作。

无论CIO的职位和角色发生什么样的变化，技术在CIO的工作中始终占据至关重要的地位。CIO作为信息技术部门头衔最高的经理人员，对于他的一个基本要求就是具有信息技术知识。只有当一个CIO对技术问题了然于胸，而且对技术的运用非常纯熟时，他才能更清楚技术对组织业务发展的推动程度，从而运用信息技术为组织的商业发展提供更充足有力的支持。CIO具有很高水平的IT知识，对于IT—业务战略联盟以及信息化绩效的提高都是非常有意义的。

Garets和Redman（1998）以及Wang（1994）认为信息技术领域的知识对于CIO来说是绝对重要的[303]。IT能力同时也被认为有助于CIO与高层管理团队之间建立良好的关系。拥有高水平的战略IT技术的CIO将会被高层管理团队和CEO认为更有能力、更加有效，容易取得高层领导的信任和授权，从而为其今后的工作打下信任的基础。CIO只有具有较高的IT知识水平，才能够在合适的IT项目以及信息技术投资水平方面给高层管理团队提出更好的建议。Feeny等（1992）通过对14个组织的案例研究发现：成功的CIO几乎大部分的职业生涯是在IT领域度过。由于信息技术的发展非常快，一个没有 IT 知识的领导很难跟上这种变化，具有丰富的 IT 知识的 CIO 能够使得组织准确感知和了解到新技术给组织竞争优势带来的好处并加以利用。

此外，CIO 需要权威来管理下属，具备专业的 IT 知识是建立权威的一个基本条件。因为除了组织赋予的正式权力，个人还必须拥有一些独特的 IT 知识、能力以及经验作为影响他人和建立个人权威的方式[304]。

基于以上分析，本书得出以下假设：

假设 1b：CIO 的 IT 能力影响组织的信息化绩效水平

三、CIO 的沟通能力

CIO 的沟通能力是指 CIO 与组织内部其他成员（不管他在组织中的层级如何）以及可能的外部咨询顾问之间建立和维持有效的关系和交流的能力[305][306][307]。

研究表明，组织的 IT 项目的成功很少取决于 CIO 的技术水平，很大程度上取决于 CIO 的沟通能力，尤其是与上级和客户的沟通能力。

CIO 在推动组织信息化的进程中一般都会遇到这样或那样的困难，需要和来自组织高层、同级别的其他各职能部门的人打交道，因此他必须具有优秀的沟通能力来展开工作。

Earl 和 Feeny（1996）提出：一个成功的 CIO 需要很强的人际沟通能力来保证与 CEO 之间的交流。只有通过与高层领导或主管的对话，CIO 才能体会到业务的动机、含义以及业务优先权的顺序，才能知道业务的核心和感知到变革，并保证相应的信息系统的支持[308]。此外，沟通也是 CIO 取得高层管理者信任与授权支持的重要手段。Wang（1994）甚至认为之前谈到的 CIO 缺少业务知识的敏锐性，有很大一部分就是由于 CIO 与 CEO 以及高层管理团队之间缺乏沟通造成的。

Brier（1994）通过对 50 个 CEO 的研究发现人际沟通是成为理想 CIO 的一项重要技能[309]。CIO 能够用非技术语言进行熟练的交流将会被 CEO 和高层团队认为是有能力和有效的。*CIO Magazine* 杂志在 1997 年的一期中列举了用非技术语言交流的能力是 CIO 所必需的技能，不管是组织内部还是组织外部的沟通。CIO 沟通能力差经常会导致信息化的失败，而成功的 CIO 具有良好的沟通能力[310]。

国内学者李东和陈奇志（2005）认为在信息化实施的过程中，CIO 必须承担在信息化过程中与组织内外各方面沟通的职责。CIO 主要在两个方向上发挥自己的沟通能力：一是从 IT 部门向管理者。让管理者懂得信息技术在组织中的作用以及为什么要引进信息技术。二是从用户向 IT 部门。让用户表述他们的需求，将他们的需求转化成信息技术部门的理解[311]。而这两方面的准确把握对于未来信息系统绩效的影响是非常大的。因此，对于 CIO 来说，良好的沟通能力将影响到组织未来的信息化绩效水平。

基于以上分析，本书得出以下假设：

假设 1c：CIO 的沟通能力影响组织的信息化绩效水平

四、CIO 的政治能力

政治能力主要是指 CIO 在组织中应对变化的局势以及和多数人和谐共处的能力，体现了 CIO 与组织中的团队有效工作的能力。

政治能力一般是在组织的变革管理中出现的术语。在组织进行信息化改革的时候，政治能力是指在实施信息系统来支持信息系统—业务战略联盟的过程中克服那些冲突所必需的能力。在组织的高层中，政治活动是起非常大的作用的，Stephen 等（1992）在通过对 5 个 CIO 案例的研究后发现，能够非常聪明地理解组织中形势的能力是影响 CIO 成功连接 IT 组织与组织战略目标的重要因素之一。同样，Feeny 等（1992）对英国 14 个大型组织的 CEO 的研究也表明，政治因素对于 CIO 来说是至关重要的。

CIO 在一个组织中的成功离不开个人的政治能力。CIO 需要有高水平的关系管理技巧才能被认为是有效的领导。对于 CIO 来说，准确地理解权力范围是其在组织业务部门和 IT 部门之间架构桥梁的重要因素。Lederer 和 Mendelow（1988）通过对 20 个 CIO 的面访发现，CIO 向组织的高层管理者推销他们信息系统产品和服务的技巧是非常重要的，而这种技巧正是政治能力的体现。因为实施组织范围内的信息系统需要组织各个方面的相关人员合作，如果一味地鼓吹技术而不考虑组织内的其他因素将会导致 CIO 的失败，从而最终导致整个组织信息化的失败。

事实上，由于组织中每个信息化项目的实施其实都是对于组织的一次变革，组织要变革就必然会牵涉到组织内部不同人的利益，组织范围的 IT 项目的实施总是代表着组织的变革[312]。而变革总是会带来一些“政治”上的问题[313]。这就需要信息化的领导者——CIO 能够读懂其中的各种关系，巧妙地使用各种手段来达到变革的目的。这一点对于信息化的主管 CIO 来说尤其重要。Hirschman（1970）还提出，“想成为一位好的员工、成功的管理者或在组织中出头”，政治行为是不可或缺的，当面对不同的冲突或所属组织面临倾倒危机时，政治行为甚至是一项正当的防卫手段[314]。

从中国政府信息化的实际情况来说，传统的业务流程很多都是由人工操控的，存在着诸多不规范之处。一旦需要引进透明度高的由计算机控制的信息系统，必然会带来改革和权力的调整，因此，排斥的人当然不会少，这就需要应用政府 CIO 的政治能力来推进政府信息化的进程。此外，政府 CIO 还要学会在组织内部对自己进行营销，取得高层主管和同事的信任，树立自己在信息化建设中不可替代的地位，只有这样，CIO 才能对信息化战略和决策起到作用，才能真正促进组织的信息化发展。

基于以上分析，本书得出以下假设：

假设 1d：CIO 的政治能力影响组织的信息化绩效水平

五、CIO 能力构成

与信息化绩效有关的 CIO 能力不仅仅包括人际的沟通技能以及理解各种利益相关体之间关系的能力，同样也包括各种相关的技术或业务能力和知识[315]。本书认为 CIO 能力主要包括四个方面：业务能力、IT 能力、沟通能力、政治能力，具体定义如表 4－1 所示。

表 4－1　　CIO 能力的组成

潜变量	来源	定义
CIO 的业务能力	Smaltz（1999）	CIO 对于组织内部和外部的业务环境的认知程度，包括组织所提供的产品和服务的知识、市场和业务流程方面的知识、竞争对手方面的知识等
CIO 的 IT 能力	Smaltz（1999）	CIO 对于组织的 IT 技术以及竞争对手 IT 技术的感知能力。包括 IT 如何应用到组织中、当前 IT 资产满足本组织需要的能力、新技术如何应用到组织中等方面的知识
CIO 的沟通能力	Bigdoli（1997） DeLisi，Danielson 和 Posner（1998） Feeny 和 Wilkcocks（1998） Lee 和 Trauth（1995） Smaltz（1999）	CIO 与组织内部其他成员（不管他在组织中的层级如何）以及可能的外部咨询顾问之间建立和维持有效的关系和交流的能力

续前表

潜变量	来源	定义
CIO 的政治能力	Smaltz（1999）	CIO 与一个团队有效工作的能力，主要包括 CIO 在组织中应对各种变化的局势以及和大多数人和谐共处的能力

Earl 和 Feeny（1994）认为 CIO 个人因素是组织 IT 开发的重要部分，这与传统的领导理论是相互一致的。传统的领导理论认为有效的领导对于组织的绩效有重要影响。信息化部门领导人 CIO 的能力决定着信息化部门的绩效。CIO 的个人能力越强，则组织的信息化绩效就越强。

本书中 CIO 能力的一阶潜变量采用的是 Molar 的结构方式①，即所有一阶潜变量是二阶潜变量的不同侧面的体现，也就是说，它们之间的关系是从一阶潜变量指向二阶潜变量[316]。因此，之前的 4 个假设形成了以下总假设：

H1：CIO 能力对于信息化绩效有正面的影响

CIO 能力对于信息化绩效影响的理论框架图如图 4－2 所示。

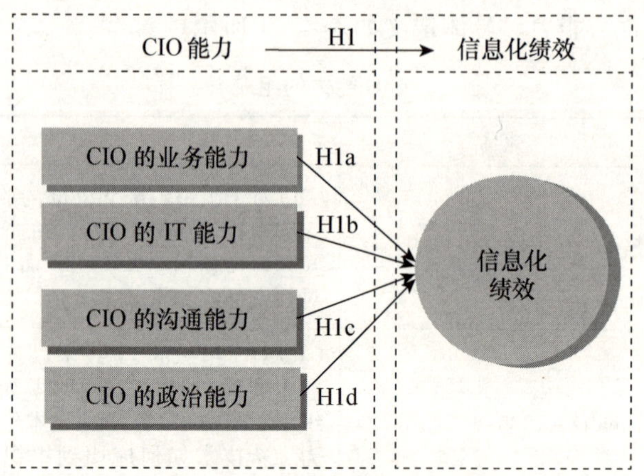

图 4－2　CIO 能力理论框架图

① 一般说来，一阶潜变量与二阶潜变量之间有 Molar 和 Molecular 两种结构方式，本书的外生变量采用的是 Molar 的结构方式，即它们之间的关系是从一阶潜变量指向二阶潜变量。内生变量采用的是 Molecular 的结构方式，它们之间的关系是从二阶潜变量指向一阶潜变量，具体结构是根据研究的具体目的选择的。

第三节 研究假设开发之组织制度

组织之间的竞争归根结底是组织制度的竞争，只有先进的组织制度才能凝聚人才，引进人才，稳定人才。组织制度是组织对于外部环境做出的结构性应对。面对外部环境的变化，组织必须做出决策，及时调整包括技术、制度、观念等因素在内的各种力量。否则，组织就可能面临被淘汰的尴尬境地[317]。

组织制度是指以产权制度为基础和核心的企业组织管理制度。构成组织制度的基本内容一般有 3 个：一个是组织的产权制度，一个是企业的组织制度，一个是组织的日常管理制度。本书借鉴组织制度的概念，讨论更多的是政府部门中与信息系统管理有关的组织制度，而不涉及产权制度以及日常的管理制度。

基于之前的文献研究，为讨论相关组织制度对于信息化绩效的影响，本书研究的有关组织制度主要包括以下几方面：

（1）高层管理者的支持（top management support）。

（2）CIO 的层级水平（organization level）。

（3）组织授权（organizational authorization）。

（4）绩效考核（performance assess）。

（5）高层团队成员（top management team member）。

（6）IT 指导委员会（IT committee）。

本节将根据以上 6 点来详细探讨它们与信息化绩效之间的关系。而这 6 个方面的选择都是源自组织理论。其中，组织授权属于组织设计原则的范畴，CIO 的层级水平、高层团队成员以及 IT 指导委员会属于组织结构设计的范畴，而绩效考核制度和高层管理者的支持属于组织运行制度设计的范畴。

一、高层管理者的支持

高层管理者的支持是指组织中的高层管理人员在多大程度上分配资源去实施信息化项目或者在多大程度上愿意接受风险，并鼓励推动信息化项目的实施[318][319][320][321]。

Eric 等（2006）将其定义为“高层管理者在多大程度上提供必要的参

与、资源以及授权以帮助信息化项目的顺利实施”。Ragu-Nathan 等（2004）认为高层管理者的支持主要是指“高层管理者能够在多大程度上理解信息系统功能的重要性以及在多大程度上参与到信息化活动中”。Doll（1985）认为“高层管理者对于信息系统的支持是指高层对于信息系统的喜欢的态度以及外显的支持”。此外，其他相关的定义具体如表 4－2 所示。

表 4－2　高层管理者支持的定义列表

作者	定义
Grover（1993） Igbaria 等（1997） Premkumar 和 Ramamurthy（1995） Rai 和 Bajwa（1997） Tyran 和 George（1993）	组织中的高层管理人员在多大程度上分配资源去实施信息化项目或者在多大程度上愿意接受风险，并鼓励推动信息化项目的实施
Slevin 和 Pinto（1987）[322]	高层管理者为促进项目成功提供必要资源和权威的意愿
Ragu-Nathan 等（2004）	高层管理者能够在多大程度上理解信息系统功能的重要性以及在多大程度上参与到信息化活动中
Eric 等（2006）	高层管理者在多大程度上提供必要的参与、资源以及授权以帮助信息化项目的顺利实施
Doll（1985）	高层管理者对于信息系统的支持是指高层对于信息系统的喜欢的态度以及外显的支持

如果信息化成为组织中的战略工具，那么对于高层管理者来说，理解信息化和控制信息化过程作为一种战略资源就显得非常重要。在信息系统的文献中，高层管理者的支持一直被认为是影响信息化活动成功的重要因素[323][324][325][326]。

高层管理者的支持与信息技术成功实施有着十分重要的正相关关系[327]。管理者的支持能够克服一些组织政治的阻力以及鼓励整个组织范围内对信息化的参与[328]，这对于各种 IT 项目的实施都是非常重要的，比如决策支持系统[329]。从用户的角度来说，用户倾向于与管理者的期望一致，并且他们更可能接受一个能感知到组织的管理层支持的系统[330]。在一项关于信息管理中关键问题的调查中，经理们被要求对影响信息系统成功的因素按重要性进行排名，结果发现高层管理者的支持是最重要的一项，接下来是改善交流、与商业目标的管理信息系统联盟、竞争优势，以及 IT 战略规划[331]。

关于高层管理者对于信息化绩效的影响，Weill（1992）发现同样水平的信息化投资，高水平的高层管理者的承诺将导致高的转化效率，并最终提高组织的信息化绩效。Mckenney 等（1995）通过案例研究指出高层领导是推动组织信息化的关键因素。Bajwa 等（1998）发现组织的高层管理者高水平的支持主要通过支持性的环境来影响组织的经理信息系统的成功。Wilson 和 McDonald（1996）通过多案例研究发现高层管理者的支持是成功实施决策支持系统的关键因素。Raghunathan 和 Raghunathan（1988）和 Choe（1996）也提供了高层管理者对于信息化绩效的影响的证据。Ragu-Nathan 等（2004）开发了一个高层管理者支持、信息部门过程、信息化绩效之间的研究框架，并从实证的角度检验了高层管理者支持对于信息化绩效的影响。此外，高层管理者在信息化方面的影响还包括：高层管理者支持对于组织信息系统的规划和实施的影响、高层管理者的信息系统知识对于组织信息技术的吸收程度的影响、高层管理者支持对于信息系统规划的质量的影响。

随着组织中信息系统的角色从传统后台应用支持者向提供显著的竞争优势者的转变，高层管理者的支持显得越来越重要[332]。因为如果没有高层管理者的支持，对于信息化的组织范围的承诺就不复存在，承诺的缺少将显著地影响充足预算和资源的可获得性[333]。Choe（1996）和 Doll（1985）认为高层的支持可以保证资源的可获得性。当高层高度支持信息化的时候，很多资源就有可能被分配来发展和支持信息化活动，加强推动信息化的条件。因为高层主管有能力去影响别人接受新的信息系统，而且也有能力去克服使用者对于接受信息系统的抵制。

国内学者李东（2005）通过调查也验证了“信息化推进首要的是组织高层领导的全力支持”的观点。清华大学的陈国青教授在于 1999 年和 2002 年两次针对信息系统管理中的关键问题进行的研究中，发现“最高领导层的理解和支持”都是排名第一的关键问题。最高领导层的理解和支持仍然是最重要的问题。一方面是因为中国正在经历从中央计划经济向开放市场经济转变的过程，很多组织仍然采取一种高度集中的决策机制。在这样一种管理机制下，最高领导通常在组织变革中扮演重要的角色。另一方面，很多组织的高层主管并不是很了解信息技术，因此不能为其应用提供足够的支持。

国内著名信息化网站“E-Works”的《2004—2005 中国 CIO 生存及发展研究报告》指出：多数 CIO 认为工作中最大的阻力是领导的支持力度不足，支持此意见的 CIO 占到了 60%以上。中国的信息化实践表明，CIO 要参与资源的配置离不开一把手的支持[334]。

高层管理者的支持主要体现在两个方面：一方面是高层管理者的认知，另一方面是高层管理者的参与。Hartwick 和 Barki（1994）指出高层管理者的认知是指高层管理者对于信息技术的感知和态度，也就是说，高层管理者在多大程度上将信息技术视为组织成功的关键因素；而高层管理者的参与是指具体的行为和活动的执行[335]。

高层管理者对于信息技术的认知是一个主观的、心理上的概念，反映了高层管理者对于信息系统或信息技术的重要程度的理解和态度。认知程度水平高，说明组织高层管理者认为信息系统或信息技术的应用对组织的发展至关重要，是组织发展战略的重要组成部分；认知程度低，说明高层管理者仅把信息系统或信息技术的应用看成一项普通的技术项目。Guimaraes（1992）提出高层主管的支持是影响信息化成功的重要因素之一，高层主管对于信息技术的认知程度越高，对信息技术越有兴趣，则对于组织建立信息系统就越有帮助。Jarvenpaa 和 Ives（1991）认为高层主管对信息技术越有兴趣，对信息技术的角色地位与贡献越有正面的肯定与认同，则其在心态上必定是越倾向于支持 IT 技术的。

高层管理者的参与是行为上的、具体活动的概念，指高层管理者花费时间和精力，亲自参与到信息技术管理的相关事务中，如参与前期信息化需求调查、系统选型、系统实施，或者是担任 IT 指导委员会主席，参与和系统实施相关的决策活动，定期阅读进展报告，等等。高层管理者的支持不仅来自资金预算上的支持，还包括实际领导组织进行组织上、管理上和文化上的创新和变革，去除组织内各阶层对于变革的抵制。

高层管理者的支持包括在信息化项目的规划、设计、发展以及实施过程中管理指导的各种形式[336]。一般来说，高层管理者通过提升 CIO 的地位、补充 CIO 所需技能以及把 CIO 放在网络中心位置来支持 CIO[337]。其他的方法还包括：制定总的发展规划，共同统一发展优先权，提供长期的资金承诺，参与系统规划，制定项目发展的政策，等等[338][339][340]。当高层支持力度很强的时候，CIO 更有可能出席关于项目的会议，特别是一些重要的决策会议，以及监督信息化项目。CIO 则会将这种高层支持视为高层管理者对“信息化能够帮助实现组织目标”具有信心的一种表征，管理者的支持性态度使得 CIO 相信自己的工作将得到认可和欣赏，这样更可能促使他们履行对组织的义务，从而达到更高的信息化绩效。Raghunathan（1992）发现 CEO 直接参与 IT 指导委员会是一个很有效的机制，高层管理者在信息化活动中的直接参与不仅仅是对组织中其他经理显示 IT 重要性的信号，而且还能确保他们对于信息化活动的配合和支持。Armstrong 和 Sambamurthy（1999）认为高层管理者的信念、知识和参与也将使得资金资源、时间资源以及其他部门的支持得到保证。

通过以上分析，本研究得出以下假设：

H2a：组织高层管理者的支持对于信息化绩效有影响

二、CIO 的层级水平

CIO 在组织中的层级水平是指 CIO 个人距离组织最高管理层的层级数[341]。在文献中与“CIO 的层级水平”相近的其他说法还有：等级层次(hierarchical level)[342]、工作头衔（job title)[343]、组织水平（organizational level)[344][345][346]、职位（position)[347]、职位水平（position level)[348]、头衔（rank)[349]、组织中用户的水平（user's level in the organization)[350]等。

Raghunathan 和 Raghunathan（1988）发现 CIO 头衔对于 CIO 角色有很大的影响，尽管 CIO 的头衔在不同类型的组织内意义不同。比如：有些 CIO 仅仅是保证所有的 PC 能够正常运转以及流程运行良好的部门经理，有些 CIO 管理着一个组织的网站设计和运行维护，还有些 CIO 则管理着组织的信息化战略规划以及与业务的融合。但 CIO 的报告层级依然是影响组织信息化绩效的重要因素。Csaszar 和 Clemons（2006）指出 IT 结构和报告关系对于组织的绩效有深远的影响[351]。Hambrick（1981）指出“个人在组织中的报告水平影响感知到的授权和权力，从而影响高层团队的行动”。Applegate 和 Elam（1992）通过对 64 名新任命 CIO 的研究指出，报告关系对于 CIO 的工作至关重要，发现有 27%的 CIO 直接向 CEO 报告，随着报告关系的上升，他们可以通过参与高层活动直接影响到组织的战略方向。这表明 CIO 的报告水平对于提高组织的信息化绩效来说是一个关键因素。

北大光华管理学院的李东教授主持的2002—2004年三次针对CIO的调查都认为"CIO的地位和提升与组织信息化的成败是息息相关的"。那些直接向CEO报告的CIO比起向财务主管（chief financial officer，CFO）、运营主管（chief operating officer，COO）报告的CIO来说，拥有更多的机会来影响组织范围内的有关信息化的决策。

CIO在组织中的层级水平表明了其在组织中的权力来源以及在组织中的影响力大小。CIO的层级水平越高，对于组织活动的影响力就越大，CIO在组织层级中的头衔是影响组织信息化成功以及把信息化当作战略性竞争武器的重要因素。

通过以上分析，本研究得出以下的假设：

H2b：组织中CIO的层级水平影响组织信息化绩效

三、组织授权

组织授权是指组织赋予员工对于自己的工作多大的自主权[352]。

组织设计中最重要的原则是责权相对称原则，职权是执行任务的权力。职责则是完成任务的义务，两者必须相互对称。行使职权的同时就应当负有相应的职责，把职责交给下级的同时就要给予下级履行职责相应的权力。

现实情况中，CIO在组织中权力的大小与他所能支配资源的多少有直接的关系。CIO所应该支配的资源一般包括金钱、人员、时间，这些对于成功实施一个项目都是必需的。研究发现，资源的可用性问题对于系统设计和实施的成功有着重要的影响作用。如果CIO拥有充足的资源，将使他在信息化项目的推进过程中有更好的机会克服组织的障碍以及得到更高的组织承诺。充足的资源将影响在实施过程中的阶段性项目的完成。而资源的获得必须仰仗组织的授权，尤其是正式职权的授予。分配更多的资源也被看作高层管理者支持的一个明显的信号，这样的支持是信息化成功的重要决定因素。

一般说来，组织对于CIO的授权包括预算权、人事权、决策权等等。

由于实施和维持一个信息系统一般投资都比较大，同时新技术的不断出现使得维护和更新技术的投资也不断增加。因此，强大的资金保证是CIO发挥作用的必要条件，CIO对于资金必须有预算的权力。

信息化过程是个复杂的过程，其中涉及对于业务人员的调用、培训，甚至对于业务人员的监督和工作指导。这都需要 CIO 有一定的法定人事权来支持他的工作。

CIO 应该拥有一定的决策权。Parker，Baltes 和 Christiansen（1997）在对组织公平的一项研究中指出：履行决策的人在制定决策的时候也有发言权。CIO 应具有决策权，尤其是与信息化相关的决策权，不仅仅是因为 CIO 对于组织中的信息化规划和发展有很深的认识，还因为这体现了组织的程序公平性，会让 CIO 产生归属感，有助于提升组织的信息化绩效。

《IT 经理世界》“CIO 发展研究中心”2006 年的调查报告指出：在“CIO 工作中最大的困难”调查中，其结果与前面的情况正好对应，是“权力有限”（占 36%的指标权重）与“协调与业务部门关系”（占 25%的指标权重）。这显示出目前 CIO 在工作中明显感到权力不足，以至于在工作中放不开手脚，处处受到约束与限制。

如果组织对于 CIO 授权比较低，CIO 对于信息化活动以及决策不能拥有一定的控制权，将会使得 CIO 有一种挫败感以及重要性和权力降低的感觉。这将会导致 CIO 感到信息部门对于组织的影响并不是很大。这种感觉有可能导致一种疏远氛围并对信息化绩效产生负面的影响。

通过以上分析，本研究得出以下假设：

H2c：组织对于 CIO 的授权水平影响组织信息化绩效

四、绩效考核

管理大师彼得·德鲁克（Peter F. Drucker）曾经说过：“如果你不能评价，你就无法管理”。绩效考核作为一个组织管理的基本前提，很好地验证了管理大师的这句话。

绩效考核是一套正式的结构化的制度，用来衡量、评价并影响与员工工作有关的特性、行为和结果，考察员工的实际绩效，了解员工可能发展的潜力，以期获得员工与组织的共同发展。通过绩效考核评判不同员工的劳动支出、努力程度和贡献份额，有针对性地支付薪酬、给予奖励，并及时向员工反馈信息促使其调整努力方向和行为选择组合，使他们最大限度地利用其人力资源来实现组织目标。如果缺乏一个合理的绩效考核体系，那么员工良好的工作态度和积极的工作意愿在缺乏业绩改善的技术条件下无法产生良好的效果。

组织结构的运行需要良好的制度保证，而绩效评价和考核是运行制度设计的最主要的内容。Soonhee 和 Lee（2006）认为绩效考核是组织结构设计中的重要因素，绩效考核系统影响组织中员工的知识共享能力。Szulanski（1996）以及 Davenport（1997）同样也发现缺少激励的考核会成为组织中实施最佳实践的障碍[353][354]。一个好的绩效考核制度可以激励员工的行为，有利于信息系统在组织中的应用。同样，由于信息化绩效本身测量的模糊性，更加需要一个公平、合理的绩效考核制度来保障和促进 CIO 积极努力地工作，从而促进信息化在组织中的应用。缺乏一套有效地监控、评价 CIO 的体系，会增加 CIO 违规操作的可能性和项目的风险，从而提高本已很高的信息化项目的失败率。在国内，能主动评估信息化绩效或重视掌握 IT 价值的组织比较少见，常见的错误是未能将信息化投资的效益清楚地作定量与定性分析。量化信息化投资的财务利益并估计信息化项目对组织的无形影响为许多组织所忽视。

Neely（2002）认为绩效考核的主要功能有 2 个：一个是搜集、处理、分发有关组织内的各个部门之间的活动、产品、服务的绩效的信息。二是增加组织内各个部门之间为了一个共同的目标而进行参与和交流，从而增加组织的绩效。

通过以上分析，本研究得出以下假设：

H2d：组织中的绩效考核水平影响组织信息化绩效

五、高层团队成员

研究表明，比起 CIO 报告级别，更加重要的因素是 CIO 是否为高层团队中的一员。

Rockart，Earl 和 Ross（1996）认为为了达成信息技术部门和业务部门的战略联盟，CIO 必须是高层团队中的一员，要么是正式的，要么是非正式的。此外，随着信息技术成为组织管理中执行组织战略的重要资源，为了确保信息化投资与组织的战略目标一致，信息技术的管理者必须了解组织的战略管理和战术管理，CIO 必须成为高层团队中的一员。

CIO 与高层团队成员一起工作，能够保证 CIO 的动机与高层团队的动机一致，保证信息技术部门的每一分钱都用在降低成本、提高收入或给业务部门提供更多的支持上，最大限度地降低 CIO 的代理风险，使得 CIO 的信息系统建设动机让位于业务，信息技术内部能够真正接受并理解“运维”的战略[355]。

一般说来，CIO 成为高层团队中的一员，主要体现在以下一些方面：CIO 参与高层团队的活动的程度[356]、CIO 和 CEO 以及高层团队之间的非正式交流的程度[357]、CIO 是否参与组织业务的决策活动。

除了正式交流外，Armstrong 和 Sambamurthy（1999）认为，CIO 在高层团队中与团队成员之间的非正式交流也能够增强他们的业务知识。

文献表明 CIO 应该是高层团队中的一员，这有助于 CIO 与高层管理人员对信息化达成共享的理解，这个理解力有助于推动组织的 IT 与业务形成战略联盟，进而提高 IT 和业务的绩效。

通过以上分析，本研究得出以下假设：

H2e：CIO 成为高层团队中的一员影响组织信息化绩效

六、IT 指导委员会

IT 指导委员会是一组高层领导和来自组织所有业务部门、职能部门的代表形成的一种组织结构。这些不同经验、背景的人聚集在一起，被赋予特定的权限，跨越职能界限处理复杂问题。他们的主要职责是召开会议，在会议上提供有关信息化方面的信息，交流业务目标，排除信息化的障碍，批准信息化项目的优先权、开支和项目。在国内的现实语境中，一般这种机构主要是指信息化领导小组。

Zmud（1988）详细讨论了组织的结构机制（比如 IT 指导委员会）与计划和控制的管理系统如何在改善和维持 CIO 与中高层管理人员关系中发挥作用。

Jarvenpaa 和 Ives（1991）发现 CEO 和 CIO 之间通过 IT 指导委员会的交流方式会影响组织对于 IT 的使用。

Brown（1993）认为，IT 指导委员会被认为是建立 IT 认知和达成共享的理解力的重要机制，而 IT 认知和达成共享的理解力是建立成功合作关系的先决条件。

在组织层面，建立 IT 指导委员会的好处是明显的。IT 指导委员会将业务按优先级排序传达给 IT 部门，以便 IT 管理层可以实时地为实现最高价值的业务功能提供资源。IT 指导委员会提供对项目的批准、监督和高级别的指导，并以 IT 需求管理分析为基础确定项目优先级，IT 指导委员会还审查 IT 运营和资本预算提议、IT 运营服务级别和 IT 绩效指标。这有助于确保组织人力和资金没有浪费在不重要的项目或硬件投资上。最后，IT 指导委员会最重要的职责是改进关键业务部门和 IT 部门之间的关系和沟通，促进委员会以外的各部门之间更好地交流。

随着组织对于信息化重要性认识的增强，越来越多的组织倾向于建立 IT 指导委员会来指导信息系统的工作。委员会的职能是建立信息化的政策、识别潜在有价值的项目以及推荐资源的分配。一般认为，组织具有高水平的 IT 指导委员会更加能够成功[358][359][360][361][362][363]。

通过以上分析，本研究得出以下假设：

H2f：IT 指导委员会的水平正向影响组织信息化绩效

七、组织制度构成

组织中个人的能力对于 CIO 的成功是远远不够的，领导理论表明：除了个人的特性以外，还有许多环境的力量决定着领导的角色是否成功。Stewart（1967）指出管理角色的有效性是由组织内外部的环境因素共同塑造的。这些因素包括：官僚的制度、方针政策、规则、资源、技术、地理位置、客户等等[364]。

在信息化过程中，CIO 作为个人不可能保证信息化项目改革的成功实施，CIO 还必须得到组织高层领导的全力支持、直线经理的承诺、清楚的角色和职责的定义、有效的绩效的测量、高技能和动机的 IT 人员等一系列因素的支持。

基于之前的文献研究，为讨论相关组织制度对于信息化绩效的影响，本书研究的有关制度因素包括以下几方面：

（1）高层管理者的支持（top management support）。

（2）CIO 的层级水平（organization level）。

（3）组织授权（organizational authorization）。

（4）绩效考核（performance assess）。

（5）高层团队成员（top management team member）。

（6）IT 指导委员会（IT committee）。

其中：高层管理者的支持、CIO 的层级水平、组织授权、绩效考核属于组织管理中纵向的管理机制，而高层团队成员、IT 指导委员会属于横向的机制。纵向的机制主要是要加强组织对于CIO的控制，而横向的机制主要是要促进CIO与组织内各个职能部门甚至是跨层级之间的沟通、共享与协作。

本书中6个有关组织制度的一阶潜变量采用的也是Molar的结构方式，即所有一阶潜变量是二阶潜变量的不同侧面的体现，也就是说，它们之间的关系是从一阶潜变量指向二阶潜变量，具体结构如图4-3所示。因此，之前的6个假设形成了以下的总假设：

H2：组织制度对于信息化绩效有正面的影响

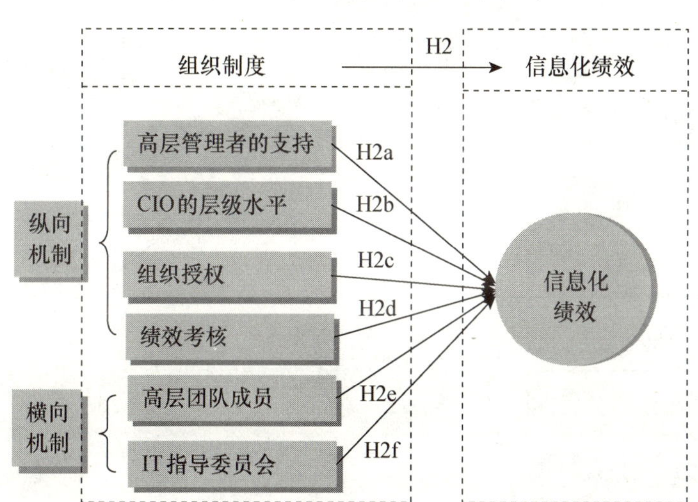

图4-3 影响信息化绩效的制度因素的组成

第四节 研究模型与假设总结

一、模型总结

根据第三章的理论以及本章的研究假设的开发，本书建立了研究模型，如图4-1所示。信息化绩效与组织制度、CIO能力三者之间的关系是建立在归因理论的基础之上的，CIO能力与信息化绩效的关系得到了领导理论的支持，组织制度与信息化绩效的关系得到了组织理论的支持。

通过对于文献的回顾，形成了本模型的基本假设。基本潜变量的构成中，CIO 能力主要包括 CIO 的业务能力、IT 能力、沟通能力、政治能力。组织制度主要包括高层管理者的支持、CIO 的层级水平、组织授权、绩效考核、高层团队成员以及 IT 指导委员会这几方面的内容。绩效考核主要从信息系统本身的建设以及信息系统的应用两个维度来考察。最终形成了本研究的模型图，如图 4－4 所示。

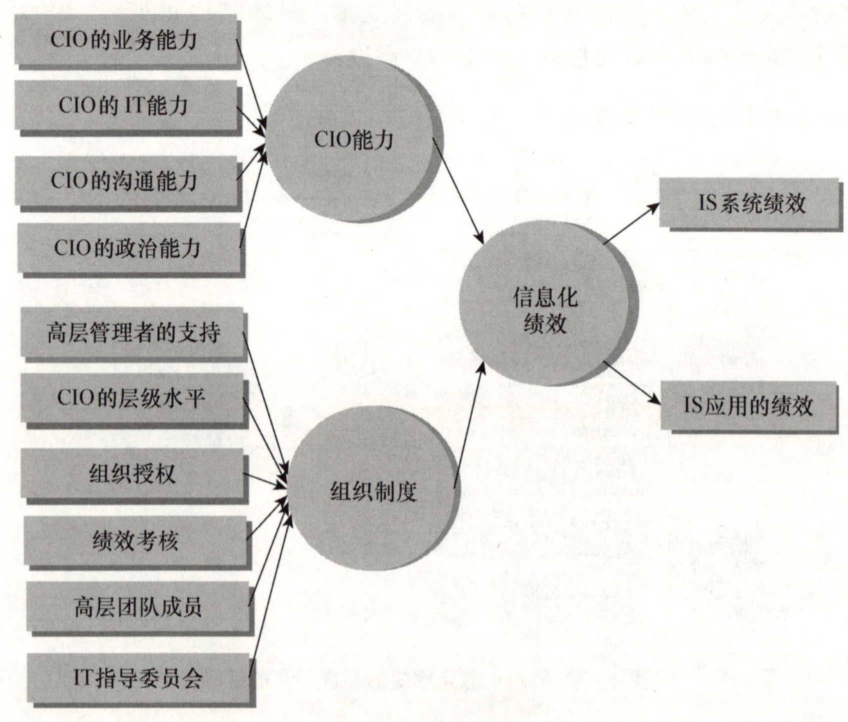

图 4－4　研究模型图

二、假设总结

依据图 4－4 所示的研究模型，以及之前进行的假设开发，将需要实证检验的研究假设归纳如下，详见表 4－3。

表 4－3　研究假设总结列表

假设	假设内容
H1	CIO 能力对于信息化绩效有正面的影响
H1a	CIO 的业务能力影响组织的信息化绩效水平
H1b	CIO 的 IT 能力影响组织的信息化绩效水平
H1c	CIO 的沟通能力影响组织的信息化绩效水平

续前表

假设	假设内容
H1d	CIO 的政治能力影响组织的信息化绩效水平
H2	组织制度对于信息化绩效有正面的影响
H2a	组织高层管理者的支持对于信息化绩效有影响
H2b	组织中 CIO 的层级水平影响组织信息化绩效
H2c	组织对于 CIO 的授权水平影响组织信息化绩效
H2d	组织中的绩效考核水平影响组织信息化绩效
H2e	CIO 成为高层团队中的一员影响组织信息化绩效
H2f	IT 指导委员会的水平正向影响组织信息化绩效

第五章　研究设计

本章首先详细描述了问卷的设计过程以及最终问卷的构成，并说明了各个潜变量的测量项目的设计及其来源。然后介绍了本书所用的研究分析方法——偏最小二乘（partial least square，PLS），指出为什么本书选用这种研究方法是最合适的。最后对于问卷的发放、有效性控制和回收后的样本的一些基本特征进行了描述性分析。

第一节　问卷设计

本节主要讲述了问卷的构成以及预测试的设计。

一、问卷构成

在进行问卷调查之前，本书遵循了 Churchill（1979）所建议的量表开发程序[365]，在借鉴现有相关文献和小组访谈的基础上，专门设计了适合本项研究的问卷，其具体开发过程如图 5-1 所示。

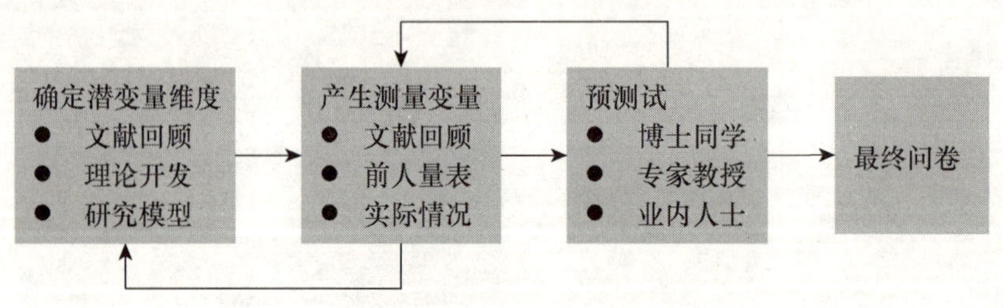

图 5-1　问卷开发过程

对于确定通过哪些具体的题项来测量本书需要了解的研究潜变量和测量的具体维度，本研究设计问卷的原则是：

（1）根据理论探讨与文献探讨的结果，从之前学者已使用过的问卷中选取符合本研究需要且具有良好信度（reliability）、效度（validity）的问卷纳入研究量表中。

（2）以国外学者的量表为基础，结合中国的语言文化特点和信息系统实施的具体情况，设计并修改问卷中的测量变量。

最终所确定的问卷，涵盖了本书所囊括的全部潜变量（如 CIO 的业务能力、CIO 的 IT 能力、CIO 的沟通能力、CIO 的政治能力、高层管理者的支持、CIO 的层级水平、组织授权、绩效考核、高层团队成员、IT 指导委员会、信息化绩效等）（详见附录 2 调查问卷）。

整个问卷分为三大部分：

第一部分：问卷封面简要说明了研究者的研究目的，并提供了答题指导。

第二部分：关于组织基本信息和组织信息化的一些基本情况，包括作者希望了解的 CIO 背景、IT 投入、IT 部门员工、信息化方面存在的问题等。

第三部分：关于 CIO 能力和组织制度方面的问题，涉及 CIO 能力、组织制度因素，以及信息化绩效方面的相关问题。

本书的问卷正文也包括 3 个部分，共 74 个问题，经过测试，需要 15～20 分钟的时间来完成。量表部分采用李克特 5 点量表的形式。在量表中，每个变量的测量题项最少包括 3 个条目来对被试的认知或态度进行描述。要求这些回答者判断每一条目用来描述与其或其所在的组织的符合程度，并按照“1—非常不同意；2—不同意；3——一般；4—同意；5—非常同意”进行打分。

本书采用 5 点量表的原因是由于在大多数情况下，5 点量表是最可靠的，如果选项超过 5 点，一般人难有足够的判断力[366]。如果采用 7 点量表，会导致信度的丧失。此外，还存在较大的样本方差，也会有较大的抽样误差，而就统计数据分析的意义而言，是不该有太大的方差的。

问卷量表虽然从严格意义上说是次序变量，无法进行相关的假设研究，但一般研究者都把量表看成等距变量来分析研究，此类等距变量也可以转化为不同的类别。它虽然不是真正的等距变量，但大多假定具有真正等距变量的性质（比如可加性），如此才能进行有意义的数据分析，归纳出合理的结论[367]。

二、预测试

预测试是指从一个高度控制的样本中得到一些经验的反馈以衡量原始测量量表的适合性。

本书通过第二章的文献回顾和第四章的理论假设的开发过程，建立了比较严谨的理论研究框架。对于各个变量的测量都是在充分的文献回顾的基础上，参考经典信息化研究论文中的成熟量表形成的，接下来需要通过预测试。

参与预测试的人将被要求完成问卷并对原始量表中的设计提出意见和建议，比如格式、内容、可理解性、术语是否清晰、难易程度、花费时间等等。参与人员还被问起哪些条目应该添加或者删除，并要求提出修改意见。

在借鉴已有测量的基础上，初步设计了调查问卷，测量项目尺度选择李克特 5 点量表。在确定调查问卷初稿（80 道问题）之后，邀请了一些专家学者、组织界人士对问卷进行预测试。按照 Straub（1989）的观点，保证测量工具内容效度的最好办法就是请熟悉该研究领域的专家对量表进行反复评价，直到最后取得一致意见[368]。以上测试能保证问卷的内容效度。本次研究邀请的专家包括 2 位信息系统领域教授、4 位管理学专业博士生、2 位计算机应用专业硕士生、2 位 IT 咨询专家、2 位组织管理人员。最终根据 12 位回答者的反馈，对问卷进行了调整和修改，其中增加问题 2 道，修改问题 2 道，删除问题 8 道。例如：为了防止出现语义错误，防止将 CIO 应该具有的品质写成 CIO 的实际情况，在问卷前添加了“我单位”进行强调。将原有的陈述句添加以“我单位”开头字样，以第一人称开始的陈述句能够更加清晰地要求被试回答实际情况，而不是问卷问题中所期望的行为规范。这就减少了问卷的社会要求偏差，即被试总有一种给别人留下良好印象的倾向。此外，还对原问卷进行了结构调整，将有关答卷人的信息放在了最后，这些改动都保证了概念测量具有较好的表面效度。

第二节　测量概念的开发

本研究所采用的各个潜变量的测量量表，乃是参考国内外学者的研究成果，加入了作者的一些与本研究相关的问卷，并经与国内学术界及组织界多位专家的多次探讨后修订而成，均具有一定的专家效度。

在经过预测试后，研究采用的问卷包括 74 道题目，其中 68 道题目用于测量研究中的重要潜变量的组成，其他为组织、填写者的一些基本信息，见附录 2。

研究中几个关键的研究潜变量的组成维度以及参考来源、问卷中的题项总结如下，详见表 5－1。

表 5－1　研究潜变量的维度及其参考量表总结

研究潜变量	维度	量表参考	题目
CIO 能力	业务能力 IT 能力 沟通能力 政治能力	Smaltz（1999） Armstrong（1995）	Q15～Q29
组织制度	高层管理者的支持	Huigang Liang 等（2007） Yap 等（1994）[369] Jarvenpaa 和 Ives（1991） Ragu-nathan（2004）	Q30～35
	组织授权	Spreitaer（1995） Gregersen 和 Black（1992）[370] Joy 和 Witt（1992）[371]	Q36～40
	CIO 的层级水平	Applegate 和 Elam（1992） Smaltz（1999） Tagliavini 等（2003） Spreitaer（1995）	Q41～43
	绩效考核	Soonhee 和 Lee（2006）	Q44～47
	高层团队成员	Lederer 和 Mendelow（1989）[372]	Q48～50
	IT 指导委员会	本研究开发	Q50～53
信息化绩效	IS 系统建设 IS 系统应用	Xia（2004） Porter（1980）[373] Parsons（1983） Helail（2005） Ragu-nathan（2004）	Q53～Q74

第三节　数据分析方法

管理研究中运用得比较普遍的数据分析方法是多元回归分析法，但是多元回归分析法存在两个弱点：首先，管理研究中难以回避一些无法直接观测的变量，而多元回归的因变量和自变量都要求可测，才能估计出回归系数。其次，回归分析难以处理多重共线性问题。因此，在涉及自变量多或自变量相互关联复杂的系统时，需要在多元回归分析的基础上，探索新的数据分析方法。目前在管理研究中，特别是在采用问卷法收集数据的情况下，结构方程模型是针对上述回归分析的弱点而研发出来并已得到较广泛应用的数据分析方法[374]。根据所研究的关联模型的特点，本书选择结构方程模型作为研究工具。

本书采用的分析检验方法包括：一般描述性分析、线性相关分析、多元回归分析、结构方程分析等，统计软件采用的是 SPSS 15.0（statistical product and service solutions，SPSS）以及 SmartPLS 2.0。

一、结构方程简介

结构方程模型（structural equation modeling，SEM）是由瑞典统计学家 Karl G. Joreskog 和 Dag Sorbom 等学者在 20 世纪 70 年代提出的一种线性统计建模技术，是对探索性因子分析、验证性因子分析、路径分析、多元回归及方差分析等统计方法的综合运用和改进提高。最近十多年来，结构方程模型已成为一种通用的、主要的线性统计建模技术，广泛应用于经济学、管理学、行为科学等领域的研究。人们所熟悉的多元回归、因子分析和路径分析等统计方法实际上都只是结构方程模型的特例。结构方程模型目前仍然是多元统计分析中的一个前沿研究领域。

结构方程模型的广泛应用主要是因为在一般的回归研究中所涉及的很多变量并不能直接、准确地测量，这些变量称为潜变量（latent variable，LV）。人们可以找到一些可观测的变量作为这些潜变量的“指标”（indicators），进而间接研究潜变量的性质[375]。传统的统计分析方法通常不能有效地处理这些含潜变量的问题，而结构方程模型正是一种用来检验观测变量和潜变量以及潜变量之间关系的多元统计方法。

目前，主要有两大类估计技术来求解结构方程模型。一种是基于最大似然估计（maximum likelihood，ML）的协方差结构分析方法，该方法被称为“硬模型”（hard modeling），以 LISREL（linear structural relations）方法为代表[376]；另一种则是基于偏最小二乘（PLS）的分析方法，被称为“软模型”（soft modeling），以 PLS 方法为代表[377]。国内关于前者的讨论已有很多，但对后者的研究却较少。实际上，用 PLS 方法来求解结构方程模型相对于 LISREL 方法有诸多优点，例如，利用 PLS 方法可以明确求出潜变量估计值，并且求解时不需要预先假定总体数据服从某种分布等。

本书所应用的分析技术就是偏最小二乘法。

二、偏最小二乘（PLS）简介

偏最小二乘（PLS）被称为第二代多变量技术，是一种新型的多元统计分析技术，是近年来估计模型参数的常用方法[378]。PLS 理论由 PLS 回归与 PLS 路径建模两部分组成。1966 年，Herman Wold 首次提出 PLS，稍后被称为非线性迭代偏最小二乘法（nonlinear iterative partial least squares，NIPALS）。1983 年，Herman 的儿子 Svante Wold 和 Harald Martens 为强调回归问题对 NIPALS 做了调整，这样 PLS 回归被最终确定下来，当时 PLS 回归的应用主要在化工领域。PLS 路径建模方法是 PLS 回归的扩展与延伸，它于二十世纪八十年代早期由 Herman Wold 和 Joreskog 等人开发出来，相对 PLS 回归，PLS 路径建模技术在计量经济学和心理学以及管理行为等领域发挥着更为重要的作用。PLS 得到广泛应用的原因之一，就是它能够有效地消除变量之间的共线性的影响[379]。

PLS 回归具有方法简便、受限制小、应用范围广的优点。一般认为基于主成分提取的 PLS 方法具有很强的解释与预测能力，PLS 是一种将主成分分析与多元回归结合起来的迭代估计，该方法对不同潜变量的显变量子集抽取主成分，放在回归模型系统中使用，然后调整主成分权数，以最大化模型的预测能力。此外，PLS 最大的好处就是可以进行非参数检验。例如，如果不能保证变量的正态性以及同方差性质，就可以用 PLS。PLS 对数据的分布没有严格要求而且可以是小样本。而基于协方差拟合的 LISREL 方法对数据的分布有一定的要求且需要足够大的样本，还必须保证变量的分布严格满足假设。

PLS 回归方法也有它自己的缺点，首先 PLS 方法是有偏的最小二乘，因为估计的每一步都是在给定其他参数条件下，对某个参数子集的残差方差进行最小化。虽然在收敛的极限下，对所有残差方差联合进行最小化，但 PLS 方法仍然是有偏的，因为没有对总体残差方差或其他总体最优标准严格地进行最小化。PLS 通过最大化测量变量的可靠性估计和潜变量回

归的 R^2 来计算潜变量得分，导致 PLS 参数估计有偏①，使潜变量得分的价值大打折扣。此外，因为 PLS 估计的潜变量路径系数有低估，不能很准确地揭示潜变量之间的关系[380]；基于主成分分析的算法（PLS）的外生潜变量的 R^2 比基于协方差的算法（SEM）得出的值偏小[381]；PLS 的潜变量载荷的参数估计易于趋同，且有高估偏差②；无法给出模型的检验，无法确定它们之间准确的数量关系。

尽管如此，PLS 还是由于它对假设的限制比较少，且不需要有联合多元正态分布，不需要大量的样本，被认为适合于理论发展的早期使用。目前，PLS 成功地应用于市场营销研究[382]、组织行为研究[383]，以及信息系统研究[384][385][386][387]。

三、为什么选择偏最小二乘方法

在使用结构方程建模时，PLS 和 LISREL 两种建模技术应用最为广泛，人们在两种方法的选择上一直存在分歧，一般认为 PLS 适用于以下情况：

（1）相对于关注满意度模型的参数估计值大小，研究者更加关注通过测量变量对潜变量进行的预测。因为 PLS 的估计量是有偏的，但可以根据测量变量得到潜变量的最优预测③。

（2）数据有偏分布的情况。因为偏最小二乘方法使用非参数推断方法（例如折刀法），不需要对数据进行严格假定（比如，多元正态分布、同方差性等等）；而 LISREL 却有严格的假设：观测是独立的，且必须服从多元正态分布。

（3）关注潜变量得分的情况。因为偏最小二乘在参数估计过程中就计算潜变量得分，可以得到确定的计算结果。而 LISREL 在进行参数估计之后，再采用某个目标函数计算潜变量得分，计算结果因目标函数选择不同而不同。

（4）小样本研究。LISREL 方法要求样本量至少为模型中具有最多结构路径指向的潜变量的路径数的十倍。更弱一些的限制类似于多元回归，

① 因为一些参数（误差方差）作为目标函数的一部分进行了最小化。

② 除非潜变量与其测量变量之间的相关程度很高，且每个潜变量的测量变量数很多（Widaman，1993）

③ 这种性质类似于普通最小二乘回归估计量的近似有效性，在解释变量有测量误差时，估计量有偏，但这时仍会产生最优预测。

用至少五倍的样本量。因为偏最小二乘是一种有限信息估计方法，所需要的样本量比完全信息估计方法 LISREL 小得多。虽然关于小样本这个问题的详细讨论应该基于统计力分析（statistical power analysis），但 Chin 和 Newsted（1999）进行的蒙特卡洛模拟证明样本的大小可以小至 50[388]，Chin（2003）指出甚至可用样本容量只有 10 的样本来分析由 27 个变量组成的潜变量[389]。

（5）较大、较复杂的结构方程模型。因为偏最小二乘收敛速度非常快，计算效率比 LISREL 更高。对于具有多个测量变量和潜变量的复杂模型，PLS 可以在几分钟内得出结果，而 LISREL 随着测量变量数的增加，估计的时间会迅速增加[390]。

（6）有形成型（formative）变量的结构模型。LISREL 只能处理反映型（reflective）的潜变量，而不能处理形成型的潜变量。关于反映型和形成型的指标的问题，也是最近讨论得比较多的话题，因为以往的很多文章都是直接把指标当成反映型的，当然这对于在组织、心理、人力资源方面的研究来说，基本上是正确的，但对于管理科学领域来说，就可能出现错误。由于两类指标的误用，容易造成从统计的角度来说，第一类错误和第二类错误的放大，所以得到的统计结果也就没有什么说服力，当然，结论的可靠性就会受到质疑。

本书的研究采用偏最小二乘的主要原因有以下几点：

（1）主要研究目的是找出对于信息化绩效有影响的因素，更加关注的是变异量的解释，即 CIO 能力与组织制度对于信息化绩效的影响的解释能力，而不是所调查的数据与模型的拟合程度。

（2）不知道总体的分布情况。由于本书中对于组织制度的研究以前的文献中没有出现过，对于组织中 CIO 以及组织制度的数据分布不清楚是正态分布还是偏态分布，而选用 PLS 不需要知道总体的分布状况，并且也能得到相对稳健的估计。

（3）书中潜变量的结构既有形成型的又有反映型的①，其中信息化的绩效测量是形成型的潜变量，而其余的是反映型的潜变量。由形成型和反映型的指标组成的混合模型的分析只有偏最小二乘的方法能进行，LISREL 或 AMOS 只能解决反映型潜变量的。Jarvis，MacKenzie 和 Podsa-

---

① 形成型与反映型结构的区别是：形成型的结构关系中，箭头方向是从测量变量指向潜变量，而反映型的结构关系中，箭头方向是从潜变量指向测量变量。

koff（2003）曾经说，在管理领域，大部分的潜变量应该是形成型的而不是反映型的[391]。而关于形成型与反映型的区分，在大多数文章里面是没有提及的，这样的误用会导致统计中第一类错误和第二类错误的放大，从而导致检验的失效。

基于以上原因，偏最小二乘分析方法被用来分析本书的模型假设[392][393]。

第四节 样本研究

在国内当前的环境中，做数据调查的时候如果用随机抽样方法则存在一些难以克服的困难。因此本研究决定采用基于便利性的非概率抽样（convenience non-probability sampling），该抽样方法的实际含义是：选择那些最易于调查的组织作为样本。由于这种抽样方法不是随机的，因而可能会造成一定的偏差。但是从国内目前的调查条件来看，这种由便利性抽样带来的偏差未必会比随机抽样的低回收率所带来的偏差更为严重。

一、问卷发放

采用结构化的问卷来获取数据，样本按照本书研究对象的概念界定选择合适的对象来发放问卷，以控制问卷的有效性。

调查问卷主要通过以下三种渠道发放：

（1）通过作者熟悉的××市信息办相关人员，将问卷交给政府部门相关信息化的管理人员。

（2）通过期刊《信息化建设》所建的“政府信息化主管”群发放问卷，因为此群成员全部是全国各个地方的负责信息化的政府工作人员，能够保证问卷的质量。

（3）通过作者因以往工作关系认识的朋友，零散地发放调查问卷。

二、问卷有效性控制

对于问卷的有效性的判断，本书选取了以下几个标准：

（1）对于有默认偏差的问卷进行删除，也就是说如果有很多的答案选择了同一个分数，这种问卷被认为是没有认真填写，问卷视为无效，将被删除。

(2) 问卷中存在大量缺失值的将被视为无效。一般是被试不愿意填写或不清楚怎么填写的，都予以删除。

(3) 问卷中“在单位工作年限小于 1 年”的将被视为无效。因为本研究认为工作时间少于 1 年，对于政府 CIO 及政府信息化管理的相关制度还不可能有比较深刻的了解和认识。

根据以上方法和原则，本研究总共发放问卷 130 份，其中有效问卷 94 份，具体分类如表 5-2 所示。

表 5-2 调查问卷来源分布

问卷来源	数量	有效数量	有效率
信息化主管群	80	60	75%
××市信息办	30	18	60%
信息化朋友	20	16	80%
总共	130	94	72.3%

对于收回来的 94 份有效问卷，在做数据分析之前，需要考虑样本数是否能达到进行数据分析的基本要求。

使用偏最小二乘方法的一个好处就是可以用较少的样本去解释模型变量之间的关系。一般情况下，样本数量的大小可以根据经验法则确定。Majchrzak 等（2005）建议样本数与最大模式路径数目的比至少需为 10，或者是最大的形成型潜变量的 10 倍[394]。本书中路径最多的潜变量为“组织制度”，其路径有 7 条，所需要的样本数为 70。而最大的形成型潜变量“信息化应用”一共有 7 个测量项目，所需要的样本数量也为 70。而本研究的样本数为 94，大于 70，因此样本数量对于 PLS 数据分析是足够了。

Chin 还认为，样本容量的大小在很大程度上还要依靠统计功效的计算，不能仅仅简单地根据被估计参数的数量进行经验法则式的估算。考虑到样本数取决于实际的结构模型，因为一般回归路径系数的显著性检验采用 t 检验方法，所以，本书通过 G-power 对于解释力度达到 0.5 的情况最少需要的样本数进行计算，其分析结果如下：

t tests-Means：Difference from constant (one sample case)

Analysis： A priori：Compute required sample size

Input： Tail (s) =Two

Effect size d =0.5

α err prob =0.05

Power（1－β err prob）	＝0.95
Output：	Noncentrality parameter δ ＝3.674235
Critical t	＝2.005746
Df	＝53
Total sample size	＝54
Actual power	＝0.950212

在统计功效达到 0.95 的情况下，最少需要的样本量是 54 个，本书样本量为 94，达到最低要求。因此可以说样本量符合要求。

第六章　数据分析及结果讨论

本章的主要内容是采用定量的方法来对模型进行数据分析及假设检验，分析方法主要包括一般描述性分析、多变量分析，以及结构方程中的偏最小二乘方法，主要分析内容如下：

（1）描述性统计：主要包含对样本基本数据的描述。

（2）测量模型的检验：主要通过对 Cronbach Alpha 信度系数以及潜变量的组成信度分析，来衡量研究测量潜变量的内部一致性。

（3）效度分析：通过测试各潜变量衡量问题的聚合效度与区别效度，用以验证潜变量的有效性，检查潜变量的测量是否真正测量出了所需要的东西。

（4）结构模型的检验：在确定测量模型具有较高的信度、效度之后，再进行潜变量之间关系的检验[395]，用以验证研究架构的合理性和检验本研究的各个假设。主要应用 PLS 方法来检验模型，使用 PLS 算法计算结构方程的路径系数，并用 Bootstrap（样本量为 1 000）的方法验证路径系数的显著性。

本章还对模型假设结果进行了分析和讨论，并在最后讨论了基于初始结构模型的一个新的扩展模型，通过对扩展模型的理论和数据进行分析，详细解读了实证研究的结论以及对于管理实践的启示。

第一节　数据描述性统计

描述性统计的主要目标是了解数据，获得数据的一些基本特征。对于所有潜变量的得分（计算得出的因子得分），由于进行 PLS 运算之前已经标准化过，因此其均值为 0，方差为 1，其他的统计分析结果如表 6－

1所示①。

表 6-1 所有潜变量因子得分的最大值和最小值

潜变量	描述统计量		
	N	极小值	极大值
CIO 能力	94	−2.259 5	2.019 7
CIO 的业务能力	94	−2.188 7	1.577 4
CIO 的 IT 能力	94	−2.575 7	2.037 2
CIO 的沟通能力	94	−2.201 2	1.903 0
CIO 的政治能力	94	−2.340 0	1.925 0
信息化绩效	94	−3.101 9	2.255 7
IS 应用的绩效	94	−2.962 1	2.067 5
IS 系统绩效	94	−2.809 5	2.080 0
组织制度	94	−2.610 6	2.045 5
高层管理者的支持	94	−2.496 9	1.354 9
CIO 的层级水平	94	−2.117 6	1.576 3
组织授权	94	−1.928 3	2.137 5
绩效考核	94	−2.517 0	2.170 6
高层团队成员	94	−2.315 3	1.987 9
IT 指导委员会	94	−1.371 0	1.921 0
有效的 N（列表状态）	94		

第二节 测量模型的检验

在进行潜变量之间的实质关系检验分析前，必须先确认研究潜变量的测量项目与尺度具有一定程度的效度与信度。否则，即使分析出的结果显示各潜变量之间有相当程度的共变关系，结果的正确性也是值得怀疑的。为检测量表问卷的效度和信度，首先对本研究的测量模型进行内部一致性、收敛效度和区分效度的检验。

① 为方便起见，本书后面的论述中对于各个潜变量的描述经常会使用其简写形式：CIOB（CIO 业务能力）、CIOIT（CIO 的 IT 能力）、CIOC（CIO 的沟通能力）、CIOS（政治能力）、TOPS（高层管理者的支持）、OL（CIO 的层级水平）、OA（组织授权）、PA（绩效考核）、TMT（高层团队成员）、IC（IT 指导委员会）、IS performance（信息化绩效）、IS（IS 建设本身绩效）、ISA（信息系统应用绩效）。

一、潜变量的信度检验

(一) Cronbach Alpha 信度

测量信度是指测量结果反映出系统变异的程度。目前学术界测量内在信度最常用的工具是 Cronbach Alpha 信度系数，计算公式如式（6-1）所示。

$$Cronbach\ \alpha = \frac{K}{K-1}\left[1-\frac{\sum_{i=1}^{K}\delta_i^2}{\delta_T^2}\right] \qquad (6-1)$$

式中，K 为量表中题项的总数；δ_i^2 为第 i 个题项得分的题内方差；δ_T^2 为全部题项总得分的方差。信度系数越大，表明测量的可信程度越大[396]。

信度分析用于评价量表的稳定性或可靠性，具体来说就是问卷对同一事物进行重复测量时所得结果的一致性，统计学上用“Cronbach's Coefficient Alpha”表示。一般说来，α 至少要大于 0.5，最好能大于 0.7[397]。本书使用 SPSS 15.0 对于信度进行检验，结果如表 6-2 所示。

表 6-2 潜变量的测量信度

二阶潜变量	一阶潜变量	Cronbach Alpha	测量项目
CIO 能力	CIO 的业务能力	0.946 6	4
	CIO 的 IT 能力	0.888 5	4
	CIO 的沟通能力	0.904 4	3
	CIO 的政治能力	0.898 4	4
组织制度	高层管理者的支持	0.891 3	3
	CIO 的层级水平	0.841 8	3
	组织授权	0.909 9	5
	绩效考核	0.881 9	4
	高层团队成员	0.730 9	3
	IT 指导委员会	0.962 3	3

从表 6-2 可以看到，CIO 的业务能力、CIO 的 IT 能力、CIO 的沟通能力、CIO 的政治能力、高层管理者的支持、CIO 的层级水平、组织授权、绩效考核、IT 指导委员会的 Cronbach Alpha 系数大于 0.8，具有非常好的内在一致性信度；而高层团队成员的 Cronbach Alpha 系数大于 0.73，也在可以接受的范围之内。由于形成型的指标不需要进行 Cronbach Alpha 的内部一致性的检验[398][399]，因此本书中的信息系统建设

(IS) 和信息系统应用 (ISA) 这两个潜变量都没有进行信度检验。

(二) 潜变量的组成信度

对于 SPSS 中的 Cronbach Alpha 系数，由于没有考虑到结构方程的各个测量项之间的相互关系，因此也引起了许多批评。研究者认为用 Alpha 测量模型中的信度存在偏差，因为它把所有的指标都看成一样的权重。所以，在 Cronbach Alpha 系数的基础上，本书又考察了组成信度 (composite reliability, CR)，其计算如式 (6-2) 所示。

$$\rho_{\xi 1}=\frac{(\sum \lambda_{ij})^{2}}{\sum \lambda_{ij}^{2}+\sum \Theta} \quad (6-2)$$

式中，$\rho_{\xi i}$ 为某一潜在变量的成分信度；λ_{ij} 为标准化载荷；Θ 为观察变量的测量误差。

本书采用 Fornell 和 Larcker (1981) 的定义，使用组成信度来评估模型的内部一致性[400]。潜在变量的组成信度一般为 0.7，建议值最少为 0.6，组成信度越高表示测量变量的一致性越高，以确保在实际应用上各测量问题具有内部一致性。本书的值都大于 0.84，远大于 0.7 的标准。具体测量结果如表 6-3 所示，说明问卷有足够高的信度。

表 6-3 各个潜变量之间的组成信度

潜变量		组成信度
CIO 能力		0.951 0
	CIO 的业务能力	0.946 6
	CIO 的 IT 能力	0.888 5
	CIO 的沟通能力	0.904 4
	CIO 的政治能力	0.898 4
组织制度		0.946 3
	高层管理者的支持	0.931 5
	CIO 的层级水平	0.904 2
	组织授权	0.933 3
	绩效考核	0.919 1
	高层团队成员	0.846 7
	IT 指导委员会	0.975 5

二、效度检验

效度 (validity) 是指一个测量能够测到该测量所想要测的心理或行为特质的程度。一般来说，只需考虑建构效度。考察建构效度就是要了解测量工具是否反映了概念和假设的内部结构，也就是说，将测量工具所得结果中的两组或多组题型相比较，若两者间某种预期的相关关系的确存在，就表示此测量工具有某种程度的建构效度。建构效度又分为“收敛效度”（convergent validity）与“区别效度”（discriminate validity）两种形式。收敛效度和区别效度是两项最主要并且广泛使用的效度检测项目[401]。若以不同的方法来测量同一个潜变量，其两个测量结果之间具有较高的相关程度，即具有收敛效度。若以相同的方法来测量不同潜变量，其两个测量结果之间具有较低的相关程度，即具有区别效度。

（一）收敛效度

概念测量的收敛效度主要是保证测量项目与其假定的潜变量之间具有较高的关联程度，收敛效度代表多个问题对于单一潜变量所测量的相符程度，用来评估所有测量问题彼此之间的一致性程度。来自相同潜变量的这些项目，彼此之间相关程度要高。本书潜变量的因子交叉载荷系数矩阵（Cross-Loading）如表 6－4 所示。

从表 6－4 中可以看出，所有一阶潜变量因子载荷，其值在 0.772～0.968 8 之间。而各个潜变量题目之间的因子载荷都大于 0.7 的标准，当测量题目对于它们所测量的潜变量之因子载荷大于 0.5 时，显示各题目与各潜变量之间的关联是明显而稳定的。同样，也达到收敛效度的要求，而与其他因子之间的载荷都远远小于这个值，说明测量项目与潜变量之间有很强的相关性。

此外，收敛效度还可以从平均变异抽取量（average variance extracted，AVE①）的值来判断。个别潜变量所抽取之平均变异抽取量大于 0.5，AVE 的平方根大于 0.7，代表该潜变量具备足够的收敛效度。AVE 的计算如下：

$$AVE=(\sum\lambda_i^2)/[(\sum\lambda_i^2)+\sum(1-\lambda_i^2)] \tag{6-3}$$

式中，λ_i^2 为测量项目在相应潜变量上的载荷系数。

表 6－5 显示了各个潜变量的 AVE 值和 AVE 的平方根，从表中也可以看出：在平均变异抽取方面，其数值都在 0.46～0.93 之间，各个一阶潜变量的平均变异抽取量的值都大于 0.6，而二阶潜变量的测量构成由于使用的是重复抽样方法，其值相对较小，除了组织制度约为 0.46 外，其他

① AVE 的值表示在结构方程中潜变量解释了所对应的显变量的所有方差的百分比。

表 6-4 潜变量与测量指标之间的交叉载荷系数矩阵

	CIO 的业务能力	CIO 的沟通能力	CIO 的 IT 能力	CIO 的政治能力	IT 指导委员会	组织授权	CIO 的层级水平	绩效考核	高层团队成员	高层管理者的支持
CIOB1	0.887 8	0.626 2	0.621 9	0.561 4	0.223 0	0.341 9	0.343 1	0.316 9	0.373 5	0.450 5
CIOB2	0.934 7	0.629 8	0.608 7	0.523 5	0.250 2	0.395 3	0.472 5	0.347 4	0.389 7	0.525 6
CIOB3	0.930 0	0.653 4	0.609 2	0.549 5	0.275 0	0.360 3	0.382 4	0.416 6	0.399 0	0.409 1
CIOB4	0.858 6	0.620 3	0.659 2	0.506 5	0.263 6	0.316 4	0.405 7	0.347 4	0.437 7	0.431 4
CIOC1	0.569 1	0.862 4	0.751 8	0.690 5	0.305 5	0.420 0	0.236 1	0.326 8	0.402 3	0.413 0
CIOC2	0.687 5	0.898 7	0.633 2	0.724 4	0.373 9	0.378 1	0.298 7	0.391 6	0.423 2	0.354 7
CIOC3	0.570 3	0.852 5	0.623 6	0.624 9	0.424 4	0.477 6	0.430 5	0.277 1	0.433 0	0.410 6
CIOIT1	0.665 6	0.597 6	0.786 0	0.579 9	0.260 8	0.307 9	0.242 2	0.417 6	0.255 7	0.455 5
CIOIT2	0.613 8	0.695 1	0.844 3	0.520 9	0.332 6	0.496 0	0.367 6	0.304 9	0.443 5	0.471 8
CIOIT3	0.502 6	0.566 5	0.832 9	0.562 7	0.254 3	0.319 4	0.240 2	0.326 8	0.291 8	0.364 4
CIOIT4	0.463 1	0.645 8	0.799 9	0.608 8	0.352 0	0.489 4	0.235 4	0.205 0	0.329 3	0.322 1
CIOS1	0.437 6	0.637 7	0.433 3	0.785 7	0.129 0	0.131 9	−0.061 0	0.236 8	0.057 7	0.260 1
CIOS2	0.481 7	0.616 7	0.612 2	0.855 4	0.271 3	0.280 2	0.131 6	0.240 9	0.152 7	0.284 4
CIOS3	0.389 2	0.638 0	0.621 9	0.846 7	0.280 9	0.257 9	0.181 8	0.114 9	0.194 9	0.187 9
CIOS4	0.637 4	0.698 8	0.624 3	0.830 0	0.288 1	0.491 9	0.444 4	0.320 5	0.351 7	0.486 2
IC1	0.286 2	0.403 4	0.365 9	0.277 8	0.955 5	0.553 8	0.394 0	0.443 1	0.499 2	0.283 5
IC2	0.287 3	0.422 1	0.366 5	0.294 4	0.968 7	0.543 3	0.347 2	0.514 0	0.537 5	0.216 2
IC3	0.237 2	0.390 9	0.331 7	0.285 5	0.968 8	0.548 1	0.382 9	0.508 7	0.519 0	0.229 3

续前表

	CIO 的业务能力	CIO 的沟通能力	CIO 的 IT 能力	CIO 的政治能力	IT 指导委员会	组织授权	CIO 的层级水平	绩效考核	高层团队成员	高层管理者的支持
OA1	0.426 3	0.418 5	0.481 1	0.309 2	0.465 8	0.888 2	0.603 1	0.408 6	0.564 3	0.551 0
OA2	0.406 2	0.472 6	0.485 0	0.378 9	0.508 6	0.905 8	0.589 2	0.441 4	0.591 6	0.574 8
OA3	0.326 5	0.377 0	0.364 4	0.275 9	0.514 3	0.903 4	0.581 1	0.513 8	0.626 8	0.432 3
OA4	0.241 4	0.366 9	0.367 5	0.231 9	0.417 4	0.772 0	0.486 2	0.536 6	0.544 3	0.358 2
OA5	0.266 5	0.451 2	0.423 4	0.352 4	0.535 3	0.816 2	0.470 8	0.435 8	0.478 8	0.382 4
OL1	0.394 6	0.337 0	0.271 9	0.174 9	0.210 8	0.514 8	0.837 2	0.369 7	0.654 8	0.283 1
OL2	0.363 0	0.324 7	0.288 9	0.206 5	0.251 3	0.505 9	0.880 2	0.295 5	0.562 0	0.393 9
OL3	0.400 9	0.300 2	0.310 0	0.206 2	0.513 4	0.632 4	0.895 1	0.465 4	0.639 7	0.348 3
PA1	0.338 8	0.301 8	0.252 7	0.287 3	0.346 4	0.434 3	0.441 8	0.781 3	0.443 2	0.399 4
PA2	0.326 1	0.307 8	0.361 8	0.237 8	0.538 8	0.520 7	0.410 8	0.878 9	0.634 9	0.352 4
PA3	0.366 1	0.357 3	0.370 2	0.205 5	0.420 8	0.462 5	0.369 6	0.912 4	0.585 0	0.421 7
PA4	0.332 3	0.352 0	0.336 5	0.233 7	0.424 1	0.442 9	0.290 2	0.863 6	0.549 5	0.338 6
TMT1	0.341 2	0.342 9	0.228 8	0.116 8	0.367 0	0.596 8	0.781 3	0.448 8	0.813 1	0.381 0
TMT2	0.190 6	0.268 4	0.235 0	0.054 6	0.339 7	0.394 3	0.464 2	0.500 2	0.792 7	0.109 3
TMT3	0.499 5	0.523 2	0.495 3	0.369 2	0.571 2	0.562 2	0.449 3	0.610 2	0.808 9	0.290 4
TOPS1	0.530 4	0.464 3	0.533 2	0.405 1	0.287 8	0.531 2	0.393 2	0.412 9	0.365 5	0.931 3
TOPS2	0.421 2	0.394 2	0.440 0	0.326 9	0.280 8	0.564 9	0.379 4	0.456 5	0.319 4	0.936 4
TOPS3	0.407 8	0.352 5	0.355 2	0.270 3	0.066 5	0.322 2	0.271 5	0.295 4	0.207 9	0.845 4

都在 0.5 以上，各个潜变量对于显变量的解释程度至少达到了 50%。由此可知本研究模型中各个问题均可为潜变量所解释，也就是说，各个问题收敛于各自的潜变量，因此具有一定的收敛效度。

表 6-5　　　　各个潜变量之间的 AVE 以及它们的平方根

潜变量	指标	AVE	AVE 的平方根
CIO 能力		0.564 7	0.751 4
	CIO 的业务能力	0.816 0	0.903 3
	CIO 的 IT 能力	0.666 1	0.816 1
	CIO 的沟通能力	0.759 4	0.871 4
	CIO 的政治能力	0.688 7	0.829 0
组织制度		0.460 4	0.678 5
	高层管理者的支持	0.819 6	0.905 3
	CIO 的层级水平	0.759 0	0.871 2
	组织授权	0.737 6	0.858 8
	绩效考核	0.740 3	0.860 4
	高层团队成员	0.648 1	0.805 0
	IT 指导委员会	0.930 0	0.964 3
信息化绩效		0.553 7	0.744 1

（二）区别效度

区别效度主要用来描述某一潜变量的测量题目对不同潜变量的鉴别程度，单一问题与测量同潜变量的其他问题之间的相关程度，应该高于与不同潜变量问题之间的相关程度。

要检验区别效度，个别潜变量抽取的平均变异抽取量 AVE 的平方根，应该大于该潜变量与模型中其他潜变量的相关系数[402]。

表 6-6 所示的是一阶潜变量之间的相关关系矩阵，对角线为相应的潜变量的 AVE 的平方根。表中验证两个潜变量之间的相关系数都小于该潜变量的 AVE 的平方根。这显示出测量模型中各个潜变量之间的问题的确彼此相异，也证明本书研究所设计的问卷具有足够的区别效度。

另外，还可以建立所有的潜变量与测量项目之间的交叉载荷系数矩阵来检验区别效度，测量项目在其相应的潜变量上具有较高载荷，而在其他潜变量上具有较低载荷。Gefen 和 Straub（2005）认为，如果前者与后者之差大于 0.1，那么说明概念测量表现出较好的区别效度[403]。如表 6-4 所示，测量项目在其相应潜变量上的载荷系数比其他测量项目高不少。应该说，总体而言概念测量表现出了较高的区别效度。

表 6-6 潜变量之间的相关系数及其平均变异抽取量的平方根

	CIO 的业务能力	CIO 的政治能力	CIO 的 IT 能力	CIO 的层级水平	CIO 的沟通能力	IT 指导委员会	组织授权	绩效考核	高层团队成员	高层管理者的支持
CIO 的业务能力	**0.903 3**									
CIO 的政治能力	0.592 8	**0.829 8**								
CIO 的 IT 能力	0.691 5	0.695 5	**0.816 1**							
CIO 的层级水平	0.443 8	0.225 3	0.334 3	**0.871 2**						
CIO 的沟通能力	0.700 4	0.781 9	0.768 8	0.365 7	**0.871 4**					
IT 指导委员会	0.280 1	0.296 5	0.367 7	0.388 6	0.420 4	**0.964 3**				
组织授权	0.391 6	0.361 3	0.494 6	0.638 4	0.485 7	0.568 7	**0.858 8**			
绩效考核	0.395 7	0.278 5	0.386 3	0.439 5	0.382 8	0.506 8	0.542 4	**0.860 4**		
高层团队成员	0.442 6	0.236 9	0.405 8	0.711 1	0.480 8	0.537 8	0.655 2	0.647 1	**0.804 9**	
高层管理者的支持	0.502 8	0.374 9	0.497 3	0.392 1	0.449 5	0.251 9	0.539 1	0.438 7	0.338 5	**0.905 3**

说明：对角线为潜变量平均变异抽取量的平方根，值为 1 的是由于此潜变量是形成型的潜变量。

因此可以看出，不管是从 AVE 的测量还是 Cross-Loading 的测量来说，问卷都具有较高的区别效度。

第三节　结构模型假设的检验

本节主要是针对本研究各个假设所形成的“结构模型”进行各个潜变量之间的路径分析，验证各个潜变量之间的相关关系以及假说是否成立。

本研究采用 Bootstrap 方法估计路径系数的显著性[404]，Bootstrap 方法是美国斯坦福大学统计系教授 Efron 于 1979 年提出的统计推断方法，它的具体实施过程只依赖于给定的样本信息，而不需要给出其他假设或增加新的样本。Bootstrap 方法是从已经得到的样本中有放回地随机抽取一定数量的观测值，并组成一个新的样本，称之为 Bootstrap 样本[405]。经由数据的重新抽样来进行估计，其估计之数值比常用的极限近似值精确[406]。因此本研究采用此方法进行变量间关系显著性的检测。另外，Chin (1998) 建议为了检验路径之显著性，Bootstrap 方法的样本数量至少为 500。本研究为了获取更加稳定的数据，采用的样本数量为 1 000①。

这一部分首先对于原始模型进行分析和检验，其次讨论了扩展模型的结果以及与原始修正模型之间的差异。依然使用软件 SmartPLS 2.0，选择 Bootstrap 法（样本量为 1 000）来分析。

一、原始模型的检验

对于偏最小二乘模式的结构方程，其评价指标与 LISREL 的评价指标不一样。PLS 的评价指标是基于预测的指标，而不是基于协方差的拟合指标，一般考察的指标主要是 AVE、R^2、路径系数以及 t 值。

（一）原始模型的评价

第一阶段首先分析模型中的路径系数及其显著性，以偏最小二乘法并使用 SmartPLS 2.0 为工具分析路径系数与模型的适配度，以 Bootstrap 法（样本量为 1 000）来检验其显著性，具体分析结果如表 6－7 所示。

---

① 一般说来，做重新抽样的检验的时候，样本数量至少为 500，只要样本数量足够大，就能保证检验的 t-test 的稳定性，本书选取的样本数量是 1 000。

表 6-7 **PLS 算法运算结果**

潜变量	AVE	组成信度	R Square
CIO 能力	0.564 7	0.950 9	0.999 9
CIO 的业务能力	0.816 0	0.946 6	
CIO 的 IT 能力	0.666 1	0.888 5	
CIO 的沟通能力	0.759 4	0.904 4	
CIO 的政治能力	0.688 7	0.898 4	
组织制度	0.460 4	0.946 3	1
高层管理者的支持	0.819 6	0.931 5	
CIO 的层级水平	0.759 0	0.904 2	
组织授权	0.737 6	0.933 3	
绩效考核	0.740 3	0.919 1	
高层团队成员	0.647 9	0.846 6	
IT 指导委员会	0.930 0	0.975 5	
信息化绩效	0.553 7	0.931 3	0.536 0
IS 应用的绩效	0	0	0.928 5
IS 系统绩效	0	0	0.767 8

说明：空白处表明此潜变量是形成型潜变量或者外生变量（exogenous variable），CIO 能力和组织制度属于二阶潜变量，与一阶之间属于 Molar 结构，因此，其 R^2 接近于于 1，没有什么解释意义。

对于 PLS 模型的总体评价应该采用基于预测的指标，而不是基于协方差的拟合指标，一般主要采用以下拟合指标来评价模型的预测能力。

(1) AVE。这个指标表示用潜变量（LV）的方差解释相应的显变量（MV）方差的百分比，指标数值越大，表明效果越好，一般认为 AVE 指标应大于 0.5。本书中除了组织制度为 0.460 4 外（主要是因为二阶潜变量在数据处理中选用的是重复抽样方法，导致解释能力下降），其余全部远远大于 0.5，表明各个潜变量对于显变量的解释程度达到了 50%以上。由此可知本研究模型中各个问题均可被潜变量所解释，具有很强的外部关系解释能力。

(2) R^2。这个指标表示的是内部关系的解释能力，代表外生变量对于内生变量所能解释的变异量百分比。R^2 值可用于验证结构模型与实证数据的契合度，代表该模型的适配程度，表明内部关系的预测能力。Chin (1998) 认为 R^2 大于 0.66 是比较好的结果，在 0.35 左右算是一般，低于 0.17 就算比较弱的模型拟合度。本书中，信息化绩效、IS 系统绩效、IS 应

用的绩效 R^2 分别是 0.767 8、0.536 0、0.928 5，均大于一般水平的 0.35，表明具有很高的内部预测能力。其中，CIO 能力和组织制度对于信息化绩效的解释力度达到 53.6%，在管理学的研究中，算是比较高的解释能力了，说明本研究的模型结构具有很强的解释力。

（二）原始模型参数检验

结构方程的路径系数表明研究潜变量之间彼此相关的程度与方向，通过 t 检验可以了解路径系数是否达到显著，并验证假设是否得到支持。本书研究模型的路径系数及 t 值如表 6-8 所示，t 值都远远大于 2，可以发现假设 H1、H2 得到验证，即

CIO 能力对于信息化绩效有正面的影响

组织制度对于信息化绩效有正面的影响

表 6-8　　原始模型的路径系数表

潜变量关系	关系	路径系数	t 值
CIO 能力⟶信息化绩效	Positive	0.468	3.826
CIO 的业务能力⟶CIO 能力	Positive	0.330	13.69
CIO 的 IT 能力⟶CIO 能力	Positive	0.289	17.70
CIO 的沟通能力⟶CIO 能力	Positive	0.246	17.66
CIO 的政治能力⟶CIO 能力	Positive	0.271	12.01
组织制度⟶信息化绩效	Positive	0.355	2.763
高层管理者的支持⟶组织制度	Positive	0.179	7.942
组织授权⟶组织制度	Positive	0.332	13.51
CIO 的层级水平⟶组织制度	Positive	0.162	9.364
绩效考核系统⟶组织制度	Positive	0.245	11.22
高层团队成员⟶组织制度	Positive	0.163	9.117
IT 指导委员会⟶组织制度	Positive	0.204	8.659
信息化绩效⟶IS 应用的绩效		0.964	110.48
信息化绩效⟶IS 系统绩效		0.876	30.60

一般说来，标准化路径系数应该在 0.2 左右，最好大于 0.3。这样，路径系数才能具有实际解释意义。低的路径系数表示对于方差的解释程度低，在本研究中，CIO 的层级水平、高层团队成员、高层管理者的支持路径系数比较低，分别是 0.162、0.163、0.179。其余路径系数均在 0.2 左右，说明整体解释能力还可以接受。

CIO 的层级水平和高层团队成员两个潜变量的路径系数比较低，主要

是因为这两个概念存在比较强的相关性（见表 6－6），二者之间的相关系数为 0.711 1，因此存在潜在的多重相关性。在现实中，CIO 在组织中的层级水平往往也能通过其是否为组织高层团队中的一员体现出来。

（三）整体模型图

图 6－1 是由 SmartPLS 2.0 计算得出的原始模型的路径系数图，图中 CIO 能力对于信息化绩效影响的路径系数是 0.468（$t>2$，显著），而每一项能力对于 CIO 能力的系数分别是 0.330（CIO 的业务能力）、0.289（CIO 的 IT 能力）、0.246（CIO 的沟通能力）、0.271（CIO 的政治能力），都达到显著性水平，这个结果也验证了先前的理论和研究假设，说明 CIO 的业务能力、IT 能力、沟通能力、政治能力对于组织的信息化绩效有显著的影响。因此，假设 H1a、H1b、H1c、H1d 得到验证。

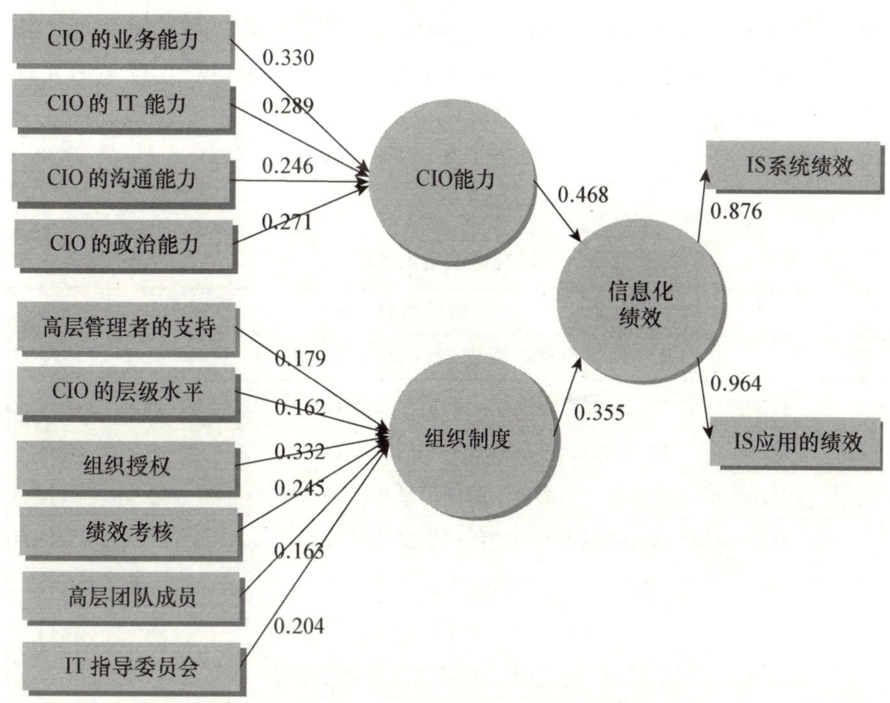

图 6－1　原始模型的路径系数图

同样地，对于组织制度，图中显示组织制度对于信息化绩效影响的路径系数是 0.355（$t>2$，显著）。而每一个制度因素对于组织制度的路径系数分别是 0.179（高层管理者的支持）、0.162（CIO 的层级水平）、0.332（组织授权）、0.245（绩效考核）、0.163（高层团队成员）、0.204（IT 指导委员会），同样也达到了显著性水平。这说明高层管理者的支持、CIO

的层级水平以及组织授权、绩效考核、高层团队成员、IT 指导委员会等几方面内容的建设对于组织的信息化绩效有显著影响。因此，假设 H2a、H2b、H2c、H2d、H2e、H2f 得到验证。

从 PLS 算法以及 Bootstrap 的结果中可以发现：对于组织信息化绩效，CIO 能力比组织制度的影响力更大些；在 CIO 能力中，CIO 的业务能力比其他能力的影响更大些；而在组织制度中，组织授权比其他制度因素的影响更大些。

二、分析结论总结

汇总以上对模型的各个理论假设的检验结果，如表 6－9 所示。可以看出，本书之前的所有假设都得到了支持。即 CIO 能力与信息化绩效有正向关系，说明 CIO 的业务能力、IT 能力、沟通能力、政治能力对于组织的信息化绩效有显著的影响；同时，组织制度对于信息化绩效有正面的影响，说明高层管理者的支持、CIO 的层级水平、组织授权、绩效考核、高层团队成员、IT 指导委员会对于组织的信息化绩效有显著的影响。

表 6－9　研究假设结论列表

假设	假设内容	结果
H1	CIO 能力对于信息化绩效有正面的影响	支持
H1a	CIO 的业务能力影响组织的信息化绩效水平	支持
H1b	CIO 的 IT 能力影响组织的信息化绩效水平	支持
H1c	CIO 的沟通能力影响组织的信息化绩效水平	支持
H1d	CIO 的政治能力影响组织的信息化绩效水平	支持
H2	组织制度对于信息化绩效有正面的影响	支持
H2a	组织高层管理者的支持对于信息化绩效有影响	支持
H2b	组织中 CIO 的层级水平影响组织信息化绩效	支持
H2c	组织对于 CIO 的授权水平影响组织信息化绩效	支持
H2d	组织中的绩效考核水平影响组织信息化绩效	支持
H2e	CIO 成为高层团队中的一员影响组织信息化绩效	支持
H2f	IT 指导委员会的水平正向影响组织信息化绩效	支持

第四节 模型假设结果的分析与讨论

本节对于模型的假设结果进行讨论。首先讨论 CIO 能力、组织制度对于信息化绩效的影响；其次，讨论了本书的一些新发现，并且对于之前提出的以下问题进行回答：

（1）CIO 能力是否影响信息化绩效？哪种能力相对比较重要？

（2）组织制度是否影响信息化绩效？哪种因素相对比较重要？

从总体模型上说，CIO 能力对于信息化绩效的路径系数是 0.468，组织制度对于信息化绩效的路径系数是 0.355，且两者都显著，在内部结构方面说明了 CIO 的个人能力比组织制度对信息化绩效的影响大。

一、CIO 能力对于信息化绩效的影响

本书研究发现：CIO 能力与信息化绩效有正向关系。这个结果验证了先前的理论和之前的研究假设，说明 CIO 的业务能力、IT 能力、沟通能力、政治能力对于组织的信息化绩效有显著的影响。

CIO 能力对于信息化绩效影响的路径系数是 0.468（$t>2$，显著），而每一项能力对于 CIO 能力的系数分别是 0.330（CIO 的业务能力）、0.289（CIO 的 IT 能力）、0.246（CIO 的沟通能力）、0.271（CIO 的政治能力），均达到显著水平。在 Molar 结构中，其系数可以用来比较它们之间的关系强弱。因此，从 CIO 能力这个潜变量来看，在对四种能力的比较中可以发现，CIO 的业务能力是最重要的。CIO 的业务能力对于信息化绩效影响的显著性也与文献和实践中的讨论一致[407]。这说明了对于 CIO 个人来说，如果要取得良好的信息化绩效，必须要对组织的业务流程非常熟悉。尤其是在组织处于信息化的初级阶段，大部分高级管理者对于信息化的理解还不到位的情况下，CIO 更是起着普及信息化的作用。因此，他需要理解和熟悉业务流程，从与业务息息相关的综合角度看待问题，并告知业务主管技术将会如何影响业务运营。有了这样的业务敏锐性，CIO 就能站在一个较高的位置，主动谋划组织的业务战略，使得 IT 部门的目标与组织业务战略一致。

四种能力对于信息化绩效影响的路径系数如表 6－10 所示，从中也可看出 CIO 的业务能力是最重要的。

表 6-10　CIO 的各种能力对于信息化绩效的路径系数

潜变量关系	路径系数
CIO 业务能力→信息化绩效	0.154 4
CIO 的 IT 能力→信息化绩效	0.135 2
CIO 沟通能力→信息化绩效	0.115 1
CIO 政治能力→信息化绩效	0.126 8

二、组织制度对于信息化绩效的影响

研究发现，组织制度因素对于信息化绩效影响的路径系数是 0.355（$t>2$，显著），而每一个制度因素对于组织制度潜变量的路径系数分别是 0.179（高层管理者的支持）、0.162（CIO 的层级水平）、0.332（组织授权）、0.245（绩效考核）、0.163（高层团队成员）、0.204（IT 指导委员会），均达到了显著水平。

这个结果也验证了先前的理论和研究假设，说明高层管理者的支持、CIO 的层级水平、组织授权、绩效考核、高层团队成员、IT 指导委员会等几方面内容的建设对于组织的信息化绩效有显著影响，影响的路径系数如见表 6-11 所示。

表 6-11　组织制度对于信息化绩效的路径系数

潜变量关系	路径系数
高层管理者的支持→信息化绩效	0.063
CIO 的层级水平→信息化绩效	0.057
组织授权→信息化绩效	0.118
绩效考核→信息化绩效	0.087
高层团队成员→信息化绩效	0.057
IT 指导委员会→信息化绩效	0.072

在组织制度因素中，相对说来，组织授权的影响更大些，其路径系数达到了 0.118，而 CIO 的层级水平的路径系数较低，说明了 CIO 在组织中的汇报关系和层次对于信息化绩效的影响最低。也就是说，只要组织中的 CIO 拥有了权力，其向谁汇报都无所谓，是否拥有很高的头衔也没关系。研究还发现，相对于组织授权，CIO 是否为高层团队中的一员对于信息化绩效的影响也没有想象的大。这与之前的研究结论“比起 CIO 报告级别，更加重要的因素是 CIO 是否为高层团队中的一员”不太一致。主要原因

是国内外的 CIO 所处的地位不一样，国内的 CIO 普遍还处于部门经理级，处于技术或业务层面，主要是管理好部门的 IT 职能，因此国内的 CIO 更多的是希望在信息化建设和应用中得到组织的支持，包括资金和人员等方面资源的支持，从而迫切需要组织赋予相应的获得这些资源的权力。而国外的 CIO 更多的是处于战略层面的高级副总裁，其关注的主要是业务与 IT 的融合，更多的是希望能够参与到组织决策中去。

第五节　扩展模型的探讨

本节将在原始模型的基础上，对于影响信息化绩效的根本原因进行深入的分析与探讨，从而形成本研究的扩展模型。

一、扩展模型的理论分析

本书前面以心理学的归因理论为基础，从 CIO 的角度分析了内部原因（CIO 的能力）和外部原因（组织制度）是如何影响信息化绩效的。但这些影响信息化绩效的因素都是直接原因，并不是其根本原因。直接原因指的是对行为现象最显而易见的解释，根本原因是隐藏在现象后面，推动直接原因变化的根源。这种基于根本原因之上的直接原因可能在不同的阶段和时代表现形式不一样，因此有必要分析隐藏在其背后的根本原因。

在信息化失败的非技术原因中，左美云（2006）教授在其著作《知识转移与企业信息化》中指出信息化的深层次原因之一是要解决信息化过程中的知识转移，因此其从信息化项目的具体实施的维度来寻求根本原因[408]。本研究则主要是从个人能力和组织制度维度来考虑其根本原因。

根据中山大学吴能全教授对于能力的分类（见第二章论述），本书研究中的 CIO 能力可以分为两类。其中 CIO 的业务能力和 CIO 的 IT 能力属于专业能力的范畴；而沟通能力、政治能力则属于领导力范畴。即在 CIO 能力这个潜变量内，CIO 的业务能力、IT 能力、沟通能力、政治能力是影响信息化绩效的直接原因，其根本原因是隐藏在背后的 CIO 的专业能力和领导力。董小英（2006）在对于 CIO 的领导力的研究中也指出：承担不同角色的 CIO 的领导力是不同的，他们对于信息化绩效的影响也是不一样的。

影响组织信息化绩效的组织制度也可以分为两类：纵向的控制机制与横向的协调机制。纵向的机制主要是要加强组织对于CIO的控制，而横向的机制主要是要促进CIO与组织内各个职能部门甚至是跨层级的沟通、共享与协作。其中高层管理者的支持、CIO的层级水平、组织授权、绩效考核属于组织管理中的纵向的管理机制，而高层团队成员、IT指导委员会属于横向的机制。

在组织管理中控制非常重要，如果组织不能成功控制和监督IT投资的决策和运营，就不能成功实现组织的战略目标。控制就是监督各项活动以保证它们按计划进行并纠正各种重要偏差的过程。

一般而言，为确保组织整体和组织成员各自的利益追求和战略目标的实现，必须对组织经营行为及其组织成员行为加以控制。哈佛大学的罗伯特和安东尼教授在其名著《管理会计》中明确指出：管理控制是组织管理当局得以获取资源，并通过高效地运用组织资源最终实现组织战略目标的一系列过程，是组织管理者用以影响组织其他成员、实现组织战略的过程。包括设立目标、战略规划、预算、执行与反映、计量与比较、分析与评价、拟定改进措施、采取改进行动、追踪考评等等。其目的是保证战略被执行从而使组织的战略目标得以实现。组织的正式的控制机制将加强组织运作和报告的标准化[409]。

在信息化领域，组织不断增加的IT投资、IT项目的复杂性、IT收益的无形性、IT项目的高不确定性都形成了组织运营的潜在风险，而这种风险对于组织来说可能是致命的。因此，组织在信息化过程中一定要强调控制。从影响信息化绩效的制度因素来说，纵向控制主要包括高层管理者的支持、CIO的层级水平、组织授权、绩效考核。

对于横向的管理机制，Mintzberg（1978）基于横向的联系提出在组织设计和结构机制中来建立横向的机制，包括以下几个方面[410]：

（1）联系人职位（帮助协调跨部门的协作）。

（2）任务小组或常务委员会（为了制度化会议而设置的临时或永久的机构）。

（3）整合经理（通过劝说或谈判完成整合任务）。

（4）矩阵式的结构。

在管理信息系统的相关文献中，Zmud（1988）在谈论有关形成伙伴关系的结构机制时提出了“结构交叉覆盖”的机制。

（1）指导委员会，顾问委员会。

（2）任务小组。联合应用开发团队（joint application development，JAD）。

（3）技术转移小组。

（4）个人层面：联系人职位、外部顾问、职业路径。

本书有关横向机制的内容仅包含高层团队成员和 IT 指导委员会两个潜变量。

根据以上的分析，本书对于之前的理论模型进行扩展，扩展模型依然是建立在归因理论的基础上。

具体的研究模型如图 6－2 所示。模型将 CIO 能力分为两类：一类是专业能力，包括 CIO 的业务能力和 CIO 的 IT 能力；一类是领导力，包括 CIO 的沟通能力和 CIO 的政治能力。而组织制度也分为两类：一类是纵向的管理控制机制，包括高层管理者的支持、CIO 的层级水平、组织授权和绩效考核；一类是横向的协调机制，包括高层团队成员和 IT 指导委员会。将两个二阶潜变量分解为四个二阶潜变量后，其结构稍微有些变化，一阶与二阶之间的关系也应该由原来的 Molar 形式变为 Molecular 形式，即一阶与二阶之间的关系方向由二阶指向一阶，因为现在的一阶潜变量是共享着一个概念，反映一个潜变量，而不是形成一个潜变量。

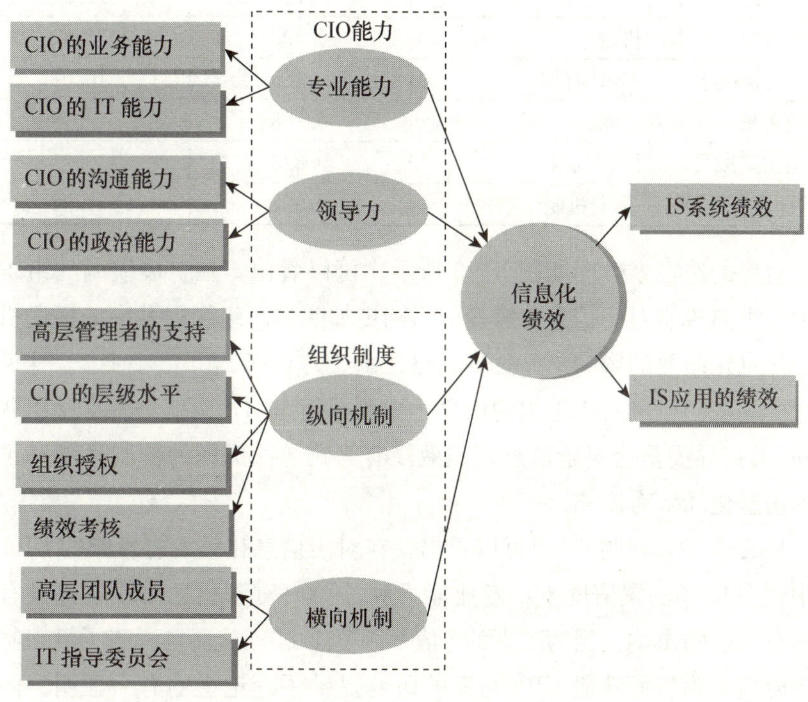

图 6－2　扩展模型图

二、扩展模型的数据分析

对于图 6－2 的理论模型进行 PLS 计算，得出其路径系数及其显著性检验结果如表 6－12 所示。

表 6－12　　扩展模型的路径系数及其 t 值

路径关系	路径系数	t 值
CIO 的业务能力——专业能力	0.935	72.31
CIO 的 IT 能力——专业能力	0.905	48.07
CIO 的沟通能力——领导力	0.934	56.41
CIO 的政治能力——领导力	0.952	69.41
专业能力——信息化绩效	0.233	1.883
领导力——信息化绩效	0.255	1.766
纵向机制——信息化绩效	0.308	2.388
横向机制——信息化绩效	0.073	0.624
信息化绩效——IS 系统绩效	0.876	29.722
信息化绩效——IS 应用的绩效	0.964	110.43
高层管理者的支持——纵向机制	0.722	10.96
组织授权——纵向机制	0.898	52.80
CIO 的层级水平——纵向机制	0.755	12.022
绩效考核——纵向机制	0.768	12.189
高层团队成员——横向机制	0.825	20.21
IT 指导委员会——横向机制	0.922	81.92

对应的路径系数图如图 6－3 所示。可以看出，在扩展模型的组织制度中，纵向机制对于信息化绩效的影响更加明显。组织因素中的横向机制对于信息化绩效的影响不显著，其路径系数为 0.073，t 值小于 2。这说明组织中的横向机制对于组织的信息化绩效不起作用，也就是说高层团队成员和 IT 指导委员会对于信息化绩效没有影响，而纵向的控制机制对于组织的信息化绩效有影响。

从表 6－12 和图 6－3 可以看出，在对于信息化绩效有影响的 CIO 能力中，在 95％的置信度下，专业能力和领导力对于信息化绩效都没有统计学意义上的影响，因为二者的 t 值都小于 1.96。从而也说明了组织制度的重要性，为后面政府 CIO 制度的研究提供了理论上的有力证明。但在 90％的置信度下，专业能力和领导力的路径系数显著（t 值大于 1.69），

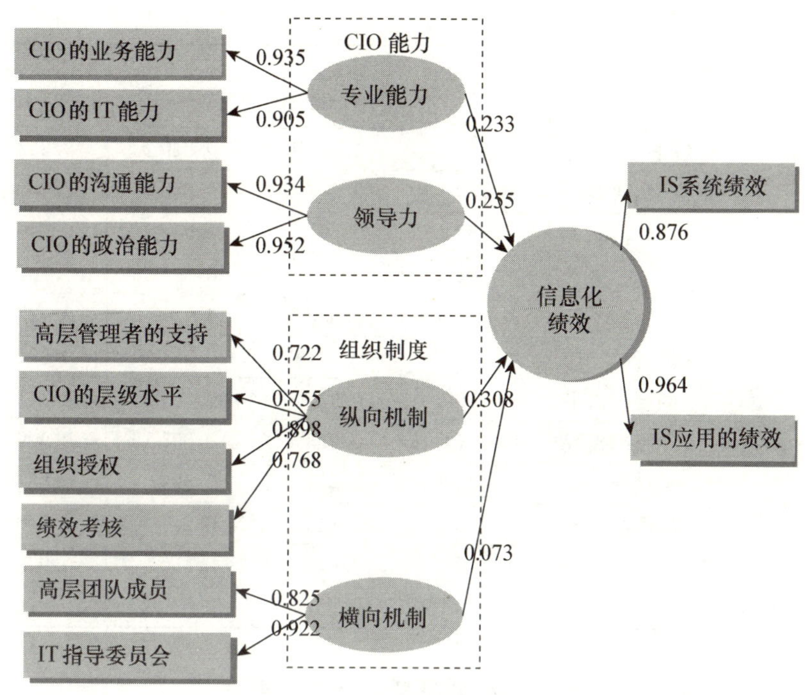

图 6-3　扩展模型的路径系数图

且领导力对于信息化绩效的影响大于专业能力对于信息化的影响，因为领导力的系数为 0.255，大于专业能力的系数 0.233。

表 6-13 是扩展模型的 AVE、组合信度、R^2 的列表。从表中的结果可以看出，所有的指标均比较理想。其中，AVE 的值要求大于 0.5，表中 AVE 取值在 0.485 5～0.930 0 之间，最小的也基本接近 0.5，表明各个潜变量对于显变量的解释程度至少达到了 50%。由此可知研究模型中各个问题均可被潜变量所解释，潜变量具有很强的外部关系解释能力。

此外，R^2 值的取值范围在 0.521 2～0.907 1 之间，表明模型具有很强的内部预测能力。组合信度和 Cronbach Alpha 系数的值都远远大于 0.7 的标准，说明信度非常好。

表 6-13　扩展模型的 AVE、R^2 列表

潜变量	AVE	Composite Reliability	R Square	Cronbach Alpha
领导力	0.640 8	0.925 8	0	0.906 3
专业能力	0.627 6	0.930 5	0	0.913 8
CIO 的业务能力	0.816 0	0.946 6	0.873 5	0.924 4

续前表

潜变量	AVE	Composite Reliability	R Square	Cronbach Alpha
CIO 的 IT 能力	0.665 7	0.888 4	0.819 2	0.832 6
CIO 的沟通能力	0.759 4	0.904 4	0.872 4	0.841 4
CIO 的政治能力	0.689 1	0.898 6	0.907 1	0.849 3
横向机制	0.614 2	0.902 9	0	0.866 9
纵向机制	0.485 5	0.933 2	0	0.922 6
高层管理者的支持	0.820 5	0.931 9	0.521 2	0.891 3
CIO 的层级水平	0.759 4	0.904 4	0.569 5	0.841 8
组织授权	0.737 5	0.933 3	0.807 1	0.909 9
绩效考核	0.740 2	0.919 1	0.590 6	0.881 9
高层团队成员	0.648 0	0.846 6	0.681 4	0.730 9
IT 指导委员会	0.930 0	0.975 5	0.850 8	0.962 3
信息化绩效	0.553 7	0.931 3	0.535 3	0.918 4

三、扩展模型的分析总结

对于扩展模型的数据进行分析，可以得出以下的结论：

（一）CIO 的领导力比 CIO 的专业能力对于信息化绩效的影响大

对于 CIO 来说，领导力对于信息化绩效的影响比专业能力对于信息化绩效的影响大。专业能力反映的是技术方面的技能，而领导力反映的是一种人际技能，组织的信息化不仅仅需要技术的支持，还需要同组织内不同部门之间的人员进行沟通和协调，需要从全局的角度来看问题，有处理组织内各种微妙关系的能力和判断力。因此，领导力可以说是 CIO 的一项重要能力，尤其是随着 CIO 职位的升高，越来越有机会参与组织的决策和战略制定的时候，CIO 就更要加强领导力的培养。

（二）组织中的纵向机制比横向机制对于信息化绩效的影响大

在影响信息化绩效的组织因素中，纵向的管理机制对于信息化绩效的影响最大，而横向的管理机制对于信息化绩效的影响不显著。横向机制中的高层团队成员和 IT 指导委员会对于信息化绩效的作用不明显，说明在中国现阶段的信息化过程中，CIO 在高层团队中的作用以及 IT 指导委员会的作用没有得到真正的发挥，在很大程度上都还只是一个形式，没有真正起到协调的作用。在组织信息化的过程中，纵向控制因素对于组织的信息化绩效影响很大，一方面是因为组织不断增加的 IT 投资、IT 项目的复杂性、IT 收益的无形性、IT 项目的高不确定性导致的潜在的高风险需要加强控制；一方面是因为中国的组织在管理过程中还不规范，还需要加强管理控制方面的力度，只有控制好了，组织才能放心授权，才能保证组织的稳定发展。

第六节 实证研究结论以及管理启示

通过前面的分析与阐述，本研究已经对 CIO 能力如何影响信息化绩效，组织制度如何影响信息化绩效进行了全面、系统的理论及实证研究。分析结果使我们对于 CIO 能力和组织制度有了更深的认识。接下来将对于前面的研究做出总结，阐明本研究的主要结论以及管理实践启示。

一、实证研究结论

本研究首先根据已有的文献以及理论，建构出 CIO 能力、组织制度、信息化绩效的初步研究模型，然后通过结构方程模型进行分析与验证，得出关于影响信息化绩效的个人和组织层面的因素的分析结论。最后又对扩展模型进行了深入的分析和讨论。对于研究结果，现予以总结如下：

（一）CIO 能力影响组织信息化绩效

CIO 的个人能力对于信息化的绩效有影响，低的能力水平将会导致严重的电子政务的实施障碍，并且会使得电子政务的优势受到限制[411]。这个观点也使得传统的领导理论在信息系统领域得到验证。

本书的数据还表明，CIO 能力结构中不同的能力因子对组织信息化绩效所产生的作用是存在一定差异的，其中最具有解释力的是 CIO 的业务能力，业务能力是影响组织信息化绩效的直接原因，这与大量的文献和实践关注于 CIO 的业务能力，呼吁提高 CIO 的业务知识水平的观点是相一致的。

（二）组织制度影响信息化绩效

这个观点使得组织理论在信息化领域得到验证。研究表明，高层管理者的支持、CIO 的层级水平以及组织授权、绩效考核、高层团队成员、IT 指导委员会等几方面内容的建设对于组织的信息化绩效都有显著影响。数据也显示出在所研究的组织制度影响因素中，组织授权因素相对来说对于信息化的绩效影响最大，说明在信息化过程中，组织要赋予 CIO 更多的权限，给予更多的信任，才能真正发挥 CIO 的作用，提升信息化的绩效。

（三）领导力对信息化绩效的影响比专业能力大

通过对扩展模型的分析发现，在影响组织信息化绩效的根本原因中：在 90%的置信度下，CIO 的领导力对于信息化绩效的影响比 CIO 的专业能力大，CIO 影响信息化绩效的根本原因是领导力，如果 CIO 真要在信息化进程中发挥作用，就要大力发展自己的领导力水平；在 95%的置信度下，二者对于信息化绩效都没有影响。这说明在目前国内政府信息化的过程中，从统计学的严格意义上说信息化的绩效和专业能力、领导力这两个根本原因没有直接关系。因为从长远来说，影响信息化绩效的是信息化制度①，这也从数据上佐证了本书后面要重点阐述政府 CIO 制度的必要性。此外，这个结果也和美国审计总局（General Accounting Office，GAO）的研究结果一致，那就是政府 CIO 个人的能力对于电子政务的绩效影响有限，影响更多的还是组织制度以及文化因素[412]。

（四）横向协调机制对信息化绩效没有影响

扩展模型还显示：组织的纵向控制机制对于信息化绩效有影响，而横向的协调管理机制对于信息化绩效没有影响。这说明在中国政府信息化过程中，CIO 在高层团队中的作用以及 IT 指导委员会（信息化领导小组）的作用没有得到真正的发挥。这也从数据上佐证了本书后面阐述政府 CIO 制度的组织结构需要调整。

二、管理实践启示

根据本书实证研究结果，提出以下一些想法和建议，希望能对政府在进行信息化管理中遇到的问题有一些小小的启示。

（一）从组织的角度

（1）提升政府信息化部门和政府 CIO 在组织中的地位。虽然信息对于政府的作用越来越重要，但在多数部门中政府 CIO 的实际身份基本上是一个技术主管或信息中心主任，身份的尴尬和地位的低下使得 CIO 一般不参与政府的高层战略和发展决策，甚至不参与政府业务层面的任何决策和讨论，导致管理和 IT 分割，这都使得政府 CIO 很难了解组织的需求，不知道如何用 IT 来推动政府的变革发展，不知道如何用 IT 技术提升

① 根据本书之前的分析，直接原因指的是对行为现象最显而易见的解释，根本原因是隐藏在现象后面，推动直接原因变化的根源。直接原因是一种短期现象，根本原因是一种长期现象。

政府的服务水平，最终将导致政府信息化绩效的下滑。因此，提升信息化部门和 CIO 在组织中的地位是必需的。

（2）给予政府 CIO 足够的权力。从实证中可以看出，组织授权对于信息化绩效的影响最大，因此需要给予政府 CIO 足够的权力，使政府 CIO 真正将信息资源作为一种战略资源来管理。是否赋予政府 CIO 更多的权力，对这个问题的认识，其实也是由相关政府部门将信息化放在什么样的位置决定的。包括是否真正认识到信息化是政府发展战略的重要组成部分，是否不再简单将计算机网络作为生产技术的应用对待。在提升 CIO 职位的同时，要做到职权对等。否则即便提高了职位，进入了管理层，但是没有被赋予相应的权力，政府 CIO 也很难发挥作用，政府信息化绩效也会受到影响。

国内很多政府信息化失败的主要原因就是职能交叉、权责不对称。信息化领导小组有决策权，但缺少对 IT 的认识，信息办和信息中心对于信息技术都比较熟悉，但都没有足够的权力资源，这是一个头重脚轻的组织权力架构，结果是没有一个部门有足够能力将领导小组的决策很好地执行下去。因此，授权是政府信息化管理中的重要措施。

（3）加强信息化的管理控制。在授权的同时，如果政府部门不能成功控制和监督 IT 投资的决策和运营，就不能成功实现战略目标[413]，相反，还有可能造成管理的失控和混乱。控制就是监督各项活动以保证它们按计划进行并纠正各种重要偏差的过程。政府 CIO 角色可能存在潜在的代理问题。比如，CIO 以其职业利益为基础做出决策，而不是优先考虑组织的最佳利益。他们期望在离开原来的岗位后，能够在其他单位得到有更多预算和预期报酬的职位，因此他们努力工作，积累在创建系统和管理大规模业务创新领域的系列经验，而不管业务的产出。组织给不给 CIO 权力，要看组织当时处于什么阶段，给予 CIO 过多的权力可能会造成对于项目的控制力度不够，形成潜在的风险，而这种风险可能是致命的。因此，组织在信息化过程中一定要强调控制，控制与授权必须是同步的。

（4）关于 IT 指导委员会。从扩展模型中可以发现，处于横向联合的 IT 指导委员会的作用是不显著的。这说明在现阶段，国内的 IT 指导委员会（也就是常说的信息化领导小组）在很大程度上还只是一个形式，没有真正起到协调和管理的作用。因此，迫切需要成立一个真正由业务部门和 IT 部门联合构成的 IT 指导委员会，由它来有效管理 IT 的投资，也就是说确保 IT 预算足以让 CIO 充分取得良好资源，建立稳固的 IT 系统架构和人才结构，以支持未来的业务发展。

一般说来，IT 指导委员会的主要工作是：制定方针策略，指导项目小组；筛选所有 IT 项目并排列优先顺序；设定项目目标、范围及评价考核标准；批准项目计划，监控项目进程；调配人力和资金，审核项目的资金分配情况，并跟踪项目的绩效；推动培训工作；解决项目小组不能解决的问题；保证项目能够正常开展；对项目成败全面负责。领导小组需要建立例会制度，经常关心、参与和指导实施工作，而不是仅仅成为一个形式。

（二）从政府 CIO 个人的角度

由于中国信息化发展总体水平还比较低，信息化对于组织的战略决策还不能有很大的影响，导致了 CIO 在组织中的地位比较低，在这种情况下，就不能单纯地追求理想的信息化制度，而是要从自我做起，大力推广和促进 IT 技术的应用和提高。

从原始模型的结果可以看出，短期来看个人能力对于信息化绩效的影响大于组织制度的影响，因此，政府 CIO 在抱怨组织制度和环境因素不支持的同时，应考虑自身存在哪些问题，应先提高自己的个人能力，尤其是业务能力。中国有句古话“有为才有位”，CIO 应通过自己的努力来赢得地位，让管理者或组织高层了解信息化，让他们知道信息化能够为组织提供帮助，使组织上下都接受 IT 的理念，使信息技术成为组织业务发展离不开的核心技术。对于政府 CIO 来说，要做到以下几点：

（1）短期来看，发展自己的业务能力。对于政府 CIO 来说，发展自己的业务能力是职位的要求。如果现有的 CIO 没有宽广的知识面，没有发展业务战略所需要的技能和经验，应该立即调整自己的职业生涯发展规划来获取这些知识。CIO 要从整个组织，而不单单从自己的部门来看问题，要把业务发展纳入组织的规划流程，而不是假设只要做出关键 IT 决策，业务部门方面就自然而然地得到提升。CIO 应从技术框架与日常管理的束缚中跳出来，不断提高自己在战略层次的眼光与思路，切实提升信息系统与传统流程的对接与改良水平。提升自己的业务能力是 CIO 取得高层管理人员认同的基础。

（2）长期来看，发展自己的领导力。要想对于组织的信息化绩效产生积极的影响，CIO 还需要提高自身的领导力。随着 IT 和技术的融合，CIO 在组织中的领导力越来越重要。他需要同组织内不同部门之间的人员进行沟通和协调；需要从全局的角度来看问题，有处理组织内各种微妙关系的能力和判断力；需要独立做出一些相关的 IT 重大决策。这些都离不开 CIO 领导力的培养。CIO 要善于把信息技术的最新成果和管理改进的思想，通过各种培训和推广方式传播出去，在组织内部营造良好的信息化环境。定期举行高层经理会议，加强沟通，观察周围人的个性、角色，与其他高层管理人员建立良好的人际关系。向高层领导阐述自己的观点，让他们加深对信息化项目的理解，从而推动项目的顺利进行。CIO 有责任将先进思想导入采购、销售、财务等部门，使得它们被运用到业务流程中去。

由于 IT 价值难以衡量，组织缺乏系统的分析 IT 价值的方法，在 IT 预算居高不下的情况下 CIO 成为众矢之的也是难免的。这个时候，CIO 应该具有一定的政治机智，比如减少购买产品的种类、发挥规模购买的影响力、使用拍卖等等。此外，CIO 应该学会展示 IT 价值，将业务部门的绩效与 IT 部门的贡献建立很自然的联系，这就需要 CIO 提高自己的政治能力。

如果说 CIO 的业务能力是 CIO 职业生涯的基础，那么 CIO 的领导力则是 CIO 职业生涯的长远之道。

总之，随着政府业务单元需求的变化，信息化部门已经变成一个客户导向的服务机构，其所提供的服务更集中于客户、更加弹性化。这样的变化就需要新的决策制定授权、技能、胜任能力以及结构。对于政府部门来说，不仅仅需要选拔到具有胜任能力的 CIO，还需要建立相应的政府 CIO 制度来完善信息化的管理机制和治理结构。

第七章　政府 CIO 制度设计的理论基础

之前的内容从理论和实证的角度论证了政府 CIO 制度的重要性，本章将主要论述政府 CIO 制度框架设计的三个重要理论基础，包括资源配置理论、人力资源理论和 IT 治理理论。理论内容的构建与之前的实证研究遥相呼应。本章的论述同时也是对于信息资源配置三个基本问题的解答，即由谁来进行资源配置、资源配置的方式和路径以及资源配置绩效的评价。其中政府 CIO 制度的主体框架是基于资源配置理论；资源配置的方式和路径是基于 IT 治理的维度，其理论基础是 IT 治理理论；资源配置绩效的评价是基于政府 CIO 的职位维度，其理论基础是人力资源理论，这三部分内容共同形成了政府 CIO 制度的框架。

第一节　信息资源配置的理论基础

在国内政府信息化的过程中，一直以来都存在这样的质疑：信息化的投入是否真正带来了政府运作效率的提高？是否带来了政府治理能力和服务水平的提高？理解以上问题，需要将政府部门看成一组资源的集合体，它不仅包括物质资源、人力资源、资金资源，还包括政府所掌握的信息资源。信息化是否带来了改进，取决于政府部门掌握的信息资源的数量以及对于信息资源的利用率。

信息资源在当今社会已成为与原材料、资金和能源同等重要的战略资源。随着信息技术的发展，信息的获取、存储、处理和传播成本急剧下降，其价值被充分释放，信息资源的作用也日益突出[414]。作为政府信息资源的负责人，政府 CIO 无疑在信息资源配置方面起着重要的作用。对于政府而言，政府信息化水平也成为衡量一个政府管理水平和综合实力的标志，而信息化水平取决于政府部门对于信息资源的利用效率。

国家之间的竞争是围绕着资源的争夺与利用而展开的。国家在世界上的地位、竞争能力，不仅取决于这个国家所拥有资源的数量与质量，还取决于其对资源的利用效率。根据组织演化的“效率选择假说”，新制度经济学的代表人物威廉姆森（Williamson）强调：“组织应该是一个有效率的组织，市场对组织自然选择的结果，将使得更有效率的组织取代效率低下的组织”[415]。因此，一个国家要想在国际舞台上生存与发展，就必须提高自己的运作效率以达成国家发展的目标，其政府的活动都应该以效率为原则。同样，政府内的各个部门也应该以效率作为评价部门成绩的标准，尤其是信息资源的配置效率。

本节主要从资源配置的角度来研究政府CIO制度的设计，立足于政府CIO作为高层管理者的角度，认为政府CIO是政府信息资源的管理者，理所当然地应该对政府内部的信息资源的配置效率负责，对信息资源的配置主要是通过信息资源的集成与共享这个原则来实现的。为了提高组织信息资源的配置效率，在组织不同的信息化阶段，政府CIO对资源配置的重点应该不同，同时应该建立合理有效的政府CIO制度。政府CIO制度的内容包括职位维度的选拔培训制度、考核制度、激励制度，以及政府IT治理维度的组织结构、决策机制、沟通机制。

一、资源配置理论概念

（一）资源配置的含义

资源配置是指经济活动中的各种资源（包括人力、物力、财力、信息等）在不同的使用方向之间的分配，是为最大限度地减少宏观经济浪费和实现社会福利最大化而对现代技术成果与各种投入要素进行的有机组合。

经济学对于资源配置机制的讨论主要涉及三个方面的问题：一是资源配置的组织形式，即解决由谁来进行资源配置的问题；二是资源配置的方式和路径，即解决资源如何配置的问题；三是资源配置的绩效，即对资源配置中的公平与效率进行评价。

本节的主要逻辑也是围绕这三个方面展开的。

（1）政府信息资源配置的组织形式，即解决由谁来进行政府信息资源配置的问题；

（2）政府信息资源配置的方式和路径，即解决资源如何配置的问题；

(3) 政府信息资源配置的绩效如何评价。

(二) 从资源配置观看 CIO 角色与职责

CIO 概念的倡导者 Synnott (1981) 最早提出了 CIO 角色学说。他认为最重要的角色有 3 种：商人、管理者和技术专家。英国信息管理学者 Earl (1994) 也提出了 CIO 角色模型，并提出了 8 种角色：洞察者、履行承诺者、策略者、关系塑造者、系统思想者、建造者、改革者、调配管理者。Gottschalk (2002) 认为 CIO 的管理角色应该包括领导者、演讲者、监控者、沟通者、组织家和资源调配者，并认为各个角色的重要性要依据具体情况而定。近年来，中国学者也对 CIO 问题进行了研究。例如霍国庆 (2001) 也提出了独到的 CIO 角色理论，他认为 CIO 的主要角色有 4 种：信息功能的领导者、信息技术战略规划家、战略信息资源管理者和电子商务推动者。

可以发现，对于 CIO 角色论的研究，更多的是从 CIO 所应该具有的职责或职能的角度来认识 CIO 的，其阐述中都谈到了信息资源配置的角色，可见，信息资源的配置是政府 CIO 必须具备的一项重要职责。

(三) 政府 CIO 对于信息资源的配置方式及其评价

政府 CIO 对于信息资源的配置与物质资源的配置不同：对于物质资源来说，基于市场的价格机制和基于政府的计划机制都存在于资源配置系统之外，并不内化到资源配置过程中，也就是说，它们指导资源配置但不形成资源配置要素。因此，对于一般的物质资源，市场是通过价格来进行资源的配置，组织是通过计划来调节资源的配置。然而，由于信息资源是始终参与资源配置的最重要的配置要素[416]，不仅仅是资源配置的主体，也是资源配置的客体，因此，对于信息资源的配置主要是通过信息资源的集成与共享来实现的。

政府信息资源从广义上涉及政务信息资源与政府发展战略规划、政府业务流程、政府信息组织、信息人员、信息技术、信息服务、信息用户和信息文化等要素之间的集成。政府信息资源集成有助于消除目前政府信息中出现的信息孤岛，有利于实现信息资源共享。为此，不仅需要建设可共享的信息基础结构和系统，而且需要改造政务流程的信息组织，形成合理的信息化组织机构。

政府信息资源的共享一方面是建立内部信息系统，供政府内部各类人员使用，使政府内部工作人员和管理人员可随时了解所需要的各种信息；另一方面是建立政府对外的信息系统向公众提供服务和政府信息公开，以增强公众对政府的信任。政府信息资源的共享就是通过建立内部和外部信息系统，并借助信息资源共享数据库来实现的。信息资源的共享不仅仅是要建立共享的基础设施，还要建立相关的共享机制，以保证其正常运行。目前国内外对于信息资源有效共享的做法就是采用“IT 治理”机制，一般说来，包括组织结构、决策机制和沟通机制。

此外，资源的配置应该以效率为评价准则，那么，政府 CIO 配置的信息资源也自然应该以效率为评价准则。那么，什么才是最有效？政府利用一定的资源生产出了最大量的产出，或者在生产一定量的产出时，实现了“成本最小”，这种效率叫作技术效率。而在给定各个生产单位技术效率的前提下，信息资源是否在不同的生产目的之间得到了合理配置，使其最大限度地满足了人们的各种需要，这就是经济效率。本书认为在国家治理现代化的治理体系中，政府 CIO 与政府行政首脑应该各司其职。政府 CIO 应该对信息资源的有效配置负责，也就是政府 CIO 对信息化的技术效率负责。而政府行政首脑应该对政府整体资源的有效配置负责，也就是行政首脑对经济效率负责。而要想政府 CIO 能够真正有效地配置资源，就需要对政府 CIO 这个职位的人员选拔、培训、考核、激励进行全面的考量。只有建立了完整的政府 CIO 人力资源管理的机制，才能真正在政府信息资源管理中发挥其作用，提高信息资源的配置效率，进而推动政府行政管理体制改革和业务流程的创新。

二、基于信息资源配置的政府 CIO 制度

（一）不同信息化成熟度环境下的 CIO 的资源配置

组织的信息化是一个从不成熟到成熟的演变过程，国内外有很多学者对于信息化阶段提出了模型，包括诺兰模型、Synnott 模型、米切模型、信息技术扩散模型、SW-CMM 模型、COBIT 框架下的 IT 过程成熟度模型、技术—信息卓越度模型、业务—IT 联盟成熟度模型、基于价值链的四阶段模型等等。左美云（2006）在对以上模型分析比较的基础上提出了通用信息化成熟度模型（informatization maturity model，IMM）。根据 IMM 模型，组织的信息化过程可以分为 5 个阶段，分别是技术支撑级、资源集成级、管理优化级、战略支持级和持续改善级[417]。

在政府信息化的不同阶段，政府 CIO 所处的职位和应该承担的职责是不同的，对他们的能力要求也是不同的。这是由他们在不同阶段配置资源的方式不同和具体配置内容的变化引起的（具体见表 7-1）。

表 7-1　IMM 不同阶段的资源配置内容及方式

阶段	关键状态	职位	职责	能力	资源配置重点	配置内容
技术支撑级	IT 基础设施、文档电子化、单项信息系统	技术主管	基础设施的正常运行	技术能力	信息技术的应用与推广	单项业务信息、内部信息技术类资源
资源集成级	系统集成、信息资源规划、业务效率	信息中心主任	协调各个部门之间的关系	协调能力	信息技术的集成、信息流程集成、内部信息共享	内部信息内容类资源和内部信息技术类资源
管理优化级	政府信息制度、政务流程优化、信息化效益	政府 CIO	制定信息化规划	规划能力	信息结构的集成、信息成本的集成、信息流程集成、内部信息共享	信息人员资源、内部信息内容类资源、内部信息技术类资源
战略支持级	信息战略、核心竞争力、决策支持、外部协同	政府 CIO	参与高层的决策，负责组织核心资源的配置	决策能力	战略信息资源的集成、内外信息共享	核心信息资源、外部信息资源
持续改善级	学习型组织、信息环境、创新管理	资深 CIO 或首席知识官	促进组织的创新	创新能力	知识的共享	核心信息资源、外部信息资源、智力知识资源

政府 CIO 相关制度的建设也要服从不同成长阶段政府 CIO 对于资源配置的要求，政府 CIO 在政府信息化发展的不同阶段的资源配置重点和内容是不同的，这并没有一个固定的范式。

（二）CIO 制度建设的主要内容

对于政府的信息资源管理，不仅仅是简单地设置信息部门，还要规范其运行、管理制度，并由这个信息部门制定各种规范、标准、制度、计划来统一协调组织的各类信息活动，形成一种高效、快捷有效的管理方法[418]。政府 CIO 制度为规范组织中行为主体对信息资源的利用和开发提供了保障。

因此，政府 CIO 制度的设计应该从两个维度来考虑。

(1) 政府 CIO 职位维度。其设计的基本原则是有利于政府 CIO 更好、更有效地配置政府信息资源。具体内容包括政府 CIO 的选拔制度、培训制度、考核制度、激励制度，这四方面的内容体现了人力资源理论的核心内容。

（2）IT 治理的维度。其设计的基本原则是有利于更好地进行信息资源集成和共享。具体内容包括组织结构、决策机制、沟通机制。这三方面机制体现出组织 IT 治理理论的核心内容。

这两个维度的内容再加上本节前面论述的“政府 CIO 应该对信息资源配置负责”的观点共同形成了政府 CIO 制度的框架，也就是对于信息资源配置三个方面问题的解答，即由谁来进行资源的配置、资源配置的方式和路径以及资源配置绩效的评价。

本书依据资源配置理论，对政府 CIO 制度提出以下观点，如图7－1所示。

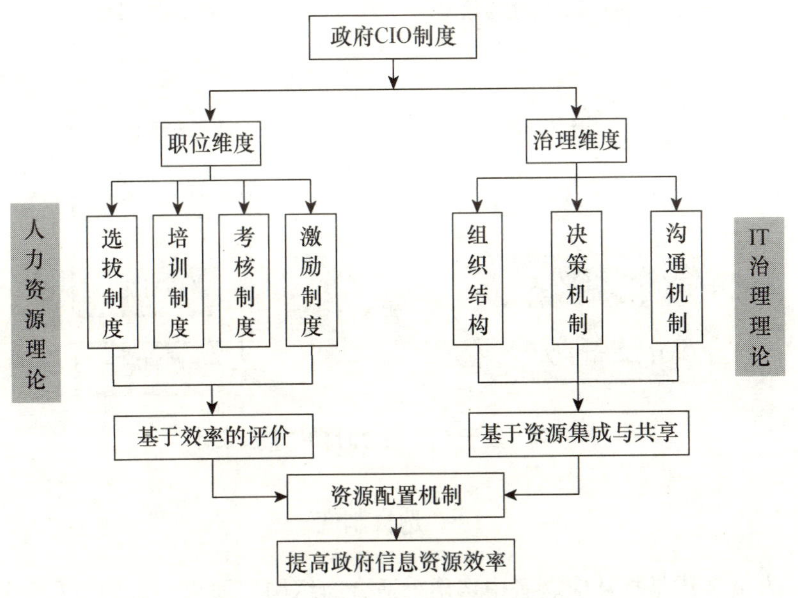

图 7－1　基于资源配置的 CIO 制度

第二节　人力资源理论

电子政务中最关键的因素就是有关人力资源发展以及能力构建制度的建设，以便帮助政府部门更好地管理和应用信息技术[419]。目前中国政府 CIO 面临的不是简单的政府 CIO 这一个人的问题，而是对于政府 CIO 这类特殊人群的管理机制问题[420]。健全的政府 CIO 管理制度的内容是以组织信息资源配置效率的评价为基础的，也就是说，针对政府 CIO 制定的相应政策和制度，应该能促进组织信息资源配置的技术效率的提高，这样才能真正实现政府 CIO 这个组织中信息资源最高管理者的价值，这才是政府 CIO 的人力资源管理的核心内容。

通过理论研究我们发现这主要包括四方面的内容：政府 CIO 的选拔制度、培训制度、考核制度、激励制度。这四项制度都有利于政府 CIO 专业能力和领导力的提升。其中选拔和培训制度将有助于政府 CIO 专业能力的培养，而考核和激励制度主要是培养政府 CIO 的领导力，如图 7-2 所示。

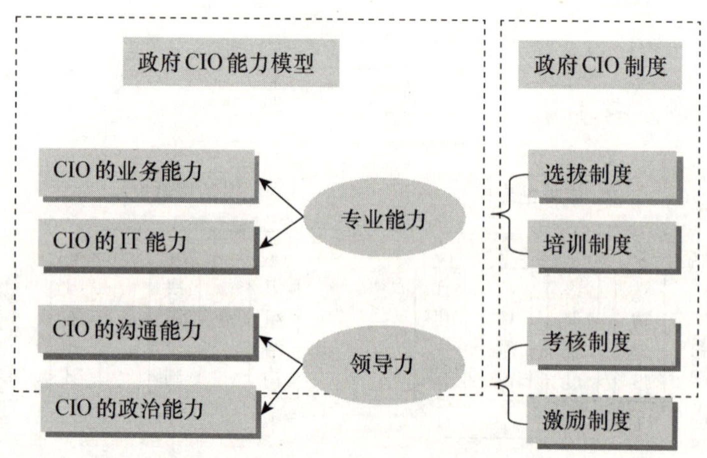

图 7-2　基于 CIO 能力的 CIO 制度设计

一、选拔制度

人员选拔是指从应聘者中选出最适合组织岗位要求的人的过程，包括初步筛选、笔试、面试、情景模拟、心理测试、体检、个人资料核实等内容。

针对政府 CIO 的选拔，由于期望中的政府 CIO 应该是复合型人才，因此选拔时，考察的内容并不局限于工作范围内的能力、技术、知识，还有与工作有关的个性、行为、爱好等其他因素。比如解决复杂问题的能力，抗压能力，对某个社会事件的看法，等等。利用这些信息来评价其综合素质，看其是否符合政府信息化管理和信息资源利用开发的需求。

此外，对于不同级别的政府 CIO 的选拔，要根据其个人能力进行有倾向性的选择：高层管理者级别的政府 CIO 更注重的是对于政府业务的认知和战略规划能力、协调能力；部门经理级别的政府 CIO 的选拔注重的是协调能力和 IT 知识能力；而对于部门主管级别的政府 CIO（比如信息中心主任）则主要考察其 IT 技术能力，看他对于 IT 技术的熟悉程度、对于新的 IT 技术发展趋势的判断以及将这些技术应用于本组织的能力。

一般说来，组织中管理人员选拔的途径有两种[421]：

（一）组织内部提升

从组织内部培养、选拔、任用管理人员，这种选拔方式的优点是：

（1）有利于保证选聘工作的正确性。

（2）有利于使被聘者迅速展开工作。

（3）有利于调动组织成员的积极性。

（4）选拔费用低。

但其也有如下缺点：

（1）易引起竞争同事的不满。

（2）易造成“近亲繁殖”的现象。

（3）备选对象的范围狭隘。

（二）组织外部招聘

根据一定的标准和程序从组织外部的候选人中选拔出符合管理职位要求的管理人员。

外部招聘的优点是：

（1）被聘人员具有“外来优势”，比如被聘者没有“历史包袱”，组织内部成员（部下）只知其目前的工作能力和实绩，而对其历史，特别是职业生涯中的失败记录知之甚少。

（2）有利于平息和缓和内部竞争者之间的紧张关系。

（3）能够为组织带来新鲜空气。

外部招聘的缺点是：

（1）外聘干部的工作适应期长。

（2）不易准确地判断被聘者的管理才能。

（3）易造成对内部员工的打击。

政府 CIO 的选拔途径也是这两种，但是由于政府 CIO 属于政府行政序列或者事业编制，一般说来，低层次的技术人员基本是要通过国家公务员考试才能进入，高层次的技术人员可以从内部提拔，也可以从外部招聘。但政府部门一般很难引进高层次的IT人才，因为政府部门的做事风格相对比较保守，收入相对比较稳定，而且远低于IT市场高级人才的价格，不论在做事风格还是在收入上对于高层次人才的吸引力都不足。对于高层次人才，可以考虑采用在全国各地已经开始的“聘任制公务员”模式，既能解决政府IT人才的需求，又能对接市场的薪酬。

二、培训制度

培训是当前人力资源发展的重要理论，自20世纪80年代以后，由于社会经济环境的加速变迁，人力资源已与财、物和技术资源一样，成为组织中重要的资源之一，尤其在以服务业为导向的经济环境中，可以发现人员的培训与组织经营的成效有密切的关系[422]。

培训是一种有组织的知识传递、技能传递、标准传递、信息传递、信念传递、管理训诫行为。目前国内培训以技能传递为主，时间上侧重于岗前培训。

通过前面实证研究的结果我们知道，针对政府CIO，短期的培训应该集中在其业务能力而非IT能力上，让政府CIO迅速熟悉政府的各种业务操作流程是政府CIO入职前的最主要任务。而长期来说，针对政府CIO的培训应该逐渐转移到对其领导力的培训上。帮助政府CIO更好地和同事合作，更好地协调政府部门之间的关系。可以针对不同级别政府CIO，因地制宜地制定由浅入深、覆盖面广的培训内容，有意识地形成适合自己单位的“政府CIO培训知识体系”。

此外，在培训方式上可以更加多样化。一般说来，培训方法有讲授法、演示法、研讨法、视听法、角色扮演法、案例研究法、模拟与游戏法等。为了提高培训质量，往往需要将各种方法配合运用。

最后，针对政府CIO的培训不能是一锤子买卖，需要制定长期循序渐进的培训计划。

三、考核制度

绩效考核是对组织中成员或部门的工作表现和工作效果的一种正式评价。对组织、个人的工作绩效的管理和评估，一方面可以为组织的人事决策提供依据，另一方面可以促进个人工作能力和工作绩效的提高，从而提高组织整体的工作效能，最终实现组织的目标。

绩效考核通常可以分为业绩考核和能力素质考核两大类。业绩考核是结果导向的，是对已发生事情的考核，这种考核更关注短期的效益；而能力素质考核是能力导向的，更关注员工未来的绩效。

对于政府 CIO 绩效的考核最大的挑战就是如何量化 IT 的价值。一款软件、一套系统在多大程度上提升了政府职能部门的工作效率，实在无法用具体的数字来衡量。此外，随着 IT 逐渐融入到各个部门的日常工作中，IT 的价值越来越与这些工作紧密结合在一起，很难确定哪些绩效是由 IT 贡献的，哪些绩效又是非 IT 技术贡献的。因此，对于 CIO 的考核要从业绩和能力两方面结合考虑。单单从短期的业绩考核的角度可能很难有一个合理的评价。

对于不同级别的政府 CIO，考核的内容也应该有所不同。部门主管级别的，更多关心的是 IT 运营的成本和运营的稳定性、安全性。而高层管理级别的，更多关心的是关系 IT 运营的战略规划以及如何与政府业务流程更加紧密地融合。随着政府 CIO 从主管级转变成部门级，甚至是高层管理者，业绩考核的比重应逐渐下降，而能力考核的比重应逐渐上升。考核的指标也应该有所变化，如应该逐渐降低成本控制、IT 运营、效率等在考核中的比重。2006 年 IBM 举办的“CIO 领导力论坛”所发布的《新锐 CIO 白皮书》表明，随着现在的 CIO 更多地参与组织战略规划制定，他们希望降低成本和 IT 运营在业绩考核中所占的比重，而相应地增加创新和组织发展以及人员和系统方面管理的比重，比如，对 CIO 在组织增长、创新性和员工方面的贡献进行考核。

此外，政府的信息化管理不仅仅是政府 CIO 一个人的事情，还要考虑政府 CIO 所管理的部门的发展。要想有一支信息管理人才队伍，使得他们始终保持一种积极向上的良好状态，就要将政府 CIO 培养选拔年轻骨干梯队、建立信息化团队作为一项绩效考核指标。比如，政府 CIO 必须确定优秀的后备力量，并制定培养计划、培养制度，采取一定的培养措施。

四、激励制度

一般制度大都要解决两个问题，即激励问题和信息问题。所谓制度创新，就是要改善社会和经济的这种激励结构和信息传递结构。大量事实表明，有效的制度安排通过恰当的激励制度可以激发人的潜能，促进资源最佳配置和使用，从而推动经济的增长[423]。

激励是指通过各种有效的手段，对员工的各种需要予以不同程度的满足或者限制，以激发员工的需要、动机、欲望，从而使员工形成某一特定目标并在追求这一目标的过程中保持高昂的情绪和持续的积极状态，充分挖掘潜力，全力达到预期目标的过程。

激励理论认为：员工的工作能力和自然禀赋并不直接决定员工对组织的贡献大小，因为能力和禀赋的发挥受到员工动机的强烈制约，因此运用各种方式激发员工的工作动机就成为人力资源管理的重要内容之一。激励并不是无条件地简单满足员工的所有需求，而是与提高组织绩效的目标相结合。

对于政府 CIO 的考核要和激励制度结合在一起，才能起到作用。不同级别的 CIO 的激励因素是不同的，因此相应的激励制度也各有侧重点。应该物质激励与精神激励并重，激励与约束并重。具体如表 7-2 所示。

表 7-2　不同级别的 CIO 的激励因素与激励制度

职位	激励因素	激励制度的侧重点
高层管理者	➢ 工作对社会发展的意义 ➢ 职业的美誉度	➢ 进行信息化理念、信息化战略等方面的介绍和培训，使其深入人心 ➢ 对在信息化建设中有突出贡献者授予有信息化特点的奖励 ➢ 大力宣传先进工作者的工作和成果，扩大信息化建设的影响力
部门经理级别	➢ 才干出众、作风良好的领导 ➢ 施展个人能力的机会 ➢ 晋升机会 ➢ 得到上级的支持和赞赏 ➢ 组织前途	➢ 更高层领导发挥榜样激励作用 ➢ 创建公开、公平、公正的竞争机制，提供公平的职务晋升途径，发挥竞争激励的作用 ➢ 通过职务、级别设置，提高信息部门在组织内的地位 ➢ 及时给予信息部门相应的奖励和荣誉
主管级别	➢ 个人工作富有成就感和责任感 ➢ 合理的工资制度与较高的工资水平 ➢ 较好的福利：住房、旅游、休假、保险等 ➢ 较多的培训和职业发展机会 ➢ 完善的组织制度与工作规程	➢ 勇于向其授权，增加工作广度和深度 ➢ 健全岗位竞争制、干部推荐责任制、干部考察责任制 ➢ 根据考核结果以及职位能力结构要求，有目的地组织和安排培训 ➢ 参照企业的薪酬制度，设计与绩效、工作职责、个人需求相匹配的更有竞争力、人性化的工资制度

随着信息化进程的逐步深入，政府正面临着全球化和新技术快速发展的挑战。政府各个职能部门之间必须进行更多资源整合和协作，从而利用信息技术在整个政府业务流程范围内创造更多价值。

在这个过程中，政府 CIO 的角色将越来越重要，他将与政府高层管理人员一起应对变革。政府部门必须建立起与之相适应的政府 CIO 人才培养制度，这个制度的内容主要包括选拔制度、培训制度、考核制度和激励制度。只有建立了完整的政府 CIO 人力资源管理的制度，才能真正在政府信息资源管理中发挥其作用，提高信息资源的配置效率，进而推动政府行政管理体制改革和业务流程的创新。

第三节　IT 治理理论

IT 治理也称为 IT 治理安排（IT governance arrangement）或 IT 治理结构（IT governance structure），一般认为它是公司治理的一个子集，即公司治理的一个分支。它与先前研究中的 IT 决策权和 IT 重要活动控制的含义是相同的[424]，主要是指在信息化进程中，以组织的战略目标为导向，以特定的制度安排（组织结构）与管理模式为基础，以 IT 业务过程和 IT 服务的改进为手段，合理利用 IT 资源和规避 IT 风险，旨在推动业务发展、完成目标利润的动态过程[425]。

IT 治理是构建兼顾相关各方利益的 IT 决策机制与组织架构，以 IT 绩效评估与 IT 风险管理为途径，以促进 IT 应用与组织战略目标一致为根本原则，实现以 IT 为组织创造价值的终极目标[426]。本书主要从 IT 治理的角度来分析中国的政府 CIO 制度的现状，政府 CIO 制度实际上就是 IT 治理在政府部门的实现，它的设计应该以有利于政府部门间信息资源集成和共享为基本准则，主要包括政府 CIO 的组织结构、决策机制及沟通机制。这三方面直接体现了政府在信息化管理过程中的 IT 治理结构及机制，是直接影响政府信息化效果的关键因素。此外，这三个方面的内容与之前实证研究中的组织制度遥相呼应，是组织制度得以运行的保障。其中决策机制有利于纵向机制发挥作用，沟通机制有利于横向机制发挥作用，组织结构对横向和纵向都有影响，如图 7 - 3 所示。

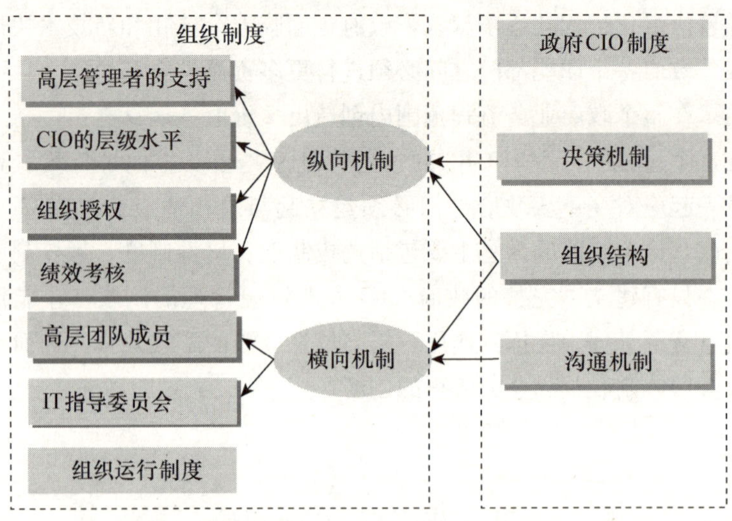

图 7-3 基于组织运行制度的 CIO 制度设计

一、组织结构

基于信息及相关技术的控制目标（control objectives for information and related technology，COBIT）的政府 IT 治理框架认为：IT 治理的本质是主要信息技术对业务价值的贡献以及信息技术风险的规避，其中 IT 部门的规划和组织结构是 IT 治理流程的基础[427]。

组织结构是指组织内部分工协作的基本形式或框架。组织结构本身的设计对组织行为具有长期和关键性影响。它主要体现在以下三个方面：

（1）正式的任务安排。主要是关于个人和部门的一系列正式的任务安排（即工作在各个部门与组织成员之间是如何分配的）。

（2）正式的报告关系（即谁向谁负责）。包括权力链、决策责任、权力分层的数量（管理层次）以及管理人员的控制范围（管理幅度）。

（3）组织的内部协调机制。组织结构的设计保证了跨部门合作，一个组织的结构反映了组织通常是如何解决信息和协调问题的。

设计清晰的组织结构有助于清楚地界定每个部门及组织成员的权责角色，在此基础上进行恰当的协调和控制，有助于提高部门及个人的工作效率，从而提升组织的整体表现。相反，如果组织结构与组织需要不相适应，将会导致一系列问题发生，比如决策延误、发生冲突、应变能力差、行政管理成本高涨及士气低落。

经过对国内政府机构信息资源管理和政府信息化相关部门的调研发现，中国政府 CIO 制度的组织结构呈现出未定型的多样化设计特点，组织“双轨制”的结构造成了“信息办”与“信息中心”的职责、分工不明晰，导致很多扯皮、推诿现象出现，详细阐述见第九章。

二、决策机制

Armstrong 和 Sambamurthy（1999）认为 IT 治理是指组织里的关键 IT 活动（主要包括 IT 基础设施、IT 应用和项目管理）的权力模式。政府部门的 IT 治理就是指在政府信息化过程中相应的 IT 活动的决策权的配置。

政府 CIO 是否具有决策权，尤其是与信息化相关的决策权，是体现政府 IT 治理水平的重要因素。不仅仅是因为政府 CIO 对于组织中的信息化规划和发展有很深的认识，还因为与信息化相关的决策权体现了组织的程序公平性，会让政府 CIO 产生归属感，有助于提升政府的信息化绩效。政府 CIO 制度中的决策机制主要是指政府组织权力关系的制度化和程序化。

就目前而言，由于中国的政府 CIO 并未得到足够的重视，还没有足够的权力资源，因而其参与决策的层级和能力都属于相对较低的水平。政府 CIO 决策层次低、决策能力弱的现状不利于政府信息资源的集成与共享，因为信息资源的集成与共享需要站在比较高的角度，从全局来考虑政府的信息化建设，需要更高的决策权限，包括人员的决策权、预算的决策权以及与信息化项目相关的 IT 技术的决策权，详细内容见第九章的分析。

三、沟通机制

IT 治理必须建立有效的沟通协调机制，只有协调好组织内各部门之间的利益，才能保障 IT 治理工作的贯彻执行和顺利实施。协调机制是决策机制与执行机制之间的重要一环，否则，IT 活动和信息化项目无法落到实处[428]。

政府 CIO 的沟通水平不仅仅取决于其自身的沟通技巧和能力，还在于组织是否建立了有效的信息传递机制，便于政府 CIO 与组织中的其他人进行有效的沟通。良好的沟通方式、技巧和机制能够保证政府在信息化过程中最大限度地减少内部摩擦，发现潜在问题，减少信息化的各种阻力，是政府信息化战略落地的最关键保障。本研究认为政府 CIO 的沟通机制主要包括政府 CIO 的信息来源（收集）机制、信息处理机制和信息报告（发送）机制三方面的内容，详细内容见第九章的分析。

第八章　基于 CIO 能力的政府 CIO 制度设计

本章主要从人力资源管理的角度，结合以往调研访谈资料，详细论述政府 CIO 制度的内容。政府 CIO 制度的核心在于选择一个合格的政府 CIO[429]，在本书中其主要内容包括政府 CIO 的选拔制度、培训制度、考核制度、激励制度。本章继续对每一种具体制度的内容进行详细的阐述，这四个维度的内容都有利于政府 CIO 的专业能力和领导力的提升。其中选拔和培训制度将有助于政府 CIO 的专业能力的培养，而考核和激励制度主要是培养政府 CIO 的领导力。通过能力的提升最终实现政府 CIO 对于政府内部信息资源的有效配置。

第一节　政府 CIO 职责

一般说来，政府 CIO 承担着政府信息资源管理和利用的最高管理者角色，甚至需要负责政府业务流程重组以及信息资源管理战略匹配的高层决策。因此，政府 CIO 的角色不应该固守在技术主管的思路上，而应当将自己工作的重点落实到新的信息技术如何提升政府的决策水平、管理水平和服务水平上。1996 年通过的美国《信息技术管理改革法》修订案明确规定每个联邦机构都必须设立政府 CIO 职位。并规定了政府 CIO 的地位，即政府 CIO 是一个高层官员。同时还规定了政府 CIO 的职责：向政府行政机关负责人及其他高层管理人员提供信息化发展的咨询服务和其他协助，确保行政机关信息技术的获取和信息资源的管理以部门的政策和程序的方式得以顺利实施；为行政部门构建、维持和促进稳健的、整体的信息技术架构，促进行政机关所有主要信息资源管理过程的有效和高效设计与运作，包括对执行机构工作流程的改进。

虽然中国的政府 CIO 整体处的层级水平较低，但从信息资源管理者的角度来说，其所承担的职责应该包括以下几点：

（一）规划 IT 战略

政府 CIO 的部分职责就是帮助各职能部门制定相应的信息化计划，并保证这些计划能够与业务部门实现集成与共享，也就是说，要将政府作为一个整体制定信息化战略，而不能单单从信息管理部门出发。虽然每个政府部门都有责任规划由自身业务需求引导的信息化战略，但由于各部门可能只关注自己的目标，对于信息技术的理解欠缺以及部门利益的存在，信息化战略规划可能会造成重复建设或者和其他部门存在功能冲突。从全局的角度更容易发现那些对整个政府造成影响的策略，政府信息主管的职责就是发现并帮助解决这些问题。

（二）实施公共服务

良好的公共服务要求政府部门在履行职责的时候，将公民放在各项事务的中心。也就是说，应该是建立"以公众为中心"的服务模式，而不是传统的"以政府职能为中心"的模式。政府 CIO 应该通过信息系统将多个职能部门联系起来，简化流程，共同为公民提供服务。其目的是无论服务过程涉及哪些机构，都能让公民感受到政府为其提供服务，降低公民接受服务的门槛。同时，作为政府信息化的领导者和负责人，政府 CIO 还应支持公共服务的主动转型，比如利用微博、微信等新媒体为公众提供从线下到线上的服务，将传统的有时限的服务变为 24 小时不间断的在线服务。

（三）提高政务效率

对于信息系统的应用而言，效率的提升是关键。随着政府转型的深入，必须采用新技术提高部门领导和办公人员的工作效率。从政府的角度看，政府 CIO 非常希望通过信息技术在政府部门内部的广泛应用来提高工作效率，以便公职人员能够更好地完成任务，公民能够更好地进行自助服务。但信息技术的应用除了对于信息技术观念上的更新以外，更多的是需要建立一种与信息化相匹配的行政文化。比如：新媒体逐渐普及的今天，政府部门对于微博、微信如果还采取拒绝的态度，就很难提升服务的效率。但是即便开通了政务微博和微信，如果整个政府部门内部没有形成好的行政文化，政务微博与微信也将成为摆设。因此，政府 CIO 有责任在技术上、观念上以及政府内部的行政文化上来进行效率提升的普及和推广。

（四）保障信息安全

政府 CIO 的另外一项重要职责是在经济有效的安全性和可使用性之间寻求平衡点。随着《政府信息公开条例》的实施以及信息技术在政府部门的普及，信息安全也逐渐提上议事日程，因为政府部门以电子方式保存和处理大量信息，但政府职能部门普遍缺乏安全意识，由黑客、病毒造成的破坏和损失也越来越大，有时候造成的损失甚至是无法估量的，这样的案例屡见不鲜。因此政府 CIO 要辅助政府职能部门，在信息资源的开放性与安全性之间取得相对平衡，更加安全、有效地利用信息技术为公众服务。

综上所述，在政府 CIO 的实践活动中，其职责常常会以更具体的方式予以明确，比如：参与高层管理决策，负责单位信息战略的制定和重要信息化项目的实施；制定组织的信息政策与信息活动规划及制度；制定组织的信息流程，规范单位信息管理的基础标准；负责组织的信息系统建设规划和宏观管理；监控所有信息化项目的实施，监控现有信息系统的安全运行，评估信息技术的投资回报；单位信息化的宣传、咨询、培训、沟通与组织协调等。

第二节　政府 CIO 能力模型

众多的政府 CIO 职责对于政府 CIO 的个人能力也提出了要求，什么样的政府 CIO 能力是符合政府信息化发展需要的？

从之前的实证分析可以看出，在原始模型中，政府 CIO 的能力主要包括四个方面：业务能力、IT 能力、沟通能力、政治能力。在扩展模型中，这四种能力又可以分为专业能力和领导力。其中专业能力包括政府 CIO 的业务能力和 IT 能力；领导力包括政府 CIO 的沟通能力和政治能力。根据扩展模型的结论，政府 CIO 的领导力对于信息化绩效的影响大于专业能力。因此，对于政府 CIO 个人来讲，如果说其专业能力是其职业生涯的基础，那么领导力则是其职业生涯的长远之道。需要注意以下两点：

（一）短期来看，发展政府 CIO 的专业能力

政府 CIO 不仅要懂得技术，还需要熟悉业务。要从整个组织，而不是单单从自己的部门来发现信息化建设中的问题，要把政府全部的业务发展都纳入信息化规划流程之中，并从技术框架与日常事务管理的束缚中跳出来，不断提高自己在战略层次的眼光与思路，切实提升信息系统与传统流程的对接与改良水平。政府 CIO 提升自己的专业能力是取得高层管理人员认同的基础。

（二）长期来看，发展政府 CIO 的领导力

随着信息技术和业务的不断融合，CIO 在组织中的领导力也越来越重要。他需要同组织内不同部门的人员进行沟通和协调，需要从全局的角度来看问题，需要有处理组织内各种微妙关系的能力和判断力，需要独立做出一些相关的 IT 重大决策，这都离不开 CIO 领导力的培养。

政府 CIO 制度的设计首先应该考虑为提升政府 CIO 的能力服务。一方面是为了更好地提高政府信息资源配置的效率，实现政府 CIO 的价值。另一方面是为了降低信息化失败的风险以及信息化运作成本。对于政府 CIO 专业能力的培养和发现，需要有相应的选拔制度和培养制度辅助，而领导力的提高依赖于完善的考核和激励制度，如图 7-2 所示。

第三节　政府 CIO 的选拔制度

政府 CIO 的出现源于信息时代政府对于信息资源管理的需求。因此，其选拔制度的建立也应与其所处的时代环境相适应。政府 CIO 的选拔，不应再局限于以往那种只依靠职务晋升，从政府机构内部提拔人员担任领导的方式。未来可以考虑让更多具有真才实学的信息化人才进入到政府 CIO 队伍中来，扩展各种渠道来为政府的信息化补充新鲜血液。比如：从信息化建设取得成效的知名国有大型企业中选聘信息化管理人才，或者从对“信息资源管理”进行研究的知名学者中选聘合适的人员作为信息化顾问等。

目前国内对于政府 CIO 人才的培养主要有两方面[430]：

一方面是从学校培养。这个方面的培养主要是以理论知识和基础知识为主，包括从本科生、硕士生到博士生的培养。首先是本科生，比如清华大学管理科学与工程系下面的信息管理专业，本科生培养目标是培养系统分析人员，经过多年的发展之后再成为未来的 CIO，他们的知识体系不仅包括计算机相关知识，还包括管理学相关知识。其次是硕士生和博士生，他们在信息化管理的基础上更多地侧重于此研究领域中更为专业的知识点，局限性就是理论性偏强而实践性不足。

另一方面是社会培养。市场对于 CIO 的要求是既懂得管理和业务又懂得信息技术。虽然目前中国许多高校都设有信息管理专业，但由于信息技术更新太快，学校的知识无论从学科设置还是培养目标来看，都已经不能适应信息时代对 CIO 人才的要求，需要社会力量来补充。社会培养主要有政府或社会专门机构开设的 CIO 培训课程。比如由北京金谷田经济顾问有限公司与人力资源和社会保障部中国就业培训技术指导中心合作的“信息管理师国家职业资格认证”培训等。

对于不同级别的政府 CIO 的不同要求会导致在选拔渠道上也有所不同。如表 8-1 所示，高层管理者级别的政府 CIO 更多的是政府部门自身培养的或直接在人力资源市场上外聘的。内部提拔可以极大地提高下属的士气，同时增加员工的忠诚度。被提拔者由于熟悉组织的业务流程，能够非常迅速地展开工作，只要选拔公平，就可以很快地进入工作状态。而技术主管级别的可以直接通过外聘的方式得到，因为技术主管级别的 CIO 选拔关注更多的是通用的信息技术能力，而这项能力的最佳获取渠道就是市场，因此可以在人才市场上寻找此类人才。

表 8-1　　不同级别的 CIO 的选拔制度

CIO 的级别	培养方式	选拔渠道	关注能力
高层管理者级别	组织自己培养或来自外聘	内部提拔或外聘	规划能力与协调能力
部门经理级别	社会培训	内部提拔或外聘	协调能力与 IT 技术能力
主管级别	学校培养	外聘	IT 技术能力

一、选拔的方式

由于政府部门人员管理制度的特殊性，设计政府 CIO 制度中的选拔方式时，不仅要参考企业的管理方式，还要遵照中国公务员的管理制度。

一般说来，政府公务员的选拔有四种：委任制、选任制、聘任制和考任制。政府 CIO 职位的设置也可以根据政府 CIO 的不同类型借鉴和参考这四种制度。

（一）委任制

委任制是指由任免机关根据干部管理权限，直接委派干部担任领导职务的一种方式。一般说来，实行委任制，相对来说权力集中、任用程序简单明了，有利于统一指挥和政令贯彻。但要注意的是，委任领导干部的流程必须严谨，必须进行民主推荐、严格考察并且按照规定的程序经集体讨论做出决定。委任制所产生的政府 CIO 一定要有非常丰富的 IT 系统管理经验，否则很难领导下属开展工作。

（二）选任制

选任制是按照有关法律、章程的规定，通过民主选举的方式产生领导人员的一种方式。目前这种方式产生的部分公务员人数不多，但却是公务员队伍中十分重要的一部分。

（三）聘任制

聘任制是指由政府单位根据工作需要和职位要求，通过签订聘用合同聘用某些工作人员，在规定的期限内担任一定职务的方式。聘用单位与被聘用人一旦签订合同，即建立了契约关系，这种关系体现在聘用合同规定的责、权、利中，并具有相应的约束力。一旦聘用期满，双方契约关系即告结束。

实行聘任制，有利于用人单位提高工作效率，降低成本，有利于保证合同期内用人单位和受聘者个人的工作稳定性，有利于人员的合理流动，有利于破除人才的单位、部门和地区所有制。目前很多地方信息中心的 IT 技术人员都采用聘任制，但是这种聘任制对于人才的吸引力较小，因为政府部门所能支付的待遇远低于市场上 IT 人员的期望。

（四）考任制

考任制是指采用考试的方法选录国家公务员，这种方式简称为考任制。各级政府机关每年都会有一定数量的岗位空缺，想获得这些岗位一般要通过考试，主要分为面向应届生的考试和面向基层单位公务员的考试，只有考试合格才能录用。面向应届生的一般是比较基层的岗位，而面向基层公务员的一般是中层岗位。

考任制的方式体现了“要得到一流人才，必须求助于竞争”的思想，采用这种用人机制，可以在一定程度上杜绝选拔人才上“任人唯亲”的弊端，真正做到唯才是举，从而有效地提高政府的效率。但是通过考任制进入政府机构的 IT 人才，更多的是追求一种稳定的工作状态，其 IT 技能和对 IT 技术的敏感性相对市场上的人力资源较弱。因此，需要在考任制和聘任制之间进行权衡。

总之，政府部门应该结合自身信息化的需求，通过不同的方式选择合适的人才，既保证人才的高水平能力，又保证人才的合理流动带来的新鲜气息。

二、政府CIO的选拔方式

中国政府CIO的组织结构一般来说有六种："信息办+信息中心"型、"信息办"主导型、"信息中心"主导型、"职能处室"主导型、"职能处室+信息中心"型、"业务部门"主导型。

通过对上述六种组织结构的分析发现，对于大部分的政府信息化来说，应该主要存在这样三种部门：信息化领导小组、信息化工作办公室和信息中心。这三种部门的组长或主任都是本书要研究的政府CIO。

（一）信息化领导小组组长的选拔

一般说来，信息化领导小组组长的工作职责涉及宏观层次的信息化规划发展及相关人员的绩效考核，所以通常由各个政府主要领导人（如市长、区长或局长等）兼职负责，主要负责直接的信息化工作的领导与决策。

由于这个岗位由政府主要领导人兼职负责，所以针对他的选拔通常采取委任或选任的方式。

（二）信息化工作办公室主任的选拔

一般说来，各级政府信息化工作办公室的主要工作职能包括以下几个方面：信息化发展规划及信息化政策的制定、信息化项目的监督与审计、信息化项目的日常管理、信息化的推广培训、其他日常管理。

信息化工作办公室在整个政府信息化的结构中处于比较中间的层次，肩负着与信息化领导小组联系的责任。一般说来，主任职务由信息化领导小组成员中该单位主管信息化工作的副职领导担任。其主任由上一层次的信息化领导小组委任或者选任。

以市一级为例，信息化工作办公室主任应以主管信息化工作的副市长兼任为宜，可以提升信息化工作办公室的权威性。在此基础上，还可以考虑设立常务副主任主管全面工作。这里的常务副主任也应该是信息化领导小组委任或者选任的，并且也应该是信息化领导小组成员之一。

（三）信息中心主任的选拔

一般说来，各级政府组织信息中心主任主要负责的是本单位信息系统建设、应用与运行维护等的相关决策。信息中心的具体工作内容涉及以下六个方面：系统开发、外包维护、运行维护、信息安全、信息资源管理、综合服务。

因为信息中心主任是该单位的一把手，主管整个信息中心的运作，所以可以采用委任或选任的选拔方式，而信息中心的工作内容又决定了信息中心主任要有一定的信息技术背景，所以也可以采用通过市场的机制来聘任的方式进行选拔。

三、政府 CIO 的选拔要求

通过对政府信息中心主任的调研我们发现，各级政府部门在政府 CIO 的选择问题上一般有以下一些原则：

首先，人的品德问题是非常重要的。必须对行政人员的道德人格塑造给予充分重视，使他们首先成为一个有道德的人、一个高尚的人、一个能在公众中产生道德影响的人。因为今天的行政公务人员承担着更多的公共责任和社会使命，同时又面临着来自市场经济的趋利性产生的诱惑。如果他们的道德人格存在严重的缺失，将会导致大量以权谋私、权钱交易等违法犯罪行为的发生。在信息化领域，随着信息化项目建设的投入金额越来越大，主管信息化的高层管理者也将受到来自各方面的诱惑，比如高额的项目回扣、隐性的福利等。因此，政府 CIO 必须要有正直优秀的品质。

其次，信息技术方面的知识是立命之本。政府 CIO 要懂得基本的信息技术，这是政府 CIO 对于信息部门进行日常管理的最基本要求，否则，很难对下属进行管理。由于信息技术日新月异，政府 CIO 还应该保持对于新技术的敏感性，政府 CIO 只有及时掌握了国内外信息化的发展趋势和技术走向，才能更好地领导信息化部门并为政府的改革提供信息化的支持。

再次，个人的领导力水平是项目成功的关键。政府 CIO 在信息化建设的过程中，必须具有包括管理、沟通在内的各种综合能力。比如，应当了解工程建设的程序，熟悉项目的招投标总体原则，具有很好的沟通协调能力，做到“既不越位，又要到位”。这些综合能力是政府信息化项目顺利实施的保证，因为政府的信息化工程非常复杂，需要和不同的部门、不同的人打交道，处理各种复杂的人际关系，因此政府 CIO 需要非常高的领导力和情商来灵活处事。

最后，工作经验至关重要。工作经验对于胜任这项富有挑战性的工作也是相当重要的。一般说来，政府 CIO 在担任信息中心主任职务之前，应该至少有五年的信息化工作经历。

总的说来，政府 CIO 的选拔应该从品德修养、知识、能力、工作经验四方面来综合考量。

（1）品德修养的选拔。可以参考后文考核制度中关于"德"的评价内容。

（2）知识的选拔方法。不管哪一个层次的政府CIO，都应该有一定的信息化知识。当然，对于信息化领导小组组长或信息化工作办公室主任这样较高层次的政府CIO，所需要的信息化知识也可以在任命后通过培训获得。对于信息中心主任以及信息办、信息中心的其他人员，知识方面的要求可以通过笔试和部分面试来进行考核。

（3）能力的选拔方法。对于不同层次的政府CIO来说，选拔时最重要的内容其实都落在了能力部分的要求。

（4）工作经验的选拔方法。可以在岗位任职资格中明确对从年龄到从业年限的要求等。

以下从不同层次信息主管所需要的基本能力进行分析。

（一）执行层的政府CIO所需要的基本能力

对于执行层的政府CIO来说，信息系统需求分析、开发与维护是其核心职责，由于他们要接触和尝试各种不断出现的新技术，对信息化的各种方案进行辨识与选择，对信息化项目进行日常管理，因此，信息化解决方案的比较能力、项目管理能力以及学习能力是其应该具有的基本能力，具体如表8-2所示。

表8-2　执行层的政府CIO所需要的基本能力

	信息化解决方案的比较能力	项目管理能力	学习能力
主要内容	➢对信息技术拥有敏锐的判断能力，能够洞悉信息技术的未来发展趋势 ➢准确地预见到信息技术对于未来政府信息化的价值 ➢能够了解不同信息化解决方案的优缺点，并能够进行选择	➢对预算有很好的控制，能够以投入少、效益好的方式提高政府信息建设的效果 ➢工作中善于区分轻重缓急、制定计划，合理调配资源，并不断监督计划的实施 ➢能很好地调动下属的积极性	➢对学习新事物新知识充满热情 ➢能够对新知识进行分析，并与原知识进行比较，建构新的知识体系，规避风险 ➢能够积极尝试和运用新知识

（二）管理层的政府CIO所需要的基本能力

对于管理层的政府CIO来说，主要职责是从横向、纵向整合政府部门的信息系统。由于在信息系统的整合过程中，必然会涉及组织业务流程、管理结构及权限和资源配置的变动，可能会引起利益相关部门或个人的抵制。所以，位于管理层的政府CIO需要具备百折不挠、坚定专注的精神和信念，要有很强的业务流程分析和优化的能力、既有原则又有灵活性的沟通能力和知人善任的能力，以及强烈的学习意识、学习能力和创新精神。其所需要的基本能力如表 8-3 所示。

表 8-3　　管理层的政府 CIO 所需要的基本能力

	业务流程分析和优化能力	沟通和知人善任的能力	学习能力
主要内容	➢掌握业务规范化描述的基本方法 ➢在损失、破坏性最小化的原则下，梳理政府的业务流程，达到流程的最优化 ➢熟悉各业务之间的逻辑与关系，采用全局的、系统的思维方式进行优化 ➢将分散的信息资源进行整合的能力	➢善于倾听，具有敏锐的观察力 ➢善于快速处理冲突和矛盾 ➢较强的沟通能力，能够应对各种复杂的人际情境 ➢对于下属能做到人尽其才，并引导下属做好职业规划 ➢善于激发员工的事业心和合作意识，建设团结高效的队伍	➢对学习新事物新知识充满热情 ➢能够对新知识进行分析，并与原知识进行比较，建构新的知识体系，规避风险 ➢能够积极尝试和运用新知识

（三）位于战略层的政府 CIO 所需要的基本能力

处于战略层的政府 CIO 需要审定本辖区或本单位的信息化政策和制度，需要审定和提供本级别政府的信息化战略和 IT 规划，还需要支持和推动政府的业务转型，增强 IT 技术对于政府业务的变革能力，同时负责信息化重大项目的决策和协调以及重大 IT 投资项目的审核与决策。

此外，战略层的政府 CIO 还需要协调下属单位的各业务部门，委任有效的信息化工作办公室主任去完成战略规划的实施落地，因此，较强的战略规划能力以及既有原则又有灵活性的沟通能力和知人善任的能力是战略层的政府 CIO 必须具备的基本能力，具体如表 8-4 所示。

表 8-4　　战略层的政府 CIO 所需要的基本能力

	战略规划能力	沟通和知人善任的能力
主要内容	➢领会上级对信息化工作的要求，并据此对本部门未来一段时间的工作做出规划 ➢能够提出信息化发展未来的战略 ➢能够通过信息化有力地支持本级别政府部门的业务变革目标，以信息变革带动政务变革	➢善于倾听，具有敏锐的观察力 ➢善于快速处理冲突和矛盾 ➢较强的沟通能力，能够应对各种复杂的人际情境 ➢对于下属能做到人尽其才，并引导下属做好职业规划 ➢善于激发员工的事业心和合作意识，建设团结高效的队伍

第四节　政府 CIO 的培训制度

政府 CIO 的培训制度是他们承担不同角色所必需的能力的必要保障，是对他们有效地履行分配给他们的职责的支持。由于信息环境的日新月异和信息技术的不断变革，政府的业务活动环境不断发生变化，这就要求政府 CIO 不断更新知识结构，提高素养，树立终身学习的观念，从而获得专业发展，跟上时代前进的步伐。

目前对于政府 CIO 的培训制度没有专门的规定，基本参照国家公务员的培训制度。国家公务员培训制度是官僚制度产生以后逐步发展起来的一种公务人员管理制度，是按照国家行政机关职位的具体要求，向国家公务人员传授专业知识和技能，以提高公务人员的知识水平和工作能力的制度。它是人事行政的一个重要组成部分，许多国家已把培训作为公务人员的权力和义务载入有关法规中。一般公务员培训可分为 3 种类型：

（1）入职训练。在被录用为国家公务人员之后，在任职前为适应工作要求而进行的培训。一般都是公务员法、公务员职业道德、廉洁从政、心理心态调试、公文写作与处理、调研报告撰写等相关内容。使新录用的公务员具备应有的职业道德和行为规范，了解机关工作的运作程序，掌握业务基础和实际应用技能，快速转换角色。

（2）在职培训。国家公务人员在任职期间为及时补充、更新知识，不断提高业务水平和工作能力而进行的经常性培训（包括定期或不定期）。

（3）转职培训。国家公务人员因工作需要转换职位，为掌握新职位所需知识和技术而进行的培训。

培训方式主要有各种形式的经验交流、实际案例的讨论分析、典型介绍、专题调查研究、现场参观、定向培训、专业培训、实习培训、补习教育、实际操作培训、高级公务研究以及国外考察等等。

由于研究对象是政府 CIO 的选拔和培养，本书更侧重于政府 CIO 的入职训练和在职培训。

一、政府 CIO 培训制度的现状及问题

随着政府信息化建设的不断深入，国家对信息化建设的重视程度越来

越高，政府 CIO 的能力、知识、技能面临着很大挑战，需要不断地参加培训、学习。

“2003 年中共中央组织部、人事部、国务院信息化工作办公室联合发布了《关于开展信息化与电子政务培训的通知》。《通知》明确指出，推动信息化和电子政务建设培训要先行，要提高各级干部在推进国民经济和社会信息化建设中的领导水平，强化各级干部应用信息技术与资源的能力，带动整个社会信息化健康有序地发展。”培训的内容出自《公务员信息化与电子政务读本》一书[431]。

除了政府部门牵头组织的培训以外，中国还有不少由高校、信息化协会组织或其他商业组织牵头的有关政府 CIO 的培训，它们在很大程度上担负着政府 CIO 在职培训的任务。比如：中国信息协会信息主管（CIO）分会联合中国电子政务门户网壹政网（www. first-egov. com）推出培训课程——政府信息主管（CIO）高级培训班。该培训班主要面向各类、各级信息化主管及领导，提供信息化规划、电子政务、项目实施与管理等方面的专业基础培训。由国内政府信息化领域的专家和学者进行授课，通过培训学习，将全面提升政府信息主管官员的信息战略能力、IT 管理能力、IT 应用能力和信息技术能力，为各级政府造就大批信息化领军人才[432]。2008 年，北京大学信息管理系在以往开办 CIO 培训班的基础上，开设首个面向行业的 CIO 培训班。政府 CIO 的在职培训一般采用集中授课以及案例分析与考察学习相结合的方式进行。此外，支点网（www. topoint. com. cn）开办的一年一度的“中美 CIO 峰会”，无疑也是政府 CIO 之间学习交流的理想平台。

但是，目前中国还没有专门针对政府 CIO 建立起一套完整的培训体系，培训的内容、培训机构、培训方式等并没有建立起一个统一的标准和规范。目前政府 CIO 的培训存在很多问题，主要表现为以下三点：

（一）培训缺少规划

通过调研发现，国内针对政府 CIO 的培训随意性较强，具体由谁来培训，培训方是否需要资质认证，培训的内容是什么，培训哪些人，如何考核培训效果等都缺乏规划和规范，没有具体的制度性安排。培训模式一般都是由各个培训机构根据市场的变化以及热点来设置课程。感兴趣的相关人员看见此类信息，请示相关领导后参加培训。整体上缺乏一个长期的规划。虽然大部分政府部门是支持公务人员外出参加培训，提高知识和技能的，但这种培训方式缺乏针对性，无法系统地提高政府 CIO 的整体水平，只能作为工作之外的“充电”。

（二）培训内容不成体系

由于没有规划，具体培训内容不成体系。目前培训主要集中在信息技术、信息系统、信息战略上，而忽视了信息管理、流程管理、信息变革、政府公共管理这些重要内容。其中，后四项内容的缺乏影响着政府 CIO 与业务部门、上级的沟通。培训内容更大程度上取决于培训机构能够聘请的师资力量。教师大多是学校的学者或企业的信息化专家，而对于政府流程比较熟悉的人员很少参与，可能会造成培训内容与实践相差较远。此外，还缺少对政府 CIO 综合能力提升的培训，整体上培训还是偏重技术而非管理，尤其是缺乏与公共管理相关的内容。

（三）缺乏相应的培训管理制度

现有的政府部门大多没有对应的管理制度来规范信息主管的外出学习培训费用，一般采取“拿到证书后费用全部或部分报销”或者“一事一议”的方式。虽然政府部门鼓励公务员外出培训，但由于没有专门的管理制度来指导培训，尤其是在资金上的支持，加之公务员业务繁忙，很大程度上影响了政府 CIO 学习的动力。中央及相关部门于 2014 年 7 月底联合下发的《关于严格规范领导干部参加社会化培训有关事项的通知》中指出，禁止领导干部参加高价培训班[433]，随着政府信息化的深入，政府 CIO 的层级必然上升，而非政府组织的培训价格一般都比较高，因此，政府部门缺乏相应的管理制度，也影响了正常的政府 CIO 培训的需求。

二、国外政府 CIO 的培训概况及启示

一般来说，政府组织或开设的培训班的培养对象都是政府官员，目的在于通过培训使他们更好地为政府的信息化工作服务。对于国外政府 CIO 的培训，以美国国防大学信息资源管理学院所开办的 CIO 短期培训班和韩国信息通讯部赞助的 CIO 培训班为例来进行说明。

（一）美国国防大学的 CIO 短期培训班

美国国防大学信息资源管理学院由美国国防部和国防大学于 1988 年 11 月 10 日共同创建，针对培养信息时代引领机构的首席信息官即政府 CIO 开设了很多培训项目，比如该院所开办的 CIO 短期培训班是由美

国国防部授权的CIO认证项目，CIO认证归属于美国联邦CIO委员会。学完的学员将获得一张由国防部首席信息官和信息资源管理学院院长共同签发的证书，用以证明该学员已经通过了联邦首席信息官的资质培训。获得该证书的学员在攻读信息资源管理学院伙伴院校的硕士或博士学位时可申请免修15个学分的课程[434]。CIO短期培训班主要是用于培养联邦政府CIO所应有的能力。其教学主要采用研讨会的方式，并请一些业内专家来参与讨论。研讨会使所有学员都要以个人或小组的形式参与讨论，与教师进行互动交流。课程结束后，教师通过学员提交的个人或团队的报告或项目来进行评估。

该类CIO短期培训班共开设了16个主题的课程。其中CIO的核心课程有CIO的角色和职责、战略信息技术获取、战略绩效与预算管理。信息安全类的课程有信息保证和关键基础设施保护、组织信息安全与风险管理、信息领导的网络安全。技术类的课程有全球企业网络与电信、数据管理策略与技术：一种管理视角、新兴技术、网络式政府、促进合作和透明度。领导和管理类的课程有领导组织架构、政府领导决策、信息技术项目领导、信息技术项目管理、信息时代的领导力、资本规划和投资组合管理。学员可以在5天内集中学习或者是在10～12个星期内分散学完6门课程。包括3门核心课程、1门安全课程、1门技术课程和1门领导管理课程。3门核心课程分别是CIO的角色和责任、战略信息技术获取、战略绩效与预算管理。而其他的安全课程、技术课程和领导管理课程也是分别从一系列课程中任选一门[435]。

此外，学院还开设了一系列与CIO深造有密切关系的项目，比如网络领导力项目、网络安全项目、政府信息领导力与CIO项目、IT项目管理、企业架构等。

（二）韩国信息通讯部的CIO培训班

韩国信息通讯部赞助的CIO培训班是专门为高级政府官员所设立的。该CIO培训班的目的是帮助培训学员建立电子政务系统，并教授给培训学员成为CIO的一些基本技能。

由于政府培训班的培训对象大部分是政府官员，所以所设置的课程也更倾向于适合政府部门的需要，比如政府CIO概述、电子政务等。其主要课程有信息时代下的CIO的重要性和角色的转变、电子商务时代下建立信息战略规划系统的策略、对电子业务系统解决方法和信息管理系统的理解、信息时代的管理技能、国家战略、电子转换系统、信息化投资的性能评估、电子政务系统。

主要采用教师授课的方式传授相关的理论和实践知识。

（三）国外政府 CIO 培训班的启示

国外政府 CIO 培训的成功经验，有以下几点值得我们借鉴：

（1）目标明确化。任何单位在参加信息化相关培训之前，都必须先明确培养目标。结合本单位信息化过程中产生的实际问题和需求，通过问题导向明确自己想要达到的目标。此外，在培养方式上注意多种培养方法的结合，强调授课内容理论和实践相联系，使学员能够在培训后将所学内容运用到实际工作中，并解决实际工作中存在的问题。

（2）课程模块化。将政府 CIO 培训的课程的知识体系分设成几个模块，比如分为必修课和选修课，增加选修课的门数，扩大选修课的范围，这样可以满足不同层次人员的需求。由于政府 CIO 的理论知识和实践经验的背景都不相同，所以应该尽可能做到根据他们的实际情况制定不同的培养方案，或者由学员自己选择培养方案，做到因人施教。

（3）师资多元化。在授课教师的选择上，不但要求其有较强的理论功底，还要强调其公共管理经验和从事政府信息化工作的经历。同时，也可以由来自企业、高校、政府的一线人员授课，甚至可以请知名跨国公司的 CIO 来参与。

三、政府 CIO 的知识体系和培训方式

国内知名学者左美云教授所创立的“CIO 知识培养体系”（a guide to the chief information officer body of knowledge，CIOBOK）共有初级、中级、高级三大模块。其中初级模块包括信息技术知识、信息管理知识和信息系统知识。中级模块包括流程管理知识、项目管理知识和公共管理知识。高级模块包括信息变革知识、信息战略知识和信息文化知识。可分别适用于针对操作层、管理层和决策层的信息管理人才的培训。按照组织性质的不同，CIO 可分为企业 CIO 和政府 CIO。本书从 CIOBOK 中选择适合政府 CIO 的模块作为政府 CIO 的知识体系，如图 8－1 所示。

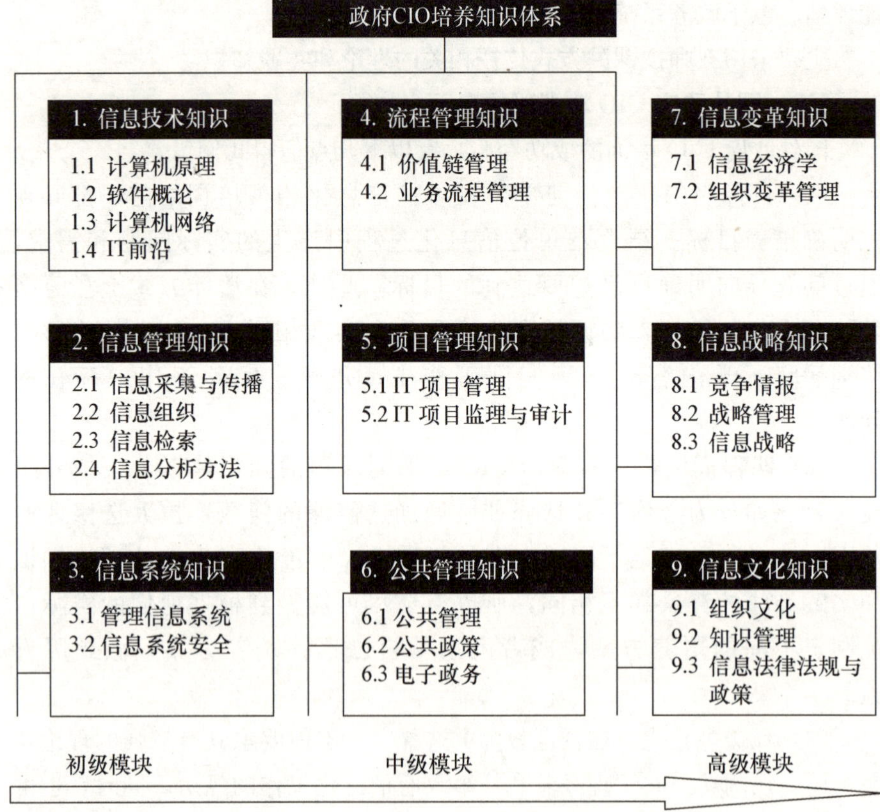

图 8-1　政府 CIO 培养知识体系图

图 8-1 所示的各个知识点中分别包含特定的知识内容，有关这些知识点的简要说明如表 8-5 所示。需要注意的是，初级模块的知识点更新频率最快，而高级模块的知识点更新速度较慢，因此培训内容应该根据信息技术的发展以及政府管理的变革进行适时的调整。

表 8-5　　政府 CIO 培养知识体系中各知识点的简要说明

模块	知识点	知识内容	具体内容
初级模块	信息技术知识	计算机原理	计算机发展、工作原理、组成结构、硬件基础等
		软件概论	操作系统、数据库系统、应用软件、软件开发工具等
		计算机网络	计算机网络发展、网络互联的基本原理、拓扑结构、网络设备、无线网络、无线通信等
		IT 前沿	自动识别技术、移动计算、XML、中间件、SOA、Web Services、Web 2.0 等前沿 IT 技术

续前表

模块	知识点	知识内容	具体内容
初级模块	信息管理知识	信息采集与传播	信息资源的特点及其采集途径、方法；信息传播行为、传播过程、传播媒介和效果监控等
		信息组织	信息组织的控制与规范、分类组织、主题组织、信息整序、信息编码等
		信息检索	信息检索系统、信息检索技术与方法、检索效果评价等
		信息分析方法	信息分析流程、分析工具、定性/定量分析方法等
	信息系统知识	管理信息系统	管理信息系统的开发过程、开发方法、开发平台，以及 ERP、DSS 等
		信息系统安全	信息系统运行管理、信息系统安全分类、技术和制度等
中级模块	流程管理知识	价值链管理	价值链的含义、内部价值链、供应链思想、价值链分析法等
		业务流程管理	业务流程的表示方法、流程设计、流程分析、流程优化（BPI）、流程重组（BPR）、业务集成等
	项目管理知识	IT 项目管理	IT 项目的计划、启动、实施、控制、收尾，IT 项目管理方法论等
		IT 项目监理与审计	IT 项目监理方选择与管理；IT 审计方法、审计方选择与管理等
	公共管理知识	行政管理	公共部门的组织管理、人事管理、公共预算与财务管理、政府绩效评估等
		公共政策	一般政策和部门政策的规划与设计、执行、评估；宏观经济政策分析等
		电子政务	政府信息化；电子政务的内容、模式和管理等
高级模块	信息变革知识	信息经济学	委托—代理人理论、新型工业化道路、信息技术与技术改造、新经济等
		组织变革管理	组织的成长与变革；以信息技术为支撑的变革；变革的动力、阻力等
	信息战略知识	竞争情报	竞争环境、对手、战略的情报研究；竞争情报分析方法、竞争力评估等
		战略管理	组织战略；战略规划、执行、控制等
		信息战略	信息技术战略、信息资源战略及过程；IT 项目规划等
	信息文化知识	组织文化	政府文化的内容、功能、建立、传播、重塑等
		知识管理	学习型组织、智力资本管理、知识创新和共享的管理、知识管理的应用等
		信息法律法规与政策	知识产权、信息安全法律法规；国家信息政策、组织信息政策与制度等

不同的知识点，其采用的培训方式有所不同。初级模块的知识点以教学类为主，一般包括教师授课、专家讲座、学术报告和网上教学等；中级模块的知识点以实践类为主，一般包括项目实践、参观学习、部门实习、国际交流、业务模拟以及学院报告；而高级模块的知识点以研讨类为主，一般包括案例教学、小组讨论和管理游戏等。具体培训方式如表 8-6 所示。

表 8-6　　政府 CIO 培养知识体系中各知识点的培训方式

培训方式	教学类				实践类						研讨类		
知识模块	教师授课	专家讲座	学术报告	网上教学	项目实践	参观学习	部门实习	国际交流	业务模拟	学院报告	案例教学	小组讨论	管理游戏
信息技术知识	•		•	•	•	•	•			•	•		
信息管理知识	•		•	•	•	•	•			•	•		
信息系统知识	•		•	•	•	•	•			•	•		
流程管理知识	•	•		•	•	•	•		•	•	•	•	•
项目管理知识	•	•		•	•	•	•		•	•	•	•	•
公共管理知识	•	•		•	•	•	•	•	•	•	•	•	•
信息变革知识	•	•								•	•	•	•
信息战略知识	•	•								•	•	•	•
信息文化知识	•	•				•				•	•	•	•

四、政府 CIO 的培训内容

一套完善、有效的政府 CIO 培训制度应该遵循以下原则：

(1) 具有针对性。培训的内容应该具有针对性，根据政府 CIO 具体的层次、角色、所担任的职责来设定相应的课程内容，同时课程内容要能解决目前单位信息化中存在的具体问题，不能不切实际地跟随社会热点来制定培训内容。比如：当新媒体成为热点的时候，如果你所在的单位连最基础的信息化知识都缺乏的话，就无须把新媒体的运维纳入到培训中来。

(2) 具有全面性。在授课内容和培训模式上要有全面性。授课内容上，除了信息化技术知识的传授外，还应该包括政府机构的信息化组织管理、信息化战略规划等。培训模式上，需要针对不同的培训内容采取合适的培训形式，比如可以采用课堂授课、实地参观、案例分析、小组讨论、虚拟仿真等多种授课形式。

（3）规范化。规范化是指政府部门应该对于培训费用、时间、方式等进行制度性规范。在政府人力资源管理制度中，应该明确每年用于政府 CIO 培训的费用、时间和方式。比如 Janowski，Estevez 和 Ojo（2012）等构建了包含 6 个维度的政府 CIO 教育的框架模型，这 6 个维度分别是 who—学习者，why—角色，what—培训能力，how—培训项目形式，where—培训地点，when—培训先决条件。在费用上，国外发达国家的习惯做法是以某人工资总额的一定比例作为培训费用。比如，每年用于信息化办公室主任的培训费用占其工资的 10%～20%，培训时间不少于 1 周，其中采用脱产学习方式的不低于 2 天等。

除上述所强调的三个原则之外，对政府 CIO 进行培训的机构也必须专门化并尽量稳定，这样有助于培训机构不断地探索好的教材教法以及好的案例，以取得持续改进的培训效果。

由于不同层次的政府 CIO 在政府部门内承担的角色和职责不同，其培训内容应该有所差异。以下根据政府 CIO 的层级给出具体的参考培训内容，具体实践的时候，还需要结合本单位和个人的实际情况予以调整。

（一）执行层 CIO 的培训内容

这个层次的政府 CIO 主要负责内部管理信息系统平台和外部公共管理网络的建设和运行维护。因此信息技术、信息管理、信息系统和项目管理方面的知识是必需的，具体的培训内容如表 8－7 所示。

表 8－7　执行层 CIO 的培训内容

	信息技术知识	信息管理知识	信息系统知识	项目管理知识
主要内容	➢计算机原理 ➢软件概论 ➢计算机网络 ➢IT 前沿	➢信息采集与传播 ➢信息组织 ➢信息检索 ➢信息分析方法	➢管理信息系统 ➢信息系统安全	➢IT 项目管理 ➢IT 项目监理与审计

其中，信息技术知识、信息管理知识比较统一、规范，属于显性知识，可以通过对书籍、手册等文件的学习或课堂学习的方式来获得。但信息系统知识和项目管理知识则隐性和显性并重，可以考虑多多采用结合案例分析、小组讨论的授课方式使学员在互动中获取。

（二）管理层 CIO 的培训内容

这个层次的政府 CIO 主要负责着政府业务流程优化、业务整合、监控和管理信息化项目的重任。因此，流程管理知识、项目管理知识以及公共管理知识成为管理层 CIO 的必需知识，如表 8－8 所示。

表 8－8　　管理层 CIO 的培训内容

	流程管理知识	项目管理知识	公共管理知识
主要内容	➢ 价值链管理 ➢ 业务流程管理	➢ IT 项目管理 ➢ IT 项目监理与审计	➢ 行政管理 ➢ 公共政策 ➢ 电子政务

对于公共管理知识和流程管理知识，可以考虑安排 CIO 参与到业务部门的重要会议中，和主管业务的领导一起分析和优化政府的业务流程，使其快速了解整个政府部门的核心业务链。在这些过程中，政府 CIO 可以得到充分的机会与各个职能部门、领导层沟通，这可以有效地保障信息化项目的顺利实施和电子政务系统的高效运行。

此外，行政管理知识包括公共部门的组织管理、人事管理、公共预算与财务管理、政府绩效评估、公共信息发布和处理等知识。而电子政务方面的知识则包括政府信息化以及电子政务的内容、模式和管理等。这些知识的获取可以通过请学者进行专题讲座或研讨的方式来实现。

（三）战略层 CIO 的培训内容

这个层次的政府 CIO 主要负责政府的信息化战略以及信息化如何服务于政府的转型。因此，他们需要具备信息变革知识、信息战略知识和信息文化知识，如表 8－9 所示。

表 8－9　　战略层 CIO 的培训内容

	信息变革知识	信息战略知识	信息文化知识
主要内容	➢ 信息经济学 ➢ 组织变革管理	➢ 竞争情报 ➢ 战略管理 ➢ 信息战略	➢ 组织文化 ➢ 知识管理 ➢ 信息法律法规与政策

战略层面的知识更多的是需要和相应的专家、学者、同行多多交流，从沟通中获得，也可以通过专题讲座等获得。其中信息文化知识中的组织文化是最为重要的，因为政府组织在进行全面转型的变革过程中，技术的升级和制度的优化都是相对容易完成的，而文化的变革相对较慢，却起着至关重要的作用。要想让政府信息化真正服务于政府的改革，就必须同步进行组织文化的变革。

第五节 政府CIO的考核制度

一般说来，针对政府进行绩效考核有以下模式[436]：

（1）经济学的效率假设模式。也就是考察一项活动是否充分利用了各种资源和条件，并且资源的利用是否达到最佳的效果。

（2）成本—收益分析模式。即将一个特定的收益与成本进行比较，看收益是否高出成本，以此来评价绩效。

（3）投入产出模式。即按投入产出模型确定绩效标准，重点评价产出。

（4）客户满意度评价模式。也就是在政府服务过程中，以客户满意度为基础，定义责任机制，通过实际测量客户的满意度水平来确定评价对象的绩效。

（5）责任—效果模式。即将有关法律法规、政策中规定的政府及其部门的职责作为评价的主要标准，重点考察职责履行情况及其效果如何。

（6）目标—成果模式。即各个政府机构在编制预算、提出支出要求的同时，必须指定能综合反映部门业绩、便于考核的绩效计划和指标，由绩效委员会和相关机构进行评估和监督。

鉴于政府CIO这个群体还在逐渐发展和完善之中，其考核和评价应该更加灵活和富有创新性。首先，因为这个部门和其他行政职能部门不太一样，其人员能更多地接触一些全新的信息技术所带来的变化，因此应该鼓励这个部门的人员勇于创新。其次，随着信息化应用的深化，信息化已经和每个人的工作紧密结合在一起，很难分清哪些绩效是由于信息化而产生的。因此，本书建议的政府CIO的考核制度基本是按照“责任—效果”的模式，重点考察政府CIO履行职责的情况以及信息化效果，同时考虑国内公务员考核中的“德、能、勤、绩、廉”等五个方面来设计的。

一、绩效考核的含义及类别

绩效考核是对组织中成员或部门的工作表现和工作效果的一种正式评价。对组织中个人工作绩效的管理和评估一方面可以为组织的人事决策提供依据，另一方面可以促进个人工作能力和工作绩效的提高，从而提高组织整体的工作效能，最终实现组织的目标。

绩效考核，通常可以分为业绩考核和能力素质考核两大类，如图8-2所示。一般说来，针对员工的业绩考核是结果导向的，是对已发生事情的考核，这种考核更关注短期的效益；而能力素质考核是能力导向的，这种考核更关注员工未来的绩效。

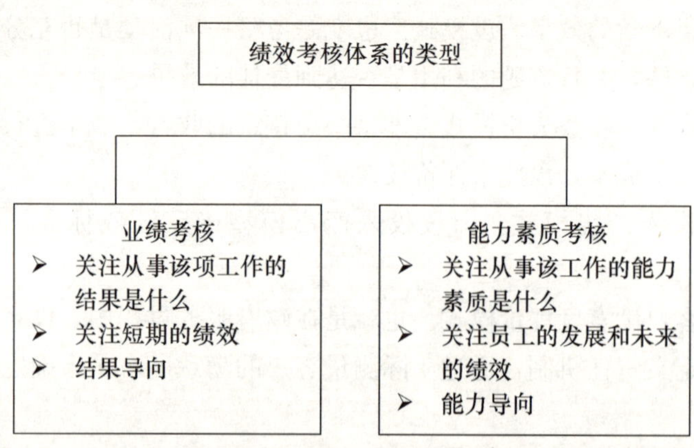

图8-2 绩效考核的两种类型

一个完整的绩效评价体系应该将两者结合起来，不但考核员工的业绩目标达成情况，同时考察其能力发展目标的达成情况。业绩考核目标与能力发展目标应该协调一致、相互促进，从而保证组织的长期持续发展以及员工个人能力的不断提高。

一般说来，对于政府CIO的考核，主要是从短期来进行，比如年度考核或任期考核，应该主要考察业绩；对于政府CIO的选拔，主要是从长期来进行，应该主要从能力进行考察。

不同级别的政府CIO，其考核者也不同，如表8-10所示。针对信息化领导小组组长的考核，主要由上级信息化主管部门和信息化专家负责；针对部门级别的信息化负责人的考核，主要由信息化领导小组负责；而针对信息化技术人员的考核，主要由部门领导负责。

表8-10 不同级别CIO的考核

被考核者	考核者
信息化领导小组组长	上级信息化主管部门和信息化专家
部门/项目负责人	信息化领导小组
技术人员	部门/项目负责人

二、政府 CIO 考核制度设计的理论基础

关于政府 CIO 考核制度的设计，要重点参考职务分析理论、目标管理理论、公平理论以及公务员的绩效考核内容。

（一）职务分析理论

职务分析是指对某个特定工作职务的工作性质、任务、责任、隶属关系、工作条件、任职资格等信息进行系统调查和研究分析，以便对职务的工作要求、工作结果做出明确规定。从绩效考核的角度来说，职务分析明确了工作的规范和要求，使组织成员的业绩考评有了客观的依据，进而确保了绩效考核的客观准确性和成员工作的积极性。

政府 CIO 的信息化工作主要包括对内的政府业务流程的信息化和对外的公共服务的信息化两部分，因此对其业绩的考核也应该基于这两大部分，也就是说，一级指标“绩”可以细化为内部服务和外部公共服务两个二级指标。此外，在进行考核体系的设计时，还应考虑到不同层次的信息主管的考核内容应该有所不同。比如，信息中心主任级别更多关心的是 IT 运营的成本和运营的稳定性、安全性。

（二）目标管理理论

“目标管理”的概念是管理专家彼得·德鲁克 1954 年在其名著《管理实践》中最先提出的。德鲁克认为，并不是有了工作才有目标，而是相反，有了目标才能确定每个人的工作。所以“企业的使命和任务，必须转化为目标”，如果一个领域没有目标，这个领域的工作必然被忽视。因此管理者应该通过目标对下级进行管理，当组织最高层管理者确定了组织目标后，必须对其进行有效分解，将其转变成各个部门以及各个人的分目标，管理者根据分目标的完成情况对下级进行考核、评价和奖惩[437]。

一般来说，好的目标具有如下职能：

（1）目标提供绩效标准，提供对考核对象行为的方向性指导。

（2）目标提供与考核对象活动相关的计划和管理控制的基础。

（3）目标有助于加强个人和群体对组织活动的奉献，关注行为，并为激励和奖励提供基础。

可见，目标与绩效之间存在紧密的联系。将目标作为考核的指标，通过考核政府 CIO 在内部服务和外部公共服务两个方面的工作目标的完成程度来评价个体的业绩，既能保证预期目标的实现，又能对政府 CIO 的

工作起到更好的导向性作用。

对于政府CIO的绩效考核，最大的挑战就是如何量化信息化或政府信息化的价值。因为随着IT逐渐融入到各个政府部门的日常工作中去，IT的价值越来越与这些工作紧密结合在一起，很难确定哪些绩效是由IT贡献的。如果仅从短期的业绩考核的角度，可能很难有一个合理的评价。因此，对于政府CIO的考核还要从业绩和能力两方面结合来考虑。

（三）公平理论

公平理论是美国心理学家斯达西·亚当斯（Stacey Adams）于1965年提出的。该理论是研究人的动机和知觉关系的一种激励理论，认为员工的激励程度来源于对自己和参照对象的报酬和投入的比例的主观比较感受。

在对政府CIO进行考核的时候，尤其是利用考核进行激励的时候，要充分考虑到公务员队伍内以及公务员队伍与市场之间的差距，要摆脱以往公务员考核中存在的考评优秀按照比例分配的不公平现象，尽可能地使考核指标定量化。

（四）公务员的绩效考核内容

《公务员法》第三十三条规定，对公务员的考核，将按照管理权限，全面考核公务员的德、能、勤、绩、廉，重点考核工作实绩[438]。

德，主要是指公务员的政治思想表现、工作作风和品德修养。其中，政治思想表现包括公务员能否坚持四项基本原则，能否坚持改革开放的基本路线和党的其他方针政策；能否模范地遵守宪法、法律、法规以及国家的各项政策；能否努力学习马列主义、毛泽东思想、邓小平理论及“三个代表”的重要思想，不断提高自身的政治理论水平。

能，指的是公务员的工作能力和业务水平。“能”包括一定的文化科学知识、专业技术和实际工作经验。通常的衡量指标是理解判断能力、业务操作能力、组织能力等等。

勤，指的是“工作态度和事业心，是否肯学肯钻，对业务精益求精，任劳任怨，勇于创新，充分发挥工作积极性”。这点针对目前有些部门公务员的“懒政”尤为重要。

绩，按照《国家公务员考核暂行规定》，包括完成工作的数量、质量、效率及所产生的经济效益与社会效益。对公务员绩效的考评，要结合具体的工作实绩与客观环境进行[439]。每项工作的工作性质、岗位要求以及工作中的具体情况不同，因此绩效考核中的直接依据应该是所制定的职责要求与岗位责任书。

廉，要求公务员具有良好的职业道德与社会公德，能够超脱狭隘的利益关系而坚持一定的道德准则，它表现为廉洁奉公、不徇私情、襟怀坦荡、正直公平、严于律己等行为特征。

出于本书的研究目的，仅仅对政府 CIO 的绩效进行考核，在设计政府 CIO 评价体系时将参考职务分析理论、目标管理理论和公平理论，主要从“绩”的角度进行设计，特别注重工作实绩的考核，在实际工作中，其他方面的考核也要一并进行。

三、政府 CIO 考核指标设计

通过对以往国内外政府信息化评估模型的分析发现，无论政府 CIO 在政府信息化过程中做了哪些工作，他的绩效都主要表现为两方面：对外的公共服务方面和对内的内部服务方面。

(一)“公共服务”指标体系及模型

对公共服务的测评应该从服务的广度、深度、满意度三个方面的提高程度来进行。其中，服务的广度体现在在线服务应用的数量和种类上；服务的深度可以从信息发布、单向作用和双向互动三个层次进行评价；服务的满意度根据服务对象的评价来获得。因此，在“公共服务”方面，可以从如图 8-3 所示的三个方面来分析政府 CIO 在信息化领域的年度目标或任期目标的实现程度。

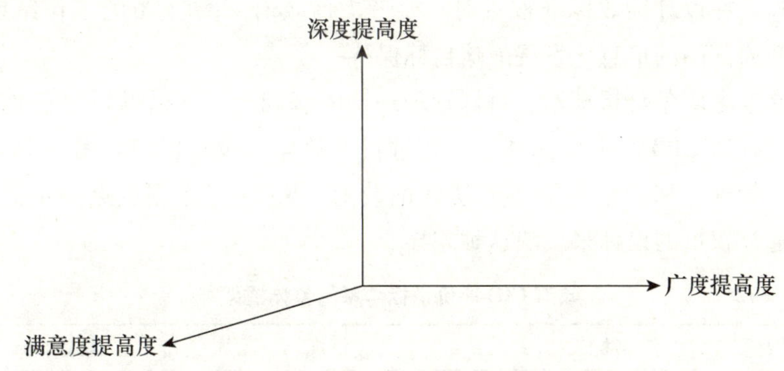

图 8-3　公共服务的三维评价指标模型

(二)“内部服务”指标体系及模型

政府内部服务的测评主要是考查本部门内部信息化基础设施建设情

况、政府信息化内部应用水平情况，以及信息化环境建设情况三方面的提高程度。具体的指标及解释如表 8-11 所示。

表 8-11　内部服务指标体系及说明

三级指标	四级指标	指标设计说明
信息化基础设施水平提高度	硬件平台	与考核期初始状态的主流硬件平台相比较的结果
	软件平台	与考核期初始状态的主流软件平台相比较的结果
	网络平台	与考核期初始状态的网络平台相比较的结果
政府信息化内部应用水平提高度	广度	信息化应用的部门覆盖率、业务覆盖率、使用人员覆盖率的提高
	深度	系统功能使用率、系统功能深度、应用集成度的提高
	效果	从业务处理时间、成本的变化来衡量提高水平
	安全度	与考核期初始状态的安全水平比较
信息化环境友好水平提高度	规划	规划的制定情况、可执行情况
	人力资源	团队建设和培养情况等
	制度	制度的制定和完善情况

四、政府 CIO 的考核指标及权重

对于政府 CIO 的考核，要规范绩效标准，合理设计标准权重。考核绩效标准是按照具体尺度对工作内容进行客观评价，它与绩效指标体系密切相连。在设计绩效标准权重时，要考虑使政府 CIO 人员的工作结果与所在政府部门的信息化发展战略目标保持一致。

在参考职务分析理论、目标管理理论的基础上，可以得到如表 8-12 所示的政府 CIO 评价指标体系。在进行考核体系设计时应该考虑到，执行层、管理层和战略层等不同层次的政府 CIO 的工作侧重点是不同的，可以通过权重的设计来反映这种差异。

表 8-12　政府 CIO 评价指标体系的整体框架

一级指标	二级指标	三级指标	四级指标
业绩	公共服务水平	服务广度提高度	
		服务深度提高度	
		服务满意度提高度	

续前表

一级指标	二级指标	三级指标	四级指标
业绩	内部服务水平	信息化基础设施水平提高度	硬件平台
			软件平台
			网络平台
		政府信息化内部应用水平提高度	广度
			深度
			效果
			安全度
		信息化环境友好水平提高度	规划
			人力资源
			制度

（一）三种层次政府 CIO 评价通用的权重

对于政府 CIO 来说，公共服务、内部服务两部分的工作应该是并重的，因此这两个指标的权重各设置为 0.5。当然，如果是对外提供服务较少的部门，也可以对上述权重进行调整，比如“公共服务”的权重定为 0.3，“内部服务”的权重定为 0.7。

（二）三种层次政府 CIO 评价不同的权重

通过对三种层次 CIO 的职责分析发现，执行层的政府 CIO 偏向于公共服务广度的提高以及基础设施的建设，而管理层的政府 CIO 开始重视对公共服务深度和内部服务深度的挖掘，以及对满意度的关注和对信息环境的培养。政府进入全面转型阶段之后，处在更高层的战略层的政府 CIO 则把大部分的精力投入到了对政府业务的一体化集成上，更加关注信息化的建设效果和规划、制度的制定以及信息文化层面，所以对满意度和信息环境非常重视。

根据以上分析，可以对不同层次的政府 CIO 的“业绩”三级评价指标的权重按表 8 - 13 所示进行设置。

表 8 - 13　“业绩”指标的评价权重建议表

CIO 层次	公共服务水平			内部服务水平		
	深度	广度	满意度	基础设施	政府信息化内部应用	信息环境
执行层	0.2	0.5	0.3	0.5	0.3	0.2
管理层	0.3	0.3	0.4	0.2	0.4	0.4
战略层	0.2	0.2	0.6	0.1	0.3	0.6

第六节 政府 CIO 的激励制度

激励理论认为，员工的工作能力和自然禀赋并不直接决定员工对组织的贡献大小，因为能力和禀赋的发挥受到员工动机的强烈制约，因此运用各种方式激发员工的工作动机就成为人力资源管理的重要内容之一。激励并不是无条件地简单满足员工的所有需求，而是要与组织绩效提高的目标相结合。

政府部门对于政府 CIO 的考核要和激励制度结合在一起，考核才能起到作用。同时应该物质激励与精神激励并重，激励与约束并重。关于对政府管理人员的激励制度，Bowlin（1997）认为政府管理人员个人利益和公众利益之间可能是冲突的，他综合了数据包络模型（data envelopment analysis，DEA）和代理模型，设计出一份政府管理人员雇佣合同，以求得既满足政府管理人员的最低要求，又激发其工作热情，提高工作效率，最大限度地满足公众[440]。

下面主要从“薪酬制度”和“奖惩制度”两个方面来讨论政府 CIO 的激励制度设计。

一、政府 CIO 的薪酬制度设计

薪酬制度是激励制度的重要组成部分，合理的薪酬制度不仅有助于提升公务员的工作积极性，为其廉洁奉公提供物质保障，还可以吸引优秀人才进入公务员系统从而保证公务员队伍质量的稳定。

（一）现有薪酬体制存在的问题

《公务员法》第七十三条规定，公务员实行国家统一的职务与级别相结合的工资制度。这一规定奠定了公务员工资制度的基本框架，为今后改革和完善公务员工资制度提供了法律依据。工资一般由以下几项构成：职务工资、级别工资、地方津贴补贴、特殊岗位津贴。其中，地方津贴补贴由生活性补贴和工作性津贴组成，特殊岗位津贴由原人事部和财政部联合发文规定，比如审计人员津贴、警衔津贴、纪检监察办案人员补贴等。女职工还有卫生用品补助费。各地工资的差距主要体现在地方津贴补贴一项，在经济发达和财力充足的地区，地方津贴补贴在工资中占了很高的比例，而一些财力匮乏的地区，该项津补贴数目很小。职级工资制结构过于

固定，缺乏必要的弹性，无法体现同一岗位公务员在能力和绩效水平上的差别。

现有的薪酬体制忽视了专业技术岗位的资本价值，造成了公务员内部的不平衡。对于政府 CIO 来说，就很容易造成心理上的不平衡。通过实证调查，可以看到超过 2/3 的政府职能部门存在信息化队伍人员流失问题，造成该问题的主要原因之一就是工资待遇问题。因为同样的职位，在企业获得的收入远比在政府机构高。而如果按照政府机关的薪酬制度，无法给出市场的人才价格。总的说来，政府 CIO 的收入基本是固定的，弹性较小，无法吸引以及留住人才。因此，建立适合政府 CIO 职位特征的具有强激励作用的薪酬体制，在向服务型政府转型的过程中显得尤为重要。

（二）以绩效为核心的薪酬机制设计

薪酬制度的设计，国外通行的做法是以“绩效”为核心的薪酬增长机制，这样有利于提高政府公务员的效率和效益，当然，也有一个前提，就是他们的绩效能够准确、公平地测量出来，并且成为考核的重要依据。此外，针对政府 CIO 的薪酬还应该适当考虑到市场定位、岗位价值因素。依据这个原则设计了政府 CIO 薪酬三角形成机制，包括市场定位、岗位价值、工作绩效三个维度，如图 8－4 所示。其中，市场定位决定了政府 CIO 工资的整体水平；岗位价值决定了不同角色政府 CIO 的工资起点；工作绩效决定了政府 CIO 的加薪程度。

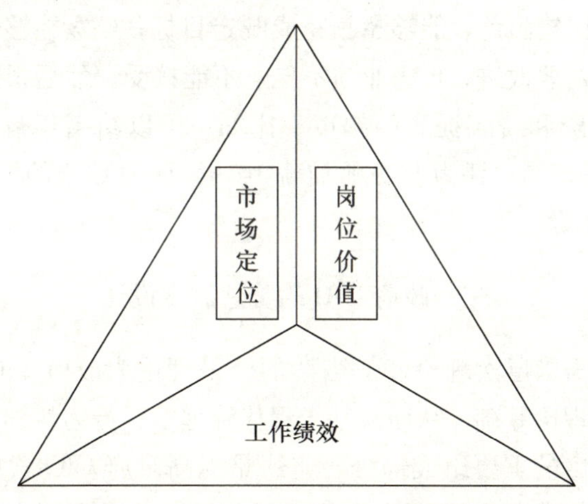

图 8－4　政府 CIO 薪酬的三角形成机制

（1）市场定位决定了政府 CIO 工资的整体水平。对于 CIO 这类复合型高素质人员，他们在企业中的起薪水平相对较高，相应的政府部门应当以当地市场上同类人员的薪资行情作为参考，设定政府 CIO 的薪酬标准，从而吸引更多优秀信息化管理人才的加入。在工资明细中，由于职务工资、级别工资、基础工资和工龄工资中，后三种比较难以调整，因此可以通过调整职务工资或职务津贴来比照市场行情，从而使政府 CIO 获得心理的公平感。

（2）岗位价值决定了不同角色政府 CIO 的工资起点。为了体现公平的原则，从岗位价值方面决定政府 CIO 的最低工资水平，这部分的工资水平可以参照政府组织内部其他同级别的公务员来确定。当然，如果某些政府机关对于信息化的重视度足够高，可以适当调高信息部门的工资起点，但是，最低也要和其他部门基本相当。如果低很多，则会在很大程度上打击政府 CIO 及信息部门公务员的积极性，影响整个部门的信息化建设和应用水平。此外，还要考虑到处在不同层次上的 CIO 其岗位价值是不同的，其工资起点也不会一样，相对而言，战略层的 CIO 基础工资高于管理层和执行层。

（3）工作绩效决定了政府 CIO 的加薪程度。为了更好地调动政府 CIO 的积极性，可以设定基于工作绩效的加薪制度和绩效工资制度。主要考察的就是政府 CIO 对政府信息化效益的提高度，包括对内服务和对外公共服务两部分，和上一节的绩效考核一一对应。将政府 CIO 的工作业绩细分为 A、B、C、D、E 五个级别：A 级最出色，能够创造性地超额完成既定目标；B 级比较出色，能够超额完成既定目标；C 级能够达到正确地完成目标；D 级需要改进；E 级业绩不佳，不能接受。然后根据其业绩等级来确定绩效工资和薪酬提高的幅度。比如：可以给当年被评为 A 级的，在第二年加薪 15%，评为 B 级的加薪 10%，评为 C 级的加薪 5%，评为 D、E 级的不加薪。

二、政府 CIO 的奖惩制度设计

马斯洛的需求层次理论和亚当斯的公平理论为政府 CIO 的奖惩制度提供了坚实的理论基础，从而使基于现代管理学、行为科学理论的奖惩制度成为激励制度的重要组成部分。奖惩是提高政府 CIO 素质和能力的有效手段，奖励使政府 CIO 可以发掘自身的潜能。合理地实施奖惩，不仅能够起到应有的示范作用，还可以兼顾警示的作用，使政府 CIO 的工作充满挑战与活力。对于政府 CIO 这样复合型的高素质人才，应该以正向的奖励为主，负向的惩罚为辅。

（一）奖励侧重点及主要措施

根据马斯洛的需求层次理论，每个人都有一套复杂的需要系统，按需要的先后顺序，可将这套复杂的系统从低到高划分为五个层次：(1) 生理的需要；(2) 安全的需要；(3) 社交的需要（即社交的需要或爱和归属的需要）；(4) 尊重的需要；(5) 自我实现的需要。针对不同需求的人应该有不同的激励措施，与各层次需求相对应的激励因素如表 8－14 所示。

表 8－14　需求层次与激励因素对应表

需求层次	激励因素
自我实现的需要	成长、成就、参与、创造等
尊重的需要	胜任、承认、地位、赏识等
社交的需要	同事间友谊、群体的接纳、相互信任等
安全的需要	工作保障、工作安全、工作稳定等
生理的需要	食物、住宿等

虽然不同层次的政府 CIO 都有着五个层次的需求，但是由于其本身角色和素质及能力的不同，其需求的侧重点是不同的。通过实际的调研和对中国国情的分析，总结出了不同角色政府 CIO 的奖励机制，具体如表 8－15 所示。

表 8－15　不同角色政府 CIO 的奖励机制

	执行层	管理层	战略层
激励层次	生理、安全、社交	社交、尊重、自我实现	自我实现
激励重点	➢ 工作稳定 ➢ 较好的福利 ➢ 群体的接纳与相互信任 ➢ 知识丰富、能力提高 ➢ 根据考核结果以及职位能力结构要求，有目的地组织和安排培训 ➢ 设计与个人需求相匹配的更有竞争力、人性化的工资制度	➢ 勇于向其授权，增加工作广度和深度 ➢ 通过职务、级别设置，提高信息化部门在组织内的地位 ➢ 领导的赏识 ➢ 提供公平的职务晋升途径，发挥竞争激励的作用 ➢ 及时地给予信息化部门相应的奖励和荣誉	➢ 工作结果得到上级及民众的认同和赞赏 ➢ 地位的不断提升 ➢ 对在信息化建设中有突出贡献者授予荣誉称号 ➢ 大力宣传先进工作者的工作和成果，扩大信息化建设的影响力

续前表

	执行层	管理层	战略层
主要措施	➢合理的工资制度与较高的工资水平 ➢授予不同级别的津贴 ➢较好的福利：住房、旅游、休假、保险等 ➢较多的培训和职业发展机会	➢赋予其更多的人力资源、资金管理和调配权力 ➢表现突出的给予晋升机会 ➢得到上级的支持和赞赏 ➢有吸引力的荣誉称号	➢工作富有成就感和挑战性 ➢进行信息化规划、战略等方面的培训 ➢地位的晋升 ➢授予其高级别的荣誉称号，大力宣传其业绩

位于执行层的政府 CIO 更多的是生理、安全和社交层面的需求，因此对于他们的激励措施一般是提供有竞争力的工资、使其得到稳定的工作保障和同事的信任。

位于管理层的政府 CIO 更多的是社交、尊重和自我价值实现层面的需求。由于肩负着政府业务流程优化以及信息化项目建设的重任，需要更广泛的授权和领导的大力支持，希望实现自我的人生抱负。因此其激励措施一般是授权、提供晋升机会以及上级给予支持和赞赏。

位于战略层的政府 CIO 一般处于组织的核心管理层，生理、安全、社交以及尊重层面的需要已经得到满足，其需求主要是自我价值的实现。其激励措施一般是提供职位的晋升、予以更具成就感和挑战性的任务、使其参与更高级别的决策以及授予一些荣誉称号。

（二）惩罚的措施及注意事项

合理地实施奖惩，不仅能够起到应有的示范作用，还可以兼具警示的作用，使政府 CIO 的工作充满挑战与活力。为了保证奖惩的公正性、公开化，必须以之前定量的绩效考核作为标准。对于惩罚机制的建议如下：绩效考核结果不达标的给予扣除绩效工资等处分，扣除的额度可以根据不达标的程度来确定，比如：如果一个考核期不达标，可以考虑给予公开批评并扣发绩效工资 30%的惩罚；如果两个考核期不达标，可以考虑降职、免职或调离并扣发全部绩效工资的处罚。

针对不同层级的政府 CIO，惩罚和激励是一样的，也要根据他们的需求差异进行不同的制度设计，比如：针对执行层的政府 CIO，惩罚可能是工资或奖金的调整；针对管理层的政府 CIO，惩罚可能是权力的收紧或者晋升机会的延迟；针对战略层的政府 CIO，惩罚可能是工作内容的调整或晋升机会的延迟。

但要注意的是，惩罚应该根据事先制定的部门规章制度，不能由某个人人为地决定处罚行为。同时，在惩罚实施时要注意对事不对人，并且要分析惩罚的依据以及今后改善的方向。只有这样，惩罚才能起到警示的作用，才能给予政府 CIO 合理的压力和挑战而不至于遭到抵制。

第九章　基于组织运行的政府 CIO 制度设计

本章主要从 IT 治理的角度，结合访谈调查的资料详细分析中国的政府 CIO 制度的具体内容，政府 CIO 制度应该服务于政府信息化建设以及政府信息资源的管理，不仅仅包含与政府 CIO 相关的人力资源管理制度，还包括政府 CIO 及其所属的信息部门的规范运行制度，主要是指政府信息部门依据各种规范、标准、制度、计划来统一协调政府的各类信息管理活动，形成一种高效、快捷的管理方法。在这种意义上，政府 CIO 制度主要包括政府 CIO 的组织结构、决策机制及沟通机制这三个方面的内容。它们是保证之前实证研究中的组织制度得以运行的基础。本章将详细论述中国政府 CIO 的组织结构、决策机制和沟通机制的现状，并给出相应的调整建议。只有建立了完整的政府 IT 治理机制，才能更好地配置政府信息资源，更好地进行信息的集成和共享，进而推动政府行政管理体制改革和业务流程的创新。

第一节　政府 CIO 的组织结构

政府信息化的各项工作离不开政府 CIO 的有效推进，但在中国政府现行的管理体制中，并没有“政府 CIO”的说法，大多数称谓是“信息化主管”、“信息中心主任”、“信息处处长”、“科技处处长”、“信息公开处处长”或“信息办主任”之类。尽管还不一定能进入决策层，但从人们对于他们所承担的职责及其角色的描述中，可以看出他们实际上是承担了“政府 CIO”这么一个角色。因为他们的的确确对于政府的信息化决策有很大的影响，对于政府部门中的信息化发展和创建信息化氛围起到关键作用。这些不同的称谓实际上反映了中国政府信息化制度中对于一个完善的 CIO 组织结构所形成的不同层次的诉求。为了使政府 CIO 的工作得以顺利开展，就必须建立与之相适应且行之有效的组织机构来规划、实施信息化的战略。

一、现阶段政府 CIO 制度的组织结构

通过对国内政府机构中的信息资源管理和政府信息化相关部门的调研，发现目前国内政府 CIO 的主要组织结构可以分为六种形式[441]。

（一）“信息办＋信息中心”型结构

这种结构下的政府信息化工作主要由信息化领导小组及信息化办公室负责，信息化办公室下设信息中心。具体结构如图 9－1 所示。

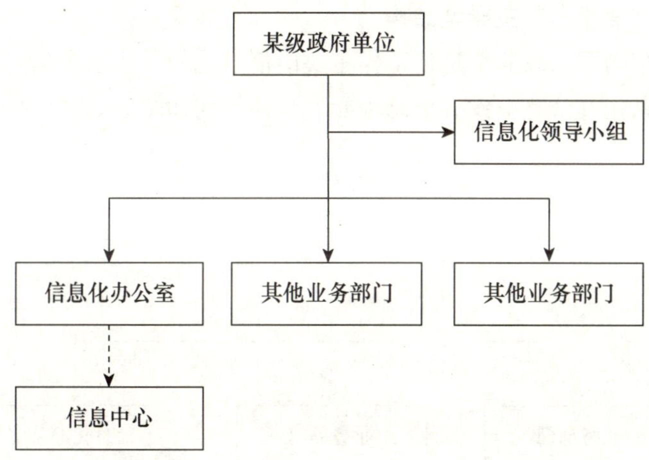

图 9－1 “信息办＋信息中心”型结构

说明：虚线表示信息中心并不是直接在信息化办公室下面的部门，与其只是在业务上服从的关系，因为国内很多组织结构中信息化办公室是政府部门，而信息中心属于事业单位，它们之间的关系仅仅是在业务上服从。

“信息办＋信息中心”这种结构是目前政府中最常见的结构，其主要特点、优缺点如表 9－1 所示。

表 9－1 “信息办＋信息中心”型结构的特点及优缺点

项目	内容
特点	➢ 由主管信息化的领导、信息办、信息中心三级组成 ➢ 主管信息化的领导负责决策，信息办负责协调和规划 ➢ 信息中心负责具体项目的实施，信息中心一般是事业编制，不属于政府的职能部门，但具体业务上听从信息办的领导 ➢ 信息化领导小组由单位一把手或副职以及各业务部门领导和信息化办公室主任组成

续前表

项目	内容
优点	➢ 信息化工作有一把手的直接参与，可以保证政府信息化得到领导的支持 ➢ 信息化办公室承担大量规划和协调工作，使得信息化工作能顺利进行 ➢ 信息中心专心于具体信息化的工作，专门负责信息化项目的建设和维护 ➢ 有专门的信息化部门，与上下级之间的联系和交流频率比较高
缺点	➢ 信息化办公室与其他业务部门是同级部门，协调起来比较困难 ➢ 其他业务部门与信息办还是垂直分割的 ➢ 信息中心是事业编制，在人员和经费上不能保证绝对满足，会对信息化工作产生一定影响

(二)“信息办”主导型结构

这种结构下的政府信息化工作主要由信息化领导小组及信息化办公室负责，信息化办公室下没有信息中心。具体结构如图 9-2 所示。

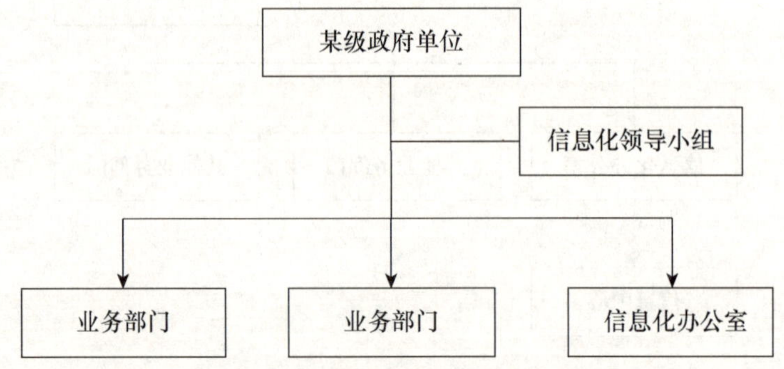

图 9-2 “信息办”主导型结构

“信息办”主导型结构的特点、优缺点如表 9-2 所示。

表 9-2 “信息办”主导型结构的特点及优缺点

项目	内容
特点	➢ 信息化工作由信息办全权负责，信息办不仅承担协调规划职能，还负责具体项目的实施 ➢ 核心业务流程规范，信息化实施业务大部分外包 ➢ 结构简单，使得信息化决策能够得到迅速执行
优点	➢ 政府可以将精力花在主要业务上，而将附属业务交由第三方负责
缺点	➢ 信息化办公室与其他业务部门是同级部门，协调起来比较困难 ➢ 协调好外包和机密信息不泄露的难度比较大 ➢ 对于政府人员的整体素质要求很高

(三)"信息中心"主导型结构

这种结构下的政府信息化工作主要由信息化领导小组及信息中心负责，没有信息化办公室。具体结构如图 9-3 所示。

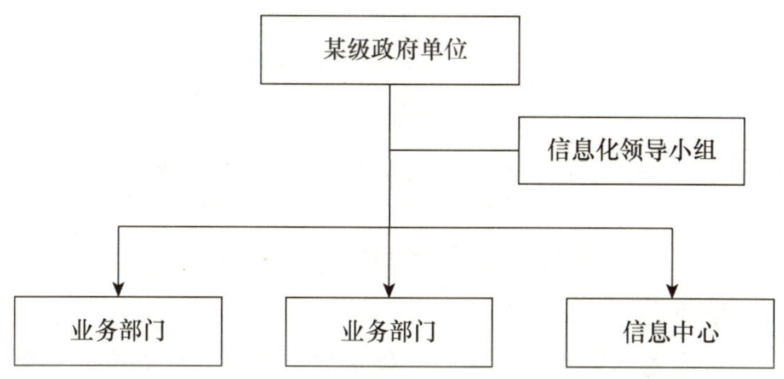

图 9-3 "信息中心"主导型结构

"信息中心"主导型结构的特点、优缺点如表 9-3 所示。

表 9-3 "信息中心"主导型结构的特点及优缺点

项目	内容
特点	➢ 由主管信息化的领导直接管理信息中心。由于其业务部门的业务相关性比较强，业务相对比较单一，协调起来相对容易，但业务部门的 IT 技术不是很强，因此，必须有一个信息中心 ➢ 由于部门小，协调起来比较容易，没有必要设置信息办。在这里面有两种单位：一种信息中心地位相对较低，其权力有限，有些还只是单位的后勤部门；另外一种信息中心地位比较高，承担的业务比较多
优点	➢ 信息化工作由专门的部门进行管理，分工明确 ➢ 信息化各部门之间的层级少，便于沟通
缺点	➢ 信息中心承担的职能过多 ➢ 对信息中心主任一职的能力要求很高

(四)"职能处室"主导型结构

这种结构下的政府信息化工作主要由信息化领导小组及相关职能处室负责，没有信息化办公室和信息中心。具体结构如图 9-4 所示。

"职能处室"主导型主要包括两种：一种是以科技处为代表的职能处室主导型，一种是以办公室或秘书处为代表的职能处室主导型。

以科技处为代表的职能处室主导型主要是由于某些单位以前的业务中涉及专业技术的应用，职能部门中有科技处这一部门。因此，在政府信息化的时候，就将与信息技术有关的管理工作全部放在科技处下，典型的单

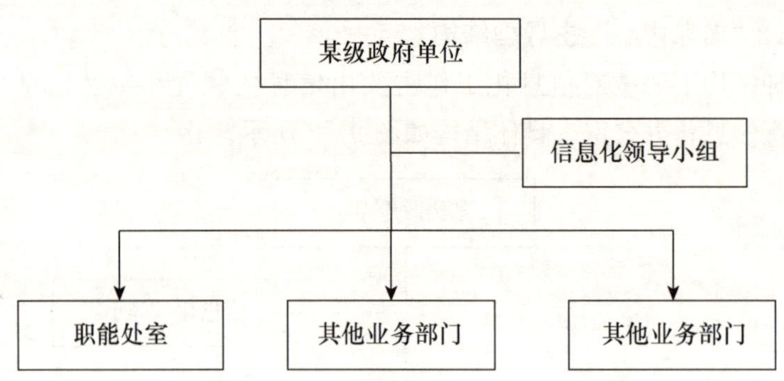

图 9－4　“职能处室”主导型结构

位是公检法单位。

以办公室或秘书处为代表的职能处室主导型由办公室或秘书处中的某一个人来承担信息化的工作，这种类型的单位一般信息化程度比较低，应用相对简单，不需要专门的部门和专门的人员来进行管理。

“职能处室”主导型结构的特点、优缺点如表 9－4 所示。

表 9－4　“职能处室”主导型结构的特点及优缺点

项目	内容
特点	➢ 没有信息中心，由信息技术处或科技信息处等部门承担相应职能，在这些处室中，信息化和电子政务只是相关处室职能的一部分，其业务比较单一，业务对于信息化的需求不是很大。因此，直接由原有的技术部门承担信息化的职能 ➢ 单位人员编制比较少，没有信息中心，由一个综合办公室负责信息化。电子政务的功能比较单一，与其他部门的联系不多，系统不复杂。核心业务的信息化相对容易 ➢ 业务基本外包
优点	➢ 管理方便，不会增加编制 ➢ 管理层次少
缺点	➢ 信息化工作在日常管理中的比重比较少，信息化人员对于本单位电子政务的发展难以从宏观的角度把握 ➢ 对于信息专职人员的素质要求很高，专门从事信息化建设工作的专业人员严重不足，信息化受到人员素质的限制 ➢ 职能处室之间的协调比较困难 ➢ 没有信息化专职机构，人员编制有限，每人都身兼数职。存在人手紧、任务重、工作量大的困难 ➢ 外包风险难以控制

（五）“职能处室＋信息中心”型结构

“职能处室＋信息中心”型结构也主要包括两种：一种是以科技处为代表的职能处室＋信息中心，一种是以办公室或秘书处为代表的职能处室＋信息中心。其结构如图 9－5 所示。

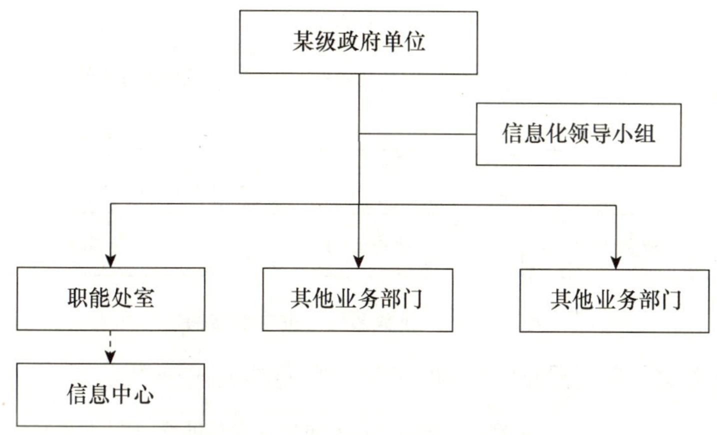

图 9－5　“职能处室＋信息中心”型结构

说明：虚线表示信息中心并不属于政府机构，而是在业务上服从其管理的事业单位。

“职能处室＋信息中心”型结构的特点、优缺点如表 9－5 所示。

表 9－5　“职能处室＋信息中心”型结构的特点及优缺点

项目	内容
特点	➤ 信息中心位于职能处室下面，职能处室就是科技处、办公室或者秘书处，负责信息化统筹管理 ➤ 职能处室在完成自身工作的同时，还承担一部分信息化的工作，负责本单位信息化协调、规划、统筹管理
优点	➤ 有专门的信息中心进行项目的建设和维护 ➤ 可以利用自己的技术力量开发一些系统，保密性强
缺点	➤ 对于本单位政府信息化的发展难以从宏观的角度把握，信息化工作只是职能部门日常工作中很少的一部分 ➤ 职能部门只是将信息化的信息上传或下达并做一些简单的协调，从技术上管理信息中心，而对于信息化的决策和规划能力比较弱 ➤ 同级职能部门协调各个业务部门的工作有困难 ➤ 与各个业务部门依然是垂直分割的 ➤ 对于编制和经费有需求 ➤ 对于人员综合素质要求高

（六）“业务部门”主导型结构

这种结构下的政府信息化工作主要由信息化领导小组及业务部门负责。具体结构如图 9－6 所示。

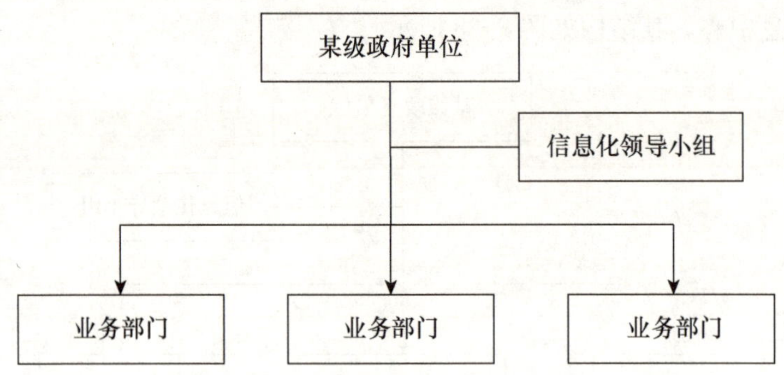

图 9－6　“业务部门”主导型结构

“业务部门”主导型结构的特点、优缺点如表 9－6 所示。

表 9－6　“业务部门”主导型结构的特点及优缺点

项目	内容
特点	➢ 没有信息中心，业务基本全部外包。各业务部门有兼职信息员。采用这种模式一般是由于编制不够 ➢ 其业务与信息化的关联程度很低，因此没必要建立一个单独的部门 ➢ 政府信息化对于原来的业务影响不大
优点	➢ 不增加人员编制 ➢ 管理层级比较少
缺点	➢ 外包质量难以控制 ➢ 业务人员对于信息化的认知有差异 ➢ 业务人员的协调难度大 ➢ 由于无专职政府信息化工作人员，负责信息化工作的人员和信息员都是兼职，因此对于业务人员的要求很高，否则就会对工作的开展造成影响

从职能维度上，政府信息化组织结构的形式和内容会在一定程度上影响政府部门职能的发挥。对于促进信息化程度而言，信息化组织结构不同，信息化推进力度、信息资源管理能力、信息化决策和规划能力以及协调能力等都存在差异。

从人力资源维度上，不同的信息化组织结构要求对应的人员与其相适应，包括专业化程度、人员的编制、素质能力的要求等。

从项目管理维度上，信息化项目是推进信息化工作的重要一环，组织结构对于项目的成功实施也具有较大影响，主要体现在项目的外包和运维上。

此外，组织结构的不同会给原业务带来不同的冲击，各部门领导参与、政府信息安全的程度等也会存在差异。

综上所述，参考以上六种组织结构的特点，从职能、人力资源、项目管理等维度出发，将六种类型作对比分析，结果如表 9－7 所示。

表 9－7　　中国政府 CIO 组织架构的比较

比较维度	内容	类型一	类型二	类型三	类型四	类型五	类型六
职能维度	信息化推进力度	高	中	高	中	中	中
	信息资源管理能力	高	中	高	中	高	低
	决策和规划能力	高	低	高	低	低	低
	协调能力	中	低	中	中	中	低
人力资源维度	专业人员需求	高	高	高	中	中	中
	人员编制需求	高	高	低	低	高	低
	人员素质要求	中	高	高	高	高	高
项目管理维度	外包管理难度	低	低	中	高	中	高
	系统运维建设难度	低	中	高	高	中	高
其他维度	对原业务的冲击	高	高	高	中	低	低
	领导重视（参与）程度	高	中	中	高	高	低
	政府信息安全	中	高	中	高	中	低

说明：各类型所标示的含义如下：

类型一指“信息办＋信息中心”型结构；类型二指“信息中心”主导型结构；类型三指“信息办”主导型结构；类型四指“职能部门”主导型结构；类型五指“职能部门＋信息中心”型结构；类型六指“业务部门”主导型结构。

通过对六种组织结构的比较分析可以看出，设置了“信息办”的组织，其职能维度、项目管理维度的结果相对较好，这是因为信息办的设立对于信息化的推进、信息化项目的支持、领导的参与程度等都比其他类型的组织结构要好。但其对专业人员的需求和素质要求较高，对原业务的冲击也比较大。

另外，设立了“信息中心”的组织，其项目管理维度相对较好，因为信息中心本身作为信息化项目的具体实施者和参与者，能够充分了解政府的业务需求，能够与外包商密切配合，达到最佳效果。

由“业务部门”或“职能部门”主导信息化工作的政府部门，其组织的各种信息化相关能力都较差，信息化项目成功的难度也较大。同时，领导参与度不够及人员信息化素质低下带来了日常及项目工作的不稳定。

二、政府CIO结构调整建议

根据对以上六种政府 CIO 组织结构及其相关特点、优缺点的分析，本书提出以下相关意见和建议供政府进行行政体制改革时，尤其是在进行政府信息化相关改革的过程中做参考。

（一）不同组织结构的定位

对政府信息化工作的主要职能结构——信息化领导小组、信息化办公室、信息中心等进行如下定位：

信息化领导小组 主要负责政府信息化方面的规划发展和对相关人员的绩效考核。信息化领导小组不是领导和管理部门，它只是责任机构。如果领导小组不承担问责制的压力和约束，那么其成员凑在一起空谈把握战略方向和不断追求业务出色绩效这些话题就没有什么意义。因此，政府信息化发展规划必须由信息化领导小组来负责，而且要落到实处，实行问责机制。

信息化办公室 主要负责日常管理和协调项目管理。信息化办公室是政府信息化的核心部门，因为在实施信息化的时候，来自各个方面的大量的信息汇集在信息办，需要信息办进行有效的管理。这种情况到了信息化发展进入应用阶段更加明显，因为应用涉及很多部门，需要信息资源在各个部门间的协调和统一管理。信息办的主要职能可以分为发展规划和政策法规制定、信息化监督审计、信息化项目管理、信息化推进与培训以及日常管理 5 大类。

信息中心 主要负责保证信息系统的顺利实施和正常地运行。因为相对于信息办来说，信息中心更多的是关注具体信息技术的实施与应用。一般说来，信息中心可以包括以下职能：系统开发、外包服务、运行维护、信息安全、信息资源的管理以及综合服务。

（二）信息化领导小组的调整

信息化领导小组的主要职能是进行战略规划和绩效考核，如图 9－7 所示。因此，信息化领导小组也将由两个相对独立的委员会组成：规划发展委员会与绩效考核委员会。

规划发展委员会：成员一部分是信息化办公室主任以及各个业务部门的领导，另外一部分是电子政务专家。他们的任务和目的是制定和提供政府级别的 IT 规划，支持和推动政府的转型，增强 IT 业务的变革能力。这点在“网络强国”“大数据治理”的背景下显得尤为重要，因为信息化战略

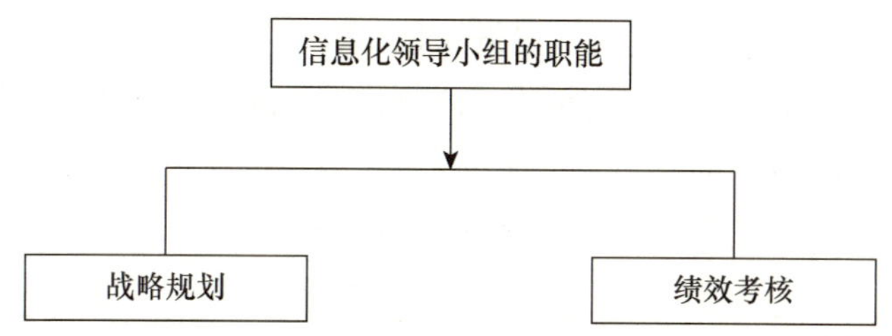

图 9-7 信息化领导小组的职能架构图

规划一旦出现差错，可能就会导致后面的信息化发展南辕北辙，整个部门信息化效果大打折扣，政府巨额的投资打水漂。

绩效考核委员会：由其他政府部门的信息化领导和电子政务专家组成。不能选择本部门信息化领导的原因是自己考核自己很难做到公平。他们的任务是考核和评估政府信息化的绩效。考核对象是整个单位的信息化发展水平，包括信息化办公室和业务部门。

（三）信息办结构调整

信息化办公室的主要职能为发展规划和政策法规制定、信息化监督审计、信息化项目管理、信息化推进与培训以及日常管理，具体如图 9-8 所示。

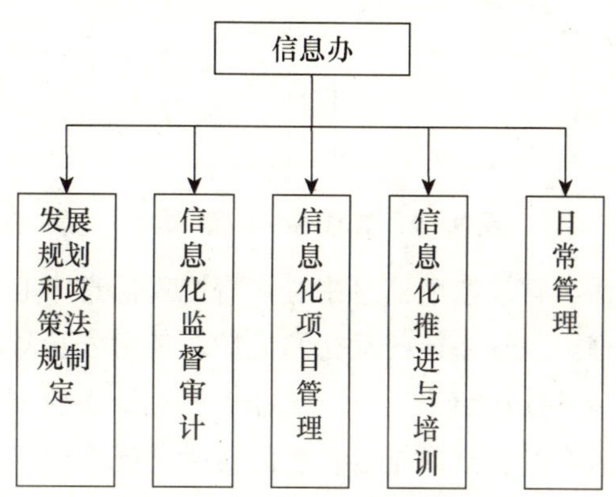

图 9-8 信息办的职能架构图

信息办主任一职建议由本单位最高领导的副职兼任，比如：某市分管信息化的副市长兼任信息办主任。他们的主要职责是协调各种关系，消除政府信息化过程中的阻力。因为目前信息办主任一般都是公务员编制，与各个业务部门的一把手是平级关系，因此协调各种关系的时候就比较困难。如果信息办主任一职由本单位最高领导的副职兼任，内部关系协调起来就比较顺利。可以设置信息办副主任来分管信息办的具体工作。信息化办公室还应该承担“信息化监督审计”的职能，这样才能将信息化项目的风险降低，减少政府信息化失败的损失。此外，还可以考虑在信息办中引入负责政府体制改革的人员，比如编办，来辅助信息办的政府CIO统筹协调业务创新，优化业务流程，推进政府业务与信息化的融合。

（四）信息中心结构调整

一般说来，信息中心可以包括以下职能：系统开发、外包服务、运行维护、信息安全、信息资源的管理以及综合服务（见图9-9）。对于信息中心的具体结构，各个单位可以根据具体情况进行部门调整，但总的架构应该至少包括以上这几个部分。对于有些部门，由于历史的原因，现有的信息中心是由以前的经济信息中心转变而来的，因此，其职能可能还包括经济统计。

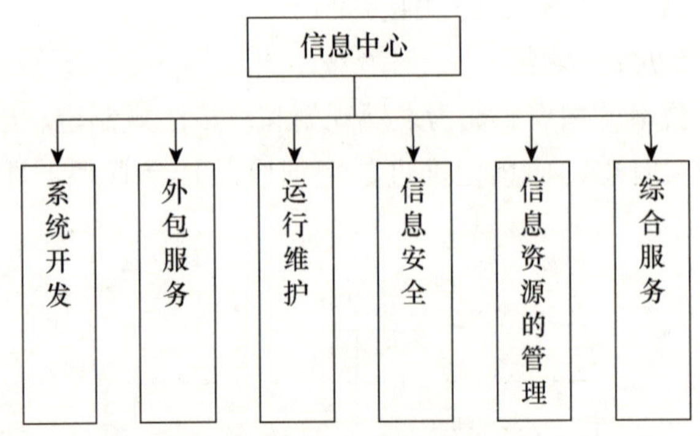

图9-9　信息中心职能架构图

如果可行的话，建议取消信息中心，将原来信息中心的部分职能并入信息办的日常管理，包括系统的运行和维护、信息安全等。而其他的职能则根据大部制的精神外包给第三方。这样也避免了事业编制在管理中存在的一些弊端，但需要各个部门结合自己的实际情况予以实施。

（五）政府CIO组织整体架构调整建议

根据前面的分析，建议政府CIO组织架构如图9-10所示。其中需要说明的是，信息中心用虚线表示说明随着政府改革力度的加大，可以考虑将信息中心的部分业务逐渐外包，比如系统开发、运行维护等专业性事务让市场上成熟的公司进行运作。专业的事情应该由专业的组织去完成，这样可以降低政府机关的整体运营成本。

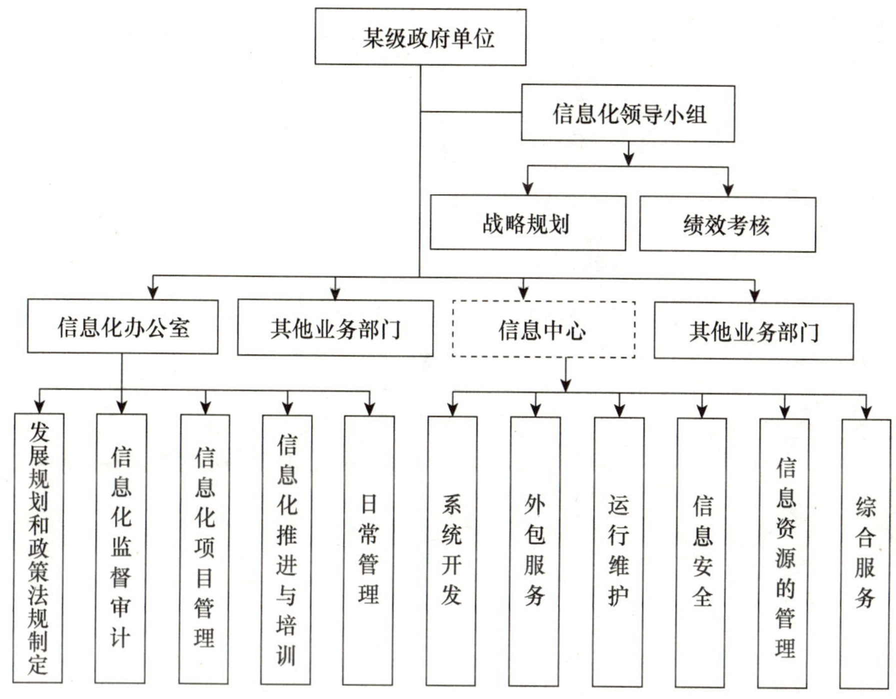

图 9－10 政府 CIO 的组织架构

三、政府 CIO 职责调整建议

针对调整后的组织结构，不同级别的政府 CIO 的职责也应该做相应的调整。主要包括信息化领导小组、信息化办公室和信息中心的架构及其职责的调整建议，具体如下：

（一）信息化领导小组的职责

一般由主管信息化的副职领导担任信息化领导小组的组长，成员为各个业务部门的领导或者副职领导，其具体的职责如表 9－8 所示。

表 9－8 信息化领导小组的职责

信息化领导小组		具体职责
岗位职能	战略规划	➢ 制定和审定政府级别的信息战略和 IT 规划，支持和推动政府的转型，增强 IT 业务的变革能力 ➢ 信息化政策法规的审定 ➢ 负责政府重大信息化项目的决策和协调 ➢ 负责重大 IT 投资的审核与决策 ➢ 负责与上级信息化主管部门的沟通与协调

续前表

信息化领导小组		具体职责
岗位职能	绩效考核	➢负责审核信息化部门的考核标准 ➢负责考核和评估政府信息化的绩效，考核对象是整个单位的信息化水平，包括信息化办公室和业务部门 ➢负责制定与绩效考核相对应的激励方案

（二）信息化办公室的职责

信息化办公室是政府信息化的核心部门。其具体职责如表 9－9 所示。

表 9－9　信息化办公室的职责

信息办		具体职责
岗位职能	发展规划和政策法规制定	➢负责信息资源发展长期规划、年度工作计划的编制工作，并做好实施中的督促、检查工作 ➢负责拟订相关信息化政策、法规、规章并组织实施 ➢负责起草制定信息化建设的技术标准 ➢参与对社会经济发展有重大影响的跨部门、多学科的综合性信息化项目的论证与决策 ➢负责牵头前瞻性重大信息政策法规的调研 ➢负责信息资源管理体系、管理制度体系建设
	信息化监督审计	➢负责项目的计划预算管理、汇总及综合平衡 ➢审核本单位信息系统项目建设的设计方案 ➢对政府信息化建设项目年度投资计划进行初审 ➢负责信息化建设项目的督查、督办工作 ➢负责审查重大信息化工程项目的规划布局、安全保障体系、技术标准及其他相关内容，对工程质量进行监督检查，对信息化工程项目进行备案
	信息化项目管理	➢负责本部门或者本系统信息化建设的管理工作 ➢负责信息化项目的进度、质量、采购和风险的控制 ➢负责信息化项目前期的调研并和业务部门一起编制需求分析 ➢负责本单位信息应用重点项目的协调和管理 ➢参与建设单位组织的技术论证、评估验收工作 ➢负责协助项目建设和与其他部门的协调工作
	信息化推进与培训	➢负责组织、协调和指导信息化地方性法规的实施 ➢负责指导、协调信息资源的开发利用和信息技术的推广应用 ➢负责与信息化有关的调研，跟踪国内外先进的信息技术 ➢负责对本部门信息化工作实施分类指导 ➢负责最佳实践的收集，发现和推广在政府信息化中优秀的单位及其经验 ➢负责制定信息化教育培训计划 ➢组织各部门人员的信息技术和技能的培训工作
	日常管理	➢负责本单位信息化建设的日常工作 ➢指导下级信息化工作 ➢其他日常工作

（三）信息中心的职责

信息中心是信息化项目的具体实施部门，其职责如表 9-10 所示。

表 9-10　信息中心的职责

信息中心		具体职责
岗位职能	系统开发	➢ 负责本单位或本系统的内部信息系统的开发与升级 ➢ 承担网站设计与建设 ➢ 负责信息系统的集成工作
	外包管理	➢ 负责对于外包业务的管理 ➢ 负责和外包单位之间的协作与日常沟通
	运行维护	➢ 负责网络设备的运行与维护 ➢ 负责政务网络平台的日常维护 ➢ 负责应用系统的维护和数据库系统的维护
	信息安全	➢ 负责应用安全体系的规划、设计和实施 ➢ 负责对局域网提供安全技术支持 ➢ 负责维护核心网络数据资料的管理和备份
	信息资源管理	➢ 负责信息资源管理体系的设计与建设 ➢ 承担政务信息网络平台的信息发布、维护、更新工作
	其他综合服务	➢ 负责本部门信息化对外交流合作工作 ➢ 负责信息化的宣传工作和各种媒体电子版工作 ➢ 负责为政府机关办公自动化等提供技术指导、咨询服务 ➢ 其他服务性工作

第二节　政府 CIO 的决策机制

政府 CIO 的决策机制是 CIO 制度的重要内容，主要是指在政府部门中有关信息化的决策由谁做出以及如何做出。政府 CIO 制度的建立也是为政府部门及相关负责人更好地做出决策服务的。政府 CIO 制度对提高政府决策水平有着重要的意义，主要体现在以下几点：

首先，降低决策失误率。当今社会，政府的决策再也不能是拍脑子决策，不再是一言堂，政府部门需要科学的决策。科学的决策取决于政府决策者对于准确信息的掌握程度。例如政府部门对于防汛的决策，就需要知道各地水文信息、未来一段时间的天气预测、各地堤坝信息等。完善的政府 CIO 制度可以有效地促进政府信息化建设，从而提升政府对于信息的利用水平。例如：美国 CIO 制度建立后，政府和民众能够掌握及时准确的信息。政府摆脱了“拥有太多的错误信息、太少的正确信息”的苦恼，政府决策失误率大大降低，决策质量提升。进而民众对于政府的满意度提高，政府也变得更有回应力、更有效率、更有责任感，形成一个良性的互动。

其次，提高决策的效率。政府CIO制度建立后，信息部门既独立于其他部门又和各部门相互联系，CIO既掌握充分的行政权力，又具备高水平的信息技能。这种行政权力的优势使其更快捷地获得信息，专业优势使其更加准确地掌握信息，从而使得政府部门能够及时做出决策，应对外界环境的变化。

再次，降低政府决策的成本。政府CIO制度建立后，可以使政府各部门之间加强联系与沟通，政府CIO成为各个部门之间联系的纽带，可以克服以往政府内部各部门“各自为政”的弊端，消除部门间的隔阂，进行部门间横向整合，促进各种资源的共享，从而有效地降低了决策的时间和资金成本[442]。

政府CIO作为政府部门领导班子科学决策的重要参与者，利用信息技术手段把政府部门重要决策所涉及的政策问题与支撑业务开展所需的流程设计结合起来，有利于推进电子政府的建设，促进政府的管理创新。

一、政府CIO决策机制现状

目前，中国各级政府还是习惯于以行政首长的个人决策为主的决策方式。尤其是政府信息化工程领域，国内的大部分信息化工程都号称一把手工程，如果一把手重视，信息化建设就做得好，如果一把手不重视，信息化建设可能就会失败。信息化的决策权基本上完全掌握在没有信息技术知识、建设经验和能力的信息化办公室领导小组手中。中国的政府CIO还未得到足够的重视，因而其参与决策的层级和决策能力都属于相对较低的水平。主要表现在两个方面：

（一）决策层次低

在目前政府CIO组织结构中，由于政府CIO所处的地位相对较低，仅仅相当于部门主管级别，大部分的政府CIO在战略决策和IT技术投资决策中，仅仅有建议权，而没有决策权，有的甚至连最基本的建议权都没有，只是执行上级领导的命令。政府CIO的决策大部分局限在信息化领域，他们很难参与政府部门的类似政府改革层面的决策。也就是说，在进行政府信息化建设过程中很难有战略的眼光和开阔的视野，这就容易导致政府信息化的低水平建设和重复建设，而这正是目前存在的一个现实问题。

（二）决策能力弱

决策能力弱主要体现在专业性上，有不少政府部门的信息办基本没有专业的信息技术人员，与信息化有关的决策能力相对较弱。凡是与信息化建设相关的决策还需要由信息中心来参与。一般说来，信息中心基本上只是一个政府信息化建设的操作性、执行性部门，对于政府信息化战略发展方向没有决策权。这使得信息办这个决策部门和信息中心这个执行部门职能混淆，结果容易造成管理上的混乱以及责任的推诿。更有甚者，与信息技术有关的决策有时候还需要依仗参与政府信息化的外包公司，这使得政府的信息化建设更加短视。

二、政府 CIO 决策机制调整建议

基于上一节对于未来政府 CIO 组织结构和职责的调整建议，建议政府 CIO 决策机制调整如下：

（一）与信息化领导小组相关的决策

由于中国的政府信息化还处于初级阶段，信息化领导小组实际上承担了许多协调、规划以及信息化的决策方面的职责，很多本该由政府 CIO 承担的决策权，由于其能力的不足，暂时由信息化领导小组取代。根据本书的设计，今后一定是信息化领导小组只做信息化战略规划以及绩效考核，具体决策还是由政府 CIO 来做。

信息化领导小组的决策可以调整为仅仅关注两个方面：一是信息化总体战略规划的决策，包括负责政府重大信息化项目的决策和重大 IT 投资的审核与决策；二是政府 CIO 选拔以及与薪酬相关的决策。

（二）与信息办相关的决策

信息办是政府信息化的核心部门，承担着信息的上传下达以及部门之间的协调工作。其主要决策可以分为以下几类：

（1）预算决策权。预算决策权是指处于信息办的政府 CIO 应该具有项目预算决定权力以及在预算范围内的资金支配权力。政府信息化项目在组织中一般都属于投资中心，如果对于资金没有支配权，就会导致信息化进程缓慢。信息化的投资额较大，授权的同时一定要有相应配套的监督和资金审核机制的辅助。

（2）人员决策权。人员决策权是指政府 CIO 有一定的人事管理权力，

包括借调其他部门人员的权力和招聘外部人员的权力。由于政府的信息化过程会影响到组织的方方面面，需要来自各个不同部门的人员进行配合和协作。因此，CIO 需要有能够从其他业务部门调用人员的决策权，否则信息化的进程也会受到阻碍。此外，随着信息化的不断深入，可能还需要临时招聘一些聘任制的信息化人才，政府 CIO 应该具有这个权力，而不受政府公务人员编制的约束。

(3) IT 技术决策权。政府 CIO 毫无疑问应该是 IT 技术专家，理所当然地拥有信息技术决策权。当前政府 CIO 面临着内部行政体制改革和外部社会冲突日益增多的挑战。因此，他需要站在战略的高度来考虑 IT 技术如何更好地为政务流程服务，负责制定政府信息政策、信息标准，并对政府的信息资源进行管理、利用和控制。此外，还需要让政府 CIO 更多地参与政府高层管理的相关决策，以便更好地理解政务流程，更好地选择与政府业务流程相匹配的信息技术。

政府 CIO 对于资金预算、人员以及技术的决策权是建立在有利于政府资源集成与共享的原则上的。其中政府资源集成包括信息技术的集成、信息流程集成、信息结构的集成、信息成本的集成、战略信息资源的集成。信息资源共享包括政府部门内部信息共享和外部信息共享。这些都将影响对政府信息资源的有效管理和利用。

（三）与信息中心相关的决策

相对而言，信息中心更多的是信息化项目的具体实施部门，是执行决策的部门。一般来说，做出的决策仅仅局限于基于业务的 IT 技术需求。更多的是把一些具体细节性的技术决策交给外包公司。

第三节　政府 CIO 的沟通机制

一、政府 CIO 沟通机制现状

国内政府 CIO 的沟通协调机制主要有以下问题：

首先，内部协调。政府信息化组织结构中的信息化领导小组，其主要作用就是进行战略规划以及协调各部门之间的工作和关系。实际上也从侧面反映出这样一个事实：由于目前政府 CIO 的能力不足，这些本来应由政府 CIO 所承担的职责分散于另外一些组织，而无法有效地进行整合，只能临时依靠一些更高层面的组织来协调。但在实际工作中信息化领导小组的作用有限，因为信息化领导小组成员基本是由政府部门的领导兼任的，他们本身工作就很繁忙，对于信息化建设基本上没有实质性的介入。而沟通协调工作基本是由信息办这种和其他职能部门同级别的机构来做，这样同级协调的难度和效果是可想而知的。

其次，外部协调。由于政府的信息化建设项目实施单位基本都是外包的相关领域的 IT 公司，而与外部公司的沟通基本是靠信息中心这个部门完成的，这种沟通如果没有政府高层的参与，就容易造成信息化实施单位无法更好地理解政府信息化中的真实需求，信息化建设偏离政府目标的风险增加，同时使得后续工作的成本增加。

目前这种在组织结构和权限没有理顺的情况下的沟通机制更多的是一种"头疼医头，脚疼医脚"的模式。需要建立完善的、制度化的，并且针对不同的沟通内容灵活多变的沟通机制。

二、政府 CIO 沟通机制调整建议

政府 CIO 的沟通机制主要包括政府 CIO 的信息收集机制、信息处理机制和信息发送机制三方面的内容[443]。

(一) 信息收集机制

信息收集机制主要是指政府 CIO 对于不同类型的信息如何采集。政府 CIO 的信息主要来源渠道包括上级领导、同级部门、下属人员以及电子政务平台的公共接口。

政府 CIO 的上级领导既包括业务职能口的领导，也包括技术职能口的领导，因此可能有一个以上的主管部门，并且由于中国政府 CIO 的级别相对较低，与所在政府组织最高领导之间的层次可能较多，信息在传递过程中可能会失真。

政府 CIO 的同级部门既包括政府部门内的其他职能部门，也包括其他地方政府部门内负责信息化工作的部门。

政府 CIO 的下级一般包括技术上负责电子政务平台运行维护的技术维护部门，负责应用系统开发的软件开发部门，负责相关职能业务信息的信息部门，以及负责协调处理一些综合性工作的办公室等。

为了区别政府 CIO 日常工作和电子政务项目中信息收集的不同，将政府 CIO 的日常工作信息收集情况和项目管理信息收集情况分别列在表 9-11 中。

表 9 - 11　政府 CIO 对日常工作信息和项目管理信息的收集

类别	信息维度	信息收集内容	收集方式	发生频率	报告格式
与上级领导	日常工作	信息化发展宏观战略、规划；预算和资金申请、处理情况等	会议、纸质文件	年度会议、例会	例如《电子政务发展纲要》
	项目管理	电子政务项目实施意见；项目资金如何落实；项目重大事件的处理意见等	会议、口头	不固定，随时都会	会议记录等
与同级部门	日常工作	电子政务工作经验交流	会议、电话	例会，不定期	专题报告等
	项目管理	项目需求提议，需求确认等	会议、口头	不固定，随时都会	《项目需求说明书》等
与下属人员	日常工作	电子政务平台的运行维护情况；业务信息的统计；日常工作内容情况	会议、口头等	例会，如每周一次	《平台运维情况书》
	项目管理	项目进展细节；与外包商的合作情况等	口头、会议、电子邮件	不固定，随时都会	《项目状态报告表》等
公共服务	日常工作	电子政务平台应用情况	网络、信件	不固定，随时都会	《电子政务平台运行报告》
与外包企业	项目管理	项目设计、实施细节；项目进展；遇到的各种困难等	例会、口头、电子邮件	不固定，随时都会	《项目设计报告》《项目进度安排书》等

从上级领导处获得的信息主要是关于政府信息化发展的宏观战略、规划，政府信息化工作的预算和资金申请、处理情况，电子政务项目的实施意见等。其收集信息的方式包括会议、口头和纸质文件，发生的频率比较低。可能产生的报告有《电子政务发展纲要》等。

从同级信息部门获得的信息主要包括从同级业务部门获得的关于信息化项目的需求。其收集信息的方式包括电话、口头或专题会议。形成的报告包括《项目需求说明书》等。

从下属人员获得的信息主要包括电子政务平台的运行维护情况、业务信息的统计、项目进展细节等。信息采集方式包括会议、口头、电子邮件等。产生的报告包括《平台运维情况书》《项目状态报告表》等。

从公共服务获得的信息主要包括日常工作中通过网络、信件获得公众对于平台的使用意见等，据此可以制作《电子政务平台运行报告》。

从外包企业获得的信息主要包括项目实施细节、进展以及遇到的困难等信息。信息采集方式包括口头、信件以及例会等。可能产生的报告包括《项目设计报告》《项目进度安排书》等。

政府 CIO 的信息来源主要包括日常工作中产生的与本部门有关的大量数据、电子政务的发展规划、政府工作开展的业务流程、相关的法律条文、本部门政府掌握的秘密数据，以及群众对电子政务平台及日常工作的各种反馈等等。应建立相应的管理措施来收集有用数据，剔除垃圾信息。

（1）对信息来源进行分类。对信息来源进行分类是处理信息，提高信息资源利用率的有效手段之一。各种不同性质的信息，其质量存在较大差异，不能不加选择地进行处理，否则可能会浪费很多时间，增加无意义的信息。因此建立信息来源分类目录，进行分类规整存储，既便于管理，又能筛选出适合的信息来满足实际工作的需求。随着新技术以及大数据的发展，这种观点可能将会做一些调整，因为在大数据背景下，所有的数据都是有意义的，这个时候，需要构建的是数据之间的各种属性及其关联，以便于从整体上对于信息有个全面的掌握。

（2）对涉密信息进行分类。政府在实施信息公开时，要注意几乎每一个政府部门都有涉密信息，对于它们应采取定级分类措施，对不同级别的信息采用不同的安全保护手段。这种措施在各个政府部门中都已经开展，但对涉密信息定级的同时，要定期对涉密信息和非涉密信息进行查验。处理好涉密信息和信息公开的关系，既保证信息及时公开，满足公众的需求，又保证信息的安全。

（3）建立反馈信息收集机制。信息的传递应该是一个闭环，这样才能不断地更新信息。利用本部门的工作流程、电子政务平台、各种系统的使用情况、相关法规政策等的反馈意见，对于政府部门优化流程、矫正错误是一个非常好的机制。政府部门需要对这些反馈意见进行收集整理并反馈到信息源头，采纳适当的意见以改进政府部门的工作。这些反馈意见的来源主体可能包括上级领导、项目外包商、群众等，来源方式可能是文件批复、口头批示、信函信件、电子邮件等，这就要求建立健全反馈信息收集机制。

（二）信息处理机制

信息处理能力是政府 CIO 职位所要求的必备能力。优秀的信息处理能力依赖于完善的信息处理机制。信息处理机制主要是指不同类型的信息由谁负责以及如何防范风险。政府 CIO 在日常工作中，不可避免地要与上级领导、同级部门、下属，以及项目外包商、公众等交流沟通。

建立政府 CIO 的信息处理机制，就是要将政府 CIO 的工作划分层次，对于不同类型的信息进行分类处理，并根据信息类型的重要性决定负责人以及相应的风险防范措施。政府 CIO 的日常工作信息处理和项目管理信息处理如表 9－12 所示。

表 9－12　　政府 CIO 对日常工作信息和项目管理信息的处理

类别	信息维度	信息处理内容	责任人	风险防范
决策类	日常工作	➢ 确定电子政务总体发展规划，包括发展蓝图、业务发展趋势、技术的要求、制度的保障等 ➢ 确定信息化领导小组、电子政务推进小组等领导成员 ➢ 财务预算的编制、批复和监控	信息化领导小组组长	参照国家、上级部门电子政务发展规划制定；保障、监控资金运行
	项目管理	➢ 实施政府信息化项目 ➢ 落实项目资金 ➢ 项目重大事件的决策等	信息化领导小组组长	项目可行性分析；项目资金到位；重大事件应急预案
管理类	日常工作	➢ 协调上下级部门之间的关系 ➢ 协调信息化部门及其他业务部门的工作 ➢ 处理日常应急事务	政府信息化办公室主任或类似工作的中层领导	处理好各方关系；日常应急预案设置
	项目管理	➢ 确定项目责任人、业务参与人 ➢ 外包商的选择和管理，协调甲、乙双方的关系 ➢ 处理项目应急事件，项目进度监控，提出项目的相关决策建议等	政府信息化办公室主任或类似工作的中层领导	选择适当人选；处理好各方关系
作业类	日常工作	➢ 电子政务平台的运行维护 ➢ 相关业务职能的信息处理 ➢ 相关应用系统的开发 ➢ 日常行政办公等综合性事务	信息中心主任	经验积累，知识显性化
	项目管理	➢ 协同外包商确认需求提出、变更 ➢ 系统建设各阶段信息处理控制等	信息中心主任	经验积累，知识显性化

续前表

类别	信息维度	信息处理内容	责任人	风险防范
公共服务	日常工作	➢ 信息分类 ➢ 根据重要性上达各级人员处理	信息中心主任	平台安全运行
外包管理	项目管理	➢ 尽量满足需求、增加功能 ➢ 根据需求进行系统分析、设计、编码和运维	信息中心主任	外包商的慎重选择

根据信息类型和内容的不同，可以建议对应的责任人采取以下措施：

(1) 决策类信息的处理。决策类信息处理主要包括：确定电子政务总体发展规划，含发展蓝图、业务发展趋势、技术的要求、制度的保障等；确定信息化领导小组、电子政务推进小组等领导成员；财务预算的编制、批复和监控；实施政府信息化项目；落实项目资金；项目重大事件的决策等。责任人由主管信息化工作的领导担任，如信息化工作领导小组组长。风险防范措施应参照国家、上级部门电子政务发展规划制定，保障、监控资金运行，做好项目可行性分析，建立重大事件应急预案等。

(2) 管理类信息的处理。管理类信息处理主要包括：协调和处理上下级部门之间的关系；协调信息化部门及其他业务部门的工作；处理日常应急事务；确定项目责任人和业务参与人；对外包商进行选择和管理；协调甲、乙双方的关系；处理项目应急事件；对项目进度进行监控；提出项目的相关决策建议等。责任人一般由政府信息化工作办公室主任或做政府 CIO 类似工作的中层领导担任。风险防范措施包括日常工作中处理好各方关系，设置日常应急预案，选择适当的项目负责人等。

(3) 作业类信息的处理。作业类信息处理包括日常工作中电子政务平台的运行维护、相关业务职能的信息处理、相关应用系统的开发、日常行政办公等综合性事务的处理；政府信息化项目中主要是协同外包商确认需求提出、变更，以及系统建设各阶段信息的处理和控制等。责任人由信息中心主任或政府 CIO 领导下的人员担任。风险防范措施主要是注意积累运维及项目开发的经验以及使得自己的知识显性化。

(4) 公众服务类信息的处理。公众服务类信息处理包括对公众的各种反馈信息加以分类整理，根据重要性上达各级人员处理等。责任人主要是信息中心主任或政府 CIO 领导下的信息化人员。风险防范措施主要是使政府信息化平台安全平稳顺利运行。

(5) 外包管理类信息的处理。外包管理类信息处理主要包括政府部门提出的业务需求，以及根据需求进行系统分析、设计、编码和运维。责任人主要是信息中心主任或政府 CIO 领导下的信息化人员。风险防范措施主要是要非常认真慎重地选择有资质的外包商。

(三) 信息发送机制

信息发送机制主要是指信息的传递与分享。政府 CIO 需要向上级报告信息化建设的各种情况，包括建立的信息化制度、信息化项目建设情况、信息化资金使用情况、信息化培训情况等；还要与同级部门开展经验交流，确定项目业务需求；要向下属布置日常工作安排、进行分工协作等；还需要向公众发布相关信息，向外包商说明需求等等。何时、何地、以何种方式向什么对象汇报什么内容就是信息发送机制需要解决的内容。政府 CIO 的日常工作信息发送和项目管理信息发送如表 9－13 所示。

表 9－13　政府 CIO 对于日常工作信息和项目管理信息的发送

类别	信息维度	信息发送内容	发送方式	发生频率	报告名称
与上级领导	日常管理	涉及电子政务建设的决策、资金、管理、实施情况等，电子政务未来发展规划等	会议、纸质报告、口头	会议居多，包括日常定期汇报和不定期讨论，项目进行中定期和不定期的报告等	《电子政务建设规划》《年终总结报告》等
	项目管理	项目立项报告、项目实施进度、完成情况等	会议、纸质报告	不固定，与领导的意愿相关	《项目立项申请书》《项目可行性研究报告》《项目简报》等
与同级部门	日常管理	电子政务的经验交流	会议	信息化会议，如每年一次	《信息化交流总结报告》等
	项目管理	项目需求通告	会议	根据需要确定，如每月一次例会	《项目需求确认书》等
与下属人员	日常管理	日常工作安排，业务信息的发送等	会议、口头	固定例会，如每月一次；不定期专题会议	《工作例会报告》《专题会议报告》等
	项目管理	项目进度安排、工作分工等	会议、口头、电子邮件等	固定例会，如每周一次	《项目进度安排报告》等

续前表

类别	信息维度	信息发送内容	发送方式	发生频率	报告名称
公共服务	日常管理	通过电子政务平台的信息发布等	网络	根据需要	—
外包企业	项目管理	项目需求、变更，确定功能，资金的分配等	会议、电子邮件等	定期与不定期结合	《项目实施评价报告》等

（1）向上级领导发送的信息。包括涉及电子政务建设的决策、资金、管理及实施情况等；电子政务未来发展规划；信息化项目的立项申请、实施进度、完成情况等。其发送信息的方式包括会议、口头和纸质文件，发生的频率比较低，可能产生的报告有《电子政务建设规划》《年终总结报告》《项目立项申请书》《项目可行性研究报告》《项目简报》等。

（2）向同级信息部门发送的信息。主要包括与同级信息部门开展经验交流，向其他业务部门通告项目需求。通常采用定期例会的形式进行，可能形成《信息化交流总结报告》《项目需求确认书》等。

（3）向下属发送的信息。主要包括布置日常工作安排、项目进度安排等。信息发送方式包括固定例会、专题报告、口头等，产生的报告包括《工作例会报告》《专题会议报告》《项目进度安排报告》等。

（4）向公众发送的信息。主要是通过电子政务平台向公众发布公共服务相关信息。

（5）向外包商发送的信息。主要包括项目需求、变更信息，确定系统功能等。主要以会议的方式，定期或者不定期地展开，最终会产生《项目实施评价报告》等报告。

第十章　大部制改革与政府 CIO 制度

本章首先简单介绍政府改革的过程以及大部制改革的思想，因为中国政府的信息化是与政府行政体制改革同步进行的，信息化建设必须结合当前中国政府部门正在进行的大部制改革。然后从政府 CIO 职能和组织结构的角度讨论大部制改革对政府 CIO 的影响。在大部制改革的进程中，信息化被赋予了更多的期望。政府信息化为大部制改革提供了手段和实现平台，使大部制改革成为可能。而大部制改革既是政府信息化的建设内容，又是政府信息化的应用基础。最后指出政府应该借大部制改革的契机，将中国的政府信息化落到实处，将信息化的深度应用细化，使得政府信息化能上一个新台阶；同时借助信息化的手段来推动大部制改革。使得大部制改革和政府信息化的发展目标一致，从而实现从管理型政府向服务型政府的转变。

第一节　大部制改革的思想

2008 年 2 月于北京召开的党的十七届二中全会通过了《关于深化行政管理体制改革的意见》和《国务院机构改革方案》，会议提出要贯彻党的十七大关于加快行政管理体制改革、建设服务型政府的要求，着眼于推动科学发展、保障和改善民生，在加大机构整合力度、探索职能有机统一的大部门体制等方面迈出重要步伐。同年 3 月 11 日，十一届全国人大一次会议第四次全体会议听取了华建敏所做的关于国务院机构改革方案的说明。3 月 15 日，第五次全体会议表决通过了国务院机构改革方案的决定草案，也就是通常所说的以大部制为核心的政府行政管理体制改革。通过这个改革，政府要从全能型政府逐渐转向服务型政府[444]，并且力争到 2020 年，建立比较完善的中国特色社会主义行政管理体制。

所谓大部制，就是在政府的部门设置中，为克服和解决政府职能交叉、政出多门、权责脱节等一系列政府管理问题，将那些职能相近、业务范围交叉雷同的事项进行相对集中的整合，由一个部门统一进行管理，从而达到提高行政效率、降低行政成本目标的一种行政管理模式[445]。大部制是现代社会公共服务型政府的制度产物，也是市场经济成熟的国家普遍采用的政府体制模式[446]。

从 1978 年的改革开放到 2013 年，中国一共进行了 7 次行政管理体制改革。第一次是在 1982 年，国务院各部门从 100 个减为 61 个，编制从 5.1 万人减为 3 万人；第二次是在 1988 年，国务院部委由 45 个减为 41 个，改革后人员编制减少了 9 700 多人；第三次是在 1993 年，国务院组成部门直属机构从 86 个减少到 59 个，人员减少 20%；第四次是在 1998 年，不再保留的部委有 15 个，新组建 4 个部委，3 个部委更名，改革后除国务院办公厅外，国务院组成部门由原来的 40 个减少到 29 个；第五次是在 2003 年，这次改革将国务院的组成部门变为 28 个，同时设置了国资委、银监会，组建了商务部、国家食品药品监督管理局、安检总局，并将国家发展计划委员会改组为国家发展和改革委员会。这 5 次的改革主要是转变职能，围绕着实行政企分开、政事分开和政社分开，同时精简机构。第六次是在 2008 年，这次改革是以大部制改革为中心展开的，新组建了工业和信息化部、交通运输部、人力资源和社会保障部、环境保护部、住房和城乡建设部。将国务院的组成部门变为 27 个。行政管理体制改革不再把裁减人员、裁减机构作为主要目标，而是把政府的管理能力和其应有的责任联系起来，强调政府公共行政体的服务职能。第七次是 2013 年开始的政府改革，进行了铁道部、卫生部、国家人口和计划生育委员会的裁撤，以及国家食品药品监督管理总局、国家新闻出版广播电影电视总局等的组建，这次改革在减少政府对微观事务的干预的同时严格了事后监管。如果说第六次政府机构改革是大部制改革的开始，第七次政府机构改革则是大部制改革的深化。政府职能转变是深化行政体制改革的核心，大部制改革不是一蹴而就的，而是一个长期的过程。政府改革的最终目标是到 2020 年，建立比较完善的中国特色社会主义行政管理体制。

至于为什么要实行大部制，这与中国目前的经济社会条件密切相关。随着中国市场经济的快速发展，同时出现了两大突出的矛盾[447]：一是经济快速增长同发展不平衡、资源环境约束的突出矛盾，经济发展质量普遍不高，而且是以资源浪费、环境污染为代价，不符合可持续发展的长远规划。二是公共需求的全面快速增长与公共服务不到位、基本公共产品短缺的突出矛盾。随着公共需求的快速增长，与义务教育、公共医疗、就业与再就业、社会保障、公共安全、环境保护等相关的需求逐渐成为全社会普遍关注的焦点。这两大矛盾对政府管理的职能提出了新的要求和挑战，需要政府对市场的监管做到统筹规划、总揽全局、法治保障等有机结合。而大部制的实行将为政府职能转变提供制度保障，从而有效减少政府对微观经济领域的干预，增加老百姓日益增长的公共服务需求。因此，大部制改革势在必行。

第二节　大部制改革对政府 CIO 制度的影响

大部制改革始于 2008 年的政府机构调整，以大部制为核心的政府行政管理体制改革中，要求政府从全能型政府逐渐转向服务型政府。从这次改革开始，不再把裁减人员、裁减机构作为主要目标，而是把政府的管理能力和其应有的责任联系起来，尤其强调政府公共行政体的服务职能。

十八大之后，大部制改革进一步深化，政府 CIO 制度作为政府信息资源管理的基本制度，作为政府管理制度中的一员，自然也受到大部制改革的影响，大部制改革对于政府 CIO 制度及其所在部门的影响主要体现在两方面：一是对政府 CIO 职能的影响；二是对政府 CIO 的组织结构的影响。

一、对政府 CIO 职能的影响

大部制改革对于政府 CIO 职能的影响体现在以下三个方面：

（一）“信息资源利用职能”的深化

大部制的改革思路，将会极大地影响信息化系统的建设模式和信息资源的采集、共享和利用。大部制改革前，政府的部门划分比较细，部门之间职能交叉，而各个部门又掌握大量的信息，由于部门利益的存在导致这些信息不能及时共享，从而形成了各种各样的信息孤岛。而大部制改革的实施，就必须从最根本的政府部门职能上对机构组织进行整合，扫除原有部门间的信息障碍，从而极大地促进信息资源共享和利用，实现信息的整合。同时真正实现信息系统之间的互联互通，消除“条块分割”，这才是政府信息化的核心。

大部制改革导致的部门合并，必然会对传统政务系统的流程、组织方式、运作方式进行改造。部门合并后产生的新部门中存在大量的信息资源需要合理利用，这些信息之前由相互孤立的应用系统产生和管理，其服务范围局限在个别应用或某个部门内部。各个数据库之间存在数据重叠，不但带来了大量的重复采集，还存在着大量的不一致现象，必然使政府信息资源的管理产生很多冲突和摩擦，这些都加大了信息资源管理的难度，需要政府 CIO 站在更高的层次对信息资源进行专门的管理、组织和协调。否则，信息化很难对政府的相关决策有一个比较好的支撑。因此有必要将原来的“信息办”和“信息中心”这种组织结构的职能进行调整以适应需求的变化，加大对于信息资源的整合，尤其在网络治国和大数据的背景下，更要把政府信息资源的深度利用放在今后改革的重点方向。

（二）“公共服务职能”的扩展

大部制改革提出要将政府从全能型政府逐渐转向服务型政府，这意味着政府要为公众提供更多的公共产品和服务，这也表明公共服务是今后政府信息化的一个重要发展方向，政府 CIO 及其所属部门的服务也要从为“服务政府”扩展到为“服务公众”的领域，将政府信息化的发展与政府职能转变紧密结合起来。随着政府信息化的进一步发展，它还将继续改变传统的政务流程、组织方式和运作方式，进而对社会政治生活和公共管理、政府与公民的关系乃至国家与地区的综合竞争能力等带来深远的影响[448]，真正成为政府职能转变的推进器。

（三）“监督职能”的增强

大部制改革有利于提高政府决策的科学性和政府决策的质量。由于大部制把职能相关或相近的部门事务都集中在一起，这样在做决策时所依赖的信息就更加全面、可靠，决策的视野也更宽，同时还可以减少“经济人”的自利动机。但也有一点尤其值得关注，那就是实行大部制管理后，由原来的几个部门组成的新部门，其行政权力和财力势必更加集中，新部门将拥有更多的资源配置权力，那就有可能造成部门利益凌驾于公共利益之上的后果，进而导致公共政策的变形和扭曲，甚至导致权力部门化、部门利益化、利益集团化[449]。对于这个问题的解决，需要在对新部门强化决策职能的同时，把相关的执行职能从决策部门分离出来，并设立独立的监督机制。而独立的监督机制可以通过信息化的手段来实现，比如将政府

CIO所在的信息管理部门的信息公开职能扩展到监督职能来实现。未来的信息部门的职责不仅仅是信息化建设与信息公开，而且还要通过信息手段来实现民众监督和民众参与。

从以上分析可以看出，政府信息化为大部制改革提供了手段和实现平台，使大部制改革成为可能。而大部制改革既是政府信息化的建设内容，又是政府信息化的应用基础。

二、对政府CIO的组织结构的影响

大部制改革对于政府部门内部之间的信息融合和协调提出了更高的要求，而之前的"信息中心"甚至是"信息办"显然已经不能适应这种变化。

首先，从决策层面来讲，在大部制下，对于政府决策所需的信息要求更加准确、及时，需要有专门的组织或个人对大部门内的信息进行综合管理。对政府信息的管理和应用更加要有专业化水平，而专业部门的设置还要能够起到协调其他部门的作用，因此需要一个更高级别的机构来统一管理。

其次，从具体应用层面来讲，国家层面的政府信息化不仅仅有内网、外网，还有新媒体客户端、微博、微信以及专用网等，其结构复杂。规范的管理需要知道哪些信息是涉密的，哪些是可以公开的。这都需要一个专业的部门进行统一管理，否则在这个部门不能公开，在另外一个部门又可以公开，不仅造成了管理上的混乱，还会给国家的信息安全带来隐患。

再次，目前的组织结构中，信息办属于公务员编制，而信息中心一般是事业单位的编制，不同类型的编制对于日常管理也会造成很大的麻烦。此外，由于经费有限，事业单位人员的待遇和政治地位都相对比较低，导致高级信息技术管理人才的流动性比较大，这对于信息的管理和安全都是不利的。大部制改革后部门内的大量信息需要一个稳定的部门来管理。

综上所述，实施大部制后，政府部门需要一个级别高、专业、稳定的信息资源管理部门，因为政府组织结构是政府CIO制度建立的政治基础。信息技术部门的组织结构在整个IT工作的日常运作和战略规划中起着重要的作用，它合理与否直接影响着政府IT战略的发展。大部制改革的重点不是精简机构，而是理顺职能，优化流程，因此作为大部制改革手段之一的政府信息化就需要设立完整的负责信息资源管理的组织结构体系。

第十一章　大数据与政府 CIO 制度

本章首先介绍了大数据的基本知识，然后从推进政府 CIO 制度、政府 CIO 制度设计和政府 CIO 制度运行三个角度论述了大数据对于政府 CIO 制度的影响。大数据治国目前正成为全球各个国家和地区提升治理能力，实现政府公共服务的技术创新、管理创新和服务模式创新的基本追求。大数据在公共管理领域的应用，不仅使很多传统领域的难题变得迎刃而解，更成为新时期应对各种新的挑战、解决新问题的必然选择。信息资源的管理和深度利用需要政府相应的制度予以支持，尤其是在中国信息化制度不完善的今天，大数据的潮流使得对于政府 CIO 制度的管理需求更加迫切。

第一节　大数据简介

大数据（big data）指的是所涉及的数据规模巨大到无法通过目前主流软件工具，在合理时间内达到获取、管理、处理，并整理帮助组织进行决策目的的数据[450]。大数据既有结构化数据，也有非结构化数据和半结构化数据，涵盖了文本、数字、图像、视频等多种类型，并可跨越多个数据平台[451]。“大数据”之“大”更多的意义在于：人类可以分析和使用的数据大量增加，通过对这些数据的交换、整合和分析，可以发现新的知识，创造新的价值，带来“大知识”、“大科技”、“大利润”和“大发展”[452]。

在维克托·迈尔-舍恩伯格及肯尼思·库克耶编写的《大数据时代：生活、工作与思维的大变革》中，大数据指不用随机分析法（抽样调查）这样的捷径，而采用所有数据的方法分析的数据处理模式[453]。一般说来，大数据有以下“4V”的特点：

(1) 数据体量巨大（volume)。大数据的起始计量单位是 P（1 000 个 T)、E（100 万个 T）或 Z（10 亿个 T）级别。

(2) 数据类型繁多（variety)。比如，网络日志、视频、图片、地理位置信息等。

(3) 数据价值密度低，但商业价值高（value)。

(4) 高速（velocity)。大数据分析速度快，甚至需要实时分析，因此需要高速的运算。

随着信息社会的发展，全球数据的海量增长令人吃惊，据预计，全球数据总量每两年就会增长一倍，到 2020 年人类拥有的数据总量将会达到惊人的 35 万亿 GB。尤其是有了互联网以后，网络数据更是加快了数据的增长速度。2014 年的一项研究发现，一分钟内全球互联网传送数据 64 万 GB，发布 2 亿 400 万封邮件，下载 4.7 万个 APP。一天之中，互联网产生的全部内容可以刻满 1.68 亿张 DVD；发出的社区论坛帖子达 200 万个（相当于《时代》杂志 770 年的文字量)；每天有 1.72 亿人登录 Facebook，4 000 万人登录 Linkedin，2 000 万人登录 Google+，1 700 万人登录 Pinterest。这些人浏览网页、更新状态、上传图片等活动产生的数据更是不计其数。从国内来说，淘宝单日产生的日志数据量超过 50TB，存储量达 40PB；国家电网公司年均产生数据 510TB（不含视频)，目前累计数据 5PB[454]。

数据的海量增长，带来了这样一个趋势：越来越多的领域和产业在创新上都走上依靠计算机—互联网—大数据这么一条道路。全球数据不仅快速增长，而且已经渗透到每一个行业和业务领域，逐渐成为一种重要的生产因素和战略资产，蕴含着巨大的商业价值[455]。而海量数据的开发和利用，不仅是公众获得新的知识、创造新的价值的源泉，还是改变市场、组织结构以及政府与公民关系的推动力。

大数据在商业领域的应用已经十分普遍，比如：电子商务公司可以根据每天的顾客点击量和购买行为记录，预测未来的商业潮流及趋势。其实，政府部门一直是数据资源的重要占有者，掌握着大量的有关人口、交通、卫生、社保、税收、城市规划等方方面面的数据。如果能够盘活这些数据资源，对于转变政府职能、提高行政效能、实现政府管理创新将起到极大的作用。

美国政府一直是大数据的积极推动者和实践者，自 2009 年推出 Data.gov 网站以来，为推进大数据国家战略，美国政府针对大数据应用的举措不断，从法律到制度支持，整个大数据管理及应用体系日渐完备。2012年美国政府首先开放了 388 529 项原始数据和地理数据，涵盖了农业、气象、金融、就业、人口统计、教育、医疗、交通、能源等大约 50 个门类，汇集了从家庭、企业能耗趋势分析到全球实时地震通知等数据。2013 年，美国政府宣布大数据的研究和发展计划，旨在提高美国从大型复杂数据中提取知识和观点的能力。此举使美国成为全球首个将大数据上升到国家战略层面的国家，也是数据科学家人才储备启动最早的国家。

大数据治国，目前正成为全球各个国家和地区提升治理能力，实现政府公共服务的技术创新、管理创新和服务模式创新的基本追求。大数据在公共管理领域的应用，不仅使很多传统领域的难题变得迎刃而解，更成为新时期应对各种新的挑战、解决新问题的必然选择。比如：在新加坡，智能交通综合信息管理平台在预测交通流速和流量方面有高达 85%的准确率，通过有效的引导和干预，能显著提升高峰时段的车辆通行效率；在美国，通过农业大数据改善农业环境、增加生产效率、做出政策调整，极大助推了其农业发展。

信息化时代，政府是海量数据的拥有者，政府作为政务信息的采集者、管理者和占有者，具有其他社会组织不可比拟的信息优势，更应该积极主动地开发大数据的价值效用[456]。作为在政府部门负责政府信息工作的主要人员，政府 CIO 主要面临三个大的挑战：第一，实现基础设施和应用的现代化，全面满足现代 IT 迅猛发展的需求，例如大数据、社交、移动、数据分析和云计算等；第二，把信息技术从被动应对和纯粹的后台职能部门转型为面向客户的创新驱动力，以帮助组织创新产品与服务；第三，扩大信息技术的作用，以促进组织在运营、流程、决策等多个方面的改变[457]。

第二节　大数据对政府 CIO 制度的影响

大数据时代意味着数据正式成为一种资源，一种与以往不同的资源——数据资源成为社会发展的动力，不仅对于商业企业，对于政府更是这样。信息资源的管理和深度利用需要政府相应的制度予以支持，尤其是在中国信息化制度不完善的今天，大数据能够提高政府的社会管理水平，将在政府日常决策中发挥越来越重要的作用。大数据的潮流对于政府 CIO

制度的需求更加迫切。

一、对推进政府CIO制度的影响

在大数据时代，数据已经成为组织运作除了物质资源、人力资源、资金资源之外的一项重要资源，既然物质资源有生产部门、销售部门进行管理，人力资源有人事部进行管理，资金资源有财务部门进行管理，为什么没有一个部门对信息资源进行管理呢?

众所周知，政府是这个社会上最大的数据拥有者，其在日常政务运作过程中产生了大量的数据，这海量的数据未来将会成为政府所拥有的重要资产。利用大数据技术对这些数据资源进行存储、分析、传播和预测：可以提高政府的宏观决策能力；可以优化目前的政务流程，提高工作效率，提升政府对于公众的服务水平和质量；可以提升政府应对突发事件的能力。但是在缺乏政府CIO制度的情况下，想要实现这些目标就比较困难，没有政府CIO制度作为制度保障，谁来管理政府这些信息资源？谁来开发这些数据？如何进行开发？谁为这些数据的安全负责？这一系列问题都会成为棘手的问题。

大数据使得政府部门面临的内外部环境都在发生着剧烈的变化，政府部门迫切需要完善的政府CIO制度来对政府信息资源进行开发和利用。

从外部环境来讲，企业已经开始利用大数据进行基于数据的管理模式的创新，从最基本的数据采集到数据整合、分析、治理、创新，最终实现服务的转型，并且已经取得一定的成效。这给相关的政府部门造成了很大的压力，压力来自政府的低效率与企业的高效率形成的反差。加之随着经济全球化的影响，国内经济在进行转型的压力下，政府部门要保证经济的稳定前行，在各种金融和货币手段都失灵的情况下，大数据的支持成为突破这一困境的有效工具，目前政府所号召的“互联网＋”的精髓就是希望企业能够好好利用已有的数据资源完成经济的转型。但当政府部门制定大数据政策的时候，就会发现政府部门内部不仅仅缺乏大数据相关的技术人才，还缺乏有大数据视野的管理人才。而要解决这个问题，必须要政府部门本身对于政府数据的管理形成一整套制度安排，也就是要尽快推出政府CIO制度。

从内部环境来讲，十八大后的政府机构改革、权力清单的公示、职能的创新、业务流程的优化都使得政府内部的信息资源比以往显得更加重要。这些变化彰显了一个主题，那就是政府今后必须将数据资源作为一种重要资源，进行基于数据资源的创新，实现政府各部门行政资源和数据资源的横向和纵向共享，最终利用数据资源提升管理和服务水平，满足公众对于政府服务越来越高的要求。但目前国内进行信息化管理的行政机关一般是信息中心，而信息中心的地位普遍偏低，权限有限，无法单独实现政府的大数据管理的职能。此外，各级政府还都建立了政务数据中心，但数据中心的功能仅仅局限于存储数据，这其实是数据资源的极大浪费。政务数据中心应该有更广的视野，不仅存储数据，还应该采用大数据技术，对现有的海量数据资源进行分析和挖掘，辅助各级政府部门进行科学决策。

综上所述，正式推进政府 CIO 制度，建立以数据资源为核心的管理体系尤为迫切，而政府 CIO 制度正是这个体系中核心的一环。

二、对政府 CIO 制度设计的影响

大数据对政府 CIO 制度设计的影响主要体现在政府 CIO 的选拔、培训和考核制度以及组织结构两方面。

（一）从政府 CIO 的选拔、培训和考核制度来看

大数据技术的发展，使得对于政府 CIO 的角色和职责有了更进一步的要求，需要政府 CIO 具有大数据思维的能力，具体表现在对于政府 CIO 的选拔、培训和考核上。

对政府 CIO 的选拔制度进行设计的时候，应便于选择有全局观、对于数据敏感的人选，考察他们是否能将 IT 创新思维与政府的创新管理结合在一起。

对政府 CIO 的培训制度进行设计的时候，可以适当增加大数据质量的相关内容，因为目前政府大数据治理存在的比较严重的问题就是缺乏高质量的数据。以往政府在采集数据的时候，由于缺乏统一规划，很多情况下标准不统一，造成采集来的数据不能为其他部门所用。甚至有时候为了完成某些指标而刻意编造一些数据或随意采集数据。不同的数据标准、虚假数据给大数据的利用带来了障碍。正所谓“垃圾进垃圾出”，对于这些数据分析的结果毫无意义，有时候甚至会误导政府的决策。

对政府 CIO 的考核制度进行设计的时候，要增加合理利用开发政府的相关数据为政务活动所用的考核内容。“大数据思维”具有海量、开放、共享、实时的特征，这要求政府部门改变传统思维模式，激活那些被束之高阁的“沉睡数据”，积极抓取实时信息，整合多部门，形成信息资源聚

合。政府 CIO 要能够利用大数据进行公共服务的创新、内部业务的优化，最终达到对公民的精准服务、差异服务和管理模式的进化。

（二）从组织结构的角度来看

大数据对政府 CIO 制度设计的影响在于构建组织部门之间的共享理念，打破部门之间的藩篱。因为大数据不仅仅是海量的数据，更是关联的数据，不是一个个孤立的数据，而是这些数据形成的一个巨大的信息网。要想深刻地理解和发掘利用这些数据，政府 CIO 及其所在的部门还应该有共享的理念，虽然目前各级政府部门大都建成了比较完备的信息化平台，但多数部门并没有认识到数据共享的价值，不重视数据共享，或出于数据安全的惯性不愿意共享，不关心部门之外的数据需求，抱着多一事不如少一事的心态，使得相关数据因为条块分割得不到充分的利用。最主要的原因是各个职能部门的行政人员，特别是部门领导没有共享的思维，认为这个数据是我部门采集的，应该由本部门管理和使用。更有甚者利用这些数据为部门和个人谋私利，造成了数据部门化、部门利益化。虽然中国有《政府信息公开条例》，其中也规定公开为原则、不公开为例外，但是由于《条例》中存在大量的对于信息公开不当的处罚规定，造成行政人员缺乏主动公开数据和信息的动力，更别说共享的理念了。

实施大数据战略后，政府 CIO 制度中的组织结构就会发生重大变化，各个部门的信息全部汇集在数据中心，然后又从数据中心发送到各个职能部门，职能相近的政府部门会合并，信息管理部门会逐渐成为政府运作的中心。因此，在进行政府 CIO 制度设计的时候要充分考虑未来可能的变化，并结合现实的需求进行合理的规划，除了组织结构的调整外，更重要的是培养部门间的这种共享理念。此外，不仅仅是政府 CIO 所在的信息资源管理部门，政府的服务流程所涉及的各个部门都应该有共享的理念和大数据的思维，协助政府 CIO 完成大数据的政府改造。这不仅仅是信息部门的事情，也是业务部门分内的职责。

总的说来，大数据背景下，对于政府 CIO 人才的选拔和培养制度要有大数据的思维方式，对于政府 CIO 组织结构的调整设计要体现共享的理念。

三、对政府 CIO 制度运行的影响

大数据对政府 CIO 制度运行的影响体现在政府 CIO 制度的辅助决策上。大数据能通过海量的数据分析提高决策的科学性和精准性，从而提升

政府的决策能力，需要政府 CIO 制度在运行中完善沟通机制和改变工作模式。

(一) 完善沟通机制

大数据能提高决策的科学性和精准性，提高政府的预测预警能力以及应急响应能力。随着互联网的发展以及多种来源的信息汇集至政府机构，政府部门可以从传感器、卫星、社交媒体、移动通信、电子邮件、无线射频识别设备和应用程序持续不断地接收数据，导致政府各个职能部门拥有大量的社会管理和公共生活数据。要充分利用这些数据，政府必须改变过时落伍的信息管理能力。未来，这些数据都将汇集到以政府 CIO 为核心的信息资源管理部门，形成政府部门的大数据平台，在符合信息安全原则的基础上，优化整个信息流程。信息的采集、处理以及发送都通过信息资源管理部门的制度设定，使政府 CIO 通过恰当地管理、建模、分享和转化，从中提取有效信息，并以最恰当的方式做出更加具有前瞻性的决策，为民生相关者做好服务[458]。已经有越来越多的政府摈弃直觉，依赖电子政务的数据分析进行决策。因此，建立政府 CIO 制度中的信息沟通机制是信息得以顺畅流动的重要保障。

(二) 改变工作模式

大数据还拓展了政府决策的信息边界条件。政府不仅可以在决策之前掌握更充分的信息，而且可以在政策实施过程中，通过微博、微信等社交媒体实时、在线收集公众意见，实现对公众关注的问题以及对政策的反应的监测，及时动态地调整相应政策。这就要求政府 CIO 及其所属部门改变以往工作方式，实时提供数据支撑。工作时间可能会变成 7×24 模式，同时，随着信息终端设备的普及，工作地点也不再局限于单位，未来信息服务部门将是随时、随地地提供数据支撑服务。

第十二章　行政文化与政府 CIO 制度

本章首先基于政府行政管理理论的历史变迁来构建行政文化的内涵并分析电子政务的文化诉求。电子政务不仅是一场公共管理的技术革命，而且还意味着深层的公共管理理念和行政文化的转变，其本质上是政府管理范式转型。

然后基于此分析电子政务所面临的现实文化冲突，提出完善以“法治”为核心的法律框架体系，优化以“效率”为核心的政府流程重组以及树立以“服务”为核心的行政价值观的行政文化建议，在发展电子政务的时候，不仅要有以政府 CIO 制度为核心的一系列相关的制度体系，还要有与之相匹配的行政文化环境作为支撑。

最后分析行政文化和政府 CIO 制度的关系，政府 CIO 制度与行政文化是政府发展电子政务的两大支柱。只建立政府 CIO 制度，没有匹配的行政文化，政府 CIO 制度会被束之高阁或者人为扭曲。而只谈行政文化，没有政府 CIO 制度的支撑，行政文化就会成为一种说教，无法落地推动电子政务的发展。政府 CIO 制度将会带动行政文化的创新，而行政文化也是政府 CIO 制度落地的重要保障。

第一节　问题的提出及国内外相关研究

一、行政文化问题的提出

中国的电子政务经过十多年的发展后，政府门户网站、网上联合办公、网上审批等信息技术应用都已逐步开展，大多数政府机关都已建立了自己对内对外的信息系统，并在日常业务处理过程中发挥了重要作用。但就全国范围来讲，电子政务的发展水平参差不齐，不少政府机构拥有了先进的硬件设施、引进了优秀的人才、制定了完善的管理制度，但是电子政务的绩效依然不高，使我们不得不反思这到底是什么原因。

张明国（2004）曾经指出：在技术转移中，与技术相关的制度和意识会滞后转移并产生文化摩擦。只有在进行技术转移的同时实施文化变革，才能消除文化摩擦[459]。文化摩擦产生于制度、观念的差异。只有实施文化变革，改变其中落后的技术、文化制度及其观念，才能促进技术转移[460]。

实际上，我们大多数人没有认识到电子政务不仅是一场公共管理的技术革命，而且还意味着深层的公共管理理念和行政文化的转变，其本质上是政府管理范式转型。在发展电子政务的时候，不仅要有以政府 CIO 制度为核心的一系列相关的制度体系，还要有与之相匹配的行政文化环境作为支撑。2006 年，牛津大学针对欧盟国家电子政务建设情况的调查发现，文化因素在各种抵制障碍中占据重要地位，主要表现为对电子政务所带来的各种变化的消极抵制、对电子政务建设紧迫性以及与私营部门竞争的认识不充分等[461]。长期以来在大家脑海里存在的行政理念、行政价值观以及行政文化，对电子政务的推行有至关重要的影响[462]。因此，电子政务要在不同社会文化环境下合理运行，不仅有技术、制度方面的要求，而且也有文化的诉求。电子政务不应仅是现代信息、通信技术对政府管理模式的再造，而且应该是深层次的文化变革。政府部门的 IT 治理，必须要有与信息化相匹配的文化为基础。如果说基础设施、软件系统、制度设计是电子政务实施的硬环境，那么行政文化就是电子政务发展的软环境，任何管理制度都植根于一定的行政文化土壤，政府 CIO 制度也不可能脱离其特定的行政文化而独立存在。

要完善和发展电子政务，不仅要有完善的政府 CIO 制度，还要有相应的行政文化辅助。那么发展电子政务到底需要什么样的行政文化呢？它的文化诉求又是什么呢？以下将基于政府管理理论变迁来构建行政文化的内涵并分析电子政务的文化诉求，探讨其所面临的现实冲突问题。

二、国外相关研究

针对电子政务和行政文化关系的研究，国外很少采用“行政文化”一词，大多是采用“组织文化”的概念。因此，文献内容通常聚焦于政府中的组织文化与电子政务或某项具体的信息技术之间关系的研究，相关研究主要有以下几类：

(一) 从国家文化层面研究跨文化对电子政务的影响

不同的国家文化对信息技术的影响，主要通过对电子政务准备度以及技术扩散的影响，最终体现在对政府提供互联网服务的数量和质量的影响上[463]。比如：Straub（1994）利用 Hofstede 的国家文化模型作为基础，研究了美国和日本两个国家的不同文化对信息技术采纳的影响，结果表明不同的文化对新的电子信息技术的选择有很大影响，国家文化中的“不确定性回避”解释了日本在新技术的选择上与美国的差异[464]。kovačić（2005）也借用四维度国家文化模型研究了 95 个国家的国家文化对电子政务准备度的影响，发现在国家文化的四个维度中，只有“个人主义”和“权力距离”影响电子政务的准备度[465]。Khalil（2011）则用九维度国家文化模型探寻 56 个国家的国家文化与电子政务准备度之间的关系，指出国家文化对电子政务的建设同时存在积极和消极两方面的影响，国家文化中的“性别平等”对电子政务准备度有着积极的影响，而“集体主义”、“未来导向”和“不确定性回避”等价值观都被认为对电子政务准备度有消极负面的影响，这些发现都为各国发展电子政务提供了基于行政文化方面的政策与策略[466]。

(二) 从组织层面研究组织文化对电子政务的影响

Sørnes（2004）利用国家文化模型分析美国和挪威两国的人在使用信息技术上的差异，发现在国家文化的四个维度上都不存在差异，可能的原因就是除了国家文化以外，信息技术的使用还受到某些子文化的影响[467]，比如组织文化或团队文化等。在组织文化层面，学者研究了各种不同类型的组织文化对电子政务绩效的影响，比如 Fei Li 等（2007）从学习文化、团队文化、创新文化、服务文化四个维度，通过实证研究证明了学习文化、团队文化和创新文化对电子政务的经济和政治绩效有很强的影响，但服务文化对绩效的影响就较弱[468]。Kanungo 等（2012）用学者 Wallach（1983）关于行政文化的三种分类[469]，研究了层级文化、支持文化、创新文化对绩效的影响，并认为层级文化的存在会阻碍电子政务绩效的提高[470]。

(三) 具体的信息技术如何影响组织文化

部分学者认为不仅仅组织文化会影响信息技术，政府中信息技术的使用也会导致组织文化在某种程度上发生变化。比如 Doherty 和 Doig（2003）通过实证研究发现，使用了数据仓库这样的新技术后，组织的客户服务、灵活性、组织授权以及资源整合方面的文化发生了巨大的改变[471]。Latane 和 Bourgeois（1996）利用社会动态理论研究发现新技术通过对文化的影响进而改变了社会结构[472]。Dutton，Rogers 和 Jun（1987）指出信息技术对文化的影响主要是因为信息技术改变了信息沟通的方式和规范[473]。

（四）组织文化和电子政务的相互影响

其实，组织文化与信息技术之间不是简单的因果关系，两者是一种相互影响的关系。因为从某种意义上说，信息技术本身就是一种文化的物质表现形式[474]。行政文化与电子政务的相互影响，实际上是信息技术所隐含的文化诉求与传统行政文化之间的冲突问题[475]。Leidner 等（2006）曾基于"价值的冲突"观念提出了信息技术与文化间的三种冲突类型，即系统冲突、贡献冲突以及远景冲突，这些冲突将会导致价值的重新定位，并影响和形成新的文化[476]。

三、国内相关研究

国内方面，有关行政文化与电子政务关系的研究主要有以下几类：

（一）传统文化对电子政务的影响

大多数文献研究的是传统行政文化中的落后因素对电子政务的阻碍，比如熊英（2003）从官本位价值取向与封建官僚文化、腐败与官德缺失、公务员素质三个方面进行分析，指出中国电子政务发展的最大障碍在于落后的行政文化，行政文化创新是当前中国加快电子政务建设的必然要求[477]。伍小涛等（2005）基于传统行政文化中的官本位价值观、人格取向特征以及排他性和封闭性的行政文化特征，指出其妨碍了以社会服务为中心、透明化的电子政务系统的建设与发展[478]。当然，也有传统行政文化中的先进文化对电子政务的影响。比如刘海棠（2011）发现传统行政文化中有与电子政务相契合的部分，传统行政文化中的民本主义思想与电子政务中的服务性要求具有一致性，传统行政文化强调公平与电子政务中的效率和社会公平并重的价值理念具有一致性，传统行政文化在选人用人方面注重德才兼备，与电子政务中倡导大力引进信息化人才的思想具有一致性[479]。

（二）电子政务文化诉求及构成

刘红燕（2005）从新公共管理理论出发，提出了电子政务不应仅是现代信息、通信技术对政府管理模式的再造，而且应该有深层的文化内涵。在电子政务的建设过程中应该有新的文化诉求，即以公众为中心的服务行政、分权与管理主体多元化、法制化与规范化以及权利理性[480]。陈德权等（2012）基于电子政务活动本身的特点，指出电子政务文化主要由技术文化、行政文化以及网络文化契合而成，认为电子政务文化的微观结构包括理念层文化、制度层文化、行为层文化和物质层文化[481]。并在此基础上分析了中国电子政务文化治理面临的挑战，包括电子政务文化与既有相关文化的冲突、与公职人员认知和素质的冲突、与传统行政模式的冲突及其自组织的冲突，提出应该由政府引导公众积极参与，通过强化制度建设与监督考评机制来实现电子政务文化治理[482]。

综上所述可以看出，国外对于行政文化和电子政务关系的研究，大多是从国家文化层面来研究电子政务的跨文化差异，比如不同国家的电子政务的准备度、信息技术采纳、信息技术扩散之间的差异。即便在组织层面的文化，也仅仅是研究文化对于技术的扩散和绩效的影响，缺乏从文化内涵角度对电子政务文化诉求的深入分析。国内研究更多的是聚焦于理念层面的传统行政文化对电子政务的影响，同时，对于行政文化的内涵及电子政务的文化诉求的研究缺乏理论支撑。本章内容将基于政府管理理论变迁来构建行政文化的内涵并分析电子政务的文化诉求，探讨其所面临的现实冲突问题。

第二节　基于政府管理理论的电子政务文化诉求

政府的行政管理理论经历了“传统行政管理—新公共管理—新公共服务”这么一个逐渐转变的过程。在传统行政理论的官僚理念中，政府主要担任权威管制者的角色，公众对于公共事务的参与程度较低，政府组织结构烦冗、信息闭塞、效率低下。“官本位”“重人治、轻法治”“形式主义”等传统行政文化普遍存在。20 世纪 80 年代，伴随着西方国家政府重塑运动的兴起和发展，新公共管理理论产生。它主张政府的角色应定位于“掌舵人”，政府部门应通过引入企业化和市场化的管理方法和竞争机制，来提高政府的效能。但新公共管理运动也带来了“亲市场”的问题，过分强调效率，忽视了公共管理中人对公平的要求。基于此，登哈特（Denhardt）夫妇提出新公共服务理论，他们认为“政府现在的主要任务不是去控制或者去引导社会发展的新方向，而是要利用手中的权力来帮助公民表达其诉求，并且满足他们对共同利益的诉求”[483]，政府不能单纯地服务顾客与寻求掌舵，更重要的是思考为谁掌舵，应当从企业家政府转化为公共服务的提供者、社会关系的协调者和合作者。

实际上，这三种公共管理理论背后都有着各自的理论基础、价值取向以及文化内涵。而要发展好电子政务，就必须构建与这些理论、价值以及文化内涵一致的电子政务文化诉求，具体如表 12-1 所示。

表 12-1　　行政文化内涵及电子政务的文化诉求

政府管理理论	理论基础	价值取向	行政文化内涵	电子政务的角色	电子政务的文化诉求
传统行政理论	官僚科层制 政治与行政二分法	规则 权威	法治文化	管理工具	法律、制度
新公共管理理论	委托代理理论 交易成本理论	市场化竞争 客户导向	效率文化	治理工具	分权、共享
新公共服务理论	民主公民权理论 社区与公民社会理论 组织人本主义	公共利益 公众服务	服务文化	服务工具	转换价值观、合作

一、传统行政理论下的法治文化

在整个 20 世纪，官僚制的组织形式都被认为是最适合公共管理部门的组织结构，因为它的构建基于理性的原则，并且秉承着公正、政治中立、责任和平等的价值观。传统行政管理理论以官僚科层制、政治与行政二分法为理论基础。它强调的是以规则为基础、以权威为驱动的管理模式。官僚体制专注于各种规章制度，强调在层级链上的各个部门和个人都要按照官僚体系的指挥链来运行，都要遵守组织的制度和规则。在传统官僚科层制下组织有明确的职责和权限，其核心是“控制”与“权力”，它追求组织的稳定运行。因此，基于传统行政理论的行政文化意味着组织拥有权力导向、谨慎、程序化和层级化这些特征，其文化内涵是法治文化。

在法治文化背景下，电子政务的角色是政府的一种管理工具。首先，电子政务的实施和规范运行取决于制度建设，要求政府的各级机关、职能部门在政务运作过程中都要严格按照规章制度办事，不能人为地干涉和阻碍信息系统的运行，政府公务人员要有与其职责相匹配的职业道德和职业规范。各种“人治”的思想和行为都会导致电子政务系统的失效。其次，电子政务的可持续深化应用还需要有相关的法律支持。随着信息技术的快速发展，越来越多的政府业务开始实现网络化、数据化，政府的数据资源已经成为治国理政的一项重要资源。这些资源的开发利用迫切需要建立与电子政务相关的、以高层次法律为核心的一个完善的法律体系作为保障。因此，电子政务的法治文化诉求主要是电子政务规范运行所需要的制度保障以及完善的法律体系。

二、新公共管理理论下的效率文化

新公共管理理论以委托代理理论、交易成本理论作为政府管理的理论基础，强调以市场为基础、以竞争为驱动的策略，追求客户价值和行政行为的效率最大化。新公共管理理论认为政府应重视管理活动的产出和结果，关心公共部门所提供服务的效率和质量，通过优化配置政府组织内的各种资源，实现公共产品和服务效率和效能的最大化。并将政府管理的资源与管理人员的绩效结合起来，积极灵活地应对不同的利益诉求。基于新公共管理理论的行政文化具有市场化、提倡竞争、高效率、客户导向等特征，其文化内涵是效率文化。

在效率文化的背景下，电子政务的角色是政府的治理工具。实施电子政务的目标之一就是提高政府的行政效率，借用新的信息技术充分发挥政府利用资源的能力，加强政府和公民之间的交流，从而提高公共服务的水平。电子政务可以通过现代网络技术实现信息的共享，实现无纸化办公、跨部门办公、政府网上采购和公文电子化处理等，预期可以有效地降低行政管理成本，提高行政效率。但是电子政务的实施不会必然导致效率的提升，作为治理工具的电子政务，希望能达到各方主体共同参与、打破部门之间的界限、通过共享信息与业务过程的方式解决问题的目的，这就会使政府的行政权力在各个部门之间重新进行分配。此时，旧有的权力模式和部门利益都有可能导致电子政务失败。要想利用电子政务提高行政效率，还需要进行组织结构、业务流程、行政权力的重新组合以及政府资源在各个部门的有效共享。因此，电子政务的效率文化诉求主要是行政权力的重组和部门之间的资源共享。

三、新公共服务理论下的服务文化

新公共服务理论以民主公民权理论、社区与公民社会理论、组织人本主义为理论基础。强调政府的主要任务是服务，政府的行为必须以公共利益和公众服务为中心，政府的角色不再仅仅是处于控制地位的掌舵者，而是公共服务的提供者和参与者。基于新公共服务理论的行政文化具有服务、追求公共利益、尊重公民权等基本特征，其文化的内涵是服务文化。在现代政府管理中，服务文化应该成为政府组织全体成员共有的价值观和从事行政活动最基本的指导思想和行为模式[484]。

在服务文化的背景下，电子政务的角色是服务工具。首先，通过电子政务的实施，政府可以向公众提供更全面、更便捷的服务，公众享受政府服务不再受到地域、层次和部门的限制。电子政务技术所拥有的开放式、交互式的特点以及它所引领的新的政府管理方式，需要公务人员转变思想观念，将传统的“管理”思维转变为“服务”思维，将传统的“以政府为中心”的管理理念转变为“以公众为中心”的理念。其次，由于政务问题的复杂性，问题的解决需要摈弃以往各个部门的相互推诿、民众被“踢皮球”的不良作风。只有政府各个部门之间通力合作，才能使政府与公众间的交流渠道更加通畅，联系更加紧密。因此，电子政务的服务文化诉求主要是政府公务人员转换价值观以及具有合作的理念。

电子政务作为一种政府管理工具和手段，在其建设和运行过程中，有着相应的行政文化诉求，这些文化诉求来源于三种基本的政府管理理论，并且与其相应文化内涵一致。由于不同阶段的政府管理理论并不是完全取代之前的旧理论，而是在原有的基础上不断完善和补充，其文化内涵也是政府管理理论经过不断的变迁沉淀下来的互相补充的一个整体。因此，电子政务的这些不同的文化诉求同时存在于目前政府的各种电子政务建设项目中。

第三节　电子政务的现实文化冲突

电子政务的文化诉求是电子政务发展的重要保障。现有的行政文化已经成为电子政务发挥其效益的障碍，主要表现为对电子政务所带来的各种变化的消极抵制、对电子政务建设紧迫性的认识不充分等。电子政务发展所需的文化诉求与现有的行政文化形成鲜明的冲突，具体如表 12 - 2 所示。

表 12-2 电子政务的诉求与现实文化冲突

行政文化内涵	电子政务的文化诉求	现实文化冲突
法治文化	法律、制度	人治思想、法律缺失
效率文化	分权、共享	传统的组织结构、陈旧的作业流程
服务文化	转换价值观、合作	电子政务的价值误判、传统的政府行政角色

一、法治文化的冲突

（一）人治思想根深蒂固

传统的“官本位”思想在中国政府体制中仍然根深蒂固，人治的因素依然干扰着现有的行政体制。长期以来，政府官员经常根据自身经验做出行政判断与决策，忽略了专业技术尤其是现代信息技术的应用，使得政府的各种规章制度流于形式。而基于人治的各种“潜规则”在政府日常运作中也同样发挥着重要作用，这在降低行政运行效率的同时也加大了政府的行政成本。从制度安排的“经济人假设”可以看出，如果没有制约条件，管理者都可能趋向于权力尽可能大，而责任尽可能小[485]。因此，在这种人治的行政文化没有改变的情况下实施电子政务，会出现人为地改变甚至破坏政府业务流程的行为，同时也使得电子政务的监督功能失效。

（二）法律体系较不完善

电子政务相关法律体系不完善主要体现在以下两个方面：

首先，已有法律层次较低。电子政务的重要内容之一就是政务信息的公开，而中国在2008年开始实施的《政府信息公开条例》属于部门条例，法律层次较低。虽然几乎各级政府机关都已主动发布信息公开的年度报告，但整体而言，政府信息公开报告的信息量少、可读性不强，在涉及公共服务领域的事业单位依然存在信息公开难的问题。权力处于垄断地位的机构，依然缺乏主动公开的意愿和动力，主要原因就是政府信息公开是依靠部门条例来规范的，很难产生强大的法律约束力。因此，政府信息公开需要更高层次的法律来规范和约束。

其次，某些领域法律缺失。在“大数据”、“云计算”和“互联网+”逐渐普及的今天，政府的行政服务越来越向网络化转移，信息网络方面法律的缺失已经无法适应现代社会的发展需求了，特别是关于政府信息资源采集、利用、共享、公开这一方面的法律空白。政府信息如何采集？有哪些规范？政府信息资源如何共享利用？哪些政府信息可以公开？这些相关法律的缺失会使得电子政务在运行的时候遇到困惑和阻力。因此，迫切需要一个完善的电子政务法律体系作为保障。

二、效率文化的冲突

（一）传统的政府组织结构

传统的政府组织结构由金字塔状的纵向层级制和矩阵式结构的横向职能制组成，这种组织结构具有与工业经济时代相一致的典型特征。但纵向层级的增多会导致信息的传递不通畅，横向的矩阵结构又增加了部门之间的协调成本。在信息化时代，电子政务的实施在理论上可以使得行政管理摆脱对这种组织结构的依赖，消除职能的内外部边界，增强政府对外界环境变化的适应能力。但由于部门利益的存在，各个职能部门大多不愿意放弃自己部门所拥有的权力，不愿意将自己部门所拥有的资源以及业务过程进行共享，这不仅大大提高了信息共享的成本，还造成了大量的重复建设和资源浪费。现有权力配置模式下的组织结构如果没有得到优化，电子政务的效率优势根本无法得到体现。

（二）陈旧的行政作业流程

传统的政府业务流程是以部门的“职能”为中心来进行设计的，体现的是组织结构中的分工原则。这种设计使得政府业务流程被人为地割裂，公众在办理业务时就必须了解政府各部门的职能，这不仅提高了公众办事的门槛，也降低了政府的工作效率。在传统模式下，政府各部门各自为政、僵化、缺乏适应性，降低了信息技术的效用，进而阻碍了信息技术在政府管理与社会治理过程中的有效运用[486]。电子政务倡导的是以公众为中心的一站式服务，将各个政府部门的业务流程优化封装起来，公众无须了解政府的整个运作流程，只需在一个窗口递交业务所需材料，政府内部组织就在后台自动并行处理，公众最终从一个窗口直接得到结果。要想达到这种效果就必须对政府的业务流程进行精简、重组和优化，如果对陈旧的行政流程不加以改革就仓促实施电子政务，不仅不会提高效率，还使得原有不合理的流程用信息化的方式固化下来，造成未来改革成本的激增。

三、服务文化的冲突

（一）电子政务价值误判

不少政府部门在电子政务价值判定上缺乏理性，将信息技术与深层次的价值相剥离，导致电子政务建设时的形式主义或功利主义。在进行政府信息化建设的时候，有些部门对电子政务的理解就是购买设备或一套信息化办公软件，认为电子政务仅仅是用计算机系统代替了传统的手工系统。并没有将电子政务当作政府为公众服务模式的一场变革，而是将其视为政府的“政绩工程”，在电子政务运行的时候缺乏服务的理念，还是沿袭以职能部门为中心的运行模式，没有彻底转变为以公众需求为中心的模式。这种思维在某些政府部门的门户网站上也可以看出，比如某些政府网站建设长期处于“休眠”状态，在线参与栏目形同虚设，网站内容也只是停留在业务的简单办理流程、新闻时事和上级指示等等上。政府公务员要理解电子政务本身是“三分技术、七分管理”，要想发展电子政务，就必须注重对政府信息资源的管理。如果对电子政务的价值判定存在唯速度、唯技术、唯规模的非理性倾向，电子政务的实施就不能真正地给公众带来实质性的便利服务。

（二）传统的政府行政角色

由于中国长期处于计划经济的体制中，政府长期扮演着管制者的角色，导致目前政府内部所形成的管制型文化要远强于服务型文化。一些政府官员的行政工作并不是以服务公众为目的，而是以上级的需求和满意为目的，服务意识淡薄。比如某些政府官员“官本位”的官僚风气依然存在，往往以一种高高在上的姿态从事行政工作。公众到政府部门办事，仍然会有“门难进，脸难看，事难办”的情况出现。在这种行政氛围下，电子政务的民主、开放、便利和回应性特点根本无法体现，电子政务更多情况下成了政府内部的一个简单办公工具，与真正服务公众的目标还有很大的差距，电子政务的绩效也会大打折扣。

第四节　对策与结论

电子政务对于政府的作用已经不言而喻，尤其是在当下政府提倡网络强国与大数据治理的背景下，电子政务的发展显得愈发重要。但政府要想让电子政务最大限度地发挥潜能，就必须进行行政文化的配套变革，以弥合传统的行政文化与电子政务文化诉求之间的差异，并在政府内部产生一种新的符合电子政务发展诉求的文化[487][488]。

针对电子政务发展存在的现实冲突，本书提出以下相应的对策以供参考：

一、完善以法治为核心的法律框架体系

法治文化是电子政务规范运行的重要保障。首先，针对传统文化中的人治思想，建立以法治为核心，包含与电子政务相关的高层次法律、部门规章、运行制度和技术标准在内的多层次约束体系，任何人在履行公务的时候，都必须在这些规则框架内活动与思考，不能搞特殊化、特权化，使得电子政务的发展不再受人为因素的影响。电子政务将成为规范和约束不当行政行为的有力工具，共同协助公务人员建立科学、文明、法治的行政行为。其次，针对电子政务相关法律缺失问题，在信息资源日益成为政府部门重要资源的今天，当务之急是建立有关政府信息资源从采集、共享、利用到公开的一系列相关法律，包括基础体系的“信息公开法”，核心体系的《电子政务法》《信息安全法》《隐私法》，运行体系的《电子签名法》《信息资源管理法》等[489]。

二、优化以效率为核心的政府流程重组

行政效率是反映行政管理工作状况的一个重要指标。电子政务的实施不仅在个人层面可以提高业务的操作效率，更为重要的是，在组织层面可以实现政府部门之间的信息共享，提高组织运作效率，降低内部摩擦成本。发挥电子政务的这个功能，就要求对政府组织的业务流程进行重组再造，也就意味着要打破现有的政务秩序与流程，甚至要改变现有的组织方式与权力配置模式。首先，在组织结构方面，重新分配部门权力与资源，从以职能为中心的组织结构转变为以公众为中心的组织结构。其次，在业务流程方面，重新理清政府功能与业务流程之间的逻辑关系，不是以人为中心的线性序列，而是按流程的自然先后次序进行整合，以效率为核心，通过删减、并联等方式来优化行政流程[490]。

三、树立以服务为核心的行政价值观

电子政务的实施旨在建立以服务为核心的政府治理理念，加强政府与公民之间双向的沟通与交流，这体现了一种行政文化理念上的革新。政府部门内部应树立起以服务为核心的行政价值观，以为人民服务为导向，以维护公共利益为原则，从根本上转变思想，把公众真正作为客户，对其提供管理和服务。这实际上是一个问需于民、问计于民、问政于民、干群互

动的过程。应该加强这种服务型行政价值观的宣传，让这种价值观在整个政府组织中得到认同。此外，还应该对政府公务人员尤其是领导层进行电子政务内涵的认知培训，让其明白电子政务并不是信息技术在政府业务中的简单应用，而是一种强调高效、公平、透明的新型工作模式，部门领导应该建立整个组织对电子政务的正确认识，营造重视和深度利用信息技术的氛围，真正发挥电子政务便捷的作用。

第五节　行政文化与政府 CIO 制度的关系

制度和文化的关系，就好比是鸡和蛋的关系，制度需要文化的支持，制度也产生文化，文化又通过制度彰显出来，两者是辨证的统一体。从广义上讲，制度也是一种文化，两者是统一的。从狭义上讲，制度和文化还存在着一些区别，制度更多地表现为外部的、被动的强制监督与控制，是要求组织成员必须达到的行为准则，可以理解为一种“文化底线”。而文化则更多体现的是组织成员共同的理想信念、道德、价值观、行为方式等，强调内在的、主动的自觉自律，可以理解为一种“制度的最高标准”。

电子政务的发展不仅需要一系列有关信息资源管理的政府 CIO 制度体系来指导和约束公务人员的行为，还需要行政文化在潜移默化中发挥积极的作用。政府 CIO 制度与行政文化是发展电子政务的两大支柱，也是两大难题。只建立政府 CIO 制度，没有匹配的行政文化，政府 CIO 制度可能会被束之高阁或者人为扭曲。而只谈行政文化，没有政府 CIO 制度的支撑，行政文化就会成为说教，无法落地并推动电子政务的发展。

一、政府 CIO 制度带动行政文化创新

制度是文化的根基，优秀的制度可以带动文化的创新，制度建设滞后，文化必然也落后。政府 CIO 制度的设立可以催生新的行政文化，这种新的文化相对于之前的文化来说，是一种被动的文化，主要体现在政府 CIO 制度的设立对效率文化的影响上，政府改革要改变以往做事拖沓、互相推诿的官僚办事作风，由于人的本性是趋向于懒惰的，公务人员并没有内在的动力完成这种变革，这就需要借助外力来约束与强迫实现。

首先，政府 CIO 制度这种全新的制度设计，给政府部门带来了以信息资源管理为中心的管理理念和模式，尤其是在大数据和“互联网＋政务”的大背景下，政府信息资源的开发和利用显得愈发重要，理念上的接受成为新的行政文化诞生的土壤。其次，在行为方式上，政府 CIO 制度通过制度的强制作用，使得政府公务人员的行为受到信息技术的约束，同时信息技术的深度利用可以使得公务人员自觉或者不自觉地把提高效率作为自己的一种行为方式。最后，建立的政府 CIO 制度，会逐渐取代一些旧的不合时宜的制度，使得效率文化不断地被强化，最终形成一种全新的效率文化。

二、行政文化保障政府 CIO 制度落地

行政文化是推进政府 CIO 制度落地的重要保障，政府 CIO 制度的实施将会带来行政组织结构、职能设置、作业方式甚至人员数量等方面的剧烈变化，必然会对传统的行政意识、行政心理、行政价值观等构成的行政文化造成很大的挑战。传统的行政文化对政府 CIO 制度的影响主要体现在法治文化和服务文化上。法治文化和服务文化其实是理念性质的文化，前者要求遵守秩序，后者要求服务至上，这种心理层面的文化是一种主动的文化。

在法治文化维度，传统行政文化阻碍政府 CIO 制度的形成。传统的“官本位”思想在中国政府体制中仍然根深蒂固，人治的因素依然干扰着现有的行政体制。熊英曾从“官本位”价值取向与封建官僚文化、腐败与官德缺失、公务员素质三个方面进行分析，指出中国电子政务发展的最大障碍在于落后的行政文化，行政文化创新是当前中国加快电子政务建设的必然要求。传统行政文化中的“官本位”价值观、人格取向特征以及排他性和封闭性的行政文化特征，妨碍了以社会服务为中心、透明化的电子政务系统的建设与发展，同时也阻碍了以政府 CIO 为核心的信息资源管理体系的建成。

在服务文化维度，传统行政文化促进政府 CIO 制度的形成。传统行政文化中也有与电子政务相契合的部分，传统行政文化中的民本主义思想与电子政务中的服务性要求具有一致性，传统行政文化强调公平与电子政务中的效率与社会公平并重的价值理念具有一致性，传统行政文化在选人用人方面注重德才兼备，这与电子政务中倡导大力引进信息化人才的思想具有一致性，都有利于促进政府 CIO 制度的形成。

总之，政府部门在电子政务实施的过程中，需要不断培养新型的有利于政府 CIO 制度落实的行政文化。但同时也要认识到，组织有着强大的惯性势力来维护陈旧、落后的秩序，原有的行政文化不可能完全消失，电子政务的文化冲突的消除将会是一个长期渐进的过程。

第十三章　政府 CIO 制度案例

本章详细分析美国政府 CIO 制度的起源和发展，并对美国政府 CIO 制度中的组织结构、选拔培训制度进行详细的分析；同时详细分析新加坡政府 CIO 制度中政府 CIO 的角色定位、组织结构等内容。并总结这两个国家政府 CIO 制度的特点，希望能从其具体制度设计中得到借鉴和启发。最后对于正在准备中的上海市的政府 CIO 制度的发展历程、组织结构、选拔培训制度进行分析和总结，希望能够对国内其他城市政府 CIO 制度的建设提供参考。

第一节　案例 1——美国政府 CIO 制度

美国作为政府 CIO 制度的发源地，其政府 CIO 制度发展过程中的经验和得失无疑是值得其他国家借鉴的。经过 30 多年的政府信息化建设，美国已经成为世界上对政府信息资源充分利用的国家，信息资源已经成为其治国理政的重要资源。这些都得益于它有一套完善的政府 CIO 制度，确保了政府信息资源在被充分利用的同时而不被滥用。在大数据和云计算的技术背景下，政府 CIO 制度带来的优势越发明显。因此，有必要梳理一下美国政府 CIO 制度的发展和具体做法。

一、美国政府 CIO 制度的起源与发展

一般说来，美国政府 CIO 制度的产生和发展大概可以分为三个阶段：

第一阶段是 20 世纪 80 年代，这个阶段是政府 CIO 制度的萌芽时期。美国政府为了克服政府部门中存在的官僚主义，简化办事程序，提高工作效率，确保信息资源的有效管理和充分开发利用，于 1980 年颁布了《文书削减法》（Paperwork Reduction Act，PRA），明确提出了信

息资源管理的概念，要求政府机构以有效果（effective）、高效率（efficient）、经济（economical）的方式进行信息资源管理活动，这也是美国政府“新公共管理”改革的一项重要内容，首次从国家法律层面确立了信息资源管理的法律地位。《文书削减法》不仅授权行政管理和预算局（Office of Management and Budget，OMB）来负责政府信息资源管理工作，而且要求政府部门设立由副部长或者部长助理来担任的高级文书削减和信息管理员，从组织结构上确保本部门政府信息资源管理的正常运转。

1984 年，美国总统负责的格雷斯委员会（Grace Commission）收到一份关于“信息差距”的调查报告，针对政府信息管理中出现的结构真空①问题，提出在包括总统办公室在内的政府部门的每一级机构中设立一名主管信息资源的高级官员，全面负责本部门的信息资源管理、开发和利用，直接参与最高的决策管理。

这个阶段的组织结构如图 13－1 所示。

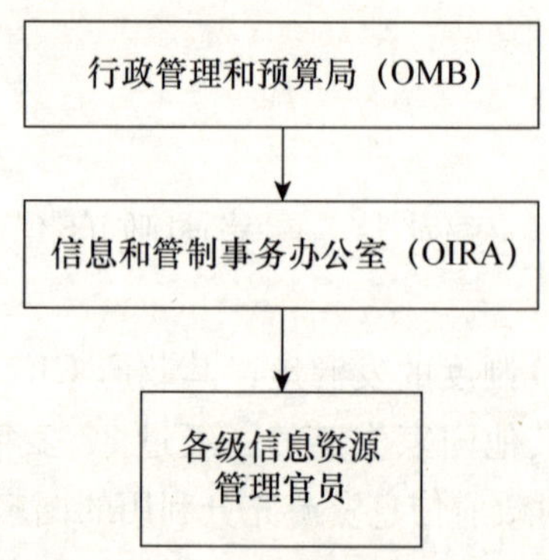

图 13－1　萌芽阶段的联邦政府 CIO 组织结构

第二阶段是 20 世纪 90 年代前后，这个阶段是政府 CIO 职位的确定与发展阶段。90 年代，随着商业环境的不断变化以及信息技术的快速革新，政府部门的 IT 管理也遇到了一系列挑战。首先，由于缺乏 IT 领导而导致不一致的政策和不协调的、重复的、孤立的、不兼容的 IT 系统。其次，无效的采购过程和机制导致了采购长期难以控制，风险高，预算超支。最后，大量 IT 项目的失败意味着业务使命对于 IT 项目的不充分

① 结构真空：由于政府信息资源管理中人才与机构的缺失，而导致政府信息生产、收集、加工、传播、利用不顺畅的弊端。

支持。比如：1994 年，美国总审计局（General Accounting Office，GAO）① 调查发现，从 1982 年开始，美国政府用于信息技术方面的开支已经超过 2 000 亿美元，但信息系统的低效管理，导致很多 IT 项目失败，带来了巨大的浪费和损失。其中，有多达 10 亿美元的损失来自错误的医疗赔偿。美国总审计局认为政府部门在购买信息系统前应做详细的计划，进行成本和效益分析，否则不但系统无法高效运行，而且会造成巨大浪费。同时，通过对 1 994 个领先组织的案例研究，美国总审计局还确定了 11 个战略信息管理（strategic information management，SIM）的最佳实践，这些案例的成功经验也成为 1996 年《克林格-科恩法案》推出的基础。

1995 年，美国国会通过《信息技术管理改革法》（Information Technology Management Reform ACT，ITMRA），该法案明确授权在 OMB 下设立一个美国 CIO 办公室，由总统任命的联邦政府 CIO 出任办公室主任。《信息技术管理改革法》规定联邦机构所设立的政府 CIO 的主要职责包括：提供信息政策方面的建议、进行信息资源管理规划、评测信息技术、负责政府信息化建设工作等[491]。

1996 年，美国国会又通过了《信息技术管理改革法修订案》（也就是众所周知的《克林格-科恩法案》），《克林格-科恩法案》除了明确规定每个联邦机构都要设立 CIO 职位，还要求建立一个 CIO 委员会（the Chief Information Officer Council，CIOC），以便定期地指导和协调执行政府各个机构中与信息技术和信息资源管理有关的活动。此外，美国各州地方政府也都设立了相应的政府 CIO 职位，一般由各州的州长任命，各州第一副手担任。《克林格-科恩法案》明确规定了政府 CIO 的管理任务、应当具备的核心能力，并制定了培养相关能力的知识体系等相关内容。可以看出，美国政府主要是通过制定相关的法律，在政府各个部门设立政府 CIO 职务。政府 CIO 的出现有效改善和加强了政府部门的信息资源管理，提升了政府官员对信息资源开发和利用的认知，从而确定了信息资源在政府管理中的重要性。这个阶段的组织结构如图 13－2 所示。

---

① 2004 年 GAO 由美国总审计局更名为政府问责办公室（Government Accountability Office），主要是由于 GAO 工作重心的转移，GAO 的职能由原来的审计转向问责，但名字的简写依然不变。

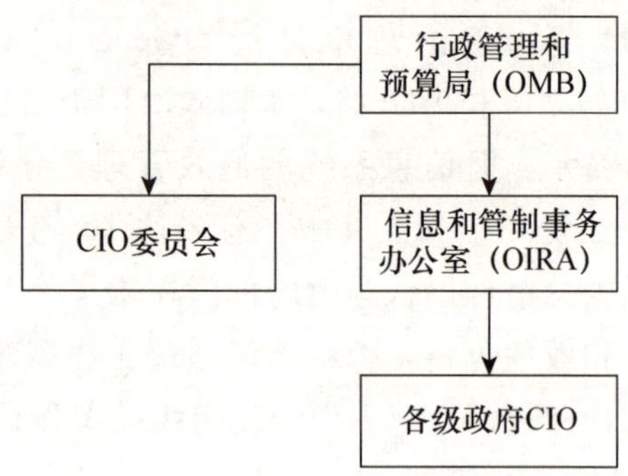

图 13-2　发展阶段的联邦政府 CIO 组织结构

第三阶段是 21 世纪以来，这个阶段是政府 CIO 制度的成熟期。2002 年 12 月 17 日美国总统签署了《2002 年电子政务法》（E-government Act of 2002），这是美国在电子政务领域里自《信息技术管理改革法》以来最重要的法规之一。政府 CIO 制度被正式写入了这个法案，法案要求联邦各部门、各州的每个部门都设立相应级别的 CIO，定期向上一级 CIO 汇报工作，并听从上一级 CIO 的指挥与协调，形成了非常严密的组织结构和专人管理体制。

同时在该文件中，还正式设立了 CIO 委员会（CIO Council），该组织由联邦政府各个部委中的正副 CIO 组成，主要包括国务院、财政部、国防部、农业部、交通部、能源部、退伍军人事务部、航空航天局、国家科学基金会等部委。由 OMB 的副局长担任 CIO 委员会主席，CIO 委员会下设立分委员会，包括资金计划与信息技术管理、联邦信息技术、项目拓展等委员会。CIO 委员会负责定期指导和协调执行机构中与信息技术和信息资源管理有关的活动。此外，美国国会每年都要听取 OMB 做的联邦政府电子政务工作报告以及财政预算报告。

这个阶段的组织结构如图 13-3 所示。

二、美国政府 CIO 的职责与能力

明确政府 CIO 的职责是政府 CIO 制度制定的关键环节。作为政府 CIO 制度发展最为完善和成熟的国家，美国是通过立法的形式来规定政府 CIO 的主要职责的。一方面通过法律体现了政府 CIO 职位本身的权威性，另一方面也为政府 CIO 明确职责、开展工作提供了有效的支持。在《信息技术管理改革法》中，美国政府明确规定了政府部门 CIO 的主要职责为：

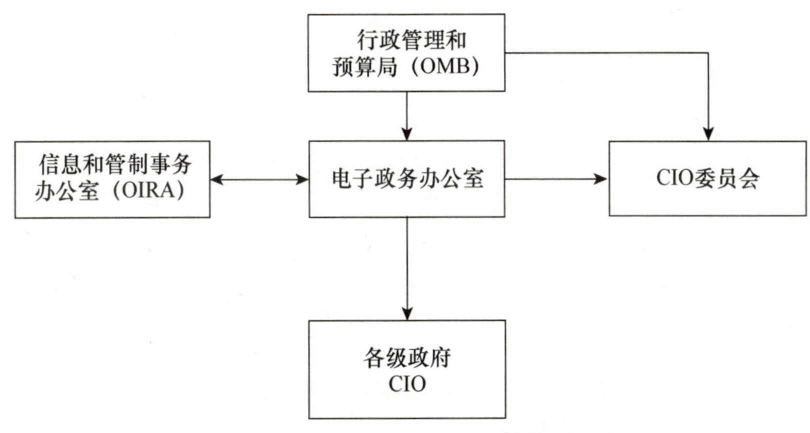

图 13-3　成熟阶段的政府 CIO 组织结构

（1）向政府行政机关负责人及其他高层管理人员提供信息化发展的咨询服务和其他协助，确保行政机关信息技术的获取和信息资源的管理以部门政策和程序的方式得以顺利实施；

（2）为行政部门发展、维持和促进一种稳健的、整体的信息技术架构；

（3）促进行政机关所有主要信息资源管理过程的有效和高效的设计和运作，包括对执行机构的工作流程的改进①。

在明确了政府 CIO 的主要职责之后，美国政府又提出为了完成这些职责，政府 CIO 所应具备的核心能力。在《信息技术管理改革法》中，美国政府详细规定了政府 CIO 应当具备的一些核心能力，比如：必须具备卓越的领导能力、沟通能力和人际交流技能；必须具备在复杂的合作和协作环境中游刃有余地发挥作用的能力；必须具备信息敏感、判断力强、战略思维结合务实作风的能力；必须具备获得同事信任、建立团队的能力；等等[492]。具体来讲，政府 CIO 的核心能力主要应包括以下几方面：

（一）战略思维与规划能力

政府 CIO 首先被定位为一个政府部门内部的高级管理人员，应该具有宏观管理能力和战略思维能力。在了解信息技术发展趋势的同时，他更应是一位行政管理专家和决策专家，熟悉政府的业务流程。对于政府改革的战略规划有较强的理解力，只有这样才有可能站在全局的高度，在战略

① 该法案不仅仅明确了 CIO 的职责，更加重要的是明确了与政府 CIO 共同进行政府信息资源管理的各职能部门负责人的职责，这从法律的角度保证了信息化过程中的统一协调。

层面做好与部门改革相匹配的信息化发展战略，从而通过信息技术实现组织的目标。

（二）有效沟通能力

政府 CIO 在日常工作中，需要和业务部门、上级领导、下属团队进行有效的沟通。政府与业务部门密切沟通才能确保信息技术的投资满足政府业务的需求，使得信息技术能为政府的目标服务，而不至于远离目标。政府 CIO 与上级领导的沟通能获得高层领导的认可，并确保组织对信息技术的建设提供足够的资金支持和政策支持。政府 CIO 与信息技术团队沟通是获得组织权威的方法，有效的沟通能确保信息化项目的顺利实施，确保组织的战略得到正确的解读。

（三）业务能力

一般而言，业务能力是美国对政府 CIO 的最基本要求，主要包括信息技术和政府业务两方面的内容。首先，信息技术水平是政府 CIO 的安家立命之本，他要熟悉信息技术及其未来可能的发展趋势，理解信息技术如何有效地支撑政府改革的战略，并充分利用这种信息化工具，辅助政府部门处理内外部关系，提供更好的政府服务。政府 CIO 良好的信息技术水平和能力是政府部门内整个信息技术团队高效工作的有力保障，也是在整个政府部门内部创建有效的信息化文化氛围的有力保障。其次，政府 CIO 应该熟悉本部门甚至是跨部门的政务运作流程和规则，能够找到其中的运作逻辑，发现问题，从而优化政府的业务流程，政府 CIO 对政务流程的熟悉程度是决定能否做好本职工作的关键要素。

三、美国政府 CIO 的组织结构

经过多年的发展，美国政府 CIO 已成为政府组织机构中重要的组成部分。政府 CIO 主要负责政府内部数据资源的管理和开发利用。数据资源也日益成为美国政府的一项战略资源。美国政府 CIO 的组织结构有以下主要特点：

（一）分级设置，职责法定

政府 CIO 的设置不是简单的一个岗位，而是一个从上到下分级设置的组织机构，这实际上体现了信息资源在政府组织中的层级管理结构。首先，政府 CIO 的职位主要是由《克林格-科恩法案》和《2002 年电子政务法》这两个国会法案创建的。其次，《克林格-科恩法案》还在行政管理和预算局下建立了联邦 CIO 职位，要求每个联邦机构都要有相应的 CIO 岗位，并对联邦 CIO 的职责和能力做出了要求。最后，为了加强 CIO 职位的重要性，《2002 年电子政务法》规定联邦各部门、各州的每个部门都设立相应级别的 CIO，定期向上一级 CIO 汇报工作，并听从上一级 CIO 的指挥与协调。此外，还要创立 CIO 委员会来负责协助联邦 CIO 履行职责。CIO 委员会由联邦行政机构的 CIO，行政管理和预算局副局长和其他委员会工作机构中负责协作问题的人员组成。主席由行政管理和预算局的副局长担任，下设资金计划与信息技术管理、联邦信息技术力量、企业合作、项目拓展、安全、保密与关键设施及电子政府等分委员会。其中，CIO 委员会负责每两年对各级政府 CIO 进行学习能力的考核和知识的更新。

以美国国内收入署为例，从它的政府 CIO 的组织结构图（见图 13－4）中可清楚地看出，政府 CIO 直接向首席长官（Commissioner）汇报工作，在 CIO 下面设立了五个副 CIO（Deputy CIO），分别负责运行（operations）、信息资源管理（information resources management）、系统开发（systems development）、程序管理（program management）、标准与评估管理（standard & evaluation），从而形成了一套严密的组织结构。

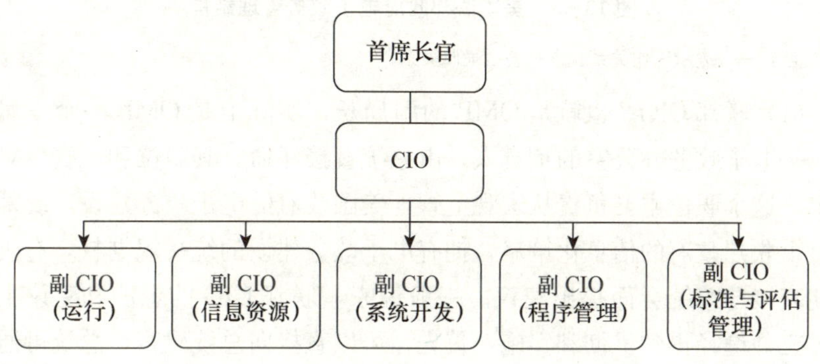

图 13－4　美国国内收入署 CIO 组织结构图

（二）分工明确，相互制约

在美国政府的电子政务建设过程中，不仅需要有一套完整的政府 CIO 的组织结构，还需要其他与政府 CIO 有业务关系的进行监督、管理、协作的组织结构。它们之间的分工明确、业务流程通畅是保证电子政务稳定运行的基础。

图 13－5 是美国以政府 CIO 为核心的信息化管理营运体系，电子政务建设中各相关机构的权责如下：

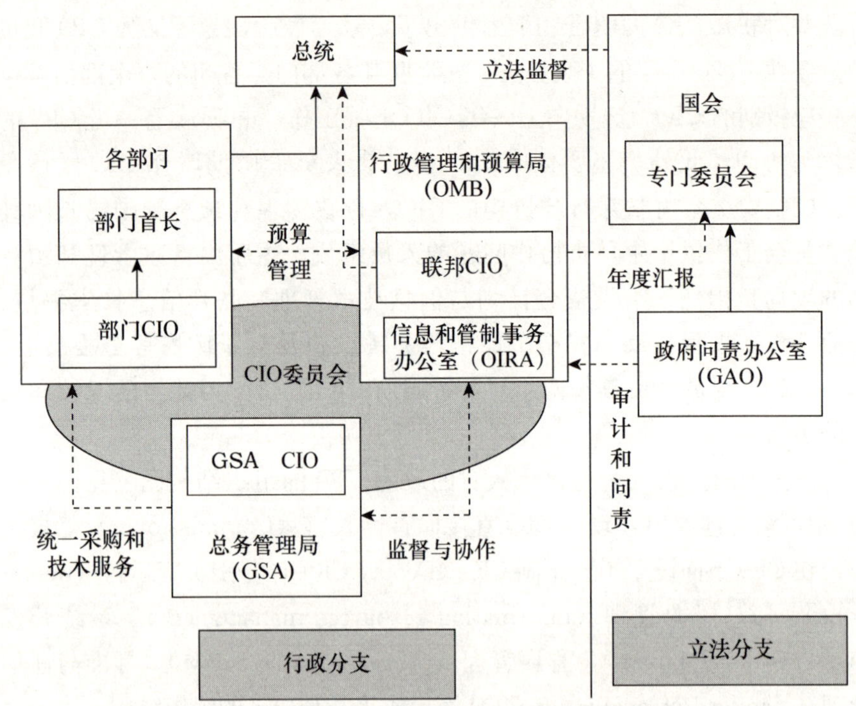

图 13－5 美国联邦政府电子政务管理结构

说明：——表示工作关系；----表示隶属关系。

(1) 联邦 CIO。也就是 OMB 的副局长，实际上是 OMB 一个下属部门——电子政务办公室的负责人，由总统直接任命。其职位和职责由立法确定，这个职位主要负责从宏观上管理美国政府的电子政务建设，统筹考虑整个联邦政府的信息化策略，拥有电子政务建设的统一规划权，有机会定期直接与总统会面提出建议。一般说来，联邦 CIO 的想法和建议主要通过三种途径得到贯彻和实施：首先，可以直接向总统建言，总统可通过行政命令要求各部门实施。其次，可以通过 CIO 委员会的协调达成一致并实施。最后，可以利用其身在 OMB 的优势，在制定和实施政府预算时贯彻自己的想法。可以看出，联邦 CIO 能够发挥作用并不在于其位高权重，而在于其进行跨部门统筹考虑的职责法定明确，专业意见能够直接传达给最高负责人和预算负责部门，这也许正是美国国会立法中特别将政府信息化职责设立到预算管理部门当中的原因。

(2) 信息和管制事务办公室。其主要职责有：协助 OMB 制定宏观决策；具体负责联邦政府电子政务项目的监督与管理；领导联邦政府 CIO 委员会的日常工作；对联邦政府各执行部门提交的项目计划进行审核，然后再返回给政府部门；与总务管理局协商电子政务项目的可行性，并由总务管理局决定可行的方案，然后交于 OMB 审定；监督总务管理局的活动[493]。

（3）联邦 CIO 委员会。它是美国联邦政府电子政务建设的一个重要机构，一般说来，由 OMB 的副局长担任 CIO 委员会主席，组织和管理委员会的日常事务。政府 CIO 委员会是由联邦各部门 CIO、GSA 部门 CIO、OIRA 主任及各军种 CIO 组成的①。它是促进各联邦机构信息化建设实践的机构，它所涉及的主题是关于联邦政府信息资源及电子政务项目的设计、认识、发展、利用、操作、共享和实施等多方面的内容[494]。联邦政府 CIO 委员会的主要职责包括：为信息技术的管理政策、程序与标准提供建议；发现信息共享的机会；评估和满足政府信息技术实践者的需求。CIO 委员会下属的资金规划与 IT 投资委员会还将负责 IT 项目的投资回报率的测量与评估。

（4）总务管理局。它是美国电子政务建设基金的管理者，负责对各级政府部门申请的电子政务项目进行分析和审查，并有权决定电子政务项目选定以及资金的分配，然后上报 OMB 审批。

（5）各政府部门 CIO。他们的主要职责是对本部门的电子政务建设进行战略规划、设计，完成上级直接领导的信息工作安排，具体管理电子政务的项目建设和运行。

（6）国会专门委员会。它是对政府电子政务建设进行监督的机构，每年听取 OMB 关于电子政务的年度报告，同时听取美国总审计局关于电子政务项目的审计和问责报告。

从图 13－5 可以看出，联邦 CIO 是美国电子政务建设的核心，各相关部门之间的监督、协作、管理关系明确，并且行政和立法部门界限清晰。这种分工明确、相互制约的组织结构最大限度地降低了电子政务建设的风险，也保证了政府 CIO 能真正发挥作用。

（三）联邦 CIO 委员会的协调功能

联邦 CIO 委员会在美国的电子政务管理体系中发挥着重要的作用，美国联邦 CIO 委员会依照《联邦信息技术法案》13011 号成立于 1996 年 7

---

① CIO 委员会成员还包括来自小的联邦机构的代表，负责联络其他的执行理事会、委员会以及董事会。比如信息技术资源委员会主席以及首席财务官委员会和采购执行委员会的代表。此外，科学技术政策办公室和 OMB 中负责信息和管理事务的代表也是 CIO 委员会的成员。

月 16 日，委员会宪章于 1997 年 2 月 20 日通过，后被编撰于《2002 年电子政务法》中。

CIO 委员会的存在保证了联邦政府部门内部之间、政府和公众之间的有效联系和沟通，解决了政府信息资源管理中普遍存在的互不联系、彼此割裂、无法兼容、各自为政的问题，其具体组织结构如图 13－6 所示。

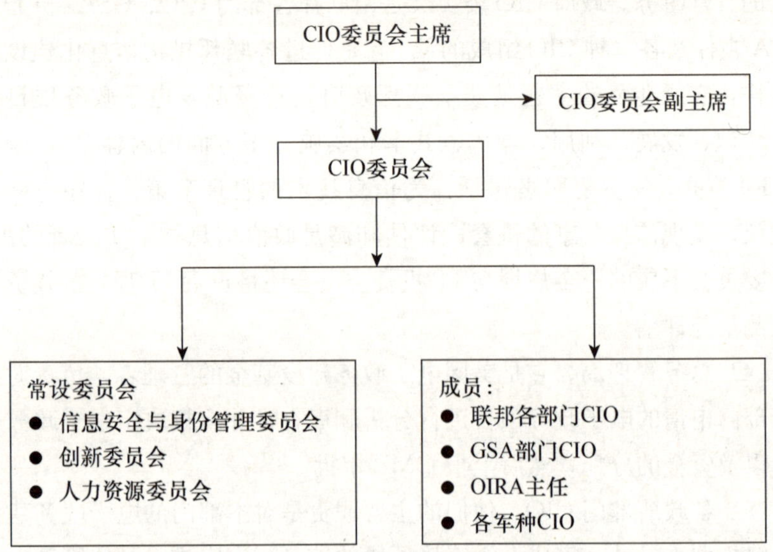

图 13－6 美国政府 CIO 委员会组织结构图

《2002 年电子政务法》对政府 CIO 委员会是这样描述的：

（1）在各政府部门成立政府 CIO 委员会。

（2）联邦 CIO 委员会的成员如下：联邦 CIO（兼任联邦 CIO 委员会的主席）；信息和管制事务办公室的主任；联邦政府各部门中的正副 CIO。

（3）电子政务办公室（即现在的电子政务和信息技术办公室）主任代表 OMB 管理联邦 CIO 委员会的具体工作。

（4）CIO 委员会的副主席在委员会成员中选举产生，CIO 委员会的副主席任期为 1 年，但也可能连任多届。

（5）GSA 局长应该向委员会提供后勤保障和其他支持。

（6）CIO 委员会是一个政府部门之间的平台，用以保障和改善与政府信息资源相关的设计、获取、开发、现代化使用、运行共享和绩效考核。

（7）在履行职责时，联邦 CIO 委员会应该定期与州、地方代表进行协商。

（8）联邦 CIO 委员会执行的任务主要包括：

1）向 OMB 提供有关政府信息资源管理的政策、要求和意见；

2）分享有关信息资源管理的经验、思想观念、最佳实践方法和创新思路；

3）帮助管理者识别、开发和协调跨部门的项目以及其他的创新活动，来利用信息技术提高政府的行政效率；

4）委员会要促进政府信息资源的共享和开发利用；

5）为国家标准和技术协会与电子政务办公室主任在信息技术的标准方面提供建议；

6）和联邦个人事务管理办公室一起确立有关政府信息技术管理人员的雇用、培训、分类和职业发展的方案；

7）和美国档案管理员一起确立通过联邦信息资源管理的具体活动来有效地实现《联邦记录法》的要求。

除了联邦 CIO 委员会外，美国的首席信息官协会（National Association of State Chief Information Officers，NASCIO）、小部门 CIO 委员会（The Small Agency CIO Council，SACC）等组织在政府 CIO 工作中都起到协调的作用。其中，NASCIO 由来自全美 50 多个州的负责信息资源管理的高级管理者组成，它的宗旨是通过最佳的商业实践、信息管理和技术政策来培育卓越的政府[495]。而 SACC 由 90 多个小的、独立的联邦部门的 CIO 组成，成员每年开 6 次会，主要讨论总统的管理议程、最佳实践、计算机安全和其他一些感兴趣的问题。像“大”的联邦 CIO 委员会一样，SACC 还负责代理首席信息官和 OMB 之间的有效联络，确保规模小的独立的部门机构有一个讨论 OMB 指导和报告要求的平台[496]，这种结构深受美国国会参议院和众议院结构的影响。

CIO 委员会这种组织机构在政府电子政务管理体系中可以说是起到了中流砥柱的作用，作为跨部门的机构，将不同政府部门的 CIO 组织在一起，因而也将不同政府部门的信息资源管理工作联系起来，构建了合作、互济、协调、共享的机制，并且创造出了交流、沟通、磋商的氛围。一方面，各政府部门的 CIO 可以通过 CIO 委员会机制充分行使自己的表达权，反映不同的观点，协调立场，消除歧义，解决冲突。另一方面，在 CIO 委员会机制中，各政府部门都参与了国家信息战略目标与具体规划的制定，对本部门的地位、作用与任务有正确的认识，明了自己的责任和义务，所以在实践中能够从大局出发，把本部门的信息管理融入到国家信息战略的实施中去[497]。

四、美国政府 CIO 的选拔制度

政府 CIO 是电子政务建设中的高级管理人才之一。包括信息化程度最高的美国在内的所有实行了电子政务的国家，在电子政务建设过程中政府信息化的高级管理人才都比较缺乏，其中政府 CIO 是这种高级管理人才最为典型的代表，其缺乏的原因主要有以下几种：

（1）政府机构缺乏竞争力。政府机构在与企业竞争 CIO 时总是处于下风，政府能给予 CIO 的报酬远低于企业；除了报酬外，对于 CIO 的培训、培养机制不健全，缺乏足够的激励措施以及个人职业发展规划，这使得 CIO 们不愿意到政府机关就职。

（2）政府工作缺乏挑战性。政府机构长期以来的官僚作风、缺乏竞争的环境使得政府机构对政府信息化建设重视不够，没有主动进行改革尤其是借用信息技术进行改革的动力。这导致信息技术在政府部门中的权威性认知不高。CIO 们一般更愿意接受具有挑战性的工作。

（3）政府工作缺乏灵活性。政府机关严格的科层制使得 CIO 们的日常工作受制于详尽的财政预算规程、人事规则、采购制度、审计制度而丧失了管理的灵活性，无法对变化的环境和公众的需求做出及时的回应。而接触到最新技术和思想的 CIO 们希望的是灵活的工作方式。

（4）复合型人才的特殊要求。政府 CIO 的特殊性，要求其不仅要对信息化有战略思考，同时还要对政府的改革有更深层次的理解，这样的复合型人才的培养需要花很长的时间，因此人才的储备也相对缺乏。

面对这种情况，美国政府也在不断加强政府 CIO 选拔制度的建设[498]。

（一）美国政府 CIO 的选拔方式

美国的《信息技术管理改革法》明确规定：

（1）在 OMB 下设立电子政务办公室，其负责人（联邦 CIO）由总统任命；

（2）政府 CIO 由该政府机构的一把手任命，政府 CIO 直接向政府一把手负责；

（3）政府 CIO 可以来自政府机构外部，也可以是职位较高的信息资源管理官员，或政府机构中其他部门的人员。

（二）美国政府 CIO 选拔的条件

《信息技术管理改革法》规定各个政府机构一把手可以任命任何一位具有 CIO 职位所要求的专业资格和经验的个人为政府 CIO。《2002 年电子政务法》也要求政府机构选择有专业技术水平和经验的人员作为政府 CIO，但以上法案都没有对 CIO 的选拔条件做出具体说明，这是因为作为国家法律，它们只能做一般性的规定，不可能对政府 CIO 选拔条件做出具体的列举。实际工作中的选拔标准会随着外部环境的变化而变化，一般通用性的选拔标准如下：

（1）合理的知识结构。一般来讲，政府 CIO 都应具备一定的理论知识，包括信息变革知识、信息系统知识、公共管理知识和战略管理知识等。此外，由于政府 CIO 与信息技术打交道，和其他高级管理者不同的是他的知识更新频率较高，要求随时了解和掌握最新的技术知识。

（2）灵活的能力。一般说来，政府 CIO 需要具备较强的能力，包括信息战略能力、业务分析能力、IT 管理能力、领导和沟通能力、项目管理能力、学习和创新能力。

（3）丰富的工作经验。政府 CIO 需要具备行政管理经验和信息化工作经验，并且最好都是在中层以上岗位的工作经验，因此需要一定的工作年限。

可见，政府 CIO 的选拔是复合型人才的选拔，既需要了解技术，也需要了解业务，更需要熟悉管理。首先，政府 CIO 作为政府机构信息战略的构架者和信息系统的规划者，其技术水平是他开展工作的基础。所以，具备一定的技术知识和能力对于政府 CIO 而言是必备的条件。其次，政府 CIO 只有既了解信息技术，也了解政府业务，又熟悉现代管理，才能保证政府的信息系统高效、平稳运行。因此，政府 CIO 是一种典型的复合型人才。在选拔政府 CIO 时必须考察候选人的这些条件才有可能获取优秀的 CIO 人才。

五、美国政府 CIO 的培训制度

培训不仅仅是知识和能力的传递，更是个人职业生涯中不可或缺的部分。为了保证政府 CIO 能够完成规定的岗位职责，也为了吸引更多的人加入到政府 CIO 的行列，美国政府围绕 CIO 的能力要求制定了完备的知识培训体系。

CIO 应当具备的核心能力在《克林格-科恩法案》中有明确规定，它要求政府 CIO：必须具备卓越的领导能力、沟通能力、人际交流技能；必须具备在复杂的合作和协作的环境中游刃有余地发挥作用的能力；必须具备信息敏感、判断力强、战略思维结合务实作风的能力；必须具备获得同事信任、建立团队的能力；等等。根据这些核心能力的要求，美国政府组织了政府、院校和实业界的专家制定了培养相关能力的知识体系，由各政府机构、大专院校组织力量根据知识体系编写教材，整理典型案例和最佳实践，组织对 CIO 的培训，保证 CIO 的能力能够完成规定的岗位职责。针对政府 CIO 们开展了短期和长期的培训。

短期培训主要是应急或者时效性很强的内容。例如：美国国家国防大学信息资源管理学院开办的 CIO 短期培训班，是由美国国防部授权的 CIO 认证项目，主要用于提高联邦政府 CIO 所应有的能力。其主要的教学采用研讨会的方式，并邀请一些专家参与讨论，开研讨会时所有学员都要以个人或小组的形式参与讨论，与教师进行互动交流。课程结束后，教师通过学员提交的个人或团队报告或项目来进行评估。

长期培训主要是针对政府 CIO 的一些综合知识和能力的内容。比如由美国联邦 CIO 委员会发起、总务管理局参与协调的 CIO 大学联盟就提供了一个很好的交流平台，大学联盟主要包括卡内基梅隆大学、乔治梅森大学、乔治华盛顿大学、拉萨尔大学、雪城大学和马里兰大学。这个平台所提供的 CIO 培训项目都是针对美国联邦 CIO 委员会所认可的 CIO 应掌握的核心能力。培训是提升政府 CIO 信息化领导力的有效方法之一。这个大学联盟为联邦政府培养具有核心竞争力的未来政府 CIO，其所承担的项目既有学位教育，也有资格认证，具体如表 13－1 所示。

表 13－1　　CIO 大学联盟的培训项目

大学	学位/资格认证
卡内基梅隆大学	联邦 CIO 资格项目
乔治梅森大学	科技管理硕士
乔治华盛顿大学	信息系统技术硕士
拉萨尔大学	信息技术领导科学硕士
雪城大学	信息管理硕士
马里兰大学	马里兰大学 CIO 项目

六、美国政府 CIO 制度总结

总的说来，美国的政府 CIO 制度主要有三个特征。

（一）法律的支持

美国的电子政务建设制度得到了法律的支持，也确保了政府 CIO 的合法性和权威性，形成了以《文书削减法》《信息技术管理改革法》《克林格-科恩法案》《2002 年电子政务法》《政府绩效与结果法》为核心的法律框架体系。具体如表 13－2 所示。

表 13－2　　美国政府 CIO 制度相关法律体系

年份	法律名	作用
1980	文书削减法	➢ 设置了高级文书削减和信息管理员
1993	政府绩效与结果法	➢ 每个部门有一个明确的使命 ➢ 制定一套可量化的性能指标和措施
1995	信息技术管理改革法	➢ 在行政管理和预算局（OBM）下设立一个美国政府 CIO 办公室 ➢ 由总统任命的 CIO 出任办公室主任
1996	克林格-科恩法案	➢ 每个联邦机构都要设立 CIO ➢ 还要求建立一个 CIO 委员会
2002	电子政务法	➢ 每个部门都设立相应级别的 CIO ➢ 具体的建设目标、发展规划、政策法规的起草以及组织实施则由 CIO 委员会负责

（二）其他辅助制度的支持

美国的政府 CIO 制度，不仅仅是政府 CIO 的组织结构及选拔、培训、考核等制度的集合，还包括其他很多内容，既有政府体制内和信息化建设相关的制度，比如 IT 仪表盘、数据中心整合、部门 IT 投资评估、IT 资产评估和 IT 共享服务等措施[499]，以及 GAO 的最佳实践、副总统牵头的全国绩效考核等 IT 管理措施，也包括政府体制外的第三方制度，比如美国国会研究服务（Congressional Research Service，CRS）在每个政策颁布后的相关研究报告①、联合国的电子政务研究报告、布朗大学的研究报告、早稻田大学的研究报告以及相关学术论文，如表 13－3 所示。这些都成为政府 CIO 制度的有益补充，为政府 CIO 制度真正发挥作用提供参考。

① 具体研究包括“Information Technology（IT）Management：The Clinger-Cohen Act and the Homeland Security Act of 2002”“A Primer on E-Government：Sectors，Stages，Opportunities，and Challenges of Online Governance”“Paperwork Reduction Act Reauthorization and Government Information Management Issues”等。

表 13-3　政府 CIO 制度以及其他辅助制度

类别	内容
政府 CIO 制度	组织结构、选拔制度、培训制度、考核制度
政府内其他辅助制度	IT 仪表盘、数据中心整合、部门 IT 投资评估、IT 资产评估和 IT 共享服务、GAO 的最佳实践、副总统牵头的全国绩效考核
独立第三方辅助制度	CRS 研究报告、联合国的研究报告、布朗大学的研究报告、早稻田大学的研究报告以及相关学术论文

（三）以信息资源利用为中心的认知

以迪博尔德（Diebold）为首的研究小组在 1978 年发表了以信息资源管理为题的研究，揭开了信息资源管理的序幕。这个研究使得美国政府从上到下都充分认识到信息资源的重要性，认识到信息资源、物质资源与能源资源是人类的三大资源，是推动社会的发展源泉。

在 1993 年 9 月 15 日，美国克林顿政府率先制定并颁布了《国家信息基础设施行动动议》（即 NII 计划）。这是美国全面步入信息化社会的标志。众所周知，信息资源的 80%存储于政府部门，要更好地利用信息资源，就要从政府着手。美国政府还颁布了一系列与信息资源相关的法律法规，包括《文书削减法》（1980）、《政府绩效与结果法》（1993）、《信息技术管理改革法》（1995）、《克林格-科恩法案》（1996）、《信息自由法》（1996）、《2002 电子政务法》。可以看出，所有的法律法规都围绕着信息的高效管理和深度利用而制定，都体现了政府的一种数据化管理的思维。目前美国政府已经把信息资源作为一种政府管理的战略资源，使用各种工具充分发挥信息资源的作用，做到更高效地为公众提供更优质的服务。

第二节　案例 2——新加坡政府 CIO 制度

新加坡是一个面积为 719.1 平方公里的岛国，其人口有 553.5 万人（2015 年），其中公民及永久居民为 390.2 万人。由于地域狭小、自然资源比较匮乏，为保持较强的国际竞争力，新加坡特别重视信息化和电子政务建设。新加坡从 20 世纪 80 年代起就开始发展电子政务，是全世界最早推行政府信息化并取得显著成效的国家之一，其信息化建设和国家电子政务的发展成绩斐然，现在已成为全球公认的在电子政务发展方面名列前茅的国家。

新加坡电子政务的宗旨就是整合各个部门的公共服务，以民众与客户的需求为中心，使得政府业务不再按照部门的职能来设置，而是按照为公众服务的思路进行政务信息流程的优化。也就是说，公民或企业在办理网上业务时，不必再逐个了解政府部门的职能，然后登录各个不同的政府网站来完成各种相关手续，而是在一个网站上完成所有这些相关业务手续，而不去管负责这些业务的政府部门之间如何进行信息交换和公文传递，实现"一站式"网上办公。通过"一站式"服务，新加坡政府让各个职能部门的服务无缝、集成地结合起来，利用技术和新的商业模式来提升内部流程和内外互动的效率，实现了以公民为中心的服务理念。

目前，新加坡已经形成一套包括管治理念、组织体制、决策机制和运作体系在内的成熟的政府信息化管理体系，其中，政府 CIO 制度是影响政府信息化建设成效的重要因素[500]。

一、新加坡政府电子政务的发展

新加坡从 20 世纪 80 年代开始发展电子政府，如今已成为世界上电子政府最发达的国家之一，甚至连一些发达国家也开始以新加坡为榜样来建设自己国家的电子政府。新加坡的信息计划主要分为两大部分：一是国家信息计划（National Infocomm Plans）；二是政府信息计划（Government Infocomm Plans）。其中政府信息计划主要着眼于行政服务的信息化，而国家信息计划则侧重于工业与社会的信息化，这两个部分是相互补充、相互促进的。从 1980 年到 2015 年，新加坡先后推出并实施六次国家信息计划和四次政府信息计划（见表 13 - 4）。

表 13 - 4　新加坡的 ICT 策略计划和电子政府计划

<table>
<tr><th>时间</th><th>战略意图及主要内容</th><th>国家信息计划</th><th>政府信息计划</th></tr>
<tr><td>1980—1985 年</td><td>行政服务微机化，开发 IT 行业及 IT 人力</td><td>国家微机化计划</td><td rowspan="3">行政服务微机化计划</td></tr>
<tr><td>1986—1991 年</td><td>将政府系统延伸至全社会</td><td>国家 IT 计划</td></tr>
<tr><td>1992—1999 年</td><td>将新加坡建设成为智能岛</td><td>IT 2000 计划</td></tr>
<tr><td>2000—2003 年</td><td>建设全球信息资讯之都，建设电子经济及电子社会</td><td>信息通信 21 世纪蓝图</td><td>电子政府行动计划</td></tr>
<tr><td>2003—2006 年</td><td>发挥信息通信潜力，创造新价值，丰富人们的生活，在网上实现"多个部门，一个政府"</td><td>联系新加坡蓝图</td><td>电子政府行动计划 II</td></tr>
</table>

续前表

时间	战略意图及主要内容	国家信息计划	政府信息计划
2006—2010 年	利用信息技术整合政府工作，提高公众满意度		
2010—2015 年	利用无处不在的 ICT（信息、通信和技术）将新加坡打造成一个智能化的国家、全球化的城市	智慧国 2015	智慧政府 2010

一般说来，新加坡行政服务信息化建设可分为四个阶段[501]。

第一阶段：起始阶段（1980—1999 年）。它的主要计划是行政服务微机化计划。该项计划旨在通过有效利用信息通信技术来提高公共管理的质量与效率，同时还通过贸易网、医疗网以及法制网等网站的建设来为“一站式”服务打下基础。这一时期的国家信息计划包括三个阶段的计划：首先是国家微机化计划（1980—1985 年），目标是实现公共管理的微机化，并且推进了计算机在全国的运用；其次是国家 IT 计划（1986—1991 年），主要是为“一站式”服务建立初步的跨部门链接，同时还建立了土地、民众以及政府三大数据中心；最后是 IT 2000 计划（1992—1999 年），该计划提出要把新加坡建设成为全球的数据中心，这是一项旨在提升新加坡的生活质量、推动经济发展、将新加坡与全球紧密联系，并且激发新加坡人的创造力的计划。

第二阶段：发展阶段（2000—2003 年）。这一阶段新加坡实施了电子政府行动计划，明确提出要在电子政府领域成为全球领先的国家。这一阶段主要实施了包括电子服务传送计划、知识工厂计划、技术试验计划、效率提升计划、强化通信基础设施计划、信息教育计划在内的六大关键项目。在这一时期，新加坡还实施了国家信息计划信息通信 21 世纪蓝图，该蓝图致力于促进新加坡的电子经济与信息社会的能力，而电子政府行动计划正是信息通信 21 世纪蓝图中的一个关键性倡议。

第三阶段：深化阶段（2003—2006 年）。这一阶段新加坡实施了电子政府行动计划 II。该计划主要实现了三项成果，包括“开心客户”、“联系民众”与“政府网络”，这三个项目旨在将容易获得的、整合与有附加价值的政府公共服务提供给目标公众，以增进民众之间的联系。这一时期所实施的国家信息计划是联系新加坡蓝图，它致力于用信息通信技术来开拓新思维，创造新价值与新机遇，它与电子政府行动计划 II 一起为客户与民众提供更便捷的信息技术服务。

第四阶段：追求卓越阶段（2006 年至今）。这一阶段新加坡推行了智慧政府 2010 五年计划。该计划旨在为新加坡的顾客和民众提供更多的便利，为此，需要完成四个关键性项目，分别是：增加研究并提供更丰富的电子服务；在电子接触中增强民众的思想交流；强化政府的能力与协同配合；强化国家的竞争优势。2006 年新加坡启动了名为智慧国 2015 的十年国家信息计划，它提出利用信息通信技术实现革新、整合与国际化三大目标，而智慧政府 2010 则是智慧国 2015 计划的一个关键步骤。

在政府不遗余力的推动下，经过一系列卓有成效的战略计划实施，新加坡的电子政务已趋于成熟，并开始有效地推进新加坡的社会、经济和国家信息化的整体进步，使人们的工作、生活和休闲方式发生了巨大变化。在全球经济论坛发布的《2004—2005 全球信息技术报告》中新加坡排名世界第一；根据世界权威评估机构埃森哲的《全球电子政务发展报告》，新加坡连续五年被评为全球三大最佳电子政府（即美国、新加坡、加拿大三国）之一，特别是在 2007 年，新加坡的电子政务客户服务成熟度排名世界第一[502]。

取得如此骄人的成绩离不开新加坡政府对于信息化的整体战略规划以及政府 CIO 的支持。而新加坡由于在人口规模上是个小国，其管理机构规模不大。在信息化领域，整个国家的信息化主要是由新加坡资讯通信发展管理局（Infocomm Development Authority，IDA）来推动的，它的政府 CIO 制度从严格意义上来说，是以 IDA 为核心的一整套组织架构和管理制度。因此，也有人说 IDA 就是新加坡的政府 CIO。

二、新加坡政府 CIO 的角色定位

新加坡资讯通信发展管理局是新加坡信息通信与艺术部下的法定委员会之一，是政府信息化的领导核心和实施关键部门。

IDA 成立于 1999 年 12 月 1 日。随着信息技术和电话技术的融合，国家计算机委员会（National Computer Board，NCB）和新加坡电信管理局（Telecommunication Authority of Singapore，TAS）合并为 IDA。合并之前的 NCB 是在财政部的支持下于 1981 年 9 月 1 日成立的，其主要的职能是实施公务员的计算机化，同时也为推进中央各个部门实施和协调信息系统开发工作而服务。TAS 作为国家权力机关，对涉及信息通信事宜向政府提供参考意见[503]。经过多年的变革与发展，IDA 将自己的角色定位为

良好环境的营造者、资讯通信的规划者、海外机会的拓展者、政府部门的 CIO[504]。

(一) 良好环境的营造者

IDA 通过制定一系列政策、标准、指导方针及实施法则，致力于创造既有利于消费者也有利于企业的创新竞争环境。

(二) 资讯通信的规划者

IDA 是新加坡资讯通信发展的总体规划师和开发者。政府信息化的水平在很大程度上取决于战略规划的质量。从新加坡的信息化战略规划可以看出，信息化从最初的微机时代到网络时代，从政府到整个社会，从提高效率到提高公众满意度，整个规划层层递进，并在逐步发展的过程中使得信息化应用得到了深化。

(三) 海外机会的拓展者

IDA 积极帮助企业走出国门寻找机会。IDA 成立了 IDA 国际公司，通过它与其他国家政府签订双边协议、建立合作伙伴关系，并为新加坡通信企业进入全球市场提供了便利，现在已经在中国、印度、美国和卡塔尔等国家设立了办事处。同时 IDA 的主要领导经常参加各种信息化论坛，并时刻在不同的场合推销新加坡的信息化发展模式、理念以及服务。

(四) 政府部门的 CIO

对于新加坡政府而言，身处信息通信领域的 IDA 还扮演着 CIO 的角色。制定政府部门的通信总体规划，执行各种通信管理项目和系统，设计有关标准，管理重要的通信基础设施，所有这些都成为 IDA 义不容辞的责任。

基于以上的角色分析，IDA 的职能一般可以定义为：

(1) 负责新加坡信息与通信建设及发展规划和应用平台设计；

(2) 负责在国家政策和跨部门整合方面提供专业意见和建议；

(3) 负责全局性的信息化应用项目管理，含招标、监督工程实施、项目验收；

(4) 负责管理派出 CIO，并指导信息化建设与发展；

(5) 负责信息基础设施的规划和建设管理。

三、新加坡政府 CIO 的组织结构

1999 年 12 月 1 日，以调整成立新加坡资讯通信发展管理局为标志，

新加坡建立了一套独具特色的信息化应用推进及治理体系，主要是以财政部和资讯通信发展管理局（IDA）为主体的电子政务公众服务领导管理体系，如图 13－7 所示[505]。

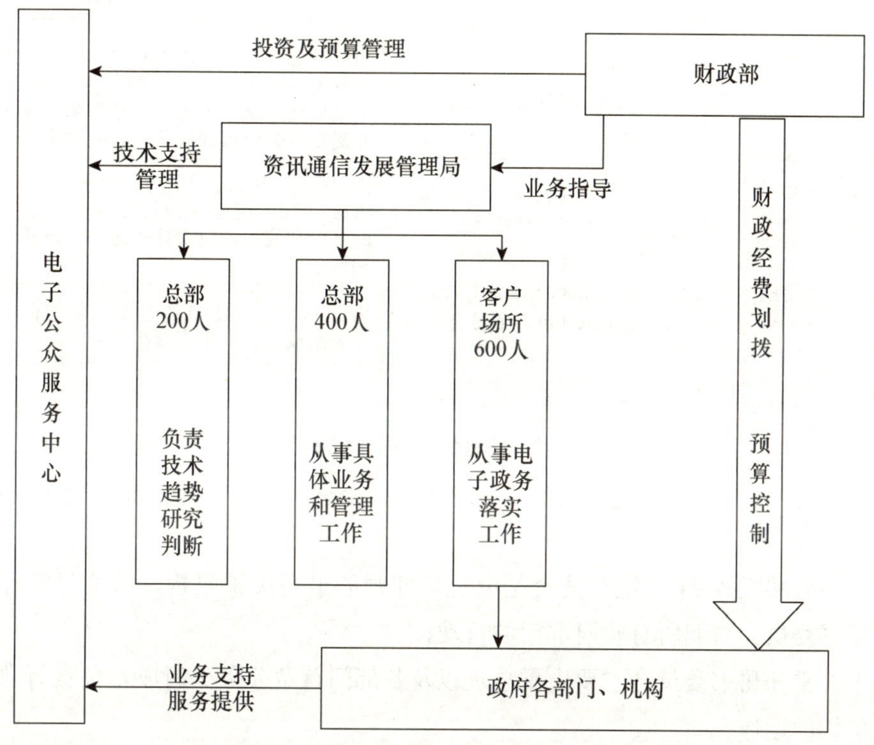

图 13－7　电子公众服务中心领导管理体系

其中财政部作为国家信息化建设的主管部门和责任主体，统一管理国家财政信息化建设项目，为其提供资金支持，保持项目建设、规划的连续性，减少断档可能造成的变化。IDA 以其独特的组织结构专事信息化建设和电子政务的全面协调管理，包括规划发展蓝图、咨讯通信网络基础设施技术环境建设、政策法规和信息安全环境建设、在蓝图规划下推出相关的服务计划等，支持协调管理各部门的统一发展。

（一）政府 CIO 组织中的决策结构

IDA 主要是依托四个独立的委员会的治理程序形成集中的权威指导意见，并通过财政和工作评估来约束政府各部门以及电子公众服务中心，保证了信息化决策的专业性和可操作性。具体结构如图 13－8 所示。

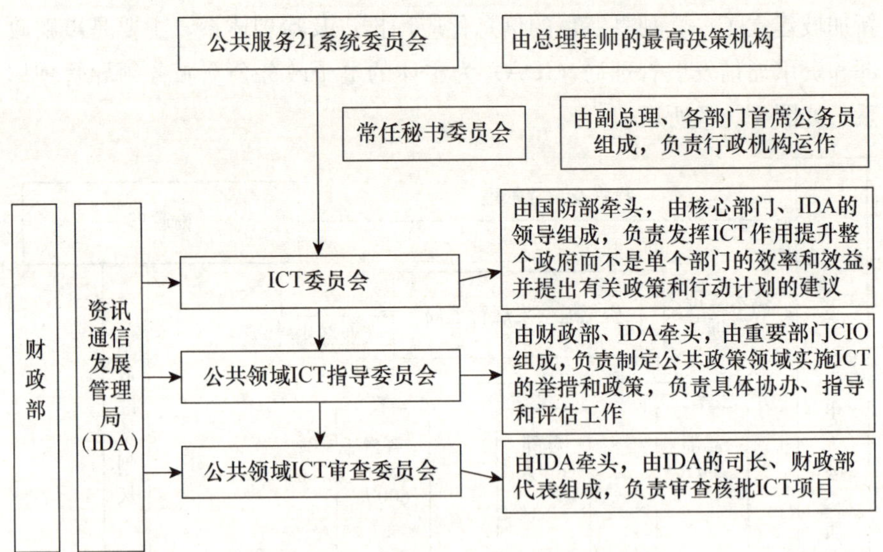

图 13-8　信息化应用推进治理体系

说明：政府部门的常任秘书是部门的首席公务员即最高等级的事务官，部长由执政党按届担任，即政务官。

公共服务 21 系统委员会是由总理挂帅的最高决策机构，可通过常任秘书委员会协调所有政府部门的行动；

常任秘书委员会主要由副总理以及各部门首席公务员组成，负责行政机构的运作。

ICT 委员会由国防部牵头，由核心部门和 IDA 的领导组成，负责发挥 ICT 作用提升整个政府而不是单个部门的效率和效益，并提出有关政策和行动计划的建议。

公共领域 ICT 指导委员会由财政部和 IDA 牵头，由重要部门的 CIO 组成，负责制定公共政策领域实施 ICT 的举措和政策，负责具体协办、指导和评估工作。

公共领域 ICT 审查委员会由 IDA 牵头，由 IDA 的司长和财政部的代表组成，主要负责审查核批 ICT 项目。

（二）政府 CIO 组织中的执行机构

新加坡政府 CIO 组织中的执行机构主要由 IDA 派驻到各政府部门中的人员组成。一般说来，IDA 总共有 1 000 多名员工，除了一部分人进行整体研究、规划以及一些具体的业务管理事务，其他 600 多人都被直接派驻到政府各部门中。IDA 充分依靠各部门的 CIO 以及这些 IDA 的派驻人员，建立了信息沟通与协调的“纽带”，确保信息化项目分权式执行的质量。新加坡各级政府部门及法定机构均有 CIO，且都有 IDA 派驻的业务人员，甚至有些部门的 CIO 直接由 IDA 的派驻人员担任，这些人主要负责 IDA 的电子政务项目的落实，为各政府机构电子政务系统的应用及实施提供建议，管理电子服务项目的推出，并确保这些建设符合统一的信息化政策和标准及国家的信息化发展战略。在报告关系上，部门 CIO 和派驻在各部门的 IDA 官员，业务上直接向提供服务的部门领导负责，技术上向 IDA 报告。派驻人员每个月还要回来向 IDA 汇报一次工作，如果遇到与部门意见不一致的情况，可以向更高的管理机构甚至内阁请求仲裁。具体结构如图 13－9 所示。

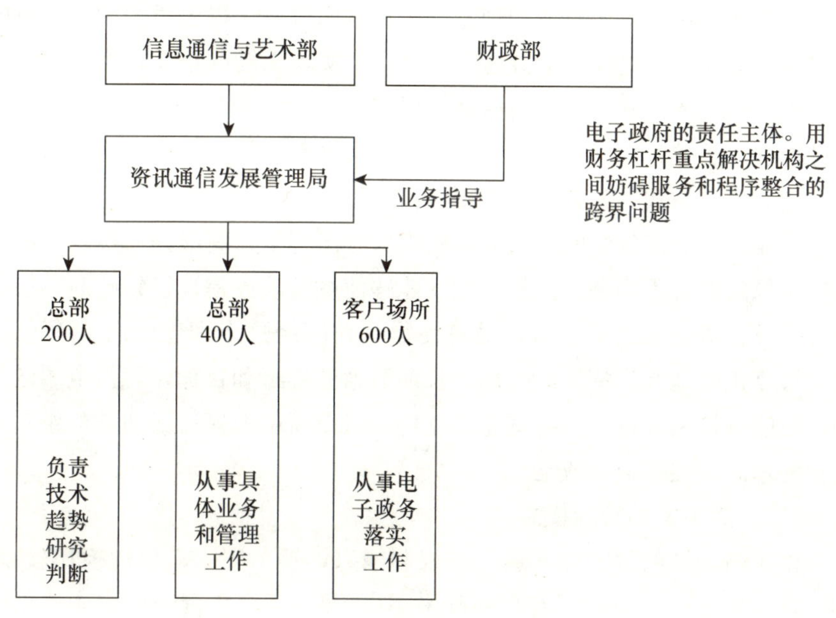

图 13－9　IDA 的组成结构

说明：政府 14 个部门、66 个法定机构均设有 CIO，其中 3 个部门、38 个法定机构的 CIO 直接由 IDA 派出。CIO 在业务上受业务部门常任秘书领导，技术上受 IDA 领导。

IDA 这种独特的人事管理制度对电子服务提供过程中政府各部门各自为政、“信息孤岛”等现象起到了很大的抑制作用，使新加坡政府的电子服务提供能够井然有序并协调一致，有利于确保战略发展方向，自上而下地贯彻规划和计划，有利于实现跨部门的信息资源整合和办公业务协同，同时也有利于提高技术保障的专业化水平，降低总体成本。

四、新加坡政府 CIO 制度的总结

总的说来，新加坡的政府 CIO 制度和美国的不同，美国的政府 CIO 制度更多的是针对某个具体岗位上的人而设计的，而新加坡政府 CIO 制度更多的是以 IDA 这个部门为核心的一整套组织架构和管理制度。如果说美国的政府 CIO 制度是国家层面的参考，那么新加坡的政府 CIO 制度可以为某个省市发展信息化，建立自己的政府 CIO 制度提供参考。从前面的分析可以看出，新加坡的政府 CIO 制度总体上有两点值得我们学习和借鉴。

（一）为公众服务的理念

新加坡政府对电子政务的理念定位非常明确——以公民为中心，目的是让各个政府部门之间的业务通过信息技术实现无缝的集成，为公民提供更加优质的服务。新加坡政府始终提倡“一切为了客户，使客户满意”的服务理念，要求各部门主动改革，摒弃繁文缛节，杜绝官僚主义和形式主义，建立“一站式”公共服务的模式，为经济发展提供便捷、高效的服务。并要求在规定的时间内对公众的需求做出答复，高级公务员随时准备解决跨部门的棘手问题。这样的理念能够使电子政务建设得到政府高层的认可以及在资金层面的支持，最终使得一切围绕这个理念的政府 CIO 制度能够真正落地并发挥实际作用。长期清晰的视野和目标，使得电子政务的建设能够持续改进。没有理念的支持，只是简单地模仿新加坡的组织架构和管理制度很难取得成功。

（二）集中式的管理模式

由于新加坡的国家性质属于威权制国家，整个国家人口规模比较小，因此其在信息化方面的所有规划都采用由 IDA 全权负责这种集中式的管理模式。IDA 在信息化建设和发展的过程中，遵循“统一领导、统一规划、统一标准、统一平台开发”的原则。在统一部门（IDA）领导下形成强而有力的执行力，统一协调政府各部门及社会公共资源，有效建立信息互联互通和数据共享交换的机制；统一所涉及顶层平台及各行各业各领域业务平台的规划和应用系统的设计，制定统一的信息互联互通和数据共享交换的标准；统一组织业务平台及应用系统，以及系统集成互联互通和数据共享交换通信接口的开发，避免了同一业务平台及应用系统的多头多厂家重复开发建设[506]。

集中式指导与分权式执行相结合是电子政务成功的保障。由一个部门

集中管理，减少了互相扯皮推诿，提高了运作效率，也保证了信息化的正常运行，而 IDA 分权式执行机制更具新加坡特色，IDA 充分依靠各部门的 CIO 和 IDA 的派驻人员，建立沟通与协调的“纽带”，确保分权式执行的质量。这种模式清晰地界定了政府公共部门、企业和个人之间的关系，为它们的合作打下了基础，可以作为中国进行省级信息化项目建设的参考。

（三）全民的信息化教育

此外，还值得注意的一点是，为了保证政府 CIO 制度的顺利运行，全面提高对于信息化的认知，新加坡还开展了一系列针对国民的信息化教育，主要由新加坡国立大学和教育部主导。比如在第一个 5 年计划的时候，IT 教育要求覆盖到所有的小学、初中和高中。通过全民的信息化教育，不仅缩小了数字鸿沟，还逐渐在国民中形成一种信息化的氛围和对于信息化的需求，为之后的制度改革打下基础。所有的制度改革如果缺乏公众的制度需求就很难进行下去，这点是非常值得我们借鉴的。

第三节　案例 3——上海市政府 CIO 制度

上海市是中国信息化建设比较早，发展也比较成熟的地区。由于地理位置和人才的优势，上海市在政府 CIO 制度建设方面做出了不少努力和有益的尝试，为今后中国全面实施政府 CIO 制度打下了基础。

一、上海市政府 CIO 发展历程

（一）起始阶段（2003—2007 年）

这个阶段政府部门所做的事情主要是针对 CIO 的认知和理解的普及。2003 年，上海市人事局、上海市信息化办公室共同发出通知，要求今后各单位都应该设立专门的信息技术管理部门，涉及重大信息化建设项目的主要承担单位和企业信息化实施单位，都应设立相当于 CIO 的岗位，应在关键岗位聘用具有相应职业资格的管理人员。从 2003 年起开始实行信息技术管理职业资格认证制度，涉及认证的主要职业资格有信息技术主管助理、信息技术主管和高级信息技术主管。其中，助理资格和主管资格将实行全市统一考试方式，高级主管资格实行考评结合的方式。这是对于

信息化主管这个岗位从职业规范的角度开始的首次尝试[507]。

2004年，上海市首批20位高级信息技术主管获得了上海市人事局和市信息委共同颁发的职业资格证书，这意味着未来全国首批持证上岗的CIO将从他们之中诞生[508]。

2007年下半年，上海浦东新区经济和信息化委员会、原浦东新区区委组织部（人事局）联合开展了关于政府CIO制度的调研。调研组听取了原国务院信息办、原上海市信息委和区委、区政府相关职能部门以及有关研究机构的领导专家意见。通过研究，对浦东新区推行CIO制度的可行性和可操作性，形成了如下认识：（1）政府CIO的定位、职责和素质。政府CIO的职能定位主要体现在：政府CIO是部门领导班子科学决策的重要参与者、信息化战略制定者和宣传贯彻者、信息化系统和业务整合的架构师、重大信息化项目的牵头管理者。（2）政府CIO的能力。政府CIO应具有战略规划和参与决策能力、电子政务业务流程的设计和再造能力、公共管理和整合协调能力、信息管理系统建设和组织实施能力、带领一支专业队伍的能力以及IT专业技术知识。（3）政府CIO运行方式与配套制度建设。主要包括组织结构、岗位职责、运作机制的设计。在理论和实践上开始着手推进政府CIO制度的落地[509]。

（二）发展阶段（2008年至今）

这个阶段主要是上海市针对CIO制度展开了不同角度的实践探索，逐渐使得政府CIO制度从理论开始向实践落地，不管是企业CIO制度，还是政府CIO制度，都取得了一定的发展。

2009年，上海市开始在企业尤其是国有大中型企业中探索CIO制度，为今后政府实施CIO制度打下基础。上海市经济信息化委在《关于推进信息化与工业化融合促进产业能级提升的实施意见》中指出，为推动企业发展模式从生产型制造为主向生产与服务并重转型，探索建立企业首席信息官制度。

2009年10月，上海市长宁区成为国家电子政务综合试点区，将重点建设电子政务组织管理体系，主要在信息化项目归口管理、项目首席责任制、首席信息官制、技术人员派驻制、绩效监管考评制、服务外包制等6个方面进行试点，试点区的设立使得政府首席信息官制度开始逐渐落地[510]。

2014年8月，由上海市经济信息化委指导，上海市智慧园区发展促进会主办，以“智慧碰撞，运营之道”为主题的2014上海市智慧园区

CIO（首席信息官）系列首期沙龙在上海市智慧园区发展促进会举行。共同探讨如何借助信息网络技术提供智慧服务、提高管理效率、开展智慧招商[511]。小范围的政府 CIO 交流沟通平台开始形成。

2015 年，浦东新区针对中小学校中 CIO 人才薄弱的状况，在教育领域先行试点 CIO 制度。开设了上海市首个“中小学信息主管（CIO）培训班”，主要针对中小学 CIO 的职能定位与能力构建展开培训[512]。

2015 年 5 月，400 家重点企业在上海浦东干部学院宣告共同成立上海首席信息官（CIO）联盟，这是中国第一个由地方政府主导设立的 CIO 联盟。联盟的成立也是对此前多个部委呼吁建立、普及 CIO 制度的积极响应。上海 CIO 联盟的成立，与其说是一个岗位需求，不如说是一个“融合时代”的需求，它的成立将全面提升 CIO 领导能力，打造一个首席信息官转型的良性生态圈[513]。

此外，由上海市经济信息化委、上海市科委、上海市国资委联合主办的一年一度的“上海市优秀 CIO”评选中，几乎每年都有政府部门的信息中心主任当选，具体数量如表 13－5 所示。可以看出，政府 CIO 这个群体在整个国家信息化的大背景下，在与企业 CIO 的交流互动中也慢慢开始成长。

表 13－5　　上海市优秀 CIO 中的政府职员

年份	人数
2006	1
2008	4
2009	1
2010	3
2011	1
2012	1
2013	1

可以看出，在 2003 年到 2015 年这十几年的时间内，上海市针对 CIO 制度的建设，不管是从企业的角度还是从政府的角度，都做了积极的准备工作，包括理论的研究、试点、沙龙、正式联盟等，都在朝着建立完善的 CIO 制度的方向前进，也取得了不少成绩。但可能还是存在来自各方面的因素的影响，政府 CIO 制度还没有成为政府实践中的一个重要管理制度。政府 CIO 制度实际是一套针对信息资源管理者的制度，而信息资源管理

和利用能否被管理层充分认识，成为政府管理和社会管理的一种重要资源，在于管理层是否彻底改变认知。政府 CIO 制度的落地代表着政府对于社会资源的重新认识，尤其是对于信息资源作用的重新评估。

尽管发展缓慢，但是上海市在政府 CIO 制度的准备上还是做了不少工作，接下来，我们看看上海市政府 CIO 制度中组织结构和选拔培训制度的设计。

二、上海市政府 CIO 的组织结构

制度赋权是上海市打造一个更强势的信息主管部门的有效途径。2003 年底，上海市把信息办更名为信息委，2004 年 1 月 20 日，上海市政府发布《上海市政府信息公开规定》，其中指出上海市信息委的职责就是负责组织、指导、推动《规定》的实施。根据第 31 条内容要求，信息委有权对“不履行主动公开义务”的机关实施监督并责令整改。这表明在上海信息化的推进过程中，一个专职的、有协调权力的信息主管部门正在崛起。2008 年机构改革后，上海市经委与上海市信息委合署办公，成立上海市经济和信息化委员会，目前其为市政府组成部门。

目前，上海市信息化的领导组织体制主要包括上海市国民经济和社会信息化领导小组、上海市经济和信息化委员会、上海市信息化专家委员会、上海市经济和信息化委员会信息中心等机构。其中，信息化领导小组是市委、市政府领导下建设、推进国民经济和社会信息化的议事协调机构。经济和信息化委员会是市政府综合管理全市国民经济和社会信息化的直属机构，同时又是上海市国民经济和社会信息化领导小组的办事机构。信息化专家委员会是为上海市国民经济和社会信息化领导小组以及上海市经济和信息化委员会提供相应服务的决策咨询机构。经济和信息化委员会信息中心是上海市经济和信息化委员会的直属单位之一，主要为经济和信息化委员会机关进行信息技术保障和服务。

（一）上海市信息化领导小组职责

上海市国民经济和社会信息化领导小组的主要职责是具体规划、管理、组织、协调本市国民经济和社会信息化工作。市委、市人民政府决定上海市国民经济和社会信息化领导小组组成人员，并规定今后上海市国民经济和社会信息化领导小组成员的职务如有变动，由该成员单位的分管领导自然替补。

（二）上海市经济和信息化委员会职责

上海市经济和信息化委员会是市政府综合管理全市国民经济和社会信息化的直属机构，同时又是上海市国民经济和社会信息化领导小组的办事机构。

上海市经济和信息化委员会的主要职责与信息化相关的有[514]：

（1）贯彻执行工业和信息化工作的法律、法规、规章和方针、政策；研究起草工业和信息化工作的地方性法规、规章和政策，并在发布后会同有关方面组织实施。

（2）根据本市国民经济和社会发展总体规划，拟订工业、信息化和生产性服务业的发展专项规划和年度计划并组织实施，拟订并组织实施本市产业结构调整中长期规划和年度计划，推进完成调整目标任务；会同有关部门规划工业和生产性服务业空间布局；根据国家产业政策和本市产业发展规划，拟订工业、生产性服务业和信息化领域产业政策并组织实施，引导与扶持工业和信息产业的发展；推进信息化和工业化深度融合。

（3）监测分析工业、信息产业运行态势，统计并发布相关信息，进行预测预警、信息发布和信息引导，协调解决行业运行发展中的有关问题并提出政策建议；负责工业、信息化应急管理、产业安全和国防动员有关工作；负责盐业行政管理；参与管理医药储备工作和紧缺药生产协调工作；会同有关部门做好应对自然灾害等所需救灾物资的生产、储备和调运；协同有关部门做好反垄断相关工作。

（4）负责提出本市工业、信息化固定资产投资规模和方向的建议，按照市政府批准权限，组织规划重大工业、信息化建设项目；会同有关部门组织和管理政府投资工业和信息化项目的推进实施工作；负责市本级部门信息化项目支出预算的归口管理和专业评审，提出信息化专业领域年度预算项目安排计划；对市级建设财力信息化项目提出行业主管部门意见；会同有关部门管理工业和信息业利用外资工作，开展工业和信息业的对外合作与交流，负责中国国际工业博览会事务组织协调工作。

（5）负责指导行业技术创新和技术进步，推动技术改造，以先进技术改造提升传统产业，按照规定做好有关国家、本市工业和信息领域科技和产业重大专项的实施工作，推进产学研结合和相关科研成果产业化；配合开展本市工业和信息化领域的质量管理工作，开展工业和信息化领域品牌战略的推进工作；负责本市工业和信息化领域标准化工作，提出并组织起草相关地方标准，组织实施本领域国家、行业和地方标准；推动新材料产业、软件业、信息服务业和新兴产业发展，促进创投企业、产业投资基金和产业结合发展。

(6) 拟订并组织实施工业和信息化的能源节约和资源综合利用、清洁生产促进政策；组织协调相关重大示范工程和新产品、新技术、新设备、新材料的推广应用；综合协调产业园区节能减排和循环化改造等相关工作。

(7) 统筹推进本市信息化工作，会同有关部门协调信息化建设中的重大问题，组织协调跨部门、跨行业、跨领域的信息化应用；指导、协调、推进智慧城市建设工作，促进信息化与经济社会各领域的渗透融合；组织、协调和指导信息化宣传培训、普及教育和信息化专业人才规划、预测等工作。

(8) 指导协调推进本市信息资源开发利用，统筹推进具有战略性、基础性、公共性信息资源的采集处理、交换共享、开发应用、开放服务等工作；研究拟订并组织实施大数据发展规划和政策措施，组织协调实施国家和地方数据规范标准，指导推进社会经济各领域大数据开发应用和大数据产业发展。

(9) 负责本市信息基础设施建设的规划、协调和管理；组织、指导相关部门制定通信管线、公共通信网、专用信息网的规划并承担相应的管理工作；协调电信市场涉及社会公共利益的重大事宜；负责跨行业、跨部门面向社会服务网络的互联互通。

(10) 组织协调信息安全保障体系的建立；负责指导和协调信息安全防范工作；协调处理信息安全重大事件。会同有关部门加强对网络信息安全技术、设备和产品的监督管理。承办市网络与信息安全协调小组具体工作。

(三) 上海市信息化专家委员会职责

上海市信息化专家委员会的主要职责是通过开展各种形式的研究和咨询活动，为上海市国民经济和社会信息化领导小组、上海市经济和信息化委员会提供各类决策咨询服务。

上海市信息化专家委员会的具体工作任务是：

(1) 研究国内外先进技术和信息化发展动向，发挥专家委员会专业性、综合性、协同性优势，为本市信息化战略规划的制定提供决策咨询服务；

(2) 通过各种途径提高本市信息技术的研发水平，协助有关部门和企业捕捉新的产业发展机会，发掘新的经济增长点，促进上海的信息产业发展；

（3）在各行各业推广信息技术的应用；

（4）为本市各类信息化项目与工程提供专家咨询意见；

（5）开展多种形式的信息技术交流活动，传播信息化知识，培养信息化人才，营造适应信息化发展的社会环境。

（四）上海市经济和信息化委员会信息中心职责

上海市经济和信息化委员会信息中心按工作定位和职责，主要包含以下两个方面的业务：

（1）面向机关的信息技术保障和服务。作为机关的信息技术保障部门，具体职能是为经济和信息化委员会机关提供信息技术支持和服务、相关的设施维护和管理（包括经济和信息化委员会网站的建设和维护），以及规划和组织实施经济和信息化委员会内部的信息化建设等工作。随着经济和信息化委员会职能的增加和机构的扩大，这部分工作已经成为信息中心的中心工作。

（2）面向全市的信息化专业培训。信息中心与上海一些高校合作，建立了旨在培养中高级信息技术人才的培训基地，其主要任务是：为满足本市信息化建设和信息产业发展的需要，对各类信息技术管理、开发和应用人员进行专业培训及公益性培训，如微博微信新媒体运营、电子政务、信息安全、信息系统集成、信息主管资质认定、ERP 和软件开发技术等。

三、上海市政府 CIO 的选拔培训制度

2003 年，为加快推进上海企业的信息化建设，上海市政府要求各单位都应设立专门的信息技术管理部门，涉及重大信息化建设项目的主要承担单位和企业信息化实施单位，都应设立相当于 CIO 的岗位，应在关键岗位聘用具有相应职业资格的管理人员。这样的做法就是设想未来将经济和信息化委员会主任设定为“首席信息官”，同时，上海市经济和信息化委员会与市政府一把手共同组成全市的 CIO 管理办公室，负责对各委办局电子政务工作的管理及指导。各委办局的信息主管担任具体执行工作，并与 CIO 管理办公室定期通过联席会议进行情况的沟通。但受制于现有制度的约束，基本没有落到实处。

对于包括政府 CIO 在内的培训选拔，上海市很早就做了一些尝试，比如：从 2003 年起将信息技术主管纳入上海市专业技术人员职业资格制

度的管理范畴，实行信息技术管理职业资格认证制度。涉及信息技术管理认证的职业资格有信息技术主管助理、信息技术主管和高级信息技术主管。其中，助理资格和主管资格实行全市统一考试方式，高级主管资格实行考评结合的方式。这意味着上海市政府为政府CIO的培训和选拔打下了基础，确立了培训的基本框架和思路。在2003年开考的上海市信息技术主管资格考试包括四门课程（培训共计80学时）："信息化规划与管理"、"IT法规与信息安全"、"IT项目管理"，以及"IT应用实务"。凡参加上述四门考试并获得通过者，将获得由上海市人事局统一印制、市人事局和市经济和信息化委员会用印的《信息技术专业技术人员职业资格证书》，四门课程在两年分别通过均为有效。凡参加培训者，按规定学完全部课程，可获得由市信息化培训协会颁发的培训结业证书。

对CIO的培训为推进上海的企业和政府部门的信息化培养了一批CIO骨干人才，使其能够真正作为高层管理人员参与经营和管理的决策过程，利用信息技术提高政府部门的工作效率和服务水平。但这样的培训和选拔还是很粗糙，还没有形成长期的规划和完整的知识体系。

四、上海市政府CIO制度的总结

总的来说，可以看出，上海市在政府CIO制度上做了不少尝试，在这个过程中，有做得好的一面，也有做得不好的一面。

上海市目前还没有建立专职的、权威的CIO职位及其严密的组织管理体系和制度，仅仅是在各项政府文件中提出了建立政府CIO制度的必要性，同时赋予了一些岗位以政府CIO的角色。比如在制度设计中上海市经济信息化委主任担负着市委、市政府CIO的角色，各委办局技术处、信息中心等也承担着部门CIO的角色，但发挥的作用不尽如人意。制度的运行总体上缺乏全局的、长期的规划与法律和制度的保障。

上海市在推进信息化管理制度的建设上做了一件特别有意义的事情，就是举办一年一度的"优秀CIO和优秀应用成果"的评选活动。这个由上海市经济和信息化委员会、上海市科学技术委员会、上海市国有资产监督管理委员会联合主办的"上海市优秀CIO和优秀应用成果"评选活动，每年确定10位CIO（信息主管）和10项应用成果，并对一名CIO授予"优秀CIO新秀"称号。这个活动不仅仅局限在政府，还包括企业、事业单位等各种实体单位。其使得企业、政府、事业单位的CIO之间能够良好互动，互相学习经验，这其实就是一个知识管理和分享的过程。长期坚持下去，可以实现以一个企业带动一个行业，一个政府部门带动一个领域的方式来发展信息化。毕竟我们的信息化在法治、文化、认知等很多领域还存在短板，信息化的发展不可能一蹴而就，需要一个长期的磨合过程。

由于受到各种因素的限制，上海市政府 CIO 制度的推进仅仅是在组织结构和选拔制度上进行了改革试点，这种改革的尝试没有持续下去。由于缺乏对于建立政府 CIO 制度体系的全面规划，上海市虽然很早就尝试政府 CIO 制度的改革，但成效依然不是很大。

从美国政府 CIO 制度、新加坡政府 CIO 制度和国内上海市政府 CIO 制度的对比可以看出，政府 CIO 制度在政府推进信息化的过程中起到了举足轻重的作用，在促进政府 CIO 参与信息化决策、规划和协调方面发挥了积极的作用，有效地推动了“电子”和“政务”的融合。虽然目前中国政府信息化正由初级阶段向深度应用阶段发展转变，政府 CIO 制度的建设还没有像理论上那么完善，但也可以发现它正处在不断完善的过程之中。我们的政府 CIO 制度的建设是和政府自身的行政体制改革紧密相关的，因此，很多时候它的发展不会像理论上或者国外的经验那么简单，很大程度上会受到传统的行政体制的影响，这个时候就需要相关部门的一把手具有魄力，能够从战略层面充分理解信息化和政府改革之间的关系，能够看到政府 CIO 制度给政府行政效率、流程优化、职能转变带来的巨大影响，并不断地积极促成政府 CIO 制度的完善。

第十四章　实施政府 CIO 制度的障碍及对策

本章首先从观念、编制、法律三个层面分析实施和推进政府 CIO 制度的障碍。其中观念的障碍包括数据资源的观念、协作共享的观念、政府 CIO 制度建设体系的观念；编制制度的障碍包括部门编制和人员编制的障碍；法律的障碍主要是缺乏一个完善的以信息资源管理为核心的法律体系。然后指出实施政府 CIO 制度的具体措施，包括立法先行、地区试点和人员培训。

第一节　实施政府 CIO 制度的障碍

杜文忠认为，除了 CIO 自身能力因素之外，实施政府 CIO 制度的障碍主要有三个方面：部门利益阻挠 CIO 行使职权、现行体制遏制 CIO 成长、绩效机制约束 CIO 活力。经过后期的补充调研，我们发现短期来看存在的障碍主要是观念的障碍、编制制度的障碍以及法律的障碍，长期来看还需要行政文化的支持（此部分详见第十二章的阐述）。

一、观念的障碍

从前文的分析已经知道，政府 CIO 制度实际上是一套针对信息资源管理者的制度，而信息资源管理和利用能否被管理层充分认识，成为政府管理和社会管理的一种重要资源，取决于管理层是否彻底改变认知。在信息化的初期，信息化基本要依靠某个核心人物的推动，要么是主管信息化的领导，要么是政府 CIO。部门领导或政府 CIO 的观念决定着信息化的步伐。尤其是在当前大数据的背景下，更加需要政府的高层管理者对于数据和信息有深刻的认识，同时也要有对于政府行政体制改革的深刻认识和全局观念，才能使得政府 CIO 制度真正落到实处。

一般说来，应该具备以下观念：

（一）数据资源是战略资源的观念

首先要认识到政府数据资源是一种非常重要的战略资源。当今社会，数据资源已经成为国家经济发展和社会治理的一项战略资源。政府部门的信息化经过多年的发展，硬件设备、软件系统都随着信息技术的发展逐渐淘汰了，沉淀下来的就是海量的政务运行数据。尤其在网络强国和大数据技术的双重背景下，政府部门的数据资源显得比以往更加重要。利用大数据技术唤醒这些沉睡的数据，对这些数据进行存储、分析、传播和预测，可以提升政府的宏观决策能力和应对突发事件的能力，辅助各级政府部门进行科学决策。并通过政府各部门数据和业务流程的横向和纵向共享，进行基于数据资源的政务服务创新，提升政府对于公众的服务水平和质量。对于信息资源也需要专业的人、专门的组织机构进行管理。但目前状况不容乐观，政府普遍缺乏对信息资源进行管理、开发、利用的专业职能部门。而且大多数人并没有认识到这一点，对于政府信息资源的管理和利用还停留在传统的档案管理、文件管理的水平上，没有更进一步的深度利用，从原始数据的标准化采集到信息共享、协作以及深度利用都缺乏认识。我们在后期调研中发现，即便给了大量的基础数据，大部分的政府工作人员也不知道如何去开发利用，说明把信息当作一种战略资源的理念还没有形成，需要进行强化。

对于政府信息资源的有效开发和充分利用已经成为现代社会发展的关键因素和重要推动力，直接关系到国民经济与社会发展的状况和水平。政府 CIO 职位的设立能促进政府部门信息化的主管领导专业化和知识化，能保证政府信息化尤其是政府信息资源开发利用的实施效果。

（二）协作共享的观念

政府 CIO 制度要真正发挥作用，要求各个政府职能部门有协作共享的观念。政府办事流程烦琐，职能部门之间推诿扯皮、各自为政，在信息化建设上重复建设、低水平建设等不良现象都是由于缺乏协作共享观念造成的。

对外来说，协作是政府进行社会管理的需要。在经济和信息化都高速发展的今天，社会管理问题日益呈现出多元性，政府部门面对的问题比以往更加复杂，这些问题仅仅依靠某一个职能部门很难独立解决，往往需要多部门的协作、信息共享和联合办公。部门间的协作使得政府工作打破了以往纵向层级和横向职能制的矩阵结构的限制，实现了立体沟通。

对内来说，协作是政府自身改革的需要。随着大部制改革逐渐深化，重组后的政府部门流程需要重新梳理和优化重组，以往信息分散在各个不同的部门，这些分散的信息需要进行整合与共享，这就意味着需要建立跨部门的电子政务协作。只有做好了政府内部流程的整合以及信息的共享才能保障政府 CIO 制度的顺利运行。

目前，全国各地都在建设的政务办事大厅实际上就是典型的跨部门网上协同办公的例子，充分体现了协作的重要性。因此，政府在发展电子政务的同时，不仅要在技术上实现变革，更要在管理制度、文化等软性层面融入分享和协作的理念，才能在政府的日常运作中提升决策和执行的效率。

（三）CIO 制度建设体系的观念

政府 CIO 制度的建设是一个系统工程，不是简单地设立组织结构、配备相应的人员就完成了政府 CIO 制度的建设。要充分认识到政府 CIO 制度的建设离不开政府行政体制改革的大环境，离不开政务流程的优化以及政府部门行政权力的简化。政府 CIO 制度的建设不仅仅包括政府 CIO 的选拔、培训、激励、考核、沟通、协调、决策机制，还应该包括建立与政府 CIO 制度相应的行政文化的支撑、相应的政府改革实践的支撑、相应的法律制度的支撑，这样才能将与信息化有关的机构、人员、责任落到实处。因此，对于政府 CIO 制度建设要有全局的、整体的观念。

二、编制制度的障碍

政府 CIO 制度的设计由于涉及对信息资源管理的人和部门的建设，在实际运行中还受制于编制方面的障碍，包括部门的编制和人员的编制。

（一）部门编制的制约

如果要设立一个专门主管信息资源的部门，首先要通过编办。编办相当于政府机构的户籍管理部门，负责设计和管理各种机构。政府内的机构编制是党和国家重要的执政资源。也正因为如此，作为管理这种执政资源的各级编办系统长期处于一种相对封闭和隐秘的工作状态，其所操作的各种改革方案，即便在政府部门内部，也并不公开。如果要增加一个信息部门，这个流程比较复杂，以区县一级地方政府为例，要设立一个新的一级部门，需要在新一轮的政府机构改革时，根据机构限额的规定来进行设置，而且新成立的部门必须有明确的职能职权、法律法规作为成立依据。

如果要成立政府 CIO 部门，那就需要国家或者地方有相应的法规或指导意见作为支撑。由于机构限额非常有限，每轮政府机构改革，部分原有的部门都可能需要进行撤并，要成立一个新的部门难度很大。成立一个二级机构则相对容易一些，无级别的二级机构由主管部门向区县编办申请，召开大编委会审议通过；正科以上的二级机构需向市编办申请，副处以上的二级机构需向省编办申请。新部门成立时，组织、人力资源和社会保障、财政等部门将出席大编委会做好相关配套工作。但这种设置方式显然和我们的初衷——设立一个独立的信息资源管理部门不一致。

新部门的设立牵扯的改革难度较大，在本书的政府 CIO 制度设计中，政府 CIO 部门也是一个职能部门，如果专门设计一个这样的机构，政府的整个业务流程也需要重新调整和优化。至少其他各个职能部门对外公开的信息流要流向这里，政府流程优化后沉淀下来的历史数据要由这个部门来进行优化，进行大数据分析。在原有业务流程还没有优化的基础上再进行这样的流程改造难度是可想而知的。

对于有些人建议的由某个部门兼任信息资源的管理，本书认为这样的模式结构不清晰，职责和权限就无法清晰，那么整个政府信息资源管理的效果就会大打折扣。

(二) 人员编制的制约

在人员的编制上，受制于国家对公务员队伍的整体改革思路，“十二五”中国的公务员改革总体上沿着“总体控制、内部调节”的思路，也就意味着不可能大规模地设置某个类型的岗位编制，政府的信息化人才主要靠内部的缓慢调整。此外，政府信息部门会与其他职能部门产生竞争关系，同级政府横向层面的部门竞争主要就是指各个职能部门之间为了能够获取更足的组织资源，比如资金、人员等进行的相互博弈。我们调查发现，对于地方政府一般职能部门的人员数量，地方编办其实只能起到辅助作用，因为基本上是某个部门的上级部门有指导性文件，地方编办根据指导性文件以及所剩编制数来适当分配。具体到信息化主管部门的编制，在很大程度上取决于某一级地方政府对信息化的重视程度。我们调查到江西某地的信息化编制，由于信息化主管领导个人强势以及政府高层的人脉关系，其部门信息化工作人员的编制达到 90 多个，目前有 60 多名工作人员，还有近 30 人等待补充，这可以说是一个非常大的信息化建设队伍了。

不管是部门的编制还是个人的编制，在很大程度上取决于政府的顶层设计。因为在本书的设计中，需要建立一个针对信息资源进行管理的从上到下的部门。但是我们的部门编制和人员编制很难由地方政府来单独设立。2007 年 3 月，中共中央办公厅和国务院办公厅联合发布文件《关于进一步加强和完善机构编制管理严格控制机构编制的通知》，文件强调"行政编制的审批权限在中央"[515]。以行政编制为例，各级政府编制总额由国务院批准，而跨级的调整也需要中编办批准。而事业编制，地方上 2007 年规范为省级编办审批，区县一级编办的审核权限被上收。

因为我国的这种集中制政府架构设计，一般中央有什么部门，地方才会有什么部门。因此，政府 CIO 制度需要从中央进行顶层设计，看国家是否将信息管理和数据管理上升为国家战略。在中国当前的体制和市场环境下，中央和地方政府的确认与支持对于推动政府 CIO 制度的发展的作用是不言而喻的。

三、法律的障碍

政府 CIO 制度能够稳定运行并发挥其作用，离不开法律的保障，比如数据公开法、信息自由法等。只有信息能够不受人为因素的影响，公开、共享、自由流动，政府 CIO 制度才能真正发挥其作用。

纵观美国政府 CIO 制度的发展历程，我们可以发现各种信息化发展战略和法律法规的制定为政府 CIO 制度的落实提供了保障。美国政府 1980 年颁布的《文书削减法》以及 1996 年颁布的《克林格-科恩法案》是美国政府 CIO 制度建立的基础，并形成了以《文书削减法》《信息技术管理改革法》《克林格-科恩法案》《2002 年电子政务法》《政府绩效与结果法》为核心的法律框架体系。根据《文书削减法》设置了"高级文书削减和信息管理官员"，《克林格-科恩法案》要求各联邦机构任命 CIO，履行法案条款所规定的 IT 管理任务以及信息资源管理任务。同时还要建立一个 CIO 委员会，以便定期指导和协调执行机构中与信息技术和信息资源管理有关的活动。《克林格-科恩法案》还规定了 CIO 的管理任务、CIO 应当具备的核心能力，并制定了培养相关能力的知识体系等内容。这些都从法律的角度保证了政府 CIO 的地位，有效改善和加强了政府部门的信息资源管理。

但我国在信息化领域还缺乏相应的法律做指导。目前仅有一个 2008 年实施的《政府信息公开条例》，但其中并没有明确政府信息化相关组织及人员的地位。没有法律的保证，就不能很好地推进政府信息化工作。因此，应该立足于政务信息资源开发，从法律的角度明确政府 CIO 的地位和职责。

第二节　实施政府 CIO 制度的措施

目前在观念、法律乃至编制上存在的障碍都不是一朝一夕就能解决的，因此在实施政府 CIO 制度建设的时候要清醒地认识到这是一个长期的过程，同时要多方面共同推进。从全局的角度制定发展规划，与政府部门行政体制改革进行有机的结合，以建设服务型政府为目标，积极推进政府 CIO 制度的建设[516]。

一、立法先行

如今的社会是法治社会，这决定了政府 CIO 制度的发展将是一个以法律为主导的过程。对于信息资源的管理需要有法治的支持，不仅要依数据治国，更要依法治国。仅仅依靠一些政策性文件和规定来推动政府 CIO 制度的实施是远远不够的。

首先，中国应制定或修订相应的法律来保障政府 CIO 的合法地位，规定政府部门必须设立政府 CIO 及相应的组织机构，明确规定政府 CIO 的职权和职责，以免出现权责不清的现象。现有的《政府信息公开条例》规定："国务院办公厅是全国政府信息公开工作的主管部门，负责推进、指导、协调、监督全国的政府信息公开工作。县级以上地方人民政府办公厅（室）或者县级以上地方人民政府确定的其他政府信息公开工作主管部门负责推进、指导、协调、监督本行政区域的政府信息公开工作。"这种情况下行政机关的自由裁量权太大，地方职能部门负责人对信息公开和数据共享影响很大。作为"经济人"的政府官员，在多一事不如少一事的思想下，一般都会选择自由裁量不作为，这将极大地影响信息化的进程。中国的政府信息化已经到了瓶颈阶段，基础设施建设基本完成，接下来就是对信息、数据的深度开发和利用，这个时候需要高层次的法律进行规范。

其次，颁布"信息公开法"，现行的《政府信息公开条例》属于行政法规，只能规范政府职能部门的行为，而不能规范人大、政协、法院及工青妇等机关和社团组织。而这些组织在治理国家的方方面面也发挥着重要作用，掌握着政府运行的很多数据资源，这些资源不仅需要开发也需要公开，因此，需要一个更高层级的法律来约束。此外，行政法规只能在现有法律框架下规定公开义务，不得与法律相抵触，而在传统保密文化下形成的法律体系，对其形成刚性的“包围圈”，无法有效协调法律适用中的矛盾。《政府信息公开条例》的立法效力受到来自《保守国家秘密法》等法律规范的挤压，这不仅导致大量已被定密的信息不能公开，对于没有定密的信息，也规定须启动申请公开保密审查机制[517]。

因此，迫切需要建立一系列有关政府信息资源从采集、共享、利用到公开的相关法律，包括基础体系的“信息公开法”，核心体系的《电子政务法》《信息安全法》《隐私法》，运行体系的《电子签名法》《信息资源管理法》等。

二、地区试点

中国各地由于经济和社会发展水平不均衡，对于政府 CIO 制度的需求也各不相同。Fukuyama（2004）曾指出成功的制度改革来自对于这种制度的社会需求，在发展中国家，制度改革的最大障碍就是需求不足[518]。因此，可以在对政府 CIO 制度有较强烈需求的地区进行试点，实施政府 CIO 制度不必全国一盘棋，一哄而上。可以优先考虑以下原则来选择试点：

（1）有条件率先实现现代化的中心城市和发达省份。比如北上广等发达城市优先试点，因为实施政府 CIO 制度需要有较好的信息化意识以及经济条件来支撑。

（2）政府体制改革试点地区。比如深圳、重庆、天津等地。在这些地区，国家给了特殊的优惠政策和足够大的权力进行体制改革，可以不受原有旧体制的制约，在进行体制改革的同时进行政府 CIO 制度的实施。

（3）电子政务发展较快的地区。比如银川、青岛等地。这些地方的电子政务已经有了一定的基础，社会公众已经有了一定的认知，并且有了一定的社会需求。这为政府 CIO 制度的实施打下了良好的基础。

至于试点的内容，除了包括政府 CIO 的人力资源管理制度、政府 CIO 的组织结构、政府 CIO 的日常管理制度以外，还应包括政府 CIO 的资源——政府数据。可以试点扩大开放数据的范围，试点政府 CIO 如何管理信息资源、开放数据后对于政府的影响、开放数据后的社会效益、开放数据后的安全问题。在对数据进行管理的同时，可以适当发展政府 CIO

的监督职责，针对国内行政机关运行效率不高、官僚作风较严重等不良现象，加之内部监督效用不大，单独设计的政府 CIO 不仅要承担政府信息资源管理的职责，还可以承担监督的责任。

至于编制问题，可以在试点地区参考国外的普遍做法。在西方国家的政府改革中，我们可以看到众多分权化取向的做法。比如：英国的财务管理新方案要求把各部门变成大大小小的成本中心和责任中心。成本中心的管理者实际上是一个预算的控制者，对成本和结果承担责任。他们拥有组织结构、编制、人员录用条件及程序、工资等级和奖惩等方面的权力。在"下一步行动方案"中，执行机构的负责人被赋予在机构编制、人员录用标准和程序、人员工资级别和待遇、内部组织结构和财务管理等方面的自主权。新西兰的《国家部门法》和《公共财政法》也规定，执行主管拥有部门事务的决策权，包括人事任免权、下级人员的报酬决定权和与工会谈判的权力，并拥有支配本部门财政投入的权力，各部部长不介入部门内部管理事务。因此，中国政府部门的信息化人员的编制问题可以在试点地区足够放权，让地方政府全权负责，找到更具创新性的人员和岗位设置模式。

三、人员培训

信息环境的日新月异和信息技术的不断变革，专业活动的环境不断发生变化，这些都要求政府 CIO 人员不断更新自己的知识结构，提高自己的素养。因此，只有树立终身学习的理念，不断获得专业发展，并尽快达到较高层次和水平，才能跟上时代前进的步伐。关于培训的内容，国外学者 Gharawi 等（2014）识别了政府 CIO 应该具有的能力和知识结构，指出政府 CIO 应该参与的培训领域包括公共行政、战略发展、领导、公共政策、网络安全、创新与趋势、信息系统和绩效管理。国内学者左美云所创立的 CIO 知识培养体系共有初级、中级、高级 3 大模块，可分别适用于培养操作层、管理层和决策层的信息管理人才。这都给政府 CIO 提供了培训的参考。除了这些专业知识的培训，本书认为还应该加强以下领域的培训：

首先是理念的培训。尤其是对于政府信息资源的理解和重视，要把将信息资源当作一种重要的战略资源的理念融入每个人的脑海，时刻关注如何深度利用和开发政府的信息资源为公众提供服务。

其次是新技术的培训。新技术层出不穷，政府 CIO 不需要对每种技术都精通，但技术是政府 CIO 的立足之本，政府 CIO 需要对每种新出现的信息技术都保持高度的敏感性，出现新技术后，要能感知到这种新技术如何与政府的战略和业务结合在一起，如何为公众服务，如何提高政府的服务水平。

第十五章　结　　语

本章是全书的一个总结，主要从信息资源的角度阐述政府 CIO 制度的重要性，厘清政府 CIO 制度的理论基础及框架体系，并结合政府改革的历史和现实背景阐述政府 CIO 制度实施的障碍。最后提出政府 CIO 制度未来可能的研究方向，供后来研究者参考。

从中国政府几十年的信息化历程来看，政府的日常业务和政策的制定越来越离不开数据和信息的支持。基于数据的科学决策可以有效地降低决策失误率，提高决策效率，降低决策的成本。当今社会，数据资源已经成为国家经济发展和社会治理的一种战略资源。对于数据的深度利用和开发可以有效地促进经济的转型。政府部门的信息化经过多年的发展，硬件设备、软件系统都随着信息技术的发展逐渐淘汰了，沉淀下来的就只有海量的政务运行数据。运用大数据技术对这些数据进行存储、分析、传播和预测，可以提升政府的宏观决策能力和应对突发事件的能力，辅助各级政府部门进行科学决策。对于政府数据的管理和开发利用，需要有政府 CIO 的参与，政府 CIO 作为全球信息化进程中新涌现出来的一个参与政府高层决策的管理阶层，将肩负着做出政府信息化决策的重任。政府 CIO 将不同的信息资源管理工作联系在一起，使信息技术的应用能更好地为政府提高工作效率、提升服务质量而服务。同时通过对以往信息资源的挖掘，整理出政府行政管理中有用的知识，实现政府从应急管理向知识管理转变，使得政府成为一个知识型的政府。这些都使得建立以数据资源为核心的信息化管理体系尤为迫切，而政府 CIO 制度正是这个体系中的重要组成部分。政府 CIO 制度的实施可以帮助政府部门将数据资源作为未来发展的重要战略资源，并完善对数据资源的利用和开发，实现数据资源在政府部门之间的共享，促进政府改革战略意图的达成和政府绩效的提高。

什么是政府 CIO 制度？从国外的实践来看，政府 CIO 制度绝不只是一个新的名称或岗位，它还包括 CIO 的组织结构，设立 CIO 相关的法律、规章制度，人员的培训、选拔以及绩效评估制度。此外，还有与之相匹配的职责范围的界定、对政府 CIO 的监督机制等等。因此，呼吁政府 CIO 制度的建设，不是简单地建设某个具体的制度，它实际上是建设政府内部对于政府数据资源进行规范化管理的信息化体系结构。本书认为，政府 CIO 制度为规范组织中行为主体对信息资源的利用和开发提供了保障，并且以政府 CIO 作为管理对象，以政府信息化的成功作为目标的相关规则与规范的总和，能够有效地保证与政府 CIO 相关的工作的科学化、规范化和制度化。实施政府 CIO 制度就是建立一个对信息资源进行管理的组织体系、制度体系、管理体系的框架，主要包括两部分：对信息化人员的管理制度以及信息化的治理机制。

首先，本书基于归因理论，用实证的方法研究了政府 CIO 能力、组织制度对信息化绩效的影响。研究结果表明：政府 CIO 能力和组织制度对信息化绩效都有显著的影响。但短期来说，政府 CIO 能力对信息化绩效的影响大于组织制度的影响。在政府 CIO 能力中，CIO 的业务能力对信息化绩效的影响最大，因此对于政府 CIO 个人来说，就要大力发展个人的能力，而不能一味地将信息化绩效不好归咎于组织的制度因素。在组织制度中，组织授权对信息化绩效的影响最大。同时通过对扩展模型的研究还发现，长期来说，组织制度的影响力更大些，从数据上佐证了本书重点阐述的建设政府 CIO 制度的必要性。并且，组织的纵向控制管理机制对信息化绩效有影响，而横向的协调管理机制对信息化绩效没有影响。因此，对于政府部门来说，要给予政府 CIO 足够的人事权和资金调配权。

其次，政府 CIO 的理论基础及具体内容。基于之前的实证研究，本书确立了政府 CIO 制度的理论基础和具体内涵。根据本研究的结论，其理论基础包括资源配置理论、人力资源理论和 IT 治理理论。政府 CIO 制度的具体内容主要包括以下两个方面：

（1）基于政府 CIO 能力的政府 CIO 制度。包括政府 CIO 的选拔制度、培训制度、考核制度以及激励制度。主要是建立一系列针对政府 CIO 这个岗位人员的选拔、培训、考核和激励等的制度。因为这个岗位和其他岗位的人不同，如果政府 CIO 的相对经济收入和同等地位的市场价格严重不匹配，会影响其积极性以及整个政府信息化的效果。

（2）基于组织运行的政府 CIO 制度。包括政府 CIO 的组织结构、政府 CIO 的决策机制和沟通机制。主要是呼吁建立对政府部门内部数据资源进行管理、开发和利用的部门，同时建立政府 CIO 的相应的决策权分配、沟通机制等制度。因为对于信息资源的管理，需要一个完整的信息化组织结构，包括高层的政府 CIO、中层的部门 IT 经理以及底层的信息化基础人员。同时要予以一定的授权以及明确的做事规范。

再次，本书探讨了政府 CIO 制度的几个影响因素，并结合国内外政府 CIO 制度的分析，提出了一些具有针对性的措施。政府 CIO 制度的内容制定起来很容易，但具体落实的时候还需要很多条件。因为大部制的政府机构改革是政府 CIO 制度建立的政治基础，而大数据技术则是政府 CIO 制度建立和发展的器物基础，行政文化是政府 CIO 制度建立的软环境。

政府 CIO 的建立除了可见的制度文件以外，更加重要的是政府组织的自我更新和改革，政府部门应该进行政府业务流程的优化，精简办事流程，加大信息化程度，真正形成以公众为中心的服务型政府架构。因为政府 CIO 制度的建设不是目的，而是为政府的改革进行服务的，说到底，信息化手段只是工具，只是政府为服务对象提供更快、更好、更省的服务的手段。抛弃唯技术论的观点，政府首先应该改革自身，进行职能转变，只有这样，信息化的效用、政府 CIO 制度的效用才能发挥到最大。

大数据使得政府部门面临的内外部环境都在发生着剧烈的变化，政府部门迫切需要完善的政府 CIO 制度来对政府信息资源进行开发和利用。试想一下，如果没有政府 CIO 制度作为制度保障，谁来管理政府这些海量的信息资源、谁来开发这些数据、如何进行开发、谁为这些数据的安全负责等一系列问题都会成为棘手的问题。借助信息技术的推力实现政府 CIO 制度的建设，并结合政府的行政体制改革，可以实现政府业务流程的集成与共享，实现部门业务的协同以及为公众提供创新性服务。

行政文化是政府 CIO 制度建设的软环境，政府 CIO 制度需要政府行政文化的支持，因此需要建立与信息化战略一致的行政文化，以保证政府行政体制改革以及大数据推动下的组织变革都能够固化下来。

最后，目前实施政府 CIO 制度还存在观念、编制和法律层面的障碍，而这些障碍不可能在很短的时间内得到消除。要清醒地认识到政府 CIO 制度的建设是一个长期的过程，制度的建设存在路径依赖[519]。在创新制度的同时要处理好旧的制度中的各种关系，政府 CIO 制度的设计应该受到对于政治经济改革的深刻理解的指导，这将注定是一个长期的不断试验、学习和适应的过程[520]。可以尝试在某些信息化基础较好的地区试点，并辅助以相关的法律和人员的培训。在条件适合的时候再在全国推广。

未来针对政府 CIO 制度的进一步研究，可以在本研究的基础上增加行为变量、时间变量以及其他控制变量来研究反映各个因素之间的相互关系以及演化趋势的复杂模型。同时政府 CIO 制度更多的应该是实践，希望本书的一些观点能够给奋斗在信息化一线的政府公务员以及相关领导一些启发，并真正促进政府信息化的进一步深化。

附　　录

附录 1　Yukl 的概念模型

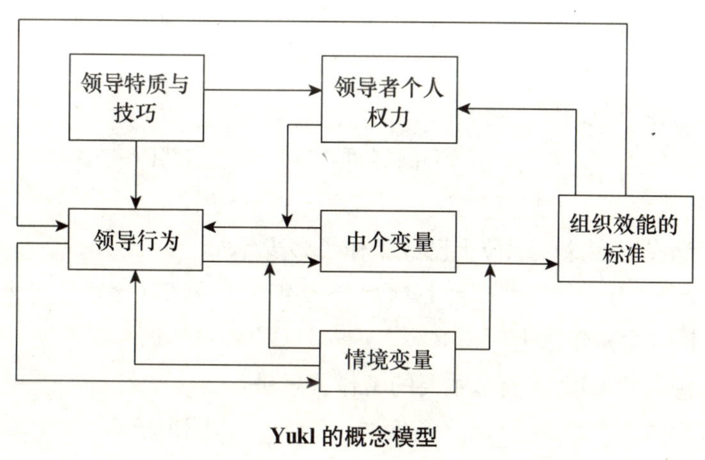

Yukl 的概念模型

附录 2　政府 CIO 制度研究调查问卷

政府 CIO 制度研究问卷

政府 CIO 制度研究项目小组

填表说明

研究目的：本问卷的研究目的是研究政府 CIO 能力与组织制度之间

的关系以及它们对于组织绩效的影响。

承诺：我们承诺本次问卷所得到的数据完全是为学术所用，并绝对保证相关信息不会泄露给第三方，同时，在研究成果出来后将无偿与所有参与者共享研究成果。研究报告将电邮到您的邮箱，感谢您的参与！

1. 请贵单位 CIO、高层领导或信息化主管如实填写本问卷调查表。

2. 填表方法：①直接在电脑上填写，在相关选项做出标记，并电邮给我们。

②纸质问卷填写，在合适的选项前打“√”或在“____”内进行适当的描述。

第一部分　组织基本情况

1. 您单位总人数为：

□ 100 人以下　□ 100～500 人　□ 501～1 000 人

□ 1 001～5 000 人　□ 5 000 人以上

2. 您在单位的职位是：

□CIO　□部门经理　□部门主管

□其他______

3. 您在现在这个职位上已经工作了多少年？

□少于 1 年　□ 1（含）～5 年　□ 5（含）～10 年

□ 10（含）年以上

4. 您单位 CIO 以前最主要的工作背景是：

□IT 技术　□ 销售　□市场

□财务　□人力资源　□其他

5. 您单位 IT 部门的员工有 ________ 人。

6. 您单位在信息化方面存在哪些问题？（可多选）

□缺乏整体规划　□资金不足　□信息化专业人员缺乏

□CIO 能力有限　□与业务部门脱钩　□领导重视不够

□基础设施建设投入不够　□部门之间沟通不好

□缺乏合理的绩效考核系统　□CIO 地位很低

□其他______

7. 您单位有无 IT 指导委员会？

□有　□没有

□没有，但有其他类似的职能机构

第二部分　CIO能力与组织制度

请您根据自身的感受、认识，判断下列关于组织信息化方面的一些说法是否符合贵单位的实际情况，并根据符合程度在相应的空格中标识。符合程度分为1～5五个级别：其中1表示非常不同意，5表示非常同意，2～4处于两者之间。

1. 对于您单位的IT应用状况，您认为下面哪种表述与您单位的实际情况相符？请在相应的数字下打钩。

1. 非常不同意　　2. 不同意　　3. 一般　　4. 同意　　5. 非常同意

	问卷项目	1	2	3	4	5
1	IT对于我单位的业务影响很大					
	IT技术是我们核心业务不可分割的部分					
	没有IT技术我们不能达到我们的战略目标					
2	我单位的各个部门都引入了IT设备					
	我单位的各个部门已经联网					
	我单位的各个部门都需要一定的IT技术支撑					
3	我单位中IT应用总体状况很好					

2. 对于您单位的CIO，您认为他在下面哪方面做得与高级信息管理人员应有的知识水平相符？请在相应的数字下打钩。

1. 非常不同意　　2. 不同意　　3. 一般　　4. 同意　　5. 非常同意

	问卷项目	1	2	3	4	5
4	我单位CIO能够很好地了解单位产品、服务、市场和业务战略					
	我单位CIO对于本单位所在的行业比较熟悉					
	我单位CIO对于单位的市场和业务流程比较熟悉					
	我单位CIO熟悉单位的主要竞争对手					

续前表

	问卷项目	1	2	3	4	5
5	我单位CIO能够利用单位现有的技术满足单位的需求					
	我单位CIO熟悉本单位所在行业中的最好者以及竞争对手是如何在业务中使用IT技术的					
	我单位CIO能够识别新技术来支持单位提供更好的产品和服务					
	我单位CIO能够对于新技术的投资决策做出比较好的指导					
6	我单位CIO能够用非IT技术的语言说明新的IT技术对单位业务的重要性					
	我单位CIO拥有非常好的沟通技巧，能与不同层次的人进行良好的沟通					
	我单位CIO经常就相关问题同高层管理团队之间进行沟通					
7	我单位CIO能够和大多数人和谐地一起工作					
	我单位CIO能够认清自己在组织中所面对的局势并且能够机智应对					
	我单位CIO能够很聪明地以各种方式展示IT的价值					
	我单位CIO能够向上级主管推销自己的主意					

3. 对于您单位的相关IT制度，您认为下面哪方面说的与实际情况相符合？请在相应的数字下打钩。

1. 非常不同意　2. 不同意　3. 一般　4. 同意
5. 非常同意

	问卷项目	1	2	3	4	5
8	我单位高层管理者认为IT已经给组织带来了潜在的效益					
	我单位高层管理者认为IT将会产生竞争力					
	我单位高层管理者认为IT对于组织是必需的					
9	我单位高层管理者经常参与和IT项目有关的会议					
	我单位高层管理者积极参与监督IT项目的进展					
	我单位高层管理者积极参与到IT相关的决策中					

续前表

	问卷项目	1	2	3	4	5
10	我单位的 CIO 被赋予很大的预算决定权力					
	我单位 CIO 具有很强的预算建议权力					
	我单位 CIO 具有很强的资金支配权力					
	我单位 CIO 在执行信息化项目时可以从业务部门调用人员					
	我单位 CIO 在单位的 IT 外包项目上具有很强的决定权					
11	我单位 CIO 可以直接向 CEO 汇报工作					
	我单位 CIO 属于高层团队中的一员					
	我单位 CIO 对于组织战略的影响很大					
12	我单位组织中员工被提拔的原因不是工作年限而是工作绩效					
	我单位个人和团队的绩效考核都比较公平					
	我单位提供公平的机会以及基于绩效的报酬					
	我非常满意基于我的绩效所得到的报酬					
13	我单位 CIO 经常能够参与单位的高层会议					
	我单位 CIO 与高层管理者之间除了正式关系外，有一些非正式的联系					
	我单位 CIO 经常参与到业务范围，试图用 IT 技术为业务提供机会					
14	我单位 IT 指导委员会对于把握 IT 项目的方向至关重要					
	我单位 IT 指导委员会对于保证 IT 与业务的匹配发挥很大的作用					
	我单位 IT 指导委员会在协调各个部门之间的关系中发挥很大的作用					

4. 对于您单位的其他相关信息，您认为下面哪方面说的与实际情况相符合？请在相应的数字下打钩。

1. 非常不同意　2. 不同意　3. 一般　4. 同意
5. 非常同意

	问卷项目	1	2	3	4	5
15	在我单位，没有高层领导的允许下属很少做出行动					
	在我单位，一个人想要做出自己的决策而没有咨询他的上级的话将不会受到鼓励					
	在我单位，即使是很小的事情也需要向上级请示					
	在我单位，单位内所做的任何决策都需要得到老板的同意					
	在我单位，员工很少参与有关组织的政策或程序方面的决策					
16	在我单位，每个部门都有已经建立好的正式制度、任务指南以及操作程序					
	在我单位，工作中有很多规则、制度					
	在我单位，员工经常被检查是否违反规则					
	在我单位，员工总是按照规则和组织文件的要求来执行任务					
	在我单位，员工总是被监督是否服从规则					

5. 对于您单位的相关 IT 部门以及 IT 应用方面的信息，您认为下面哪方面说的与实际情况相符合？请在相应的数字下打钩。

1. 非常不同意　2. 不同意　3. 一般　4. 同意
5. 非常同意

	问卷项目	1	2	3	4	5
17	我单位 IT 部门能够及时地交付应用系统					
	我单位 IT 部门能够在预算的范围之内完成应用系统					
	我单位 IT 部门开发的应用系统能够满足单位内部的需要					
	我单位的 IT 系统大部分时间能够正常运行					
18	我单位的 IT 系统能够降低单位运营成本					
	我单位的 IT 系统能够使得组织运作更加具有弹性					
	我单位的 IT 系统能够加强与组织上下部门之间的联系					
	我单位的 IT 系统能够帮助组织提供增值服务					
	我单位的 IT 系统能够改善现有服务的质量					
	我单位的 IT 系统能够帮助组织改善决策质量					
	我单位的 IT 系统能够产生新的服务					

最后，为了及时反馈我们的研究成果，请留下您的联系方式等信息。

再次感谢您的合作！

您单位的名称：________________________________

您单位的地址：________________________________

您的姓名：____________________________________

邮件地址：____________________________________

附录3　政府CIO访谈提纲

政府CIO制度研究深度访谈提纲

政府信息化项目的访谈问题主要涉及各委办局、区县信息办或信息中心的组织结构、信息化工作的决策机制、信息沟通机制以及各级信息化工作负责人的选拔制度、考核制度和激励制度。访谈对象主要为信息办主任或信息中心主任。

具体问题如下：

（1）您的日常工作主要职责是什么？您觉得CIO在政府信息化中应该发挥怎样的作用？

（2）您能简单描述一下您所在部门在政府部门中的位置以及与其他部门的关系吗？您是不是所在部门的高层团队成员？

（3）其他同级职能部门中是否有负责信息工作的人员？在信息化建设过程中，您与哪些同级部门有密切联系？

（4）您所在部门如何与本单位外的组织合作？

（5）CIO是怎么任命的？您的职位以什么样的方式考核？这种考核的效果如何？

（6）您单位实施过或者正在实施的政府信息化项目主要有哪些？一般是谁做出立项的决策？项目负责人是谁任命的？

（7）具体的信息化项目，您单位是全部自己做还是外包？如果外包，由谁最终决定外包商？

（8）在一个具体IT项目的实施中，您的角色是什么？主要负责什么工作？在信息化建设的目的方面，您最为关注是（成本、质量、效率、效益）？

（9）您单位目前的信息化投入费用每年大概有多少？日常维护经费有多少？您在推动政府信息化过程中，遇到最大的问题是什么（资金、人员、权力、关系）？举例说明。

(10) 您单位实施政府信息化后，最大的变化是什么？对于 IT 项目的最后结果，你们是怎么考核的？请说明具体评价指标、方式。

(11) 您单位有没有什么制度用以激励和惩罚信息化工作人员，比如晋升制度或淘汰制度？

(12) 如果要建立一个 CIO 的制度，您觉得哪方面的制度最应该首先考虑？为什么？

附录 4　企业首席信息官制度建设指南

企业首席信息官制度建设指南

一、总则

企业首席信息官制度建设需要多方参与，协力推进，分级、分类推进企业首席信息官制度的贯彻实施。

工业和信息化部负责全国企业首席信息官制度建设工作的部署，建立健全各项基础制度和配套政策措施。

地方各级工业和信息化主管部门负责组织、引导和指导本辖区内的企业开展首席信息官制度建设。

行业协会负责本行业企业首席信息官制度建设的管理服务工作。

企业负责人组织落实本企业的首席信息官制度，董事会等经营决策机构负责对相关工作进行监督。企业应当依据自身特点和需要，将首席信息官制度的建立和实施情况纳入企业内部的考核范围，将首席信息官制度的基本内容写入企业章程或列入企业管理制度。企业应当对照首席信息官的职责要求，为首席信息官制度的实施落实组织机构、岗位职务、人员编制、资金保障等各种必要条件。企业应当以制度形式赋予首席信息官对企业重大事务的知情权、参与权和决策权。企业应当依据自身特点和需要，对首席信息官制度进行持续改进和优化。

行业协会、联盟应当积极推动行业和区域的首席信息官的交流合作，编写案例和最佳实践。联合共建企业和高校实训基地，开展实用型信息管理人才培训，为企业首席信息官提供后备人才储备。

二、企业首席信息官职位设置

企业应当设置首席信息官职位，直接向企业负责人汇报。条件暂不成熟的企业，可先由现任信息化主管领导兼任首席信息官。

首席信息官全面负责企业的信息技术应用和信息资源管理工作，承担企业信息化领导责任。首席信息官的主要任务是促进信息技术和各项业务的融合，协助提高管理水平和创新经营模式，提升企业在信息化条件下的核心竞争力。

大型企业可以设置信息化领导小组，对企业信息化重大事项进行决策。首席信息官领导信息化管理部门，参与领导信息化领导小组。有条件的企业还可以设置信息化专家咨询委员会，就企业信息化重大事项、重大项目进行咨询。

三、企业首席信息官职责

企业首席信息官的具体职责主要包括以下方面：

（一）制定企业信息化战略、规划和技术方案

1. 信息资源规划：对企业生产经营所需要的信息从采集、处理到开发利用进行全面的规划，研究开展大数据应用。

2. 信息资源整合：建立全面、广泛的企业信息资源架构，实现信息资源的有效管理和综合利用。

3. 业务创新研究：理解市场竞争环境以及信息技术发展趋势，运用信息技术开展决策支持和业务创新。

（二）实施企业信息化战略、规划和技术方案

1. 业务流程再造：运用最新的管理理念和技术手段进行业务流程优化和再造，预见并处理实施中出现的障碍。

2. 项目选型实施：准确理解内部需求，确定选型标准，审批或参与审批项目选型，领导或参与领导重大项目的实施。

3. 信息化教育：开展教育培训，提高企业员工信息素养和技术应用能力，增强全员的信息安全意识。

（三）开展企业信息化管理与服务

1. 内外部沟通：与企业各部门以及外部组织之间进行沟通，协调各方面资源促成信息共享、应用集成和职能协同。

2. 保障信息安全：建立信息安全保障制度，提升技术条件和设备设施保障水平，提高安全事件处理能力。

3. 人才队伍建设：建立信息化工作团队，在必要时调动外部人力资源，带领团队开展工作，进行人员绩效评价。

四、企业首席信息官的能力素质要求

首席信息官应当具备的核心能力和素质包括：

1. 战略思维与规划能力：对信息化工作进行全局的战略规划和布局、配置企业内外部资源、制定发展目标和工作计划的能力。

2. 领导力与执行能力：建立工作团队、指挥和带领团队成员围绕信息化战略目标开展工作、实现信息化发展目标的能力。

3. 信息技术创新应用能力：善于利用最新信息技术、提供具有经济价值和社会价值新思想以推动业务创新的能力。

4. 对行业的深刻理解和对信息技术的洞察力：深刻理解所在行业的业务、了解信息技术发展趋势并对其带来的机遇和风险做出准确判断的能力。

5. 沟通与统筹协调能力：与各方面人士交换意见并获得支持、整合企业内外部资源、协调各方面的关系以促成合作的能力。

五、首席信息官的聘用和培训

企业可以采用外部招聘或内部选拔的方式选聘首席信息官。首席信息官的选聘和任用可以参照副职负责人的选聘和任用程序。企业应当按照公开、公平、公正、择优选聘的原则，对应聘人员的专业素质和管理能力进行测评，通过测评后需进行试用，确认其具备在该工作岗位上履行职责的能力。

企业应当支持首席信息官参加专业培训、加入相关社会组织、参与同行交流。企业应当注重培养首席信息官后备人才。

六、企业首席信息官的考核和奖惩

企业应当对首席信息官的工作绩效进行考核。考核结果作为首席信息官续聘、解聘和奖惩的依据。

首席信息官的考核除可以参照副职负责人的考核标准之外，还应当着重考核其在信息技术应用和信息资源管理方面的工作绩效。考核应当根据实际情况，重点考虑以下四个方面的情况：

1. 企业信息化战略和制度的科学性、合理性和有效性。

2. 信息技术在支撑业务流程、提高服务管理水平、推动业务创新以及提升企业竞争力等方面发挥的作用。

3. 企业信息化建设的效率与效能，尤其是重大项目的实施情况。

4. 企业信息管理人员队伍建设和人员素质提升情况。

企业应当依据自身特点和需要，对领导有力、组织科学、工作成效显著的个人予以奖励。对于在使用信息技术推动业务创新方面有突出贡献的人员，企业应当根据业务创新所获得的市场拓展效益来确定奖励额度。

对于因个人原因不能履行岗位职责或没有达到岗位要求的，企业可视其具体情况依据有关规定采取降薪等措施，或依法解除劳动合同。

七、其他

企业对本指南的执行和落实情况，纳入工业和信息化部遴选示范企业的标准。

参考文献

[1] 焦宝文：《政府 CIO 战略管理与技术实施》，北京，清华大学出版社，2005 年，第 1 页。

[2] 焦宝文：《政府 CIO 战略管理与技术实施》，北京，清华大学出版社，2005 年，第 2-3 页。

[3] Congress U S. *Information Technology Management Reform Act of 1996*，104th Congress，1996.

[4] 黄莉：《CIO 的角色重塑》，《电子商务世界》2005 年第 2 期。

[5] Synnott W R，Gruber W H. *Information Resource Management*：*Opportunities and Strategies for the 1980s*. John Wiley & Sons，Inc.，1981.

[6] Grover V. "An Empirically Derived Model for the Adoption of Customer-based Interorganizational Systems". *Decision Science*，24（3），1993：603-640.

[7] Earl M J，Feeny D F. "Is your CIO adding Value?" *Sloan Management Review*，35（3），1994：11-20.

[8] 左美云，王鋈，赵珅：《CIO 机制及其组织模式》，《软件工程师》2004 年第 5 期。

[9] 王守宁，司光昀：《我国 CIO 现状及发展研究》，《情报科学》2004 年第 6 期。

[10] 孟川瑾，左美云，陈禹：《基于资源配置效率的 CIO 制度理论研究》，《软科学》2008 年第 3 期。

[11] 任娟：《关于推进 CIO 机制的思考》，《管理世界》2003 年第 12 期。

[12] UN. "E-Government Survey（2012）：E-Government for the People". Department Economic and Social Affairs，United Nations，New

York, 2012.

[13] Obi T. "Waseda University 2012 International E-government rankings released". *Journal of E-governance*, 35 (3), 2012: 104-115.

[14] 工信部:《关于印发〈企业首席信息官制度建设指南〉的通知》. http://www.miit.gov.cn/n11293472/n11293832/n12843926/n13917012/16302541.html. 2014-11-14/2015-11-15.

[15] 中央政府门户网站:《中国首席信息官联盟成立大会在北京召开》. http://www.gov.cn/gzdt/2013-12/17/content_2549505.htm. 2013-12-17/2015-11-15.

[16] IT 时报:《上海市 CIO 联盟成立 积极推进首席信息官制度建设》. http://www.it-times.com.cn/xwss/47884.jhtml? utm_source=tuicool. 2015-05-18/2015-11-15.

[17] 左美云:《别伤了 CIO 体制的"心"——谈设置 CIO 的必要性》,《中国计算机用户》2004 年第 4 期。

[18] 孟川瑾:《组织信息化与 IT 组织建设》,《兰州学刊》2008 年第 4 期。

[19] Baschab J, Piot J. *The Executive's Guide to Information Technology*. John Wiley & Sons, 2007: 45.

[20] 卢向华:《现代组织 IT 组织的匹配性设计探讨》,《科学学与科学技术管理》2006 年第 5 期。

[21] Essex P A, Magal S R, Masteller D E. "Determinants of Information Center Success". *Journal of Management Information Systems*, September 15 (2), 1998: 95-117.

[22] 董小英:《CIO 的视野》,《IT 经理世界》2006 年第 1 期。

[23] Applegate L M, Elam J J. "New Information Systems Leaders: A Changing Role in a Changing World". *MIS Quarterly*, 16 (4), 1992: 469-491.

[24] Remenyi D, Grant K A, Pather S. "The Chameleon: A Metaphor for the Chief Information Officer". *Journal of General Management*, 30 (3), 2005: 1-12.

[25] Haselkorn M P. "Chief Information Officers and Technical Communication". Proceedings, IEEE Professional Communication Conference, Orlando, 2003.

［26］杨学山：《信息化走向成熟：实践中的 CIO》，《电力信息化》2004 年第 1 期。

［27］Smaltz D，Agarwal R，Sambamurthy V. "An Empirical Analysis of the Antecedents of CIO Role Effectiveness". Proceedings of AIS Special Interest Group on IS Leadership，2004.

［28］Brown C V. "The Successful CIO-integrating Organizational and Individual Perspectives". Proceeding of the 1993 Conference on Computer Personnel Research. *ACM*，1993：400-407.

［29］郭立生，霍国庆，王能元：《我国 CIO 群体的成熟度》，《软件工程师》2004 年第 11 期。

［30］姚中进：《论政府 CIO 制度对我国政府信息化建设的促进作用——一项基于制度视角的分析》，《学习月刊》2010 年第 17 期。

［31］Misra D C. "The Chief Information Officer（CIO）Concept in E-government：Select Lessons for Developing Countries". Paper contributed to IEEE/ACM International Conference on Information and Communication Technologies and Development，December，2007.

［32］孟川瑾：《CIO 能力、组织制度因素对于 IS 绩效影响的实证研究》，北京，中国人民大学，2008。

［33］孟川瑾，李凌云：《我国"政府 CIO"组织结构分析》，《信息化建设》2009 年第 2 期。

［34］吴江，李志更，乔立娜：《我国政府首席信息官制度的建设需求与构想》，《中国行政管理》2007 年第 11 期。

［35］江南时报：《北京"首席信息官"登场》. http://tech. sina. com. cn/roll/2003-08-27/1123225962. shtml. 2003-08-27/2015-11-15.

［36］广州市新闻中心：《政府各部门设首席信息官》. http://www. gznews. gov. cn/node_10/2009-05/1242268691908. shtml. 2009-05-14/2015-11-15.

［37］经济和信息化委员会：《关于推进信息化与工业化融合促进产业能级提升的实施意见》. http://www. ospc. cn/cms/channel-1/12736. html. 2014-03-05/2015-11-15.

［38］吴林玲，赵西东：《佛山将推政府首席信息官制度》，《信息时报》，2011-07-01.

［39］卢新海：《政府信息化与政府绩效》，《湖北社会科学》2004 年

第 10 期。

［40］陈禹：《美国政府 CIO 制度的三重启示》，《决策》2005 年第 3 期。

［41］World Bank. “Video：Strengthening e-Government Leadership：The Emerging Role of the Chief Information Officer in the Public Sector (Part 1)”（September 22，2005；Presenters：Nagy Hanna，Kijoo Lee，Larry Meek，Alisoun Moore）. http://info.worldbank.org/etools/BSPAN/PresentationView. asp? PID=1392&EID=682.

［42］Rubino-Hallman S，Hanna N K. “New Technologies for Public Sector Transformation：A Critical Analysis of e-Government Initiatives in Latin America and the Caribbean”. *Journal for e-Government*，3（3），2006：3-39.

［43］Fukuyama F. *State-building*：*Governance and World Order in the 21st Century*. Cornell University Press，2004.

［44］Fountain J E. “Building the Virtual State”. Brookings Institution Press，2004.

［45］Todd R. *On Demand Government*：*Continuing the E-government Journey*. Lewisville，Texas：IBM Press，2004.

［46］陈天祥：《不仅仅是“评估”：治理范式转型下的政府绩效评估》，《公共管理研究》2008 年第 6 期。

［47］杨敏：《政府 CIO 之困——政府 CIO，路有多远》，《决策》2005 年第 3 期。

［48］张铠麟，王娜，黄磊等：《构建协同公共服务：政府信息化顶层设计方法研究》，《管理世界》2013 年第 8 期。

［49］Earl M J，Feeny D F. “Is Your CIO Adding Value?”. *Sloan Management Review*，Spring，1994：11-20.

［50］樊博：《跨部门政府信息资源共享的推进体制、机制和方法》，《上海交通大学学报》（哲学社会科学版）2008 年第 2 期。

［51］李芳芳：《基于 Q-方法的中国 CIO 角色研究》，北京，北京大学，2006.

［52］Rockart J F，Ball L，Bullen C V. “Future Role of the Information Systems Executive”. *MIS Quarterly*，6（5），1982：1-14.

［53］Passino J H Jr.，Severance D G. “The Changing Role of the

Chief Information Officer". *Planning Review*, 16 (5), 1988: 38-42.

[54] Dixon P J, John D A. "Technology Issues Facing Corporate: Management in the 1990s". *MIS Quarterly*, 13 (3), 1989: 247-255.

[55] Stephens C S, Ledbetter W N, Mitra A, Ford F N. "Executive or Functional Manager? The Nature of the CIO's Job". *MIS Quarterly*, 16 (4), 1992: 49-467.

[56] Feeny D F, Edwards B R, Simpson K M. "Understanding the CEO/CIO Relationship". *MIS Quarterly*, 16 (4), 1992: 435-448.

[57] Rockart J F. "The Changing Role of the Information System Executive: A Critical Success Factors Perspective". *Sloan Manage* Review, 24 (1), 1982: 3-13.

[58] Grover V, Jeong S-R, Kettinger W J, LEE C C. "The Chief Information Officer: A Study of Managerial Roles". *Journal of Management Information Systems*, 10 (2), 1993: 107-130.

[59] Drury D H. "The Pivotal Position of the CIO in IT infrastructure". *Information Technology and Management*, 4 (2), 2005: 113-138.

[60] Ein-Dor P, Segev E. "Organizational Context and the Success of Management Information Systems". *Management Science*, 24 (10), 1978: 1067-1077.

[61] Karimi J, Gupta Y P, Somers T M. "Impact of Competitive Strategy and Information Technology Maturity on Firms' Strategic Response to Globalization". *Journal of Management Information Systems*, Spring, 1996.

[62] Gottschalk P, Taylor N J. "Strategic Management of IS/IT Functions: The Role of the CIO". Hawaii International Conference on System Sciences IEEE, 2002: 7066.

[63] Gottschalk P. "The Chief Information Officer: A Study of Management Roles in Norway". Proceedings of the 35th Hawaii International Conference on System Science, 2002: 3133-3142.

[64] Watson R T, Kelly G G, Galliers R D, Brancheau J C. "Key Issues in Information Systems Management: An International Perspective". *Journal of Management Information Systems*, 13 (4), 1997: 91-115.

[65] McLean E R, Smits S J. "A Role Model of IS Leadership". Proceedings of the Ninth Americas Conference on Information Systems, 2003: 1273－1282.

[66] Mintzberg H. *The Nature of Managerial Work*. New York, 1973.

[67] Brown E H, Weitzel J R. "The Chief Information Officer in Smaller Organizations". *Information Management Review*, 4 (2), 1988: 25－35.

[68] Bock G, King W R. "Management's Newest Star: Meet the Chief Information Officer". *Business Week*, 13, 1986: 160－172.

[69] Dickson G W, Leitheiser R L, Wetherbe J C, Nechis M. "Key Information Systems Issues for the 1980s". *MIS Quarterly*, 8 (3), 1984: 135－159.

[70] Stivers B P, Beard L H. "Information Systems: Getting Back to the Basics". *Journal of Systems Management*, 38 (3), 1987: 35－41.

[71] Watson R T. "Influences on the IS Manager's Perceptions of Key Issues: Information Scanning and the Relationship With the CEO". *MIS Quarterly*, 14 (2), 1990: 217－231.

[72] Highbarger J. "What's the Proper Role for the CIO?". *Management Review*, 77 (3), 1998: 53－54.

[73] Polanksy M, Inuganti T, Wiggins S. "The 21st Century CIO". *Business Strategy Review*, 15 (2), 2004: 29－33.

[74] Yukl G. *Leadership in Organizations*. Prentice Hall, Englewood Clis, NJ, 1994.

[75] Fiegener K, Coakley R. "CIO Problems and Practices: Impression Management". *Journal of Systems Management*, 46, 1995: 56－61.

[76] Armstrong C P, Sambamurthy V. "Information Technology Assimilation in Firms: The Influence of Senior Leadership and IT Infrastructures". *Information Systems Research*, 10 (4), 1999: 304－327.

[77] Lederer A L, Mendelow A L. "Convincing Top Management of the Strategic Potential of Information Systems". *MIS Quarterly*, 12 (4), 1988: 525－535.

[78] Enns H G, Huff S L, Golden B R. "CIO Influence Behaviors:

The Impact of Technical Background". *Information & Management*, 40 (5), 2003: 467-485.

[79] Jarvenpaa S L, Ives B. "Executive Involvement and Participation in the Management of Information Technology". *MIS Quarterly*, 15 (2), 1991: 204-227.

[80] Raghunathan T S. "Impact of the CEO's Participation of Information Systems Steering Committees". *Journal of Management Information Systems*, 8 (4), 1992: 83-96.

[81] Gupta Y P. "The Chief Executive Officer and the Chief Information Officer: The Strategic Partnership". *Journal of Information Technology*, 6 (3), 1991: 128-139.

[82] Preston D, Karahanna E. "The Development of a Shared CIO/Executive Management Understanding and Its Impact on Information Systems Strategic Alignment". *Information Systems Control Journal*, 3 (21), 2005: 22.

[83] Jones M C, Taylor G S, Spencer B A. "The CEO/CIO Relationship Revisited: An Empirical Assessment of Satisfaction with IS". *Information & Management*, 29 (3), 1995: 123-130.

[84] Potter R E. "How CIOs Manage Their Superiors' Expectations". *Communications of the ACM*, 46 (8), 2003: 74-79.

[85] Tai L A, Phelps R. "CEO and CIO Perceptions of Information Systems Strategy: Evidence from Hong Kong". *European Journal of Information Systems*, 9 (3), 2000: 163-172.

[86] Johnson A M, Lederer A L. "Two Predictors of CEO/CIO Convergence". Proceedings of the 2003 SIGMIS Conference on Computer Personnel Research: Freedom in Philadelphia-leveraging Differences and Diversity in IT Workforce, 2003: 162-167.

[87] Nolan R L. "Managing the Computer Resource: A Stage Hypothesis". *Communications of the ACM*, 16 (7), 1973: 399-405.

[88] Benbasat I, Dexter A S, Mantha R W. "Impact of Organizational Maturity on Information System Skill Needs". *MIS Quarterly*, 4 (1), 1980: 21-34.

[89] Couger J D, Amoroso D L. "Elevating the Top IS Position to

CIO”. Proceeding of the Hawaii International Conference of System Sciences, Vol. IV, 1989: 324-330.

[90] Smaltz D. *Dissertation on CIO Effectiveness*. Florida State University, 1999.

[91] IAC CIO TASK FORCE REPORT. http://www.defenselink.mil/c3i/bpr/bprcd/3204/cio-i.htm. 2015-12-25.

[92] Chun M, Mooney J. “CIO Roles and Responsibilities: Twenty-five Years of Evolution and Change”. *Information & Management*, 46 (6), 2009: 323-334.

[93] Tagliavini M, et al. “Shaping CIO's Competencies and Activities to Improve Company Performance: An Empirical Study”. European Conference on Information Systems (ECIS 2003), Naples, Italy.

[94] Boyatzis R E. *The Competent Manager: A Model for Effective Performance*. New York: John Wiley & Sons Inc., 1982.

[95] Dawson G, Watson R. “What Really Matters: An Empirical Study on the Relative Importance of the CIO and the Maturity of the IS Organization in Producing Effective IS Performance”. Proceedings of the 2005 Southern Association of Information Systems Conference.

[96] Brown W A. “CIO Effectiveness in Higher Education”. *Education Quarterly*, 29 (1), 2006: 48-53.

[97] Ball L, Harris R. “SMIS Members: A Membership Analysis”. *MIS Quarterly*, 6 (1), 1982: 19-38.

[98] Brancheau J C, Wetherbe J C. “Key Issues in Information Systems-1986”. *MIS Quarterly*, 11 (1), 1987: 23-45.

[99] Niederman F, Brancheau J C, Wetherbe J C. “Information Systems Management Issues for the 1990s”. *MIS Quarterly*, 15 (4), 1991: 475-500.

[100] Brancheau J C, Janz B D, Wetherbe J C. “Key Issues in Information Systems Management: 1994-95 SIM Dephi Results”. *MIS Quarterly*, 20 (2), 1996: 225-242.

[101] Gilbert A H, Pick R A Jr., Ward S G. “The Role of the CIO: Enduring MIS Issues”. *The Journal of Computer Information Systems*, 40 (1), 1999: 8-16.

[102] Luftman J, McLean E R. "Key Issues for IT Executives". *MIS Quately Executive*, 3 (2), 2004: 89-104.

[103] Ludlum D. "Portrait of the CIO as Manager". *Computer-World*, 20 (25), 1986: 85-89.

[104] Caudle S L, Gorr W L, Newcomer K E. "Key Information Systems Management Issues for the Public Sector". *MIS Quarterly*, 15 (2), 1991: 171-188.

[105] Couger J D. "Key Human Resource Issues in IS in the 1990s: Views of IS Executives versus Human Resource Executive". *Information & Management*, 14 (4), 1988: 161-174.

[106] 霍国庆:《企业战略信息管理》, 北京, 科学出版社, 2001 年, 第 400-407 页。

[107] 李芳芳:《基于 Q-方法的中国 CIO 角色研究》, 北京, 北京大学, 2006。

[108] 李东:《CIO 应具备哪些素质》,《每周电脑报》2002 年第 32 期。

[109] 王剑:《CIO 综合素质结构》,《现代情报》2004 年第 11 期。

[110] 左美云:《CIO 知识体系指南》, 北京, 电子工业出版社, 2004 年, 第 25 页。

[111] 霍国庆:《企业信息资源集成管理战略理论与案例》, 北京, 清华大学出版社, 2004 年, 第 86 页。

[112] 董小英, 李芳芳, 刘倩倩, 尹德志:《中国企业 CIO 角色调查报告》,《IT 经理世界》2006 年第 20 期。

[113] Johnson A, Lederer A. An Empirical Investigation of CEO/CIO Communication. *Organic & Biomolecular Chemistry*, 11 (42), 2002: 7400-7411.

[114] 李怀祖:《管理研究方法论》, 西安, 西安交通大学出版社, 2000 年, 第 13 页。

[115] Zmud R W. "Individual Difference and MIS Success: A Review of the Empirical Literature". *Management Science*, 25 (10), 1979: 966-979.

[116] Ives B, Olson M H. "User Involvement and MIS Success: A Review of Research". *Management Science*, 30 (5), 1984: 586-603.

［117］ Davis F D. “Perceived Usefulness，Perceived Ease of Use，and User Acceptance of Information Technology”. *MIS Quarterly*，13 (3)，1989：319－340.

［118］ Hung S Y，Chang C M，Yu T J. “Determinants of User Acceptance of the e-Government Services：The Case of Online Tax Filing and Payment System”. *Government Information Quarterly*，23 (1)，2006：97－122.

［119］ Dimitrova D V，Chen Y C. “Profiling the Adopters of E-Government Information and Services The Influence of Psychological Characteristics，Civic Mindedness，and Information Channels”. *Social Science Computer Review*，24 (2)，2006：172－188.

［120］ Sanders G，Courtney J. “A Field Study of Organizational Factors Influencing DSS Success”. *MIS Quarterly*，9 (1)，1985：77－93.

［121］ Holland C，Light B，Fibson N. “A Critical Success Factor Model for Enterprise Resource Planning Implementation”. 7th European Conference on Information Systems ECIS，Copenhagen，Denmark，1999：273－287.

［122］ Kwon K H，Zmud R W. *Unifying the Fragmented Models of Information Systems Implementation*. John Wiley & Sons Inc.，1987：227－251.

［123］ Boland R J，Larsen K R T. “A Taxonomy of Antecedents of Information Systems Success：Variable Analysis Studies”. *Journal of Management Information Systems*，20 (2)，2003：169－246.

［124］ Santhanam R，Hartono E. “Common Factors Among Management Supper Systems Success”. Proceeding of Ninth Americas Conference on Information Systems，2003：2367－2373.

［125］ Somers T，Nelson K. “The Impact of Critical Success Factors Across the Enterprise Resource Planning Implementation”. Proceeding of 34th Hawaii International Conference on Systems Sciences (HICSS)，2001.

［126］ 吴瑞鹏，陈国青，郭迅华：《中国企业信息化中的关键因素》，《南开管理评论》2004 年第 3 期。

［127］ 汪淼军，张维迎，周黎安：《企业信息化投资的绩效及其影响

因素：基于浙江企业的经验证据》，《中国社会科学》2007 年第 6 期。

[128] 李靖华：《行政服务中心流程再造的影响因素：浙江实证》，《管理科学》2008 年第 2 期。

[129] 张同健：《我国企业 ERP 实施成功因素经验性解析》，《中国管理信息化》2009 年第 10 期。

[130] 陈浩，李咏娟，陈禹：《中国企业人力资源管理信息化实施绩效的影响因素实证研究》，《软科学》2009 年第 1 期。

[131] Wang E T G，Klein G，Jiang J J. "ERP Misfit：Country of Origin and Organizational Factors". *Journal of Management Information Systems*，23 (1)，2006：263-292.

[132] Wixom B H，Watson H J. "An Empirical Investigation of the Factors Affecting Data Warehousing Success". *MIS Quarterly*，25 (1)，2001：17-41.

[133] Redman T C. "The Impact of Poor Data Quality on the Typical Enterprise". *Communications of the ACM*，41 (2)，1998：79-82.

[134] Kaplan D，Krishnan R，Padman R，et al. "Assessing Data Quality in Accounting Information Systems". *Communications of the Acm*，41 (2)，1998：72-78.

[135] Ballou D P，Tayi G K. "Enhancing Data Quality in Data Warehouse Environments". *Communications of the ACM*，42 (1)，1999：73-79.

[136] Beynon-Davies P. *Information Systems：An Introduction to Informatics in Organisations*. Palgrave Macmillan，2002.

[137] DeLone W，McLean E. "Information Systems Success：The Quest for the Dependent Variable". *Information Systems Research*，3 (1)，1992：60-95.

[138] Burbridge L. "Accountability and MIS". *Public Performance and Management Review*，25 (4)，2002：421-423.

[139] Dawes S S，Nelson M R. "Pool the Risks，Share the Benefits：Partnerships in IT Innovation". *Technology Trendlines*. Van Nostrand Reinhold Co.，1995：125-135.

[140] Edmiston K D. "State and Local E-Government Prospects and Challenges". *The American Review of Public Administration*，33 (1)，

2003：20－45.

［141］ LaVigne M. "Five Kinds of Know-How Make E-Government Work Contact：Center for Technology in Government". *E-Government*，2001.

［142］ Heeks R. *Causes of E-Government Success and Failure：Factor Model*. Manchester：IDPM，University of Manchester，2003.

［143］ Becker J，Niehaves B，Algermissen L，et al.. *E-government success factors Electronic Government*. Springer Berlin Heidelberg，2004：503－506.

［144］ Hussein R，Karim N S A，Mohamed N，et al.. "The Influence of Organizational Factors on Information Systems Success in E-Government Agencies in Malaysia". *The Electronic Journal of Information Systems in Developing Countries*，2007：29.

［145］ Bajjaly S T. "Managing Emerging Information Systems in the Public Sector". *Public Productivity & Management Review*，23（1），1999：40－47.

［146］ Scott W R. *Institutions and Organizations*. Thousand Oaks，CA7 Sage Publications，2002.

［147］ Garson G D. "Toward an Information Technology Research Agenda for Public Administration." *Public Information Technology：Policy and Management Issues*，2003：331－357.

［148］ Landsbergen D Jr.，Wolken G Jr.. "Realizing the Promise：Government Information Systems and the Fourth Generation of Information Technology". *Public Administration Review*，61（2），2001：206－220.

［149］ Pardo T A，Scholl H J. "Walking Atop the Cliffs：Avoiding Failure and Reducing Risk in Large Scale E-Government Projects". Paper Presented at the 35th Annual Hawaii International Conference on System Sciences，Hawaii，2002.

［150］ Gil-García J R. "Exploring the Success Factors of State Website Functionality：An Empirical Investigation". Proceedings of the 2005 National Conference on Digital Government Research，2005：121－130.

［151］ Gichoya D. "Factors Affecting the Successful Implementation of ICT Projects in Government". *Electronic Journal of E-government*，3

(4), 2005: 175-184.

[152] Altameem T, Zairi M, Alshawi S. "Critical Success Factors of E-Government: A Proposed Model for E-Government Implementation". *Innovations in Information Technology*, IEEE, 2006: 1-5.

[153] Vaidya K, Sajeev A S M, Callender G. "Critical Factors that Influence E-procurement Implementation Success in the Public Sector". *Journal of public procurement*, 1 (2), 2006: 70-99.

[154] United Nations, Table of Contents. "Benchmarking E-government: A Global Perspective-Assessing the Progress of the UN Member States". *Monthly Notices of the Royal Astronomical Society*, 350 (1), 2002: 351-364.

[155] 祝小宁，刘婷婷:《电子政务的发展及其对策研究》，《电子科技大学学报》(社科版) 2003 年第 1 期。

[156] 池忠仁，陈云，王浣尘:《电子政务流程影响因素及内部结构研究》,《情报杂志》2007 年第 5 期。

[157] 汪玉凯:《电子政务对中美两国政府治理模式影响的比较》,《中国行政管理》2004 年第 3 期。

[158] 王天梅，孙宝文:《电子政务实施成效关键影响因素的实证研究》,《经济管理》2010 年第 9 期。

[159] 王天梅，孙宝文，章宁等:《IT 治理绩效影响因素分析：基于中国电子政务实施的实证研究》,《管理评论》2013 年第 7 期。

[160] 李斐:《领导行为与组织创新对电子政务绩效的影响研究》，哈尔滨：哈尔滨工业大学，2008。

[161] 吕欣，裴瑞敏，刘凡:《电子政务信息资源共享的影响因素及安全风险分析》,《管理评论》2013 年第 6 期。

[162] 孟川瑾，许习羽:《行政文化对电子政务绩效影响的实证研究》,《四川行政学院学报》2014 年第 3 期。

[163] 汪向东，姜奇平:《电子政务行政生态学的理论、方法与应用》,《电子政务》2007 年第 11 期。

[164] Krajewski K J, Martin J S, Walden J. *The Elementary School Principalship: Leadership for 1980s*. New York: Holt, Rinehavt and Winston, 1983.

[165] 吴江:《从中国政府 CIO 的能力框架看电子政务的知识体系》,

《信息化建设》2007 年第 11 期。

［166］吴能全，许峰：《胜任能力模型设计与应用》，广州，广东经济出版社，2006 年，第 1-3 页。

［167］沈嵘：《CIO 与企业信息化互动关系初探》，《情报科学》2004 年第 12 期。

［168］Lederer A L，Mendelow A L. "Information Systems Planning：Top Management Takes Control". *Business Horizons*，31（3），1988：73-78.

［169］Raymond L. "Organizational Context and Information Systems Scuccess：A Contingency Approach". *Journal of Management Information Systems*，6（4），1990：5-20.

［170］Lee Gwo-Guang，Bai Rong-Ji. "Organizational Mechanisms for Successful IS/IT Strategic Planning in the Digital Era". *Management Decision*，41（1），2003：32-42.

［171］Whisler T L. *The Impact of Computers on Organizations*. New York：Praeger，1970.

［172］Snell S A. "The Relationship of Organizational Context to Human Resources Management：An Empirical Test of Management Control Theory". *Academy of Management Proceedings*，1988：292-296.

［173］Lee G G，Pai Jung-Chi. "Effects of Organizational Context and Inter-group Behaviour on the Success of Strategic Information Systems Planning：An Empirical Study". *Behaviour & Information Technology*，22（4），2003：263-280.

［174］Triandis H C. "Values，Attitudes，and Interpersonal Behavior". *NeBraska Symposium on Motivation*，1979：*Beliefs*，*Attitudes*，*and Values*. University of Nebrasaka Press，Lincoin，NE，1980：195-259.

［175］Yap C S. "Issues in Managing Information Technology". *Journal of the Operational Research Society*，40（7），1989：649-658.

［176］Xia W D. "Antecedents of Organizational IT Infrastructure Capabilities". *Research Workshops Fall 2004 Calendar*. http://misrc.umn.edu/workshops/2004/fall.

［177］Mason R O，Mitroff I I. "A Program for Research on Management Information Systems". *Management Science*，19（5），1973：475-

487.

[178] Lucas H C Jr.. "A Descriptive Model of lnformation Systems in the Context of the Organization". *Data Base*, Volume 5, Numbers 2, 3, 4, Winter 1973: 27-39.

[179] Lucas H C Jr.. "Performance and the Use of an Information System". *Management Science*, 21 (8), 1975: 908-919.

[180] McLeod R Jr.. "Systems Theory and Information Resources Management: Integrating Key Concepts". *Information Resources Management Journal*, 8 (2), 1995: 5-14.

[181] Thong J Y L, Yap C S, Raman K S. "Top Management Support, External Expertise and Information Systems Implementation in Small Businesses". *Information Systems Research*, 7 (2), 1996: 248-267.

[182] Raghunathan T S, Gupta Y P, Sundararaghaven P. "Assessing the Impact of IS Executives' Critical Success Factors on the Performance of IS Organizations". *Information & Management*, 17 (3), 1989: 157-168.

[183] Doll W J. "Avenues for Top Management Involvement in Successful MIS Development". *MIS Quarterly*, 9 (1), 1985: 17-35.

[184] Raghunathan B, Raghunathan T S. "Impact of Top Management Support on IS Planning". *The Journal of Information Systems*, 2 (2), 1988: 15-23.

[185] Weill P. "The Relationship Between Investment in Information Technology and Firm Performance: A Study of the Valve Manufacturing Sector". *Information Systems Research*, 3 (4), 1992: 307-333.

[186] Byrd T A, Sambamurthy V, Zmud R W. "An Examination of IT Planning in Large, Diversified Public Organization". *Decision Sciences*, 26 (1), 1995: 49-73.

[187] Mckenney J L, Mason R O, Copel D C. *Waves of Change: Business Evolution Through Information Technology*. Harvard Business School Press, 1995.

[188] Wilson H N, McDonald M H B. "Computer-aided Marketing Planning: The Experience of Early Adopters". *Journal of Marketing*

Management, 12 (5), 1996: 391-415.

[189] Choe J M. "The Relationships Among Performance of Accounting Information Systems, Influence Factors, and Evolution Level of Information Systems". *Journal of Management Information Systems*, 12 (4), 1996: 215-239.

[190] King W R, Teo T S H. "Key Dimensions of Facilitators and Inhibitors for the Strategic Use of Information Technology". *Journal of Management Information Systems*, 12 (4), 1996: 35-53.

[191] Bajwa D S, Rai A, Brennan I. "Key Antecedents of Executive Information System Success: A Path Analytic Approach". *Decision Support Systems*, 22 (1), 1998: 31-43.

[192] 陈国青:《信息系统管理》,北京,中国人民大学出版社,2002年,第54-55页。

[193] Chatterjee D, Grewal R, Sambamurthy V. "Shaping up for E-Commerce: Institutional Enablers of the Organizational Assimilation of Web Technologies". *MIS Quarterly*, 26 (2), 2002: 65-89.

[194] Ragu-Nathan B S, et al.. "A Path Analytic Study of the Effect of Top Management Support for Information Systems Performance". *Omega*, 32 (6), 2004: 459-471.

[195] Hambrick D C. "Environment, Strategy, and Power Within Top Management Teams". *Administrative Science Quarterly*, 26 (2), 1981: 253.

[196] Regina F M. "Are CIO Obsolete". *Harvard Business Review*, March-April 2000: 55-63.

[197] Tait P, Vessey I. "The Effect of User Involvement on System Success: A Contingency Approach". *MIS Quarterly*, 12 (1), 1988: 91-108.

[198] Parker C P, Baltes B B, Christiansen N D. "Support for Affirmative Action, Justice Perceptions, and Work Attitudes: A Study of Gender and Racial-ethnic Group Differences". *Journal of Applied Psychology*, 82 (3), 1997: 376.

[199] Neely A. *Business Performance Measurement: Theory and Practice*. Cambridge University Press, 2002.

[200] Soonhee K, Lee H. "The Impact of Organizational Context and Information Technology on Employee Knowledge-Sharing Capabilities". *Public Administration Review*, 66 (3), 2006: 370-385.

[201] Keen P G W. *Shaping the Future: Business Design Through Information Technology*. Harvard Business School Press, 1991.

[202] Karake Z A. "Information Technology Performance: Agency and Upper Echelon Theories". *Management Decision*, 33 (9), 1995: 30-37.

[203] Mata F J, Fuerst W L, Barney J B. "Information Technology and Sustained Competitive Advantage: A Resource-based Analysis". *MIS Quarterly*, 19 (4), 1995: 487-505.

[204] Rockart J F, Earl M J, Ross J W. "Eight Imperatives for the new IT Organization". *Sloan Management Review*, 38 (1), 1996: 43-55.

[205] Richmond D, Schlier F. *The Healthcare CIO as Member of Executive Management*. Gartner Group Research Note CJS-STGY-032, 28 May, 1997.

[206] Chan Y E, Huff S L, Barclay D W, Copeland D G. "Business Strategic Orientation, Information Systems Strategic Orentation and Strategic Aligment". *Information Systems Research*, 8 (2), 1997: 125-150.

[207] Baschab J, Piot J. *The Executive's Guide to Information Technology*. John Wiley & Sons, 2007: 98-116.

[208] Zmud R W. "Building Relationships Through out the Corporate Entity". Chapter three in Elam, et al.. *Transforming the IS Organization*. ICIT Press, Washington D. C., 1988: 55-82.

[209] Garrity E J, Sanders G L. *Introduction to Information Systems Success Measurement*. IGI Publishing, 1998: 1-12.

[210] Henderson J C, Cooprider J G. "Dimensions of I/S Planning and Design Aids: A Functional Model of CASE Technology". *Information Systems Research*, 1 (3), 1990: 227-254.

[211] Saunders C S, Jones J W. "Measuring Performance of the Information Systems Function". *Journal of Management Information Sys-*

tems, 8 (4), 1992: 63-82.

[212] Srinivasan A. "Alternative Measures of System Effectiveness: Associations and Implications". *MIS Quarterly*, 9 (3), 1985: 243-253.

[213] Iivari J, Ervasti I. "User Information Satisfaction: IS Implementability and Effectiveness". *Information Management*, 27 (4), 1994: 205-220.

[214] Mason R O. "Measuring Information Output: A communication Systems Approach". *Information & Management*, 1 (4), 1978: 219-234.

[215] Mahmood M A, Soon S K. "A Comprehensive Model for Measuring the Potential Impact of Information Technology on Organizational Strategic Variables". *Decision Sciences*, 22 (4), 1991: 869-897.

[216] Gurbaxani V, Whang S. "The Impact of Information Systems on Organizations and Markets". *Communications of ACM*, 34 (1), 1991: 61-73.

[217] Shannon C E, Weaver W. "The Mathematical Theory of Information". *Mathematical Gazette*, 97 (333), 1949: 170-180.

[218] Hamilton S, Chervany N L. "Evaluating Infonnation System Effectiveness Part I: Comparing Evaluation Approaches". *MIS Quarterly*, 5 (3), 1981: 55-69.

[219] Snow C C, Hrebiniak L G. "Strategy, Distinctive Competence and Organizational Performance". *Administrative Science Quarterly*, 25 (2), 1980: 317-336.

[220] Pitt L F, Watson R T, Kavan C B. "Service Quality: A Measure of Information Systems Effectiveness". *MIS Quarterly*, 19 (2), 1995: 173-187.

[221] Dess G G, Robinson R B. "Measuring Organizational Performance in the Absence of Objective Measures: The Case of the Privately-Held Firm and Conglomerate Business Unit". *Strategic Management Journal*, 5 (3), 1984: 265-273.

[222] King J L, Schrems E L. "Cost-Benefit Analysis in Information Systems Development and Operation". *Acm Computing Surveys*, 10 (1), 1978: 19-34.

[223] King W R, Rodriguez J I. "Evaluating Management Information Systems". *MIS Quarterly*, 2 (3), 1978: 43-51.

[224] Maish A M. "A User's Behavior Toward His MIS". *MIS Quarterly*, 3 (1), 1979: 39-52.

[225] Kleijnen J P C. *Computers and Profits: Quantifying Financial Benefits of Information*. Addison-Wesley, Reading, Massachusetts, 1980.

[226] Epstein B J, King W R. "An Experimental Study of the Value of Information". *Omega*, 10 (3), 1982: 249-258.

[227] Ives B, Olson M H, Baroudi J J. "The Measurement of User Information Satisfaction". *Communications of the ACM*, 26 (10), 1983: 785-793.

[228] Melone N P. "A Theoretical Assessment of the User-Satisfaction Construct in Information Systems Research". *Management Science*, 36 (1), 1990: 76-91.

[229] Bailey J E, Pearson S W. "Development of a Tool for Measuring and Analyzing Computer User Satisfaction". *Management Science*, 29 (5), 1983: 530-545.

[230] Moore G, Benbasat I. "Development of an Instrument to Measure the Perceptions of Adopting and Information Technology Innovation". *Information Systems Research*, 2 (3), 1991: 192-222.

[231] Parson G L. *Fitting Information System Technology to the Corporation Needs: The Linking Strategy*. Boston: Harvard Business School Press, 1983.

[232] Boynton A C, Zmud R W, Jacobs G C. "The Influence of IT Management Practice on IT Use in Large Organizations". *MIS Quarterly*, 18 (3), 1994: 299-318.

[233] Armstrong C P. "Creating Business Value Through Information Technology: The Effects of the Chief Information Officer and Top Management Team Characteristics". unpublished doctoral dissertation, College of Business, Florida State University, Tallahassee, Florida, 1995.

[234] Meyerson B. "Using a Balanced Scorecard Framework to Leverage the Value Delivered by IS". in *Information Technology Evalua-*

tion Methods and Management，(eds) Grembergen W V. London：Idea Group Publishing，2000.

[235] Helail A，Subramanian G H. "An Empirical Application of the DeLone and McLean Model in the Kuwaiti Private Sector". *Journal of Computer Information Systems*，45 (3)，2005：113-122.

[236] 王铁男，李一军，刘娇：《基于 BSC 的组织信息化绩效评价应用研究》，《中国软科学》2006 年第 4 期。

[237] 张希平：《电子政务 IT 治理研究》，北京，北京邮电大学，2008：38。

[238] Deloitte (Deloitte Development LLC) (2004). "The Changing Role of Chief Information Officer (CIO) in Government and Why it Matters to leaders in the Public Sector". http://www. deloitte. com/dtt/cda/doc/content/dtt_public_CIObook_041004. pdf.

[239] Protti D. "Chief Information Officers in England's NHS：Skills and Competencies". Healthcare Management Forum. *Elsevier*，16 (4)，2004：30-34.

[240] Iwasaki N. "The Role of Government CIO for Business Continuity Planning in Knowledge Society". ICT and Knowledge Engineering，2009 7th International Conference on. IEEE，2009：128-132.

[241] Lawry R，Waddell D，Singh M. "Roles，Responsibilities and Futures of Chief Information Officers (CIOs) in the Public Sector". Proceedings of European and Mediterranean Conference on Information Systems (EMCIS)，2007：24-26.

[242] Estevez E，Janowski T. "A comprehensive Methodology for Establishing and Sustaining Government Chief Information Officer Function". Proceedings of the 8th International Conference on Theory and Practice of Electronic Governance. ACM，2014：235-243.

[243] Marcovecchio I，Estevez E，Fillottrani P. "Government Chief Information Officer (GCIO) Ontology：A Tool to Formalize the GCIO Function". Proceedings of the 7th International Conference on Theory and Practice of Electronic Governance. ACM，2013：32-41.

[244] Gharawi M，Estevez E，Janowski T. "Identifying Government Chief Information Officer Education and Training Needs：The Case

of Saudi Arabia". Proceedings of the 15th Annual International Conference on Digital Government Research. ACM，2014：280-289.

[245] Janowski T，Estevez E，Ojo A. "Conceptualizing Electronic Governance Education". System Science (HICSS)，2012 45th Hawaii International Conference on. IEEE，2012：2269-2278.

[246] Estevez E，Janowski T. "Landscaping Government Chief Information Officer Education". System Sciences (HICSS)，2013 46th Hawaii International Conference on. IEEE，2013：1684-1693.

[247] Auffret J P，Estevez E，Marcovecchio I，et al. "Developing a GCIO System：Enabling Good Government through e-Leadership". Proceedings of the 11th Annual International Digital Government Research Conference on Public Administration Online：Challenges and Opportunities. Digital Government Society of North America，2010：82-88.

[248] Nguyen H T T. "Strengthening ICT Leadership in Developing Countries". *Ejisdc the Electronic Journal on Information Systems in Developing Countries* 34，34，2008.

[249] Albarello J G G，Deubel A N R. "A Weak State，a Weak Society，and the GCIO：a Policy Proposal Based on the Colombian Experience". Proceedings of the 8th International Conference on Theory and Practice of Electronic Governance. ACM，2014：464-465.

[250] Estevez E，Janowski T，Marcovecchio I，et al.. "Establishing Government Chief Information Officer Systems：Readiness Assessment". Proceedings of the 12th Annual International Digital Government Research Conference：Digital Government Innovation in Challenging Times. *ACM*，2011：292-301.

[251] Bernard S A. "Evaluating Clinger-Cohen Act Compliance In Federal Agency Chief Information Officer Positions". *Virginia Tech*，2001.

[252] Buehler M. "US Federal Government CIOs：Information Technology's New Managers—Preliminary Findings". *Journal of Government Information*，27 (1)，2000：29-45.

[253] 张霞：《从美国政府 CIO 制度看中国政府 CIO 的设置》，《价值工程》2004 年第 9 期。

[254] 宋琳，徐拥军：《政府 CIO 制度：内涵、起源与意义》，《东北农业大学学报》（社会科学版）2010 年第 2 期。

[255] 包兴荣：《政府 CIO 与政府信息化建设刍议》，《四川行政学院学报》2005 年第 3 期。

[256] 张红胜：《政府信息资源开发利用亟需引进 CIO 制度》，《中共四川省委省级机关党校学报》2007 年第 2 期。

[257] 郑银华：《我国建立政府 CIO 制度的必要性及其培养体系研究》，《中国水运》（下半月）2009 年第 11 期。

[258] 李容：《由政府信息公开引发的政府 CIO 思考》，《湖北档案》2007 年第 6 期。

[259] 左美云，赵珅：《政府信息化与 CIO 制度》，《软件工程师》2004 年第 6 期。

[260] 井西晓：《我国政府 CIO 组织结构及其完善路径探讨》，《新疆财经大学学报》2015 年第 2 期。

[261] 金江军：《谁是真正意义上的政府 CIO》，《信息化建设》2005 年第 3 期。

[262] 于施洋：《从欧美政府 CIO 角色定位看中国电子政务发展》，《电子政务》2008 年第 9 期。

[263] 郝蔷，崔旭：《我国政府 CIO 角色设立及制度建设刍议》，《安康学院学报》2013 年第 1 期。

[264] 谢中起，刘维胜：《政府 CIO 的素质分析》，《辽东学院学报》（社会科学版）2007 年第 6 期。

[265] 张爱平，徐启伟，高玲玲：《浦东新区推进电子政府建设的 CIO 制度设计及其岗位职能定位可行性研究》，《电子政务》2009 年第 1 期。

[266] 柯青：《中美政府 CIO 制度比较及对我国的启示》，《图书情报知识》2005 年第 5 期。

[267] 杜文忠：《阻碍政府 CIO 制度的因素分析》，《中国信息界》2005 年第 19 期。

[268] 郑银华，杨玲：《我国政府首席信息官（CIO）体制建设探析》，《孝感学院学报》2009 年第 1 期。

[269] 崔景华：《我国政府 CIO 运行机制研究》，《情报科学》2012 年第 10 期。

[270] 江源富，井西晓：《我国建立政府 CIO 制度的社会环境分析》，《行政论坛》2011 年第 4 期。

[271] 孟川瑾，许习羽：《“大部制”背景下的政府 CIO 制度研究》，《电子政务》2014 年第 1 期。

[272] 沙莲香：《社会心理学》，北京，中国人民大学出版社，2006 年，第 145 页。

[273] Green S G，Mitchell T R. “Attributional Processes of Leader-member Interactions”. *Organizational Behavior and Human Performance*，23 (3)，1979：429－458.

[274] Stogdill R M，Coons A E. *Leader Behavior*：*Its Description and Measurement*. Ohio State Univer. Bureau of Busin，1957.

[275] Stogdill R M. “Handbook of leadership：A Survey of Theory and Research”. *American Political Science Association*，5 (3)，1974：109－111.

[276] Fiedler F E，Martin M C. *A Theory of Leadership Effectiveness*. Vol. 111. New York：McGraw-Hill，1967.

[277] House R J. “A Path Goal Theory of Leader Effectiveness”. *Administrative Science Quarterly*，16 (3)，1971：321－339.

[278] Graen G，Cashman J F. “A Role Making Model of Leadership in Formal Organizations：A Developmental Approach”. *Leadership frontiers* ，1975.

[279] Kerr S，Jermier J M. “Substitutes for Leadership：Their Meaning and Measurement”. *Organizational behavior and human performance*，22 (3)，1978：375－403.

[280] Yukl G. *Leadership in Organizations*. Upper Saddle River，NJ：Prentice-Hall，2001.

[281] Katz D. *The Social Psychology of Organizations*. N Y：Wiley，1955.

[282] Baker III G A. “Leadership Competency Assessment Instrument”. *College Planning Systems*，1999.

[283] Bass B M. “Leadership and Organizational Culture：New Perspectives on Administrative Theory and Practice”. by Sergiovanni T J，Corbally J E. *Journal of Higher Education*，56 (5)，1985：592.

［284］ Sevy B A，et al.. “Management Skills Profile Research Report and Technical Manual”. Minneapolis MN：Personnel Desision，Inc.，1985.

［285］ Gibson J W，Hodgetts R M. *Organizational Communication：A Managerial Perspective*. Harper Collins，1991.

［286］ Plunkett W R. *Supervision：The Direction of People at Work*. 6th ed. Needham Heights. MA：Allyn and Bacon，1992.

［287］ Hoy W K，Miskel C W. *Educational Administration：Theory into Practice*. 5th ed. New York：McGraw-Hill，1996.

［288］ Yukl. *Leadership in Organization*. 5th ed. Englewood Cliffs，NJ：Prentice-Hall，2002.

［289］ Bass B M. *Leadership and Performance Beyond Expectations*. NC：North Carolina State University Press，1985.

［290］ Pfeffer J，Salanick G R. *The External Control of Organization*. New York：Harper and Row，1978.

［291］ Finkelstein S，Hambrick D. *Strategic Leadership：Top Executives and Their Effects on Organizations*. Minneapolis：West Publishing Company，1996.

［292］ 罗珉：《组织管理学》，成都，西南财经大学出版社，2003年，第82-83页。

［293］ Chatterjee D，Richardson V J，et al.. “Examining the Share Holder Wealth Effects of Announcements of Newly Created CIO Positions”. *MIS Quarterly*，25（1），2001.

［294］ Karahanna E，Chen D. “High Performing CIOs and Firm Performance：Give Your CIO Time”. *Unpublished Working Paper*，2004.

［295］ Baschab J，Piot J. *The Executive's Guide to Information Technology*. John Wiley & Sons，2007：39.

［296］ Baschab J，Piot J. *The Executive's Guide to Information Technology*. John Wiley & Sons，2007：128－129.

［297］ Wilder C. “CIOs not up to Snuff as Active Business Leaders”. *Computerworld*，26（11），1992.

［298］ Rockart J F. “The Line Takes the Leadership—IS Management in the Wired Society”. *Sloan Management Review*，29（4），1988：

57-64.

[299] DeLisi P S, Danielson R L, Posner B Z. "A CEO's-eye View of the IT Function". *Business Horizons*, 41 (1), 1998: 65-74.

[300] Beath C M. "Supporting the Information Technology Champion". *MIS Quarterly*, 15 (3), 1991: 355-372.

[301] Wang C B. *Techno Vision: The Executive's Survival Guide to Understanding and Managing Information Technology*. McGraw-Hill, Inc., 1994.

[302] Kunde D. "Management Sets Tech Tone". *Dallas Morning News*, 1989: B6.

[303] Garets D, Redman B. *The Five Personalities of the Healthcare CIO*. Research Note KA - 04 - 4931, Gartner Group, 11 May, 1998.

[304] Gordon J R. *Organizational Behavior: A Diagnostic Approach*. New Jersey: Prentice Hall, 2002.

[305] Bigdoli H. *Modern Information Systems for Managers*. San Diego: Academic Press, 1997.

[306] Feeny D F, Willcocks L P. "Core IS Capabilities for Exploiting Information Technology". *Sloan management review*, 39 (3), 1998: 9-21.

[307] Lee D M S, Trauth E M, Farwell D. "Critical Skills and Knowledge Requirements of IS Professionals: A Joint Academic/Industry Investigation". *MIS Quarterly*, 19 (3), 1995: 313-340.

[308] Earl M J, Feeny D F. *Information Systems in Global Business: Evidence from European Multinationals*. Oxford, England: Oxford University Press, 1996.

[309] Brier T. "So You Want to be a CIO". 3X-400 *Systems Management*, 22 (8), 1994: 66-69.

[310] Palmlund D. "In Search of the Ideal CIO". *Financial Executive*, 13 (3), 1997: 37-39.

[311] 李东，陈奇志：《CIO，你满意吗?》，《中国计算机用户》2005年第46期。

[312] Barley S R. "Technology as an Occasion for Structuring: Evi-

dence from Observations of CT Scanners and the Social Order of Radiology Departments". *Administrative Science Quarterly*, 31 (1), 1986: 78–108.

[313] Hinings, Robin C, Greenwood R. *The Dynamics of Strategic Change*. Oxford, UK Blackwell, 1989.

[314] Hirschman A O. *Exit, Voice, and Loyalty: Responses to Decline in Firms, Organizations, and States*. Vol. 25. Harvard University press, 1970.

[315] Ross J W, Beath C M, Goodhue D L. "Develop Long-term Competitiveness Through IT Assets". Sloan Management Review, 38 (1), 1996: 31.

[316] Chin W W, Gopal A. "Adoption Intention in GSS: Relative Importance of Beliefs". *ACM SigMIS Database*, 26 (2–3), 1995: 42–64.

[317] 邵振玮，王京晶，郑暐，张伟等：《管理从制度开始》，北京，中国经济出版社，2003 年，第 1–2 页。

[318] Igbaria M, Zinatelli N, Cragg P, Cavaye A L M. "Personal Computing Acceptance Factors in Small Firms: A Structural Equation Model". *MIS Quarterly*, 21 (3), 1997: 279–305.

[319] Premkumar G, Ramamurthy K. "The Role of Interorganizational and Organizational Factors on the Decision Mode for Adoption of Interorganizational Systems". *Decision Sciences*, 26 (3), 1995: 303–336.

[320] Rai A, Bajwa D S. "An Empirical Investigation into Factors Relating to the Aadoption of Executive Information Systems: An Analysis of EIS for Collaboration and Ddecision Support". *Decision Sciences*, 28 (4), 1997: 939–974.

[321] Tyran C K, George J F. "The Implementation of Expert Systems: A Survey of Successful Implementations". *Data Base*, 24 (1), 1993: 5–15.

[322] Slevin D P, Pinto J K. "Balancing Strategy and Tactics in Project Implementation". *Sloan Management Review*, 29 (1), 1987: 33–41.

[323] King W R, Grover V, Hufnagel E H. "Using Information and Information Technology for Competitive Advantage: Some Empirical Evidence". *Information & Management*, 17 (2), 1989: 87–93.

[324] DeLone W H. "Determinants of Success for Computer Usage in Small Business". *MIS Quarterly*, 12 (1), 1988: 51-61.

[325] Ginzberg M J. "Early Diagnosis of MIS Implementation Failure: Promising Results and Unanswered Questions". *Management Science*, 27 (4), 1981: 459-478.

[326] Keen P G W, Morton M S S. "Decision Support Systems : An Organizational Perspective". *Lettere Al Nuovo Cimento*, 24 (24), 1979: 471-478.

[327] Fuerst W, Cheney P. "Factors Affecting the Perceived Utilization of Computer-Based Decision Support System in the Oil Industry". *Decision Sciences*, 13 (4), 1982: 554-569.

[328] Markus M L. "Power, Politics, and MIS Implementation". *Communications of the ACM*, 26 (6), 1983: 430-444.

[329] Guimaraes T, Igbaria M, Lu M-T. "The Determinants of DSS Success: An Integrated Model". *Decision Sciences*, 23 (2), 1992: 409-430.

[330] Karahanna E, Straub D W, Chervany N L. "Information Technology Adoption Across Time: Cross-Sectional Comparison of Pre-Adoption and Post-Adoption Beliefs". *MIS Quarterly*, 23 (2), 1999: 183-213.

[331] Yang Heng-Li. "Key Information Management Issues in Taiwan and the US". *Information & Management*, 30 (5), 1996: 251-267.

[332] Mcfarlan F W. "Information Technology Changes the Way You Compete". *Harvard Business Review*, 62 (3), 1984: 98-103.

[333] Forster A J. "Power Strategies and Techniques for Obtaining Top Management Input into MIS Master Plans". *SMIS Conference Proceedings*, Washington, D. C., September 1978: 57.

[334] E-Works:《2004—2005 中国 CIO 生存及发展研究报告》,《机械工业信息与网络》2006 年第 2 期。

[335] Hartwick J, Barki H. "Explaining the Role of User Participation in Information System Use". *Management Science*, 40 (4), 1994: 440-465.

[336] Bruwer P J S. "A Descriptive Model of Success for Computer-

based Information Systems". *Information & Management*, 7 (2), 1984: 63-67.

[337] 白海青，成瑾，毛基业：《CEO 如何支持 CIO? ——基于结构性权力视角的多案例研究》，《管理世界》2014 年第 7 期。

[338] Benjamin R T, Rockart I F, C-Scott-Morton M, Wyman J. "InformationTechnology: A Strategic Opportunity". *Sloan Management Review*, 25 (3), 1984: 3-10.

[339] Ives B, Learmonth G P. "The Information System as a Competitive Weapon". *Comm. ACM*, 27 (12), 1984: 1193-1201.

[340] Porter M E, Millar V E. "How Information Gives You Competitive Advantage". *Harvard Business Review*, 63 (4), 1985: 149-160.

[341] Howard G S, Mendelow A L. "Discretionary Use of Computers: An Empirically Derived Explanatory Model". *Decision Sciences*, 21 (2), 1991: 241-265.

[342] Ouchi W G, Maguire M A. "Organizational Control: Two functions". *Administrative Science Quarterly*, 20 (4), 1975: 559-569.

[343] Goodhue D L, Thompson R L. "Task-technology Fit and Individual Performance". *MIS Quarterly*, 19 (2), 1995: 213-236.

[344] Abdul-Gader A H, Kozar K. "The Impact of Computer Alienation on Information Technology Investment Decisions: An Exploratory Cross-national Analysis". *MIS Quarterly*, 19 (4), 1995: 535-559.

[345] Igbaria M, Nachman S A. "Correlates of User Satisfaction with End User Computing". *Information & Management*, 19 (2), 1990: 73-82.

[346] Igbaria M, Pavri F N, Huff S L. "Microcomputer Applications: An Empirical Look at Usage". *Information & Management*, 16 (4), 1989: 187-196.

[347] Hiltz S R, Johnson K. "User Satisfaction with Computer-Mediated Communication Systems". *Management Science*, 36 (6), 1990, 739-764.

[348] Hatch M J. "Physical Barriers, Task Characteristics, and Interaction Activity in Research and Development Firms". *Administrative*

Science Quarterly, 32 (3), 1987: 387-399.

[349] Ibarra H, Power A S B. "Social Influence, and Sense Making: Effects of Network Centrality and Proximity on Employee Perceptions". *Administrative Science Quarterly*, 38 (2), 1993: 277-303.

[350] Mawhinney C H, Lederer A L. "A Study of Personal Computer Utilization by Managers". *Information & Management*, 18 (5), 1990: 243-253.

[351] Csaszar F, Clemons E. "Governance of the IT Function: Valuing Agility and Quality of Training, Cooperation and Communications". System Sciences, Proceedings of the 39th Annual Hawaii International Conference on. 2006: 167.

[352] Spreitaer G M. "Psychological Empowerment in the Workplace: Dimensions, Measurement, and Validation". *Academy of Management Journal*, 38 (5), 1995: 1442-1465.

[353] Szulanski G. "Exploring Internal Stickiness: Impediments to the Transfer of Best Practice Within the Firm". *Strategic Management Journal*, 17 (10), 1996: 27-43.

[354] Davenport T H. *Information Ecology*. New York : Oxford University Press, 1997.

[355] Baschab J, Piot J. *The Executive's Guide to Information Technology*. John Wiley & Sons, 2007: 25.

[356] Cash J I, Mckenney J L, Mcfarlan F W. *Corporate Information Systems Management: Text and Cases*. Irwin, 1996.

[357] Rohan T M. "Keeping in Touch with Technology". *Industry Week*, 16, 1988: 73-86.

[358] Coe T. "Allocating the Corporate Information Processing Resource". *Systems Management*, 25 (8), 1974: 18-22.

[359] Dearden J, Nolan R L. "How to Control the Computer Resource". *Harvard Business* Rev., 51 (6), 1973: 68-78.

[360] Gibson C F, Nolan R L. "Managing the Four Stages of EDP Growth". *Harvard Business Review*, 52 (1), 1974: 76-88.

[361] Lucas H C. "Measuring Employee Reactions to Computer Operations". *Sloan Management Review*, 15 (3), 1974: 59-67.

[362] Warren M F. "Problems in Planning the Information System". *Harvard Business Review*, 49 (2), 1971: 75-89.

[363] Eric K K, Nolan R L. "Assessing Computer Costs and Benefits". *Journal of Systems Management*, 25 (2), 1974: 28-34.

[364] Stewart R. *Managers and Their Jobs*. London: MacMillian, 1967.

[365] Churchill G A. "A Paradigm for Developing Better Measures of Marketing Constructs". *Journal of Marketing Research*, 16 (1), 1979: 64-73.

[366] Berdie D R. "Reassessing the Value of High Response Rates to Mail Surveys". *Marketing Research*, 1994 (1): 52-64.

[367] Bryman A, Cramer D. *Quantitative Data Analysis with SPSS for Windows: A Guide for Social Scientists*. London: Routledge, 1997.

[368] Straub D W. "Validating Instruments in MIS Research". *MIS Quarterly*, 13 (2), 1989: 147-169.

[369] Yap C S, Thong J Y L, Raman K S. "Effect of Government Incentives on Computerization in Small Business". *European Journal Information Systems*, 3 (3), 1994: 191-206.

[370] Gregersen H B, Black J S. "Antecedents to Commitment to a Parent Company and a Foreign Operation". *Academy of Management Journal*, 35 (1), 1992: 65-90.

[371] Joy V L, Witt L A. "Delay of Gratification as a Moderator of the Procedural Justice-Distributive Justice Relationship". *Group & Organization Management*, 17 (3), 1992: 297-308.

[372] Lederer A L, Mendelow A L. "Coordination of Information Systems Plans with Business Plans". *Journal of Management Information Systems*, 6 (2), 1989: 5-19.

[373] Porter M E. "Competitive Strategy: Techniques for Analyzing Industries and Competitors". *Social Science Electronic Publishing*, 1980 (2): 86-87.

[374] 李怀祖:《管理研究方法论》,西安,西安交通大学出版社,2000年,第238页。

[375] 刘金兰等:《结构方程模型的偏最小二乘算法及其几何意义》,

《哈尔滨商业大学学报》（自然科学版）2005 年第 12 期。

［376］Anderson J C，Rungtusanatham M，Schroeder R G，et al.. “A Path Analytic Model of a Theory of Quality Management Underlying the Deming Management Method：Preliminary Empirical Findings”. *Decision Sciences*，26（5），1995：637−658.

［377］Chin W W. “The Partial Least Squares Approach for Structural Equation Modeling”. *Modern Methods for Business Research*，1998：295−336.

［378］Geladi P. “Herman Wold，the Father of PLS”. *Chemometrics & Intelligent Laboratory Systems*，15（1），1992：vii−viii.

［379］Wold S，Sjöström M，Erikssonb L. “PLS-Regression：A Basic Tool of Chemometrics”. *Chemometrics and Intelligent Laboratory Systems*，58（2），2001：109−130.

［380］Dijkstra T. “Some Comments on Maximum Likelihood and Partial Least Squares Methods”. *Journal of Econometrics*，1983（22）：67−90.

［381］Hsu Sheng-Hsun，Chen Wun-Hwa，Hsieh Ming-Jyh. “Robustness Testing of PLS，LISREL，EQS and ANN-based SEM for Measuring Customer Satisfaction”. *Total Quality Management*，17（3），2006：355−371.

［382］Fornell C，Bookstein F L. “Two Structural Equation Models：LISREL and PLS Applied to Consumer Exit-Voice Theory”. *Journal of Marketing Research*，19，1982：440−452.

［383］Howell J M，Higgins C A. “Champions of Change：Identifying，Understanding，and Supporting Champions of Technological Innovations”. *Organizational Dynamics*，19（1），1990：40−55.

［384］Amoroso D L，Cheney P H. “Testing a Causal Model of End-user Application Effectiveness”. *Journal of Management Information Systems*，1991：63−89.

［385］Magid I. “User Acceptance of Microcomputer Technology：An Empirical Test”. *Omega*，21（1），1993：73−90.

［386］Rivard S，Huff S L. “Factors of Success for End-Users Computing”. *Communications of the ACM*，31（5），1988：552−561.

［387］Thompson J D. *Organizations in Action*. New York：Mcgraw

Hill，1967.

［388］ Chin W W，Newsted P R. “Structural Equation Modeling Analysis with Small Samples Using Partial Least Squares”. *Statistical Strategies for Small Sample Research*，1999（2）：307－342.

［389］ Chin W W，Marcolin B L，Newsted P R. “A Partial Least Squares Latent Variable Modeling Approach for Measuring Interaction Effects：Results from a Monte Carlo Simulation Study and an Electronic-mail Emotion/Adoption Study”. *Information Systems Research*，14（2），2003：189－217.

［390］ Barclay D，Higgins C，Thompson R. “The Partial Least Squares (PLS) Approach to Causal Modeling，Personal Computer Adoption and Use as an Illustration”. *Technology Studies*，1995（2）：285－309.

［391］ Jarvis C B，MacKenzie S B，Podsakoff P M. “A Critical Review of Construct Indicators and Measurement Model Misspecification in Marketing and Consumer Research”. *Journal of Consumer Research*，30（2），2003：199－218.

［392］ Wold H. “Systems Under Indirect Observation Using PLS”. Fornell C，ed. *A Second Generation of Multivariate Analysis*，Volume I：Methods. New York：Praeger，1982：325－347.

［393］ Lohmoller J. “LVPLS Program Manual：Latent Variables Path Analysis with Partial Least Squares”. *Zentralarchiv fur Empirische Sozialforschung*，Kohn，Switzerland，1984.

［394］ Majchrzak A，Beath C M，Lim R，Chin W W. “Management Client Dialogues During Information Systems Design to Facilitate Client Learning”. *MIS Quarterly*，29（4），2005：653－672.

［395］ Gefen D，Straub D W，Boudreau M C. “Structural Equation Modeling and Regression：Guidelines for Research Practice”. *Communications of the Association for Information Systems*，4（7），2000：1－78.

［396］ 黄炽森：《组织行为和人力资源研究方法入门》，北京，中国财政经济出版社，2006 年，第 94 页。

［397］ Jum N. *Psychometric Methods*. New York：McGraw-Hill，1978：464－465.

[398] Bollen K A. *Structural Equations with Latent Variables*. New York：John Wiley & Sons，1989.

[399] Bollen K，Lennox R. "Conventional Wisdom on Measurement：A Structural Equation Perspective". *Psychological Bulletin*，110 (2)，1991：305-314.

[400] Fornell C，Larcker D F. "Evaluating Structural Equation Models with Unobservable Variables and Measurement Error". *Journal of Marketing Research*，18 (1)，1981：39-50.

[401] Sethi V，Carraher S. "Developing Measures for Assessing the Organizational Impact of Information Technology：A Comment on Mahmood and Soon's Paper". *Decision Sciences*，24 (4)，1993：867-877.

[402] Chin W W. "Issues and Option on Structural Equation Modeling". *MIS Quarterly*，22 (1)，1998：vii-xvi.

[403] Gefen D，Straub D. "A Practical Guide to Factorial Validity Using PLS-Graph：Tutorial and Annotated Example". *Communications of the Association for Information Systems*，16 (1)，2005：91-109.

[404] Bollen K A，Stine R A. "Bootstrapping Goodness-of-fit Measures in Structural Equation Models". *Sociological Methods & Research*，21 (2)，1992：205-229.

[405] 王惠文，吴载斌，孟洁：《偏最小二乘回归的线性与非线性方法》，北京，国防工业出版社，2006 年，第 268 页。

[406] Mulligan T，Russell C T. "Multispacecraft Modeling of the Flux Rope Structure of Interplanetary Coronal Mass Ejections：Cylindrically Symmetric Versus Nonsymmetric Topologies". *Journal of Geophysical Research Space Physics*，106 (A6)，2001：10581-10596.

[407] Bassellier G，Benbasat I. "Business Competence of Information Technology Professionals：Conceptual Development and Influence on IT-business Partnerships". *MIS Quarterly*，28 (4)，2004：673-694.

[408] 左美云：《知识转移与企业信息化》，北京，科学出版社，2006 年，第 1-3 页。

[409] 王光远：《管理控制与内部受托责任审计》，《财会月刊》2002 年第 5 期。

[410] Mintzberg H. *The Structuring of Organizations*：*A Synthesis*

of the Research. UpperSaddleRiver, NJ: PrenticeHall, 1978.

[411] Cloete F. "E-government Lessons from South Africa 2001-2011: Institutions, State of Progress and Measurement: Section II: Country Perspectives on E-government Emergence". *African Journal of Information and Communication: Perspective on a Decade of e-Government in Africa*, (12), 2012: 128-142.

[412] Westerback L K. "Toward Best Practices for Strategic Information Technology Management". *Government Information Quarterly*, 17 (1), 2000: 27-41.

[413] Baschab J, Piot J. *The Executive's Guide to Information Technology*. John Wiley & Sons, 2007: 494.

[414] 〔美〕菲利普·埃文斯，托马斯·沃斯特：《裂变：新经济浪潮冲击下的企业战略》，刘宝旭等译，上海，上海远东出版社，2000年，第24页。

[415] 邓向荣：《资源配置机制与企业组织演化的理论研究》，北京，中国财政经济出版社，2006年，第65-69页。

[416] 邓向荣：《资源配置机制与企业组织演化的理论研究》，北京，中国财政经济出版社，2006年，第232-235页。

[417] 左美云：《知识转移与企业信息化》，北京，科学出版社，2006年，第125-133页。

[418] 马费成：《信息资源开发与管理》，北京，电子工业出版社，2005年，第34-36页。

[419] Hanna N R, Qiang C Z W, Kimura K, et al.. "National E-Government Institutions: Functions, Models, and Trends". *Information and Communications for Development*, 2009: 83-102.

[420] 左美云：《CIO部落如何走出边缘化》，《中国计算机用户》2004年第3期。

[421] MBA智库：《人员选拔》，http://wiki.mbalib.com/wiki/人员选拔. 2015-12-03.

[422] MBA智库：《培训理论》，http://wiki.mbalib.com/wiki/培训理论. 2015-12-03.

[423] 王思明：《条件与约束：资源，技术，制度与文化——关于农业发展研究的一个分析框架》，《中国农史》1998年第1期。

［424］贺小刚：《企业持续竞争优势的资源观阐释》，《南开经济评论》2002 年第 4 期。

［425］Fawcett S E，Clinton S R. “Enhancing Logistics Performance to Improve the Competitiveness of Manufacturing Organizations”. *Production and Inventory Management Journal*，37（1），1996：40-46.

［426］Sambamurthy V，Zmud R W. “Arrangements for Information Technology Governance：A Theory of Multiple Contingencies”. *MIS Quarterly*，23（2），1999：261-290.

［427］彭彬彬，姜力：《责任的上溯与权力的下移：政府 IT 治理初探》，《电子政务》2008 年第 11 期。

［428］陈婧，吴礼龙，刘发蔚，谢学军：《企业 IT 治理机制架构与模式设计》，《情报杂志》2009 年第 1 期。

［429］张佶：《政府 CIO 制度产生力量》，《上海信息化》2008 年第 6 期。

［430］孟川瑾，左美云：《基于人力资源管理的 CIO 制度研究》，《科技进步与对策》2009 年第 20 期。

［431］人事部办公厅：《关于在全国公务员中开展信息化与电子政务培训的通知》. http://china. findlaw. cn/jingjifa/wangluofalv/dzzw/dianzizhengwufalvfagui/20110310/68069. html. 2011-03-10/2015-12-21.

［432］殷海霞：《政府信息化建设也需要 CIO》.《中国计算机报》，2004-07-05（B10）.

［433］北大法律信息网：《关于严格规范领导干部参加社会化培训有关事项的通知》. http://www. pkulaw. cn/fulltext_form. aspx? gid=238061. 2014-07-31/2015-12-25.

［434］吕彬，谢阳群，李晶：《美国国防大学信息资源管理学院的信息教育》，《情报理论与实践》2009 年第 4 期。

［435］NDU. “Chief Information Officer Program”. http://icollege. ndu. edu/Academics/GraduatePrograms/ChiefInformationOfficerProgram. aspx. 2015-12-03.

［436］董大胜等：《政府绩效评价与政府会计》，大连，大连出版社，2005 年，第 9 页。

［437］MBA 智库百科：《目标管理》. http://wiki. mbalib. com/wiki/目标管理. 2015-12-25.

[438] 中共中央组织部“12380”举报网站：《中华人民共和国公务员法》. http://news.12380.gov.cn/GB/214686/14044833.html. 2005-04-27/2015-12-25.

[439] 法律教育网：《国家公务员考核暂行规定》. http://www.chinalawedu.com/news/1200/22598/22605/22740/2006/3/sh561313521921360021325-0.htm. 1994-03-08/2015-12-03.

[440] Bowlin W F. “A Proposal for Designing Employment Contracts for Government Managers”. *Socio-Economic Planning Sciences*, 31 (3), 1997: 205-216.

[441] 孟川瑾，李凌云：《我国“政府 CIO”的 6 种组织结构》，《信息化建设》2009 年第 2 期。

[442] 章哲：《充分发挥信息化在提高政府决策水平上的应用》，《信息化建设》2012 年第 12 期。

[443] 李凌云：《政府 CIO 的广义信息机制研究》，北京，中国人民大学，2007：60-65.

[444] 人民网：《中国共产党第十七届中央委员会第二次全体会议公报》. http://cpc.people.com.cn/GB/64093/66081/6932733.html. 2008-02-27/2018-05-02.

[445] 汪玉凯：《大部制改革：从“九龙治水”到“一龙治水”》.《北京日报》，2007-12-18.

[446] 于朝霞：《“大部制”改革正逢其时——访中国人民大学公共政策研究院执行副院长毛寿龙教授》，《理论前沿》2008 年第 7 期。

[447] 迟福林：《起点中国改革步入 30 年》，北京，中国经济出版社出版，2007 年，第 5556 页。

[448] 汪向东，姜奇平：《电子政务行政生态学》，北京，清华大学出版社，2007 年，第 32-35 页。

[449] 陈天祥：《大部门制：政府机构改革的新思路》，《学术研究》2008 年第 2 期。

[450] 王鹏：《大数据成功预测美国大选》. http://www.csdn.net/article/2012-11-07/2811572-big-data-US-2012-Election-Prediction. 2012-11-06/2015-11-15.

[451] Bertot J C，郑磊，徐慧娜等：《大数据与开放数据的政策框架：问题，政策与建议》，《电子政务》2014 年第 1 期。

[452] 涂子沛：《大数据：正在到来的数据革命，以及它如何改变政府、商业与我们的生活》，广西，广西师范大学出版社，2012 年，第 57 页。

[453]〔英〕维克托·迈尔-舍恩伯格，肯尼思·库克耶：《大数据时代：生活、工作与思维的大变革》，盛杨燕，周涛译，杭州，浙江人民出版社，2012 年，第 39 页。

[454] 邬贺铨：《大数据思维》，《师资建设》2014 年第 9 期。

[455] 李德升，付伟：《美国推动大数据发展的做法及启示》，《金融电子化》2013 年第 6 期。

[456] 学习时报：《研究：政府大数据重在服务和人本关怀》. http://www.echinagov.com/knowledge/CIO/41023.html. 2015-05-13/2015-11-15.

[457] 叶丽雅：《大数据如何成为大机遇》，《IT 经理世界》2013 年第 13 期。

[458] 袁绍军：《大数据信息社会变革中的战略资源》，《政府采购信息报》，2013-02-22 (8).

[459] 张明国：《技术转移与文化摩擦——面向现代化的技术文化学研究》，《武汉理工大学学报》（社会科学版）2004 年第 3 期。

[460] 张明国：《国际技术转移与文化摩擦——关于技术转移深层问题的分析》，《自然辩证法通讯》2001 年第 2 期。

[461] Eynon R. "Breaking Barriers to eGovernment: Overcoming Obstacles to Improving European Public Services". *DG Information Society and Media*, 2007: 90.

[462] 徐春光，陈浩天：《刍议转型期行政文化发展困境与高效政府打造》，《山东工会论坛》2010 年第 3 期。

[463] Goodman S E, Press L I, Ruth S R, Rutkowski A M. "The Global Diffusion of the Internet: Patterns and Problems". *Communications of the ACM*, 37 (8), 1994: 27-31.

[464] Straub D W. "The Effect of Culture on IT Diffusion: E-mail and Fax in Japan and the US". *Information Systems Research*, 5 (1), 1994: 23-47.

[465] Kovačić Z J. "The Impact of National Culture on Worldwide Egovernment Readiness". *Informing Science Journal*, 2005 (8): 143-158.

［466］Khalil O E M. "e-Government Readiness: Does National Culture Matter?". Government *Information Quarterly*, 28 (3), 2011: 388-399.

［467］Sørnes J O, Stephens K K, Sætre A S, et al.. "The Reflexivity Between ICTs and Business Culture: Applying Hofstede's Theory to Compare Norway and the United States". *Informing Science*, 7 (1), 2004: 1-30.

［468］Fei Li, zhong-Ying Qi, Tao Ma. "Effect of Administrative Culture on Performance of E-Government". *International Conference on Wireless Communications, Networking and Mobile Computing*, 2007: 3569-3572.

［469］Wallach E J. "Individuals and Organizations: The Cultural Match". *Training & Development Journa*l, 1983: 29-36.

［470］Kanungo S, Jain V. "Organizational Culture and E-government Performance: An Empirical Study". *E-Government Services Design, Adoption, and Evaluation*, 2012 (141): 36-58.

［471］Doherty N F, Doig G. "An Analysis of the Anticipated Cultural Impacts of the Implementation of Data Warehouses". *IEEE Transactions on Engineering Management*, 50 (1), 2003: 78-88.

［472］Latane B, Bourgeois M J. "Experimental Evidence for Dynamic Social Impact: The Emergence of Subcultures in Electronic Groups". *Journal of Communication*, 46 (4), 1996: 35-47.

［473］Dutton W H, Rogers E M, Jun S H. "The Diffusion and Impacts of Information Technology in Households". *Oxford Surveys in Information Technology*, 4, 1987: 133-193.

［474］Hofstede G. *Culture and Organizations: Software of the Mind*. London, UK: McGraw Hill, 1991: 7-10.

［475］Avison D E, Myers M D. "Information Systems and Anthropology: An Anthropological Perspective on IT and Organizational Culture". *Information Technology & People*, 8 (3), 1995: 43-56.

［476］Leidner D E, Kayworth T. "Review: A Review of Culture in Information Systems Research: Toward a Theory of Information Technology Culture Conflict". *MIS Quarterly*, 30 (2), 2006: 357-399.

［477］熊英:《我国电子政务发展的行政文化障碍分析》,《科技进步

与对策》2003 年第 11 期。

[478] 伍小涛，朱水成：《论当代中国行政文化重塑的价值取向》，《内蒙古社会科学》（汉文版）2005 年第 5 期。

[479] 刘海棠：《电子政务环境下我国传统行政文化的继承与重塑》，《科技创新导报》2011 年第 34 期。

[480] 刘红燕：《电子政务的文化理性——由电子政务的文化诉求谈起》，《行政论坛》2005 年第 2 期。

[481] 陈德权，毕雪娟：《电子政务文化：内涵与框架初探》，《电子政务》2012 年第 12 期。

[482] 陈德权，黄萌萌，王爱茹：《中国电子政务文化治理的实施路径研究》，《电子政务》2014 年第 8 期。

[483] 〔美〕珍妮特·登哈特，罗伯特·登哈特：《新公共服务：服务而不是掌舵》，丁煌译，北京，中国人民大学出版社，2004 年，第 62-79 页。

[484] 于刚强：《电子政务与公共服务型政府的相关性分析》，《湖南财经高等专科学校学报》2008 年第 2 期。

[485] 梁治平：《国家、市场、社会：当代中国的法律与发展》，北京，中国政法大学出版社，2006 年，第 6 页。

[486] 王浦劬，杨凤春：《电子治理：电子政务发展的新趋向》，《中国行政管理》2005 年第 1 期。

[487] Allen B A，Juillet L，Paquet G，et al.. “E-Governance & Government On-line in Canada：Partnerships，People & Prospects”. *Government Information Quarterly*，18（2），2001：93-104.

[488] Zakareya E，Irani Z. “E-government Adoption：Architecture and Barrier”. *Business Process Management Journal*，11（5），2005：589-611.

[489] 王健：《电子政务现实冲突及其解决》，《广东行政学院学报》2006 年第 2 期。

[490] 顾平安：《面向公共服务的电子政务流程再造》，《中国行政管理》2008 年第 9 期。

[491] Government of USA. “Information Technology Management Reform Act of 1996”. URL：http://govinfo. library. unt. edu/npr/library/misc/itref. html. 2015-12-03.

[492] 乔立娜：《美国政府首席信息官制度发展概况》，《电子政务》

2007 年第 4 期。

[493] 焦宝文：《政府 CIO 战略管理与技术实施》，北京，清华大学出版社，2004 年，第 12-13 页。

[494] 王周明：《美国政府 CIO 制度的研究》，吉林，吉林大学，2006.

[495] NASCIO. "NASCIO Committees". http://www.nascio.org/Committees. 2015-12-02.

[496] SAC. "Small Agency CIO Council". https://sac.gov/committees/cio/. 2010-01-26/2015-12-03.

[497] 马玉红：《美国政府首席信息官制度的特色与启示》，《情报资料工作》2012 年第 2 期。

[498] 王周明：《美国政府 CIO 制度的研究》，吉林，吉林大学，2006.

[499] 叶婷：《美国：五举措提升政府 IT 绩效》，《信息化建设》2013 年第 11 期。

[500] 蒋力群：《新加坡电子政务成功的核心因素》，《信息化建设》2006 年第 6 期。

[501] 姚家庆，唐翀：《新加坡廉能政府建设的经验及启示》，《东南亚研究》2012 年第 2 期。

[502] 彭博，张锐昕：《新加坡行政服务中心建设的内容、特点和启示》，《电子政务》2012 年第 11 期。

[503] Kumar S, Siddique S. "The Singapore Success Story: Public-Private Alliance for Investment Attraction, Innovation and Export Development". *Proteins-structure Function & Bioinformatics*, 65 (2), 2010: 317-330.

[504] 舒文琼：《新加坡资讯通信发展管理局扮演四重角色》，《通信世界》2009 年第 46 期。

[505] 蒋力群：《新加坡政府信息化成功的四大核心因素》，《电子政务》2006 年第 8 期。

[506] 李林：《新加坡"智慧岛"建设经验与启示（连载三）》，《中国信息界》2013 年第 4 期。

[507] 东方网-上海青年报：《上海将设首席信息官岗位》. http://tech.sina.com.cn/it/e/2003-04-22/1029179906.shtml. 2003-04-22/

2015-12-03.

[508] 上海青年报：《上海诞生首批信息主管》. http://news.sina.com.cn/o/2004-10-22/09204001357s.shtml. 2004-10-22/2015-12-03.

[509] 高玲玲，陈炜，俞家祥等：《政府 CIO 制度在区级行政区域试行的可行性研究》，《上海信息化》2009 年第 12 期。

[510] 上海地方志办公室：《长宁成为国家电子政务综合试点区》. http://www.shtong.gov.cn/node2/node19828/node81582/node81735/node81737/userobject1ai107152.html. 2015-12-03.

[511] 中国上海政府网：《上海智慧园区举办首期首席信息官沙龙》. www.shcew.cn/shnews/shcj/1131.html. 2014-08-15/2015-12-03.

[512] 李艳：《信息主管（CIO）人才培养的创新实践》，《中小学信息技术教育》2012 年第 2 期。

[513] 王如晨：《"互联网＋"引领上海吹响 CIO "集结号"》，《上海信息化》2015 年第 6 期。

[514] 上海市经济和信息化委员会网站：《上海市经济和信息化委员会主要职责》. http://www.sheitc.gov.cn/jggk/index.htm. 2015-12-03.

[515] 中国共产党新闻网：《关于进一步加强和完善机构编制管理严格控制机构编制的通知》. http://cpc.people.com.cn/GB/64162/71380/102565/182145/10995559.html. 2007-03-15/2015-12-25.

[516] 国脉电子政务网：《郑爱军：大数据时代，政府 CIO 的角色转换与思维重构》. www.echinagov.com/index.php? m=content&c=index&a=show&catid=21&id=34. 2013-07-22/2015-12-25.

[517] 新京报：《信息公开"升格"才能与保密法"抗衡"》. http://www.bjnews.com.cn/opinion/2014/03/28/310893.html. 2014-03-28/2015-12-25.

[518] Fukuyama F. "The Imperative of State-building". *Journal of Democracy*，15 (2)，2004：17-31.

[519] North D C. *Institutions*，*Institutional Change and Economic Performance*. Cambridge，U K：Cambridge University Press，1990.

[520] Rodrik D. "Getting Institutions Right". *CESifo DICE Report*，2004 (2)：2-4.

后　记

“政府 CIO 制度”这个选题是我在中国人民大学读博士的时候由左美云老师帮助选择的。我读博期间也得到左美云老师的大力帮助。从参与课题到读书讲座，毕业多年后一直历历在目。文中也有些内容是当初和左老师以及李凌云师弟一起做课题时留下的，把这些内容放在这里的一个重要原因是，理论和实践研究共同构成了完整的政府 CIO 制度的轮廓和构思，在此深深感谢之前一起做的努力。本书完成后最大的收获就是将以往关于政府 CIO 制度的零碎观点整合成一个清晰的研究框架，同时也理清了未来的研究思路。

毕业后我一直从事电子政务的教学工作，尤其是和全国各地的 MPA 学生交流以及在政府部门调研的时候，感到一种深深的无奈，我国的政府信息化已经进行了很多年，甚至政府 CIO 制度也提出了很多年，但直到今天仍没有显著的效果。在获得国家社科基金后期项目的资助后，我又进行了大量的文献阅读和后期补充调研，发现政府 CIO 制度的建设已经迫在眉睫。尤其是国家提出了网络强国战略以及“互联网＋政务服务”的总体方案后，可以清楚地感知到政府 CIO 制度的春天就要到来了。

国家在 2016 年提出了网络强国战略，但网络强国不是简单的大力发展互联网，我们还有很多基础的事情没有做。因为网络仅仅是个形式，在网络上跑的都是数据。在政府管理领域，没有底层数据的标准化，没有建立起完善的信息资源管理、开发和利用的制度和法律，也没有建立起与信息资源管理相匹配的行政文化。对于新技术，我们总是说中学为体，西学为用。但如果你不了解“用”背后的文化含义，就用不好这种技术和方法，这也是令我非常担心的。现在社会上到处都在讲大数据，如果基础的东西没有做好，大数据就会成为泡沫和炒作的噱头，不会带来真正的发展。而政府 CIO 制度、基础信息和基本业务流程的标准化正是政府信息化的基础，如果这点没做好，政府信息化的大厦就无从盖起。

2016 年 4 月 14 日，国务院办公厅转发了国家发展改革委、财政部、教育部、公安部、民政部、人力资源社会保障部、住房城乡建设部、国家卫生计生委、国务院法制办、国家标准委等 10 部门提出的《推进“互联网+政务服务”开展信息惠民试点的实施方案》。《方案》的主要内容是“一号一窗一网”。“一号”申请，主要是通过构建电子证照库，依托统一的数据共享交换平台，实现涉及政务服务事项的证件数据、相关证明信息等的跨部门、跨层级、跨区域的互认共享，把身份证号码作为公众办理业务时唯一的身份标识，避免重复提交烦琐的材料，从而简化群众办事流程。“一窗”受理，主要是通过政府管理领域的基础信息库和业务信息库的互联互通，实现政务数据资源和业务流程的协同共享，公众可以在一个服务窗口“一站式”完成所有业务，从而创新政务服务的模式。“一网”通办，主要是把综合惠民服务资源的服务网络作为“互联网+政务服务”的唯一平台，整合包括门户网站、微博、微信、客户端以及政务大厅在内的各种政府服务渠道，利用大数据技术手段分析公众的政务需求，通过优化政府资源配置和丰富服务内容来有效提升政务服务的质量和效率。

《方案》可以说是我国行政体制改革整体规划中的重要一环。如果说之前的政府“权力清单”改革全面彻底梳理了行政职权，厘清了政府应该做什么，那么接下来的改革就是在谁来做、怎么做的问题上立规矩。《方案》就是针对这个问题提出的制度化、规范化和可操作化的建议。可以看出，《方案》充分重视互联网这个工具在政府管理中的作用，并借用“互联网+”的思维来推进社会治理的政府公共服务平台的建设。本质上是通过技术革新组织、互联网赋能政务服务来推动政府治理现代化。通过利用现代信息技术，对政府数据资源进行有效配置，实现政府部门之间的信息集成与共享，从而达到业务流程的优化与协同。因此，政府的数据资源管理可以说是重中之重，这次改革也可以说是以数据为核心的政务改革。

改革之路是艰难的，但是目标是清晰的，因此规范政府数据管理，建立以政府 CIO 为核心的制度体系将是政府信息化建设的必由之路，也是政府借用信息化工具实现治理能力现代化的捷径。

本书的写作经历了几年的断断续续，有的是因为教学任重中断，有的是因为调研后又有新的想法、新的构思，加之进行了大量英文文献的阅读和补充调研，最后成文的时候感觉还有很多不足。学术之路很漫长，就在今后的前行中慢慢改进吧。

最后，拿著名的心理学家让·皮亚杰的一段话鼓励自己以及和自己一样在学术的路上艰难的前行者：

> 不管这是我的信念，或是我的错觉——只有将来才能明白哪些是真理、哪些纯属于我的刚愎自用——我坚信我已经勾勒出一个相当清楚的一般性轮廓，不过当中仍然有很多漏洞，如果能将漏洞补起来，可能会导致理论衔接上有各种形式的分化，不过那都无损于体系中的主要思路。

2016年6月于梅岭村

图书在版编目（CIP）数据

政府首席信息官制度理论与实践研究/孟川瑾等著. —北京：中国人民大学出版社，2018.9
(国家社科基金后期资助项目)
ISBN 978-7-300-25542-2

Ⅰ. ①政… Ⅱ. ①孟… Ⅲ. ①国家行政机关-信息管理-研究-中国 Ⅳ. ①D630.1

中国版本图书馆 CIP 数据核字（2018）第 026098 号

国家社科基金后期资助项目
政府首席信息官制度理论与实践研究
孟川瑾　左美云　著
Zhengfu Shouxi Xinxiguan Zhidu Lilun yu Shijian Yanjiu

出版发行	中国人民大学出版社		
社　　址	北京中关村大街 31 号	**邮政编码**	100080
电　　话	010－62511242（总编室）		010－62511770（质管部）
	010－82501766（邮购部）		010－62514148（门市部）
	010－62515195（发行公司）		010－62515275（盗版举报）
网　　址	http://www.crup.com.cn		
	http://www.ttrnet.com（人大教研网）		
经　　销	新华书店		
印　　刷	北京玺诚印务有限公司		
规　　格	165 mm×238 mm　16 开本	**版　　次**	2018 年 9 月第 1 版
印　　张	21 插页 2	**印　　次**	2018 年 9 月第 1 次印刷
字　　数	350 000	**定　　价**	68.50 元